中国城市近现代工业遗产保护体系研究系列
Comprehensive Research on the Preservation System of Modern Industrial Heritage Sites in China

国际化视野下中国的工业近代化研究

Research on China's Industrial Modernization Process through an International Perspective

第一卷

丛书主编
徐苏斌

编　著
徐苏斌
【日】青木信夫
王玉茹

中国城市出版社

图书在版编目（CIP）数据

国际化视野下中国的工业近代化研究＝Research on China's Industrial Modernization Process through an International Perspective /徐苏斌，（日）青木信夫，王玉茹编著. —北京：中国城市出版社，2020.12

（中国城市近现代工业遗产保护体系研究系列 / 徐苏斌主编；第一卷）

ISBN 978-7-5074-3321-0

Ⅰ.①国… Ⅱ.①徐…②青…③王… Ⅲ.①工业史－研究－中国－近代 Ⅳ.①F429.05

中国版本图书馆CIP数据核字（2020）第246166号

丛书统筹：徐冉
责任编辑：许顺法　徐冉　何楠　刘静　易娜
版式设计：锋尚设计
责任校对：芦欣甜

中国城市近现代工业遗产保护体系研究系列
Comprehensive Research on the Preservation System of Modern Industrial Heritage Sites in China
丛书主编　徐苏斌
第一卷　国际化视野下中国的工业近代化研究
Research on China's Industrial Modernization Process through an International Perspective
编著　徐苏斌　【日】青木信夫　王玉茹
*
中国城市出版社出版、发行（北京海淀三里河路9号）
各地新华书店、建筑书店经销
北京锋尚制版有限公司制版
北京富诚彩色印刷有限公司印刷
*
开本：787毫米×1092毫米　1/16　印张：28　字数：623千字
2021年4月第一版　　2021年4月第一次印刷
定价：136.00元
ISBN 978-7-5074-3321-0
　　（904311）
版权所有　翻印必究
如有印装质量问题，可寄本社图书出版中心退换
（邮政编码100037）

《第一卷 国际化视野下中国的工业近代化研究》是关于近代中国工业发展历程的研究。从传统向现代的转型、跨文化交流的研究、近代工业的多元性、工业遗产和城市建设、作为物证的技术史等几个典型角度阐释了中国近代工业发展的特征，强调物证以及人在技术传输中的作用，将工业史研究向工业遗产史研究推进，建立历史和保护的物证桥梁，为工业遗产的价值评估和保护再利用奠定基础。

The first volume, titled "Research on China's Industrial Modernization Process through an International Perspective", is a historical study of Chinese industrial heritage sites. It explains the characteristics of modern industrial development in China from several typical perspectives, including: the transformation from tradition to modernity; the study of cross-cultural communication; the diversity of modern industries, industrial heritage and urban construction; and the history of technology as physical evidence, which emphasizes the role of material evidence and human beings in technology transmission. This work seeks to promote a shift from the study of industrial history towards a history of industrial heritage, in order to establish a bridge of material and documental evidence linking history and conservation, as well as to lay out foundations for the value evaluation and reuse of such facilities.

执笔者

（按姓氏拼音排序）

郝　帅　季　宏　赖世贤　李程远
青木信夫　孙跃杰　王玉茹　徐苏斌
闫　觅　于　磊

协助编辑：赖世贤

序一

工业遗产是一种新型的文化遗产。在我国城市化发展以及产业转型的关键时期，工业遗产成为十分突出的问题，是关系到文化建设和中华优秀文化传承的大问题，也是关系到城市发展、经济发展、居民生活的大问题。近年来，工业遗产在国内受到的关注度逐渐提高，研究成果也逐渐增多。天津大学徐苏斌教授是我国哲学社会科学的领军人才之一，她带领的国家社科重大课题团队推进了国家社科重大课题"我国城市近现代工业遗产保护体系研究"，该团队经历数年艰苦的调查和研究工作，终于完成了课题五卷本的报告书。

该套丛书是根据课题报告书改写的，其重要特点是系统性。丛书五卷构建了中国工业遗产的系统的逻辑框架，从技术史、信息采集、价值评估、改造和再利用、文化产业等一系列工业遗产的关键问题着手进行研究。进行了中国工业近代技术历史的梳理，建设了基于地理信息定位的工业遗产数字化特征体系和工业遗产空间数据库；基于对国际和国内相关法规和研究，编写完成了《中国工业遗产价值评价导则（试行）》；调查了国内工业遗产保护规划、修复和再利用等现状，总结了经验教训。研究成果反映了跨学科的特点和国际视野。

该套丛书"立足中国现实"，忠实地记录了今天中国社会主义体制下工业遗产不同于其他国家的现状和保护机制，针对中国工业遗产的价值、保护和再利用以及文化产业等问题进行了有益的理论探讨。也体现了多学科交叉特色的基础性研究，为目前工业遗产保护再利用提供珍贵的参考，同时也可以作为政策制定的参考。

此套著作是国家社科重大课题的研究成果。课题的设置反映了国家对于中国社会主义国家工业遗产的研究和利用的重视，迫切需要发挥工业遗产的文化底蕴，并且要和国家经济发展结合起来。该研究中期获得滚动资助，报告书获得免鉴定结题，反映了研究工作成绩的卓著。因此，该套丛书的出版正是符合国家对于工业遗产研究成果的迫切需求的，在此推荐给读者。

东南大学建筑学院 教授
中国工程院 院士

2020年9月

序二

中国的建成遗产（built heritage）研究和保护，是践行中华民族优秀文化传承和发展事业的历史使命，也是受到中央和地方高度重视的既定国策。而工业遗产研究是其中的重要组成部分。由我国哲学、社会科学领军人物，天津大学徐苏斌教授主持的"我国城市近现代工业遗产保护体系研究"，属国家社科重大课题，成果概要已多次发表并广泛听取专家意见，并于2018年1月在我国唯一的建成遗产英文期刊《BUILT HERITAGE》上刊载。

此套系列丛书由《第一卷 国际化视野下中国的工业近代化研究》《第二卷 工业遗产信息采集与管理体系研究》《第三卷 工业遗产价值评估研究》《第四卷 工业遗产保护与适应性再利用规划设计研究》《第五卷 从工业遗产保护到文化产业转型研究》等五卷构成。特别是丛书还就突出反映工业遗产科技价值的十个行业逐一评估，精准定位，在征求专家意见的基础上，提出了《中国工业遗产价值评价导则（试行）》，实已走在中国工业遗产研究的前沿。

本套丛书着力总结中国实践，推动理论创新，尝试了历史学、地理学、经济学、规划学、建筑学、环境学、社会学等多学科交叉，涉及冶金、纺织、化工、造船、矿物等领域，是我国首次对工业遗产的历史与现况开展的系统调查和跨学科研究，成果完成度高，论证严谨，资料翔实，图文并茂。本人郑重推荐给读者。

同济大学建筑与城市规划学院 教授
中国科学院 院士

2020年9月

前言

1. 工业遗产保护的国际背景

工业遗产是人类历史上影响深远的工业革命的历史遗存。在当代后工业社会背景下，工业遗产保护成为世界性问题。对工业遗产的关注始于20世纪50年代率先兴起于英国的"工业考古学"，20世纪60年代后西方主要发达国家纷纷成立工业考古组织，研究和保护工业遗产。1978年国际工业遗产保护协会（TICCIH）成立，2003年TICCIH通过了保护工业遗产的纲领性文件《下塔吉尔宪章》（*Nizhny Tagil Charter for the Industrial Heritage*）。国际工业遗产保护协会是保护工业遗产的世界组织，也是国际古迹遗址理事会（ICOMOS）在工业遗产保护方面的专门顾问机构。该宪章由TICCIH起草，将提交ICOMOS认可，并由联合国教科文组织最终批准。该宪章对工业遗产的定义、价值、认定、记录及研究的重要性、立法、维修和保护、教育和培训等进行了说明。该文件是国际上最早的关于工业遗产的文件。

近年来，联合国教科文组织世界遗产委员会开始关注世界遗产种类的均衡性、代表性与可信性，并于1994年提出了《均衡的、具有代表性的与可信的世界遗产名录全球战略》（*Global Strategy for a Balance, Representative and Credible World Heritage List*），其中工业遗产是特别强调的遗产类型之一。2003年，世界遗产委员会提出《亚太地区全球战略问题》，列举亚太地区尚未被重视的九类世界遗产中就包括工业遗产，并于2005年所做的分析研究报告《世界遗产名录：填补空白——未来行动计划》中也述及在世界遗产名录与预备名录中较少反映的遗产类型为："文化路线与文化景观、乡土建筑、20世纪遗产、工业与技术项目"。

2011年，ICOMOS与TICCIH提出《关于工业遗产遗址地、结构、地区和景观保护的共同原则》（*Principles for the Conservation of Industrial Heritage Sites, Structures, Areas and Landscapes*，简称《都柏林原则》，*The Dublin Principles*），与《下塔吉尔宪章》在工业遗产所包括的遗存内容上高度吻合，只是后者一方面从整体性的视角阐述工业遗产的构成，包括遗址、构筑物、复合体、区域和景观，紧扣题目；另一方面后者更加强调工业的生产过程，并明确指出了非物质遗产的内容，包括技术知识、工作和工人组织，以及复杂的社会和文化传统，它塑造了社区的生活,对整个社会乃至世界都带来重大组织变革。从工业遗产的两个定义可以看出,工业遗产研究的国际视角已从"静态遗产"走向"活态遗产"。

2012年11月,TICCIH第15届会员大会在台北举行,这是TICCIH第一次在亚洲举办会员大会,会议通过了《台北宣言》。《台北宣言》将亚洲的工业遗产保护和国际理念密切结合,在此基础上深入讨论亚洲工业遗产问题。宣言介绍亚洲工业遗产保护的背景,阐述有殖民背景的亚洲工业遗产保护独特的价值与意义,提出亚洲工业遗产保护维护的策略与方法,最后指出倡导公众参与和建立亚洲工业遗产网络对工业遗产保护的重要性。《台北宣言》将为今后亚洲工业遗产的保护和发展提供指导。

截至2019年,世界遗产中的工业遗产共有71件,占各种世界遗产总和的6.3%,占世界文化遗产的8.1%(世界遗产共计1121项,其中文化遗产869项)。从数量分布来看,英国居于首位,共有9项工业遗产;德国7项(包括捷克和德国共有1项);法国、荷兰、巴西、比利时、西班牙(包括斯洛伐克和西班牙共有1项)均为4项;印度、意大利、日本、墨西哥、瑞典都是3项;奥地利、智利、挪威、波兰是2项;澳大利亚、玻利维亚、加拿大、中国、古巴、芬兰、印度尼西亚、伊朗、斯洛伐克、瑞士、乌拉圭各有1项。可以看到工业革命发源地的工业遗产数量较多。

在亚洲,中国的青城山和都江堰灌溉系统(2000年)被ICOMOS网站列入工业遗产,准确说是古代遗产。日本共有3处工业遗产入选世界遗产,均是工业系列遗产。石见银山遗迹及其文化景观(2007年)是16世纪至20世纪开采和提炼银子的矿山遗址,涉及银矿遗址和采矿城镇、运输路线、港口和港口城镇的14个组成部分,为单一行业、多遗产地的传统工业系列遗产;富冈制丝场及相关遗迹(2014年)创建于19世纪末和20世纪初,由4个与生丝生产不同阶段相对应的地点组成,分别为丝绸厂、养蚕厂、养蚕学校、蚕卵冷藏设施,为单一行业、多遗产地的机械工业系列遗产;明治日本的产业革命遗产:制铁·制钢·造船·煤炭产业(2015年)见证了日本19世纪中期至20世纪早期以钢铁、造船和煤矿为代表的快速的工业发展过程,涉及8个地区23个遗产地,为多行业布局、多遗产地的机械工业系列遗产。

2. 中国工业遗产保护的发展

1)中国政府工业遗产保护政策的发展

中国正处在经济高速发展、城市化进程加快、产业结构升级的特殊时期,几乎所有城市都面临工业遗产的存留问题。经济发展的核心是产业结构的高级化，即产业结构从第二产业向第三产业更新换代的过程，标志着国民经济水平的高低和发展阶段、方向。在这一背景下，经济发展成为主要被关注的对象。近年来，工业遗产在国内受到关注。2006年4月18日国际古迹遗址日，中国古迹遗址保护协会（ICOMOS CHINA）在无锡举行中国工业遗产保护论坛，并通过《无锡建议——注重经济高速发展时期的工业遗产保护》。同月，国家文物局在无锡召开中国工业遗产保护论坛，通过《无锡建议》。2006年6月，鉴于工业遗产保护是我国文化遗产保护事业中具有重要性和紧迫性的新课题，国家文物局下发《加强工业遗产保护的通知》。

2013年3月，国家发改委编制了《全国老工业基地调整改造规划（2013—2022年）》并得到国务院批准（国函〔2013〕46号），规划涉及全国老工业城市120个，分布在27个省（区、市），其中地级城市95个，直辖市、计划单列市、省会城市25个。

2014年3月，国务院办公厅发布《关于推进城区老工业区搬迁改造的指导意见》，积极有序推进城区老工业区搬迁改造工作，提出了总体要求、主要任务、保障措施。2014年国家发改委为贯彻落实《国务院办公厅关于推进城区老工业区搬迁改造的指导意见》（国办发〔2014〕9号）精神，公布了《城区老工业区搬迁改造试点工作》，纳入了附件《全国城区老工业区搬迁改造试点一览表》中21个城区老工业区进行试点。

2014年3月，中共中央、国务院颁布《国家新型城镇化规划（2014—2020年）》，其中"第二十四章 深化土地管理制度改革"提出了"严格控制新增城镇建设用地规模""推进老城区、旧厂房、城中村的改造和保护性开发"。2014年9月1日出台了《节约集约利用土地规定》，使得土地集约问题上升到法规层面。2014年9月13~15日，由中国城市规划学会主办2014中国城市规划年会自由论坛，论坛主题为"面对存量和减量的总体规划"。存量和减量目前日益受到城市政府的重视，其原因有：国家严控新增建设用地指标的政策刚性约束；中心区位土地价值的重新认识和发掘；建成区功能提升、环境改善的急迫需求；历史街区保护和特色重塑等。于是工业用地以及工业遗产更成为关注对象。

2018年，住房和城乡建设部发布《关于进一步做好城市既有建筑保留利用和更新改造工作的通知》，提出：要充分认识既有建筑的历史、文化、技术和艺术价值，坚持充分利用、功能更新原则，加强城市既有建筑保留利用和更新改造，避免片面强调土地开发价值。坚持城市修补和有机更新理念，延续城市历史文脉，保护中华文化基因，留住居民乡愁记忆。

2020年6月2日，国家发展改革委、工业和信息化部、国务院国资委、国家文物局、国家开发银行联合颁发《关于印发〈推动老工业城市工业遗产保护利用实施方案〉的通知》（发改振兴〔2020〕839号），明确地说明制定通知的目的："为贯彻落实《中共中央办公厅 国务院办公厅关于实施中华优秀传统文化传承发展工程的意见》（中办发〔2017〕5号）、《中共中央办公厅国务院办公厅关于加强文物保护利用改革的若干意见》（中办发〔2018〕54号）、《国务院办公厅关于推进城区老工业区搬迁改造的指导意见》（国办发〔2014〕9号），探索老工业城市转型发展新路径，以文化振兴带动老工业城市全面振兴、全方位振兴，我们制定了《推动老工业城市工业遗产保护利用实施方案》。"五个部门联合出台实施方案标志着综合推进工业遗产保护的政策诞生。

2）中国工业遗产保护研究和实践的回顾

近代工业遗产的研究可以追溯到20世纪80年代。改革开放以后中国近代建筑的研究出现了新的契机，开始进行中日合作调查中国近代建筑，其中《天津近代建筑总览》（1989年）中有调查报告"同洋务运动有关的东局子建筑物"，记载了天津机器东局的建筑现状和测绘图。当时工业建筑的研究所占比重并不大，研究多从建筑风格、结构类型入手，未能脱离近代建筑史的研究范畴，但是研究者从大范围的近代建筑普查中也了解到了工业遗产的端倪。从2001年的第五批国保开始，近现代工业遗产逐渐出现在全国重点文物保护单位名单中。2006年国际文化遗产日主题定为"工业遗产"，并在无锡举办第一届"中国工业遗产保护论坛"，发布《无锡建议——注重经济高速发展时期的工业遗产保护》，同年5月国家文物局下发《关于加强工业遗产保护的通知》，正式启动了工业遗产研究和保护。2006年在国务院公布的第六批全国重点文物保护单位中，除了一批古代冶铁遗址、铜矿遗址、汞矿遗址、陶瓷窑址、酒坊遗址和古代造船厂遗址等列入保护单位的同时，引人瞩目地将黄崖洞兵工厂旧址、中东铁路建筑群、青岛啤酒厂早期建筑、汉冶萍煤铁厂矿旧址、石龙坝水电站、个旧鸡街火车站、钱塘江大桥、酒泉卫星发射中心导弹卫星发射场遗址、南通大生纱厂等一批近现代工业遗产纳入保护之列。加上之前列入的大庆第一口油井、青海第一个核武器研制基地旧址等，全国近现代工业遗产总数达到18处。至2019年公布第八批全国重点文物保护单位为止，全国共有5058处重点文物保护单位，其中工业遗产453处，占总量的8.96%，比前七批占比7.75%有所提升。由于目前工业遗产的范围界定还有待进一步统一认识，因此不同学者统计的数字存在一定差异，但是基本可以肯定的是目前工业遗产和其他类型的遗产相比较还需要较强研究和保护的力度。

近年来，各学会日益重视工业遗产的研究和保护问题。2010年11月中国首届工业建筑遗产学术研讨会暨中国建筑学会工业建筑遗产学术委员会会议召开，并签署了《北京倡议》——"抢救工业遗产：关于中国工业建筑遗产保护的倡议书"。以后每年召开全国大会并出版论文集。2014年成立了中国城科会历史文化名城委员会工业遗产学部和中国文物学会工业遗产专业委员会。此外从2005年开始自然资源部（地质环境司、地质灾害应急管理办公室）启动申报评审工作，到2017年年底全国分4批公布了88座国家矿山公园。工业和信息化部工业文化发展中心从2017年开始推进了"国家工业遗产名录"的发布工作，至2019年公布了三批共102处国家工业遗产。中国科学技术协会与中国规划学会联合在2018年、2019年公布两批"中国工业遗产保护名录"，共200项。2016年～2019年中国文物学会和中国建筑学会分四批公布"中国20世纪建筑遗产"名录，共396项，其中工业遗产79项。各种学会和机构的成立已经将工业遗产研究推向跨学科的新阶段。

各地政府也逐渐重视。2006年，上海结合国家文物局的"三普"指定了《上海第三次全国普查工业遗产补充登记表》，开始近代工业遗产的普查，并随着普查，逐渐展开保护和再利用工作。同年，北京也开始对北京焦化厂、798厂区、首钢等北京重点工业遗产进行普查，确定了《北京工业遗产评价标准》，颁布了《北京保护工业遗产导则》。2011年，天津也开始全面展开工业遗产普查，并颁布了《天津市工业遗产保护与利用管理办法》。2011年，南京历史文化名城研究会组织南京市规划设计院、南京工业大学建筑学院和南京市规划编制研究中心，共同展开了对南京市域范围内工矿企业的调查，为期4年。提出了两个层级的标准，一个是南京工业遗产的入选标准，另一个是首批重点保护工业遗产的认定标准。2007年，重庆开展了工业遗产保护利用专题研究。同年，无锡颁布了《无锡市工业遗产普查及认定办法（试行）》，经过对全市的普查评定，于当年公布了无锡市第一批工业遗产保护名录20处，次年公布了第二批工业遗产保护名录14处。2010年，中国城市规划学会在武汉召开"城市工业遗产保护与利用专题研讨会"，形成《关于转型时期中国城市工业遗产保护与利用的武汉建议》。2011年武汉市国土规划局组织编制《武汉市工业遗产保护与利用规划》。规划选取从19世纪60年代至20世纪90年代主城区的371处历史工业企业作为调研对象，其中有95处工业遗存被列入"武汉市工业遗存名录"，27处被推荐为武汉市的工业遗产。

关于中国工业遗产的具体研究状况分别在每一卷中叙述，这里不再赘述。

3．关于本套丛书的编写

1）国家社科基金重大课题的聚焦点

本套丛书是国家社科基金重大课题《我国城市近现代工业遗产保护体系研究》（12&ZD230）的主要成果。首先，课题组聚焦于中国大陆的工业遗产现状和发展设定课题。随着全球性后工业化时代的到来，各个国家和地区都开展了工业遗产的保护和再利用工作，尤其是英国和德国起步比较早。中国在工业遗产研究早期以介绍海外的工业遗产保护为主，但是随着中国产业转型和城市化进程，中国自身的工业遗产研究已经成为迫在眉睫的课题，因此立足中国现状并以国际理念带动研究是本研究的出发点。其次，中国的工业遗产是一个庞大的体系，如何在前人相对分散的研究基础上实现体系化也是本研究十分关注的问题。最后，工业遗产保护是跨学科的研究课题，在研究中以尝试跨学科研究作为目标。

课题组分析了目前中国工业遗产现状，认为在如下几个方面值得深入探讨。

（1）需要在国际交流视野下对中国工业技术史展开研究，为工业遗产价值评估奠定基础的体现真实性和完整性的历史研究；

（2）需要利用信息技术体现工业遗产的可视化研究，依据价值的普查和信息采集以及数据库建设的研究；

（3）需要在文物价值评价指导下针对中国工业遗产的系统性价值评估体系进行研究；

（4）需要系统的中国工业遗产保护和再利用的现状调查和研究，需要探索更加系统化的规划和单体改造利用策略；

（5）亟需探索工业遗产的再生利用与城市文化政策、文化事业和文化产业的协同发展。

针对这些问题我们设定了五个子课题，分别针对以上五个关键问题展开研究，其成果浓缩成了本套丛书的五卷内容。

《第一卷 国际化视野下中国的工业近代化研究》试图揭示近代中国工业发展的历史，从传统向现代的转型、跨文化交流的研究、近代工业多元性、工业遗产和城市建设、作为物证的技术史等几个典型角度阐释了中国近代工业发展的特征，试图弥补工业史在物证研究方面的不足，将工业史向工业遗产史研究推进，建立历史和保护的物证桥梁，为价值评估和保护再利用奠定基础。

《第二卷 工业遗产信息采集与管理体系研究》分为两部分。第一部分从历史的视角研究近代工业的空间可视化问题，包括1840～1949年中国近代工业的时空演化与整体分布模式、中国近代工业产业特征的空间分布、近代工业转型与区域工业经济空间重构。第二部分是对我国工业遗产信息采集与管理体系的建构研究，课题组对全国近1540处工业遗产进行了不同精度的资料收集和分析，建立了数据库，为全国普查奠定基础；建立了三个层级的信息采集框架，包括国家层级信息管理系统建构及应用研究、城市层级信息管理系统建构及应用研究、遗产本体层级信息管理系统建构及应用研究，最后进行了遗产本体层级BIM信息模型建构及应用研究。

《第三卷 工业遗产价值评估研究》对工业遗产价值理论进行了梳理和再建构，包括工业遗产评估的总体框架构思、关于工业遗产价值框架的补充讨论、文化资本的文化学评估——《中国工业遗产价值评估导则》的研究、解读工业遗产核心价值——不同行业的科技价值、文化资本经济学评价案例研究。从文化和经济双重视角考察工业遗产的价值评估，提出了供参考的文化学评估导则，深入解析了十个行业的科技价值，并尝试用TCM进行支付意愿测算，为进一步深入评估工业遗产的价值提供参考。

《第四卷 工业遗产保护与适应性再利用规划设计研究》主要从城市规划到城市设计、建筑保护等一系列与工业遗产相关的保护和再利用内容出发，调查中国的规划师、建筑师的工业遗产保护思想和探索实践，总结了尊重遗产的真实性和发挥创意性的经验。包括中国工业遗产再利用总体发展状况、工业遗产保护规划多规合一实证研究、中国主要城市工业遗产设计实证研究、中国建筑师工业遗产再利用设计访谈录、中国工业遗产改造的真实性和创意性研究等，为具体借鉴已有的经验和教训提供参考。

《第五卷 从工业遗产保护到文化产业转型研究》对我国工业遗产作为文化创意产业的案例进行调查和分析，探讨了如何将工业遗产可持续利用并与文化创意产业结合，实现保护和为社会服务双赢。包括工业遗产与文化产业融合的理论和背景研究、工业遗产保护与文化产业融合的区域发展概况、文化产业选择工业遗产作为空间载体的动因分析、工业遗产选择文化产业作为再利用模式的动因分析、工业遗产保护与文化产业融合的实证研究、北京文化创意产业园调查报告、天津棉三创意街区调查报告、从工业遗产到文化产业的思考,研究了中国工业遗产转型为文化产业的现状以及展示了走向创意城市的方向。

课题组聚焦于中国工业遗产的调查和研究,并努力体现如下特点:

(1)范围广、跨度大。目前中国大陆尚没有进行全国工业遗产普查,这加大了本课题的难度。课题组调查了全国31个省(市、自治区)的1500余处工业遗产,并针对不同的课题进行反复调查,获得研究所需要的资料。同时查阅了跨越从清末手工业时期到1949年后"156工程"时期中国工业发展的资料,呈现近代中国工业为我们留下的较为全面的遗产状况。

(2)体系化研究。中国工业遗产研究经过两个阶段:第一个阶段主要以介绍国外研究为主;第二个阶段以个案或者某个地区工业遗产为主的研究较多,缺乏针对中国工业遗产的、较为系统的研究。本研究对第一到第五子课题进行序贯设定,分别对技术史、信息采集、价值评估、再利用、文化产业等不同的侧面进行跨学科、体系化研究,实施中国对工业遗产再生的全生命周期研究。

(3)强调第一线调查。本研究尽力以提供第一线的调查报告为目标,完成现场考察、采访、问卷、摄影、测绘等信息采集,努力收录中国工业遗产的最前线的信息,真实地记录和反映了中国产业转型时代工业遗产保护的现状。

(4)理论化。本研究并没有仅仅满足于调查报告,而是根据调查的结果进行理论总结,在价值评估部分建立自己的导则和框架,为今后调查和研究提供参考。

但是由于我们的水平有限,还存在很多不足。这些不足表现在:

(1)工业遗产保护工作近年来发展很快,不仅不断有新的政策、新的实践出现,而且随着认识的持续深入和国家对于工业遗产持续解密,工业遗产内容日益丰富,例如三线遗产、军工遗产等内容都成为近年关注的问题。目前已经有其他社科重大课题进行专门研究,故本课题暂不收入。

(2)中国的工业遗产分布很广,虽然我们进行了全国范围的资料收集,但是这只是为进一步完成中国工业遗产普查奠定基础。

（3）棕地问题是工业遗产的重要课题。本研究由于是社科课题，经费有限，因此在课题设定时没有列入棕地研究，但是并不意味着棕地问题不重要，希望将棕地问题作为独立课题深入研究。

（4）我们十分关注工业遗产的理论探讨，例如士绅化问题、负面遗产的价值、记忆的场所等和工业遗产密切相关的问题。这些研究是十分重要的工业遗产研究课题，我们在今后的课题中将进一步研究。

2）国家社科重大课题的推进过程

本套丛书由天津大学建筑学院中国文化保护国际研究中心负责编写。2006年研究中心筹建的宗旨就是通过国际化和跨学科合作推进中国的文化遗产保护研究和教学，重大课题给了我们一次最好的实践机会。

在重大课题组中青木信夫教授是中国文化保护国际研究中心主任，也是中国政府友谊奖获得者。他作为本课题核心成员参加了本课题的申请、科研、指导以及报告书编写工作，他以海外学者的身份为课题提供了不可或缺的支持。课题组核心成员南开大学经济学院王玉茹教授从经济史的角度为关键问题提供了跨学科的指导。另外一位核心成员天津社会科学院王琳研究员从文化产业角度给予课题组成员跨学科的视野。时任天津大学建筑学院院长的张颀教授在建筑遗产改造和再利用方面有丰富的经验，他的研究为课题组提供了重要支持。建筑学院吴葱教授对工业遗产信息采集与管理体系研究给予了指导。何捷教授、VIEIRA AMARO Bébio助理教授在GIS应用于历史遗产方面给予支持。左进教授在遗产规划方面给予建议。中国文化遗产保护国际研究中心的教师郑颖、张蕾、胡莲、张天洁、孙德龙等参加了研究指导。研究中心的博士后、博士、硕士以及本研究中心的进修教师都参加了课题研究工作。一些相关高校和设计院的相关学者也参与了课题的研究与讨论。在研究过程中课题组不断调整、凝练研究目标和成果，在出版字数限制中编写了本套丛书，实际研究的内容超过了本套丛书收录的范围。

此重大课题是在中国整体工业遗产保护和再利用的大环境中同步推进的。伴随着产业转型和城市化发展，工业遗产的保护和再利用成为被广泛关注的课题。我们保持和国家的工业遗产保护的热点密切联动，课题组首席专家有幸作为中国建筑学会工业建筑遗产学术委员会、中国城科会历史文化名城委员会工业遗产学部、中国文物学会工业遗产专业委员会、中国建筑学会城乡建成遗产委员会、中国文物保护技术协会工业遗产保护专业委员会、住房和城乡建设部科学技术委员会历史文化名城名镇名村专业委员会等学术机构的成员，有机会向全国文化遗产保护专家请教，并与之交流。同时从2010年开始，在清华大学刘伯英教授的带领下，每年组织召开中国工业遗产年会，在这个平台上我们的研究团队有机会和不同学科的工业遗产研究者、实践者们互动，不断接近跨学科研究的理想。我们采访了工业遗产领域具有代表性的规划师、建筑师，在他们那里我们不断获得了对遗产可持续性的新认识。

在课题进行中，我们和法国巴黎第一大学前副校长MENGIN Christine教授、副校长GRAVARI-BARBAS Maria教授，东英吉利亚大学的ARNOLD Dana教授，联合国教科文组织世界遗产中心LIN Roland教授，巴黎历史建筑博物馆GED Françoise教授，东京大学西村幸夫教授，东京大学空间信息科学研究中心濑崎薰教授，新加坡国立大学何培斌教授，香港中文大学伍美琴教授、TIEBEN Hendrik教授，成功大学傅朝卿教授，中原大学林晓薇教授等进行了有关工业遗产相关问题的学术交流并获得启示。还逐渐和国际工业遗产保护协会加强联系，导入国际理念。2017年我们主办了亚洲最大规模的建筑文化国际会议International Conference on East Asian Architectural Culture（简称EAAC, 2017），通过学者之间的国际交流，促进了重大课题的研究。我们还通过国际和国内高校工作营形式增强学生的交流。这些都促进了我们从国际化的视角对工业遗产保护相关问题的认识。

本课题组也希望通过智库的形式实现研究成果对于国家工业遗产保护工作的贡献。承担本重大课题的中国文化遗产保护国际研究中心是中国三大智库评估机构（中国社会科学院评价研究院AMI、光明日报智库研究与发布中心 南京大学中国智库研究与评价中心CTTI、上海社会科学院智库研究中心CTTS）认定智库，本课题的部分核心研究成果获得2019年CTTI智库优秀成果奖，2020年又获得CTTI智库精品成果奖。

长期以来团队的研究承蒙国家和地方的基金支持，相关基金包括国家社科基金重大项目（12&ZD230）及其滚动基金、国家自然科学基金面上项目（50978179、51378335、51178293、51878438）、国家出版基金、天津市哲学社会科学规划项目（TJYYWT12-03）、天津市教委重大项目（2012JWZD 4）、天津市自然科学基金项目（08JCYBJC13400、18JCYBJC22400）、高等学校学科创新引智计划（B13011）。天津大学学校领导及建筑学院领导对课题研究提供了重要支持。我们无法一一列举参与和支持过重大课题的同仁，谨在此表示我们由衷的谢意！

国家社科重大课题首席专家
天津大学 建筑学院 中国文化保护国际研究中心副主任、教授
Adjunct Professor at the Chinese University of Hong Kong

徐苏斌
2020年10月10日

目录

序一
序二
前言

第1章 中国工业遗产技术史方面的既往研究史
1.1 中国近代建筑技术史部分研究现状   2
1.2 中国近代城市工业发展的历史分期问题   8
1.3 全国各行业研究的基本概况   21

第2章 从传统向近代转型
——洋务派机器局的创建
2.1 洋务工业的布局   24
2.2 海光寺机器局   28
2.3 广东机器局的设计   41

第3章 世界产业革命背景下的技术交流
3.1 近代采矿先驱开滦煤矿的技术引进   54
3.2 从晚清铁路技师看近代欧亚工业技术的传播
——以清末关内外铁路英国和日本技师为例   80
3.3 从近代工学留学生看亚洲间的技术交流
——以留日工科学生为例   98

第4章 多样化的近代工业
——以天津为例
4.1 制造业   127

4.2 运输业 155
4.3 采矿业 161
4.4 基础设施 162

第5章 新中国工业城市规划建设
——以洛阳涧西区156项目工程为例

5.1 因工业而生的现代洛阳——156项目工程对城市建设的影响 170
5.2 洛阳156项目工程建设历史 179
5.3 洛阳156项目工业遗产分类构成分析 215

第6章 近代工业建筑核心建造技术的发展

6.1 制砖工业化与工业建筑用砖技术 250
6.2 中国近代早期工业建筑厂房木屋架技术发展研究 291
6.3 中国近代水泥工业发展及中国近代著名水泥企业生产技术发展 333

附录

附表1 《建筑新法》中所载木屋架类型 383
附表2 中国近代砖瓦产品 386
附表3 1904~1948年中国水泥进出口数量统计表 387
附表4 1886~1949年中国各大水泥厂信息表 389
附表5 西村士敏土厂产品试验成绩表 396
附表6 杨树浦路670号老怡和纱厂总底盘图 398

图表来源 400
参考文献 417

第 1 章

中国工业遗产技术史方面的既往研究史[①]

[①] 本章执笔者:徐苏斌、青木信夫、赖世贤、刘静、于磊。

1.1　中国近代建筑技术史部分研究现状

1.1.1　工业遗产保护背景影响下的工业建筑技术史研究

　　工业遗产是人类历史上影响深远的工业革命的遗存。在当代后工业社会背景下，工业遗产保护成为世界性问题。

　　工业遗产保护起源于英国。19世纪末期发轫于英国的"工业考古学"，强调对工业革命与工业大发展时期的工业遗迹和遗物加以记录和保存，反映了人们保护工业遗产的最初意识。随着工业化进程加速，至20世纪70年代，较为成熟的保护工业遗产的理念逐渐形成，各种工业遗产保护组织开始成立。1973年，第一届国际工业纪念物大会（FICCIM）召开，1978年国际工业遗产保护委员会（TICCIH）成立，这是世界上第一个致力于促进工业遗产保护的国际性组织，同时也是国际古迹遗址理事会（ICOMOS）工业遗产问题的专门咨询机构。2003年7月，在俄国下塔吉尔召开的国际工业遗产保护委员会大会上，通过了专用于保护工业遗产的《下塔吉尔宪章》。该宪章阐述了工业遗产的定义，指出了工业遗产的价值以及认定、记录和研究的重要性，并就立法保护、维修保护、教育培训、宣传展示等方面提出了原则、规范和方法的指导性意见。国际古迹遗址理事会也把2006年4月18日"国际古迹遗址日"的主题定为"保护工业遗产"，使工业遗产保护成为全世界共同关注的课题。2011年，国际古迹遗址理事会第17届大会通过了《都柏林原则》，该原则是"关于工业遗产遗址地、结构、地区和景观保护的共同原则"。2012年11月，TICCIH在中国台北通过了《台北宣言》。截至2019年年底，世界遗产名录中的工业遗产项目共有71项，占各种世界遗产项目总和的6.3%，占世界文化遗产的8.1%（世界遗产共计1121项，其中文化遗产869项）。

　　近年来，随着中国经济社会迅猛发展，根据城市工业布局调整规划，众多工业遗产的去留成为既紧迫又不可回避的现实问题，引起人们的广泛关注。在这一背景下，2006年在无锡举行首届中国工业遗产保护论坛，形成《无锡建议——注重经济高速发展时期的工业遗产保护》。同年国家文物局下发通知，对各有关单位加强工业遗产保护提出了明确要求。尽管部分工业遗产开始被列入保护之列，但是受法律保护的工业遗产项目仅占应纳入保护内容中很小一部分。2006年开始在少数城市启动了工业遗产的普查认定和保护规划制定，而大部分城市，特别是一些传统工业城市，尚未将工业遗产保护纳入文化遗产保护范畴，缺乏对工业遗产的总体评价。但不可否认，我国工业遗产调查、研究和保护工作在这些年中，取得了相当丰硕的成果。

　　中国近代工业建筑作为中国工业遗产的实物载体，是近代中国最具时代性与代表性的一种建筑类型。近代工业建筑不仅加速了先进建筑科学技术在中国的发展和推广，亦促进了现代建筑理论和技术美学在中国的传播，带动了中国建筑的现代转型，在中国近代建筑史上占有重要地位，然而其保存保护现状却不容乐观。首先，由于大量传统工业遭遇行业衰退和逆工业化过程，伴随巨大的城市空间发展需求和土地供给日益短缺的压力，处于城市中心和近郊区的工业用地成为利益追逐的对象，"退二进三"、"退城进园"等政策的实行，关、停、并、转后的工业旧址和厂房迅速成为废弃和提前拆除的对象。而在"旧城改造"热潮中，一些尚未进行界定、未受到重视的工业建筑和旧址，正急速从城市中消失。其次，近代工业建筑遗存正面临着技术不断更新或更替所带来的冲击。与其他古迹遗址不同的是，这些建筑遗存大部分仍在使用，不断延续的工业活动迫使此类工业遗存必须与发展的生产方式相适应，新技术、新工艺的不断开发应用和产品迅速地更新换代也使工业遗产更为脆弱，极易于受到损害，即便予以保存，搭建、改造、超负荷使用仍不可避免。最后，由于缺乏相应的维护资金和维修技术，大部分近代工业建筑在长时间的使用之后，最终走向所谓的"正常消亡"。

基于上述的历史大背景，对于中国近代工业建筑建造技术的研究，成为中国工业建筑遗产保护不可或缺的一环，任务十分紧迫。尽管如此，整个社会对中国近代工业遗存的认识还不够，一方面是史学研究者面对众多的史料，没有与当前的工业建筑遗存建立联系，从而失去将理论应用于实践的实际意义；另一方面则是工业建筑遗存的研究者、保护者对工业技术史等不熟悉，导致研究和评价过程没有科学依据，无法建立令决策者、社会普罗大众信服的评价保护体系；此外还有处于保护和设计一线的工作人员和设计师因缺少评价体系和技术支持，在实践过程中主观性、随意性极强，也造成了不少的问题。故而，作为对中国近代工业建筑遗存全面深入理解的一个前提环节，对于中国近代工业建筑建造技术的研究，显得极为重要而紧迫。

1.1.2 国内外研究的方向和重点

1.1.2.1 中国近代建筑的相关研究的发展

国内关于中国近代建筑的研究，早在梁思成先生生前就已经开始。1935年其撰写的《建筑设计参考图集》一文就开启了中国近代建筑研究的先河，及至1944年又在《中国建筑史》专列一章《清末及民国以后之建筑》研究中国近代建筑。嗣后，关于中国近代建筑研究的文章与著作，虽在报刊杂志上屡有出现，却未形成系统与规模，甚至可以说基本处于停滞状态。直至1986年"中国近代建筑史研究讨论会"在北京召开，真正标志着中国近代建筑史研究在全国的起步。从1986年迄今，中国近代建筑史研讨会已经举行了13次，推出一系列相关论文集。自此国内相关研究文献快速增多，形成研究的一股热潮。以中国知网（CNKI）搜索到的文献为例，自1958年至2014年，仅仅主题包含有"中国近代建筑"的文章就有707篇，其分布如图1-1-1。从图中亦可以看出整体研究增长的趋势，由于文章数量众多，其研究内容无法一一列举。

图1-1-1　1958~2014年主题有关"中国近代建筑"的论文篇数统计

根据中国近代建筑史学术年会2012年发布的统计数据，对其研讨会论文集的统计与研究结果表明，中国近代建筑史在前一阶段的研究有以下特点：研究主要集中于建筑样式、城市规划等现象的研究，综述性与个案研究性的论文占总论文数量的84%，研究停留于原始资料搜集与调研阶段；除对建筑和城市本身的研究之外，对于"建筑史"涉及的其他社会和技术因素的研究不足。

此外，国内众多学者也以专著形式在该研究领域发表其研究成果。如中日合作编写的《中国近代建筑总览》丛书（1992）共对哈尔滨、青岛、烟台、南京、武汉、广州、北京、厦门、重庆、昆明以及庐山等16个城市（地区）的近代建筑进行了调查，并出版了16个分册。郑时龄《上海近代建筑风格》（1999）、沈福煦《透视上海近代建筑》（2004）、伍江《上海百年建筑》（2008）、张复合《北京近代建筑史》（2004）是有关中国近代不同地域建筑的研究成果。杨秉德《中国近代中西建筑文化交融史》（2003）、赵辰等《中国近代建筑学术思想研究》（2003）、李学通《近代中国的西式建筑》（2006）、沈福煦《近代建筑流派演变与鉴赏》（2008）、董黎《中国近代教会大学建筑史研究》（2010）等一系列书籍则是从不同角度研究中国近代建筑的相关著作。赖德霖《中国近代建筑史研究》（2007）一书在其博士学位论文《中国近代建筑史研究》基础上，汇集了作者十余年来在中国近代建筑史研究方面的代表性成果，内容涉及中国建筑现代转型的诸多重要问题和个案。徐苏斌1992年完成博士论文《比较·交往·启示——中日近现代建筑史之研究》，2009年出版日文专著《中国的城市·建筑与日本——主体受容的近代史》，2010年出版《近代中国建筑学的诞生》，都从东亚的视角审视了中国建筑。2016年赖德霖、伍江、徐苏斌主编的《中国近代建筑史》（五卷本）出版，收录了中国近代建筑研究的重要成果。

中国台湾地区由于历史原因，对其近代建筑史的研究，自20世纪70年代后，一直都做得比较细致。台湾地区学者如傅朝卿、李乾朗、夏铸九等皆有相关的专著和代表作，如李乾朗《台湾建筑史》（2012）、《台湾近代建筑》等著作对台湾近代建筑都有介绍和涉及。

国外对中国近代建筑的研究也是中国近代建筑研究中的一个重要的分支，如日本建筑学界对中国近代建筑的研究就非常重视,历次中国近代建筑史研讨会都有日本学者参会并发表相关论文,中日合作交流的研究也相对较为频繁。

1.1.2.2 关于中国近代工业建筑的研究起步

中国的近代工业建筑研究起步稍晚,在建筑学领域,近代建筑的研究始于20世纪80年代,工业建筑的研究也始于这一时期的调查和研究中,但是所占比重并不大,如中日合作调查报告《同洋务运动有关的东局子建筑物》(1989)。研究多从建筑风格、结构类型入手,未能脱离近代建筑史的研究范畴。且大多数研究均落在工业建筑的保护再利用上,而且关注的重点亦是一些典型性已被列入保护范围的重点建筑,对大量存在的一般性工业建筑关注较少。如2010年中国第五个"文化遗产日"主题定为工业遗产,2010年11月中国首届工业建筑遗产学术研讨会暨中国建筑学会工业建筑遗产学术委员会召开成立,并签署了《北京倡议》——"抢救工业遗产:关于中国工业建筑遗产保护的倡议书"。随着研究的深入与普及,逐渐出现了许多工业遗产保护和利用的成功案例,而且学术活动的组织也促进了相关研究的发展。以目前查阅到的中国工业建筑遗产学术研讨会会议论文数量为例(表1-1-1),该学会在2008~2013年六年间,出版会议论文集5本,论文两百多篇,内容涉及工业建筑遗产案例研究、遗产保护与再利用、工业遗产的价值评估等方面,但从文章内容上看,研究重点大部分仍旧是关注个案的调查以及案例的保护更新者居多。

中国工业建筑遗产调查、研究与保护研究论文统计(篇)　　表1-1-1

年份	遗产案例调查研究	遗产保护与再利用	工业遗产理论研究	工业景观与艺术	国内外比较研究	多学科比较研究	其他	按年小计
2008	4	6	4	0	4	2	1	21
2009	0	0	0	0	0	0	0	0
2010	10	20	4	3	5	0	4	46
2011	15	10	15	6	5	5	1	57
2012	8	18	15	1	3	0	1	46
2013	17	21	9	0	5	11	1	64
2014	32	14	9	7	9	7	4	82
研究方向小计	86	89	56	17	31	25	12	316
所占比例	27%	28%	18%	5%	10%	8%	4%	100%

在国外,工业遗产已经成为被关注的对象,无论是其规模或其文化含义都使得政府或企业认识到再利用工业遗产既能节约投入,又能发展地方的文化产业从而促进地域性经济增长。而对其在理论研究方面或实际保护再利用方面也走在前沿。

1.1.2.3　中国近代建筑技术研究的前期积累

对中国近代建筑历史的研究经过几十年的发展，积累了相对丰富的研究成果，同时由于近年来对工业建筑遗产保护再利用的重视，对近代工业建筑的研究也达到了一个新的高度。在这些研究中，亦有部分文章和研究成果涉及近代建筑技术方面的研究，李海清在《中国建筑现代转型》（2004）一书中，从建筑技术、建筑业管理机制与法制建设及建筑理念等几个层面考察了中国近代建筑的发展。沙永杰的《"西化"的历程——中日建筑近代化过程比较研究》（2001）有对中日近代建筑技术移植过程的比较讨论。此外还有不少涉及近代建筑技术的文章。如关注近代建筑师和近代建筑事务所及建筑教育的，有王浩娱、许焯权的《从工匠到建筑师：中国建筑创作主体的现代化转变》，李海清、尹彤的《"科学主义"与未开化状态——从"华盖建筑事务所"的两个项目看国人对于建筑科学技术的态度》，李海清、付雪梅《运作机制与"企业文化"——近代时期中国人自营建筑设计机构初探》，李海清《哲匠之路——近代中国建筑师的先驱者孙支厦研究》，包杰、姜涌、李东华的《中国近代以来建筑教育课程中技术课程的比重研究》等。另外，有关技术史方面研究的文章，如吴致远等《技术：历史、遗产与文化多样性——"第二届中国技术史论坛"年会综述》。

而关注地域性建筑技术研究的文章尤为突出，这些文章基于各地类型多样的近代建筑在技术的各个不同角度予以研究与论述。彭长歆《广州近代建筑结构技术的发展概况》一文对广州近代建筑结构技术的引入和发展进行梳理，王昕《江苏近代建筑文化》有专章从结构体系、材料、工程分工等内容阐述了近代建筑技术在江苏的发展，刘先觉、杨维菊《建筑技术在南京近代建筑发展中的作用》研究了南京地区近代建筑技术的发展过程，张海翱《近代上海清水砖墙建筑特征研究初探》对上海清水砖墙的材料、工艺、建造特点进行了探讨，黄琪的《上海近代工业建筑保护和再利用》指出了上海近代工业建筑最早引入新技术、新结构、新材料、新形式，薛泰琳《上海交通大学校园近代建筑研究》则提及了该校园不同时期的建造技术问题，陈雳《德租时期青岛建筑研究》有章节涉及建筑材料和施工及德国人带来的新技术，陈筱的《烟台近代建筑》在其中的"建筑结构和材料"一节专门讨论了砖木、砖混、木石三种结构，杨永康《武汉地区近代砖建筑建构文化与技术研究》阐述了武汉砖砌建筑的材料、结构和构造特点，王力霞《外来文化影响下的北京近现代建筑》有对北京近现代建筑的结构类型的统计，王秀静《山西近代建筑技术的探讨》和任怀晟、王晨萱《船业及其装备对天津近代建筑艺术风格的影响》则分别讨论了山西和天津两地的近代建筑技术，赵燕慧《大连近现代历史建筑再利用现状及发展研究》对大连在沙俄殖民时期的建筑材料引进和建筑技术应用做了介绍。

有关保护修缮技术方面的学术论文也开始出现，如赵海龙的《近现代高校砖混结构教学楼的改造与修复》、吴杰的《武汉大学近代历史建筑营造及修复技术研究》、李旋的《北京近现代建筑木屋架微生物劣化机理与修复技术评析》，这些论文从近代建筑的保护与修复技术方面进行了研究与讨论。

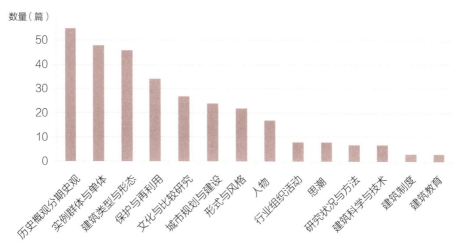

图1-1-2 第一至第六次中国近代建筑史研讨会论文集收入论文统计

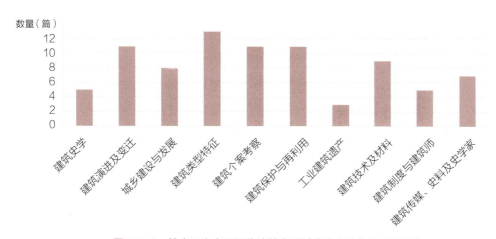

图1-1-3 第十三次中国近代建筑史研讨会论文集收入论文统计

上述论文反映了在近代建筑史研究中,对于近代建筑技术的重视已经开始提升,这个趋势从两个图的对比可以清晰看出(图1-1-2、图1-1-3)。对于近代建筑技术的研究,虽然整体上仍然处于缺失的状态,但与此前相比,已有所改善。

1.1.2.4 中国台湾地区及国外研究的开展

中国台湾地区对于近代建筑技术史的研究,却是越来越细致与深入。李树宜《台湾日占时期钢构屋架构造工法初探——以台湾总督官邸(今台北宾馆)为例》对日占时期台湾洋风建筑中常用的屋架类型进行了归类分析。林泽升《台湾日治时期洋式木屋架构造应用发展之研究》、蔡侑桦《由台湾总督府公文档案探究日治时期西式木屋架构造之发展历程》、蔡品慧《正同柱式木屋架构材安全评估法之初步研究——以台湾西式历史建筑为例》都是涉及台湾地区木屋架研究的专题论文。另外还有关于制砖技术研究的，譬如周宜颖的《台湾霍夫曼窑之研究》。

而国外对于近代建筑技术的研究，远远走在中国的前面。在日本，以村松贞次郎教授为代表的学者，早在"二战"后就开始了对日本近代建筑技术史的研究，他于1961年以《日本建筑近代化过程中的建筑史研究》论文获得博士学位，著有《日本近代建筑技术史》、《日本科学技术史大系17卷建筑技术》和《日本建筑家"山脉"》等著作。另外藤森照信的《日本近代建筑》一书，亦是研究日本近代建筑的代表作之一，书中也有大量篇幅关于近代建筑技术的论述。

1.2 中国近代城市工业发展的历史分期问题

近年来，工业遗产保护与工业建筑改造再利用成为国内外持续关注的一个热点，相关的研究工作逐步展开。本研究的关注点之一便是对中国城市近代工业尤其是工业建筑发展道路进行回顾，其中必然涉及中国近代城市工业发展及工业建筑建设的历史分期问题。如何看待这一问题，对其分期的意义和目的何在，以及如何进行分期，是本课题研究论述的基本依据之一。

历史分期问题是历史学的理论问题，通过划分历史时期研究史学，旨在揭示历史进程中不同时期、不同阶段之间质的差别。分期是一个工具，它是研究过程中为了对众多历史资料进行整理和排序所必需的前提假定，根据研究者语境和叙事目标的不同，可以有多种分期方式。分期只是研究进行前的一个假定，假定可能是错误的，但在没有假设的前提下，研究工作无法进行。

故而，对于中国近代城市工业发展进行历史分期的意义在于：（1）为中国近代城市工业发展及工业建筑建设的历史研究提供一个结构性的框架，从而能更整体地把握中国近代城市工业及工业建筑发展的基本历程。这种结构性的建立，对于初步的资料收集整理、数据库建设起到指导性的作用（本套丛书的第一卷、第二卷）。（2）为中国近代城市工业建筑的价值评估等提供技术支持。涉及价值评估的因素众多，其中尤以历史价值（时间久远、时间跨度、与历史人物的相关度等）为其重要评估因子。历史分期有助于初步完成价值评定，并为深入的价值评定提供参考（本套丛书的第三卷）。（3）历史分期不仅是面向过去的，而且必须是面向现在和未来的。借鉴历史分期和价值评估，能够为中国近代城市工业遗产的保护与再利用提供整体方向上的参考，有助于政策的制定和保护措施的执行，并能以一种动态的思维考虑整个未来发展的趋势（本套丛书的第四卷、第五卷）。

1.2.1 相关研究

在世界工业史的分期问题上，一般宏观地分为"手工业——机器大工业——现代工业"三个发展阶段。对于近现代工业发展，又大略有几次工业革命的说法，而最普遍的观点是三次工业革命说：（1）第一次工业革命（1760~1870年）发生在18世纪60年代的英国，以蒸汽机的广泛应用为标志，开创了以机器代替手工工具的时代；（2）第二次工业革命（1870~1945年）发生在19世纪70年代，以电力的广泛应用为特点；（3）第三次工业革命（1945~1970年）则始于"二战"后，以原子能、电子计算机和空间技术的广泛应用为标志。即便如此，学者们对此仍有不同的意见，提出过有别于"三次说"的"二次说"、"四次说"、"六次说"等①。

上述分期标准的选择，是以技术进步为基准的。中国近代城市工业发展分期，却很难以此为鉴，必须参考社会史等其他研究的分期方法。在前人的研究中，这种分期方法大量存在。故而综述资料选取从相关的政治史研究开始。

1949年后，就发生过对中国近代史分期问题的讨论。历史学者们认为，研究中国近代史分期问题，实质上就是在研究中国近代社会发展和阶级斗争的规律问题。正式提出的分期标准有三种：（1）用阶级斗争的表现来做划分时期的标志。这一主张最初由胡绳提出，为戴逸、荣孟源、王仁忱等同意。（2）以中国近代社会的主要矛盾的发展及其质的某些变化为标准。这一主张由孙守任提出，范文澜的意见与之相近。（3）分期的标准应该是将社会经济（生产方式）的表征和阶级斗争的表征结合起来考察。这一主张由金冲及提出②。由这些标准而建立的分期，极大地影响了后来各种历史研究。

关于中国近代工业史的研究方面，许衍灼、日本人安源美佐雄将1920年前中国的工业分为4或5期：官督商办时期（1862~1894年）、外人兴业时期（1895~1903年）、国人兴业时期（1904~1911年）和自觉发展时期（1912~1920年）。杨铨觉得第一期分期时间跨度太长，故将上述第一期析为：军用工业时期（1862~1881年）、官督商办时期（1882~1894年）③。陈真《中国近代工业史资料 第3辑：清政府、北洋政府和国民党控制官僚资本创办和垄断的工业》中虽然对中国近代工业未作时间上的分期，但其实整个编写的顺序在时间上仍是作区分的，即清政府、北洋政府、国民政府三个大的隐含分期④。孙毓棠、汪敬虞编写的《中国近代工业史资料》上下两册，上册主要收集的是1840~1895年间的中国近代工业史料，下册则从1895年开始直至1914年⑤。较为完整的、代表性的分期方法为祝慈寿的观点：中国近代工业的发生与初期情况（1861~1894年），甲午战争后帝国主义在华的工业投资与经营，甲

---

① 文暧根. 资本主义国家工业化历史分期问题刍议[J]. 西北大学学报，1982（02）：83-89.
② 章开沅. 关于中国近代史分期问题[J]. 华中师范大学学报，1956（09）：34-50.
③ 许衍灼. 中国工艺沿革史略[M]. 上海：上海商务印书馆发行，1917.
④ 陈真，姚洛. 中国近代工业史资料（第1、2、3、4辑）[M]. 北京：生活·读书·新知三联书店，1957-1961.
⑤ 孙毓棠，汪敬虞. 中国近代工业史资料[M]. 北京：科学出版社，1957.

午战争后的官僚资本工业与政府工业政策，中国民族资本工业的不断发展（1895~1927年），抗战前的外资工业与中国工业经营（1928~1937年），抗战时期的工业经营与变化（1938~1945年），抗战胜利后的中国工业演变（1945~1949年）①。这些分期方式有个共同点，即选取的起始时间均为洋务运动时期（孙毓棠、汪敬虞除外）。

魏新镇在其《工业地理学（工业布局原理）》对中国近代工业布局有详细的阐述，并从五个时期阐述了中国近代工业分布的地理特征，他对这几个时期的描述和分期为：近代工业萌芽时期（1840~1894年）、近代工业初步发展时期（1985~1913年）、近代工业大发展时期（1914~1922年）、近代工业发展缓慢时期（1923~1936年）、近代工业衰败与破坏时期（1937~1949年）②。这种观点影响较大，分期的界标不仅涉及重大政治事件、重大制度变革，还考虑到国际和国内时局对工业的影响。

在中国近代工业遗产研究领域，俞孔坚等将分期的历史时段延续到了改革开放以后，并做了近代工业与现代工业的划分。近代工业：（1）1840~1894年，中国近代工业的产生阶段，许多工业门类实现了从无到有零的突破；（2）1895~1911年，中国近代工业初步发展阶段，《马关条约》允许外国资本近代工业在各地设厂，中国丧失工业制造专有权；（3）1912~1936年，私营工业资本迅速发展时期，华侨和军政要员成为重要的工业投资者，近代工业逐渐走向自主发展；（4）1937~1948年，抗战时期艰难发展，大量工矿企业内迁，战后工业有短暂复苏。现代工业：（1）1949~1965年，新中国社会主义工业初步发展时期，经历了理性发展和工业化"大跃进"的浪潮；（2）1966~1976年，曲折前进时期，工业生产发展缓慢；（3）1978年至今，社会主义现代工业大发展时期，产业格局退二进三调整，促使某些工业地区重新定位③。

刘伯英提出的分期观点跟俞孔坚所述基本一致，只是在某些时间节点上略有不同，譬如在第三个时间节点的选取上以1922年作为一个分期节点，并且其对各历史阶段的表述也不一样，他的八个分期为：（1）旧中国近代工业萌芽时期（1840~1894年）；（2）旧中国近代工业初步发展时期（1895~1913年）；（3）旧中国近代工业大发展时期（1914~1922年）；（4）旧中国近代工业发展缓慢时期（1923~1936年）；（5）近代工业衰败与破坏时期（1937~1949年）；（6）苏联援助时期（1953~1962年）；（7）自力更生时期（1964~1978年）；（8）新民族主义和新殖民主义时期（1978年至今）④⑤。这个分期方式的前几个分期与上文所述魏新镇的分期一致，无论在时间节点的选取还是对每一阶段特征的描述上都是一样的，应该是有所参考，而后一阶段的分期和描述则站在另一种国际的视野进行观察，与传统的以社

---

① 祝慈寿. 中国近代工业史[M]. 重庆：重庆出版社，1989.
② 魏新镇. 工业地理学（工业布局原理）[M]. 北京：北京大学出版社，1982.
③ 俞孔坚，方琬丽. 中国工业遗产初探[J]. 建筑学报，2006（08）：12-15.
④ 刘伯英，李匡. 中国工业发展三个重要历史时期回顾[J]. 北京规划建设，2011（01）：8-12.
⑤ 刘伯英. 中国近代工业建设和工业遗产——殖民和后殖民的再思考[C]//朱文一，刘伯英. 中国工业遗产调查、研究与保护（三）：2012年中国第三届工业建筑遗产学术研讨会论文集. 北京：清华大学出版社，2013：89-98.

会形态为主的表述不一致。

至于各地方对于本地近代工业及工业遗产的研究，文章数量众多，这里不再一一表述，部分详情可见表1-2-1。撷取诸如上海、天津、重庆、西安等代表城市来看，由于各地发展的不平衡性，导致分期时间节点的选择千差万别，但就总体的发展趋势和规律来看，仍然在相当程度上能够与整个中国近代工业发展及工业建筑建设的历史相吻合。

由于对中国近代工业尤其是工业建筑的研究，涉及相当一部分的近代建筑史的内容。故参考建筑史学界对于中国近代建筑史的分期，有相当的必要。中国建筑史编委会的划分方式为：（1）产生初期（1840~1895年）；（2）发展时期（1895~1919年）；（3）重要发展时期（1920~1930年）；（4）停滞期（1930~1949年）[1]。邓庆坦划分的四阶段为：初始期（1840~1900年）、发展期（1901~1927年）、兴盛期（1927~1937年）、凋零期（1937~1949年）[2]。其他相关研究者的划分方式，有一定的相似性，划分的理由与描述也不尽相同。

总的来看，这些分期由于研究者的时代不同，研究的角度不一样，所持历史观也有所差异，故在分期的指导思想、分期的标准和依据、分期时间段选取、各时间段的规律特征描述等方面都有较大的差异。尽管如此，在某些方面却也能够取得较大的一致性，譬如时间节点的选取上，认同1895年中日甲午战争、1937年抗日战争、1949年中华人民共和国成立等。这些前期的研究，为进一步进行讨论和论证提供了坚实的基础，有利于我们作进一步分期的讨论。

各地工业遗产研究方面的相关历史分期 表1-2-1

	近代时期				现代时期		
北京 王引等[3]	1879~1949年				1949年至今		
武汉 张睿[4]	武汉工业近代化转型的起步阶段	武汉近代工业结构的形成期	武汉民族工业的曲折发展		武汉民族工业出现短暂复苏	—	—
	1860~1911年	1911~1927年	1927~1937年		1937~1949年	—	—
黄石 刘金林[5]	—	近代黄石工业的开创时期	近代黄石工业的发展时期	黄石抗战时期的工业	黄石近代工业的辉煌时期	—	—
	—	1875~1911年	1912~1937年	1937~1945年	1945~1949年	—	—

---

[1] 建筑工程部建筑科学研究院建理论及历史研究室"中国建筑史编辑委员会"（执笔人：侯幼彬，王绍周，董鉴泓等）. 中国建筑简史：第二册 中国近代建筑简史[M]. 北京：中国工业出版社，1962.
[2] 邓庆坦. 图解中国近代建筑史[M]. 武汉：华中科技大学出版社，2009.
[3] 王引，尹慧君，陈军，李瑞. 北京市工业遗产保护与实践[C]//朱文一，刘伯英. 中国工业遗产调查、研究与保护（二）：2011年中国第三届工业建筑遗产学术研讨会论文集. 北京：清华大学出版社，2012：3-13.
[4] 张睿. 武汉近代工业发展状态及设计研究[D]. 武汉理工大学学位论文，2013：76-82.
[5] 刘金林. 近代"大冶奇迹"与黄石工业遗产片区[C]//朱文一，刘伯英. 中国工业遗产调查、研究与保护（三）：2012年中国第三届工业建筑遗产学术研讨会论文集. 北京：清华大学出版社，2013：59-68.

续表

黄石 刘金林①	近代工业萌芽时期	近代工业初步发展时期	近代工业大发展时期	近代工业发展缓慢时期	近代工业衰败与破坏时期	—	—
	1840～1894年	1895～1913年	1914～1922年	1923～1936年	1937～1949年	—	—
西安 王西京 陈洋 金鑫②	—	西安近代工业的萌芽时期		西安工业的起步发展	社会主义工业的初步发展	西安现代工业在曲折中前进	—
	—	1869～1934年		1935～1948年	1949～1962年	1963～1978年	—
西安 任云英③	近代工业初始时期	近代民用机器工业的起步	近代工业持续发展阶段	战争后期	—	—	—
福州 朱永春 陈杰④	初始期	发展期	兴盛期	凋零期			
	1860～1874年	1874～1894年	1895～1937年	1938～1948年			
天津 宋美云 张环⑤	1866～1900年	1900～1926年	1926～1936年	1937～1948年			
上海 汪瑜佩⑥	中国近代工业肇始时期	为中国工业的发展时期			上海工业发展成门类繁多，多元化经营格局		
	19世纪50年代～20世纪初	1911～1949年			1949～1980年		—
长春 王新英⑦	—	初创期		徘徊与停滞期	恢复与完善期		
	—	1898～1931年		1932～1945年	1946～1962年		
延吉 林金花⑧	清末时期	民国初期	日本占领时期	解放战争时期	—	—	—
	1880～1911年	1912～1930年	1931～1945年	1946～1949年	—	—	—

---

① 刘金林. 再现中国近代工业第一城——历史学视野下的黄石工业遗产价值评价 [C] //朱文一，刘伯英. 中国工业遗产调查、研究与保护（四）：2013年中国第三届工业建筑遗产学术研讨会论文集. 北京：清华大学出版社，2013：129-140.
② 王西京，陈洋，金鑫. 西安工业建筑遗产保护与再利用研究 [M]. 北京：中国建筑工业出版社，2011.
③ 任云英. 西北地区近代工业遗产格局的历史地理考察 [C] //朱文一，刘伯英. 中国工业遗产调查、研究与保护（二）：2011年中国第三届工业建筑遗产学术研讨会论文集. 北京：清华大学出版社，2012：51-63.
④ 朱永春，陈杰. 福州近代工业遗产概略 [J]. 建筑学报，2011（05）：12-15.
⑤ 宋美云，张环. 近代天津工业与企业制度[M]. 天津：天津社会科学院出版社，2005.
⑥ 汪瑜佩. 上海工业遗产的再利用——西方经验的借鉴[D]. 上海：复旦大学，2009.
⑦ 王新英. 长春市近代工业发展历程 [C] //朱文一，刘伯英. 中国工业遗产调查、研究与保护（三）：2012年中国第三届工业建筑遗产学术研讨会论文集. 北京：清华大学出版社，2013：35-52.
⑧ 林金花. 天宝山矿区建筑遗产调查与现状分析 [C] //朱文一，刘伯英. 中国工业遗产调查、研究与保护（三）：2012年中国第三届工业建筑遗产学术研讨会论文集. 北京：清华大学出版社，2013：235-244.

续表

济南 隋芊蕙等①	—	济南近代工业初始阶段	济南近代工业发展阶段	济南近代工业停滞阶段	—	—	—
	—	1875~ 1904年	1904~ 1937年	1937~ 1948年	—	—	—
山西 张晶②	—	晚清督抚统治下的萌芽期	民国军阀统治下的发展期	中原大战后军阀统治下的鼎盛期	日伪和民国晚期军阀统治下衰败期	—	—
	—	1881~ 1911年	1912~ 1930年	1931~ 1937年	1938~ 1949年	—	—
山西 孟燕③	—	早期创办的近代工业	辛亥革命后逐步发展的山西工业	大兴土木建设的山西工业	战争时期的山西工业	—	—
	—	1881~ 1911年	1912~ 1930年	1931~ 1937年	1937~ 1949年	—	—
重庆 许东风④	—	近代工业初创时期		陪都工业兴盛时期	现代工业奠基时期	三线建设加速时期	改革开放后重庆工业新时期
	—	1891~1937年		1938~ 1949年	1950~ 1963年	1964~ 1980年	1980年~
重庆 陈蔚 陈全慧⑤	早期 重庆兵器工业的产生			抗战时期：重庆兵器工业的大发展		三线建设时期：重庆军工产业的第二次飞跃	
	19世纪60年代开始			1937年~		20世纪60年代中期~	
昆明 岜豆豆⑥	工业建筑的初步建设	工业建筑的发展中期	工业建筑的快速发展期	—	—	—	—
	1840~ 1895年	1896~ 1937年	1937年	—	—	—	—
云南 汤莹瑞 郭璇 孙雁⑦	萌芽阶段			第一个发展阶段	第二个发展阶段	第三个发展阶段	
	晚晴到抗战前			抗战时期	三线建设	改革开放至今	

---

① 隋芊惠，张青，陈坤. 济南近代工业历史及工业遗存初探［C］//朱文一，刘伯英. 中国工业遗产调查、研究与保护（三）：2012年中国第三届工业建筑遗产学术研讨会论文集. 北京：清华大学出版社，2013：67-74.
② 张晶. 山西近代工业建筑研究[D]. 太原：太原理工大学，2010.
③ 孟燕. 外来文化影响下的山西近代工业研究[D]. 太原：太原理工大学，2012.
④ 许东风. 重庆工业遗产保护利用与城市振兴[D]. 重庆：重庆大学，2012.
⑤ 陈蔚，陈全慧. 重庆近现代军工业建筑遗产研究与保护模式探索［C］//朱文一，刘伯英. 中国工业遗产调查、研究与保护（三）：2012年中国第三届工业建筑遗产学术研讨会论文集. 北京：清华大学出版社，2013：129-148.
⑥ 岜豆豆. 昆明近代工业建筑的形成及特征[D]. 昆明：昆明理工大学，2010.
⑦ 汤莹瑞，郭璇，孙雁. 云南近现代工业遗产初探［C］//朱文一，刘伯英. 中国工业遗产调查、研究与保护（二）：2011年中国第二届工业建筑遗产学术研讨会论文集. 北京：清华大学出版社，2012：71-86.

1.2.2 中国近代工业发展历史分期的几个问题

1.2.2.1 分期标准和依据

标准的选择可以有多重,但是一切标准都应该以能够有效进行分期为主。

选择标准一:以技术发展进步的关键节点为分期界标。前文所述的欧洲工业史分期正是采用此方式,通过对生产动力的改进和推广应用为标准进行划分。这种分期极清晰地展示了技术发展进步的阶段,亦契合工业生产以技术为动力的特点。对于中国近代工业发展而言,这种分期方式的难度极大。其关键在于中国近代工业发展并非同西方一样,遵循技术发展渐进上升式的特点。在大多数时间和空间范围内,中国近代工业的发展是一种突变式的、受偶然因素刺激的偶发式、跳跃式进步,这种跳跃造成了技术发展进步的节点间隔的不规律。况且,中国近代工业技术的发展,缺少如欧洲技术分期那种可以鲜明断开历史的界标,缺乏清晰全面概括某一阶段的技术进步特点,还有一个原因在于中国整个近代工业发展的时间跨度比之欧洲来说不大。当然,针对某特定行业的技术发展进步,或某种技术大面积、大范围的使用的分期方式也存在,但这种分期对于我们来说,会导致时间交叉和更为复杂的分期情况出现,且无法体现整个社会当时技术内在发展的逻辑性,无法反映不同时期社会生产力发展的整体水平。

选择标准二:研究近代中国工业史发现,所谓近代中国工厂,涉及几个方面的内容:(1)近代的工厂生产机制(使用动力的情况等);(2)近代工厂的生产规模(工人人数等);(3)近代工厂的生产制度(工厂章程等)[①]。前两点参照的是1929年南京国民政府所颁布的《工厂法》对于近代工厂的规定,后一点涉及的问题颇多,包括了新式工厂的真正建立——从过去的生产组织方式(地域共同体与血缘关系)向当代的生产组织方式如契约制(劳动法律与规章制度)的转变等。首个建立契约方式或设立工厂章程的时间或事件节点即便重要,却不易寻得。以诸如家庭手工业、工场手工业、工厂这样的阶段为划分标准就是采用上述第一点,这样的标准对应的是更长的历史时间跨度,且分期提到的众多的阶段都是属于"前工业"阶段。

选择标准三:目前,可行的手段仍然是结合其他社会史的分期方式,譬如以各种重大制度变革为时间界标,并以两界标之间时段工厂(工业建筑)的建设数量为标准去考察与衡量,同时参考从业工人数量变化以及工业生产总值等。受各时段技术手段、政治和经济制度等影响,工厂(工业建筑)在数量多寡上会有所表现,这种变化基本能够反映该时段的某些特点,揭示出一定的规律性及生产力水平。尽管量变并不一定能导致质变,但是作为质变的一个重要前提,也能一定程度上阐释"质"的阶段性,可以作为材料收集及分期的一个基本依据。最重要的一点,乃是数据量充足,不管是1949年前还是1949年后,都有大量的统计数据,这些数据能使历史分期相对主观的判断尽可能与客观存在的历史相符合,有效支持研究的进行。

---

① 朱采真. 工厂法释义[M]. 上海:世界书局, 1920.

1.2.2.2　分期时间段及原则

对某一历史时期进行分期，其分期两界标之间的时间跨度，于当前我们所处的社会阶段和研究目的来说，应该是长短合宜的。跨度太大，过于笼统；跨度太小，则失于繁杂；前者阶段性特征不明显，后者则琐碎过度。实际上，将某一历史时段作多少个阶段的划分，也是史学界一个重要而敏感的话题。有研究指出，历史分期应该把握"宜粗不宜细"的原则，其具体体现是，要利于概括总结，要"抓大放小"，不可纠缠细节[1][2]。

此外，分期的时间跨度是可变的，随着社会的发展以及历史的延续，不会也不应该出现固定不变的分期方式。因为对于每个时代而言，所谓的"近代"和"现代"是相对的时间概念，且处在发展中。分期可以有层次，可以将选定的某个历史阶段，以较长时段作粗略分期。而后在粗略划分的时间段内进行中观层面的划分，最后在分出来的时间段里，再作更微观分期，这样就形成一个层次分明的历史分期体系，以适应各种不同目的和深度的研究要求。

1.2.2.3　分期的方法

本课题在前人研究的基础上理清分期标准和依据，把握分期界标之间的时间跨度，选择分期节点，并建立GIS数据库，对历史分期的结果进行验证和调整。具体而言：大量搜集与中国近代城市工业（工业建筑）相关的基础历史资料，包括中国近代工业史资料集、近代工业通史、近代工业行业史、近代经济史、中国近代经济史统计资料、中国近代经济史资料等，建立中国近代城市工业（工业建筑）的GIS数据库。在该数据库的基础上，以工厂建厂时间为依据，结合前人研究的分期标准，选定标志性的时间节点，而后对每个时间节点前后和时间跨度里工厂的数量进行综合分析，移动时间轴上的节点，进行前后比较，确定分期节点，最后再通过数据库进行验证。

1.2.2.4　分期节点问题

1）第一分期节点（观点一：时间——1840年左右，界标——鸦片战争；观点二：时间——1860年左右，界标——洋务运动）

以1840年鸦片战争为界标：这种分期模式较为普遍，受到大多数专家学者的认同，尤以研究政治史方面的学者为多数。究其原因：一，这种分期以重大历史事件鸦片战争为时间界标，且在战争后外国资本开始在中国建立新式的船厂。一般的说法是以广东黄埔科拜船坞（Couper Dock；J.C.Couper&Co.）的设立为标志，就掌握资料情况而言，学界普遍承认这是外资在中国设立的第一个船坞。不仅政治史研究者，许多工业遗产研究学者亦持相同观点。

---

[1]　张世飞. 关于新时期历史阶段划分的几点思考[J]. 当代中国史研究，2004（03）：50-58.
[2]　李浩，王婷琳. 新中国城镇化发展的历史分期问题研究[J]. 城市规划学刊，2012（06）：4-13.

俞孔坚等认为在该时期中国近代工业产生，许多工业门类实现了从无到有的零的突破①。刘伯英等亦将该阶段称为旧中国近代工业的萌芽时期。当然，以1840年为分期界标，在更深层次的原因上，还在于脱离不了政治因素与阶级形态意识的影响。

换另一种角度，有不少学者主张以1861年前后作为分期界标或许更为合适。理由是：从1840年鸦片战争至1861年这一阶段，虽然中国固有的经济制度被打破，中国进入一个半封建半殖民地的社会，但其时的近代工业，却未见显著的发展。直至1862年安庆内军械所的创立，标志着中国自己创办的第一个机器生产工厂的出现。该时期洋务运动兴起，运动中引入的西方先进科学技术和观念为机器大生产在中国的推广提供了重要的条件，加之洋务重臣曾国藩、李鸿章、左宗棠等亲身参与各种军工企业等的创办，民间开明士人的积极呼吁与响应，中国传统的工业逐渐向近代真正意义上的机器工业迈进，这个时间节点在某种意义上更具有标志性，或正式拉开了中国近代工业的序幕。这种分期观点以研究中国近代工业史的学者为代表，受到广泛的认同，如陈真、姚洛《中国近代工业史资料（第1、2、3、4辑）》，范西成、陆保珍《中国近代工业发展史》等均持此观点②。

尽管以1860年洋务运动为历史分期的基本界标更受广大研究者的青睐，但因为在对中国近代城市工业发展的研究中，强调近代工业的从无到有，以及在诸如工业建筑遗产研究方面实际性的需要，以1840年鸦片战争为起始点，更具有节点性的意义。

2）第二分期节点（时间——1895年，界标——中日甲午战争）

这种分期方式学界基本无异议。中日《马关条约》签订后，外国资本在华设厂不受限制，中国丧失工业制造专有权。在《马关条约》签订前，清政府对外国人在中国办厂采取的是禁止政策，政府官员和海关更是以各种理由阻止外国机器等的输入。而条约的签订，在法律程序上保证了外国人在中国开设工厂的合法性，外资大量涌入，设厂的数量更是剧增。条约的签订也同样刺激了清政府统治阶级，使其立场发生根本的转变，开始保护和发展工商业，也在一定程度上刺激了中国近代工业的发展。

3）第三分期节点（观点一：时间——1901年，界标——清末新政；观点二：时间——1911，界标——辛亥革命；观点三：时间——1914年，界标——第一次世界大战；观点四：时间——1927年，界标——南京国民政府建立）

这个阶段，是中国近代重大事件频出，中国近代史最为跌宕起伏的历史时段。在这段历史里，中国近代工业受各方面因素的影响，也表现出一定的曲折性，但总体却呈现出一片蓬勃发展的强劲状态。基于此产生了对这一时段分期的众多观点。

---

① 俞孔坚，方琬丽. 中国工业遗产初探[J]. 建筑学报，2006（08）：12-15.
② 范西成，陆保珍. 中国近代工业发展史[M]. 西安：陕西人民出版社，1991.

清末新政：1901年，慈禧在西安发表上谕宣布变法实行新政。清政府设立商部，倡导官商创办工商企业。接着颁布了一系列工商业规章和奖励实业办法，允许自由发展实业，奖励兴办工商企业，鼓励组织商会团体。特别是1904年中国第一部工业法典《公司律》诞生，其颁布后的几年间，中国迎来了私营工业的办厂高潮。这些章程和做法，促进了民族工商业的发展，带动了社会经济的繁荣。尽管新政在推动中国经济发展、推动中国法律现代化、政权现代化和中国军队现代化方面起到积极作用，但以其作为分界坐标的学术观点却较少，多见于对于地方工业发展史的研究里。

辛亥革命：1911年辛亥革命作为近代中国的第一次资产阶级民主革命，是20世纪中国最重要的历史性巨变。持该观点的学者认为它在形式上推翻了中国两千多年的封建制度，为中国资本主义的发展扫除了诸多障碍，对近代中国工业化发展有着相当重要的推动作用，为中国近代工业大发展的到来做好了前期的准备。不可否认，政治制度的变革，确实影响着经济的发展，但因为清政府末期已做出制度上的调整，实际上这时期工业的发展，是否受清末新政利好的影响，或者真是由于政治制度改变带来的冲击，尚难定论。

第一次世界大战：1914年，"一战"（有些研究称"欧战"）爆发。各帝国主义国家疲于参战，放松了对中国的经济侵略。由于前期各种积累，中国近代工业已有一定程度的发展，新建的铁路开始提供便利，与生产和消费等方面的联系加强，提供工业原料的农业种植面积逐渐增大，原来的旧式钱庄等转变为新式银行。这些都为中国近代工业的迅速发展提供了必要的条件，也直接反映到近代工业发展的规模和速度上。这种分期观点从国际范围内进行考察，并抓住了近代工业发展的几个基本要素，从一定意义上具有切实的依据。但由于分期界标与中国本土关联性差，是否合适还有待考量。

南京国民政府建立：1927年，南京国民政府建立，大力发展国家资本主义，并使之处于垄断地位。政府的强势介入，促成了中国近代工业的又一次迅速发展。但另外一种研究却认为，正是由于外国资本和官僚资本的强势，阻碍了中国工业的正常发展，而将该时期划入增长缓慢期，这种观点与原来所说的"黄金十年"的说法，有着截然不同的立场。

4）第四分期节点（时间——1937年，界标——抗日战争全面爆发）

抗日战争期间，中国的工业生产力，除东三省以外普遍衰退。整个战争期间，中国分成了几大块，分别是东北伪满、华北沦陷区、华中沦陷区和大后方。东北伪满洲国由于日本的扶持，实行所谓"重点主义原则"的五年开发计划，对工业发展起到了作用。华北沦陷区和战前比较没有提高，呈现停滞不前的趋势。华中沦陷区的工业，以上海、武汉等几个大城市为代表，呈现出"两头小，中间大"的局面，也就是1937年8月抗日战争爆发以后的一段时期和1941年12月太平洋战争爆发后的整个战争时期，生产呈下降的局面，而中间一段时期，则呈上升的局面。就大后方而言，抗战前各省的近代工业为数颇少。战时后方工业发展空前，却具有短暂性，仅从抗战开始到1940年间一度发展，至1942年起逐步走向衰弱。

抗战结束初期，国民政府接收敌伪工业、使内迁工厂复员，采取多种措施使工业生产逐步恢复并在局部取得发展，但这种趋势犹如昙花一现。内战开始，几个大工业区如东北和华北在战争的直接影响下，工厂不但没有生产，而且资本设备也多趋于毁坏。至于中部各省，生产情形也非常黯淡。

5）第五分期节点（时间——1949年，界标——中华人民共和国成立）

1949年中华人民共和国成立后，中国经济进入了一个新的阶段。国家经历了以156项工程为核心的"一五"及"二五"建设时期和以三线建设为重点的"三五"及"四五"时期。前一时期中国利用国外资金、技术和设备开展了大规模的工业建设，建立起崭新的工业体系，形成了工业化的初步基础；后一时期的三线建设是中国经济史上的又一次大规模工业迁移，虽然初步改变了中国东西部经济的不平衡布局，带动了中国内地和边疆地区的社会进步，却由于建设地点过偏、建设方式过俭等原因，为后来企业发展埋下了隐患。

6）第六分期节点（时间——1978年，界标——中国改革开放前后）

1978年改革开放后，社会主义市场经济体制取代高度集中的计划经济体制，中国工业发展更上一个台阶。建立了完善的工业门类体系，工业经济迅速发展，工业基础显著增强，工业结构调整显著，区域协调发展的能力不断增长。此时的中国，已经从一个多世纪前的半封建半殖民地的农业国，一跃成为所谓的"世界工厂"，这30多年的发展可谓迅猛，速度世界罕见。

1.2.3 分期方案及数据验证

1.2.3.1 分期方案

本研究初步以1949年中华人民共和国的建立为界标，将中国近代工业发展（工业建筑建设）略分为近代时期和现当代时期。这种划分方式虽界标鲜明，却不便于本课题的研究，故需做进一步的细分。因此在中观层面上的划分为：（1）中国近代工业萌芽起步期（1840~1894年）；（2）中国近代工业快速发展期（1895~1936年）；（3）中国近代工业发展停滞期（1937~1948年）；（4）中国近代工业复苏重加速期（1949~1978年）；（5）中国近代工业飞速发展期（1979年至今）。这五个分期的界标，除起点1840年以外，其他基本无疑义，且时间跨度合宜，能大略概括中国近代工业的发展情况。另外，由于材料组织和研究深度的问题，还可以在此基础上对每阶段进行更细致的划分。具体更微观的细分方案如下：

第一阶段——中国近代工业萌芽期（1840~1860年）；中国近代工业起步期（1861~1894年）。

第二阶段——中国近代工业开始加速（1895~1901年）；中国近代工业首次快速发展期（1902~1914年）；中国近代工业稳速增长期（1914~1936年）。

第三阶段——中国近代工业二次快速发展期（1937~1945年）；中国近代工业停滞期（1946~1948年）。

第四阶段——中国近代工业恢复发展期（1949~1965年）；中国近代工业曲折加速期（1966~1978年）。

第五阶段——中国近代工业飞速发展期（1979年至今）。

1.2.3.2 数据库建设

随着对近代工业遗产研究的增多，工业遗产信息大量浮现，管理、分析这些数据具有很大潜力，本数据库的建设通过引入GIS（历史地理信息系统）等技术，通过单一平台整合和分析多种时空资料，从多个角度结合多种现象发现问题，特别是传统史料分析方式下不易发现的问题。对传统资料档案的"空间化"与"时间化"所建构时空信息模型，一方面可以通过多种途径可视化空间历史现象，另一方面基于计算机的空间分析可以揭示不同尺度下的时空现象与演化模式，为历史语境的解读提供新的资料，能够促进史学研究者和工业遗产研究者之间的联系，拓展史学和建筑史学研究范式。

本数据库建设的底图资料来源自复旦大学中国历史地理信息系统项目（CHGIS），选取了1820年层数据、1911年层数据及DEM数字地形数据作为底图数据；近代工业建厂时间数据主要来源于陈真、姚洛合编《中国近代工业史资料》，孙毓棠编《中国近代工业史资料》（第一辑），汪敬虞编《中国近代工业史资料》（第二辑），近代工厂厂区的定位精度为在其所在区（县）范围内。

1.2.3.3 分期验证说明

至目前为止，收集到与本课题有关的中国近代工业史上工厂数量近2200个，有明确建厂时间的2131个。由于1949年后工厂建设量激增，数据量过于庞大，且时间分期较为清晰，各方分歧不大，故而本研究的重点落在1840~1949年这一时间跨度上。此外还需说明的是，本研究的数据库尚在完善中，从之前论述中也可得知，许多基础数据仍然缺乏，但样本量的选取，已经基本能够发掘出一定的规律和特点。分析该数据库所得的基础数据，也能为课题的研究和深入起到参考和推动的作用（图1-2-1）。

图1-2-1 1840~1948年中国近代工厂数量统计

1840~1859年中国近代工业萌芽期：在本研究所统计的1840~1860年这一阶段所创建的工厂中，共有52个，年均新建工厂数量2.6个，而这些当时所谓的工厂，是否是真正意义上的现代工厂，尚待商榷。

1860~1894年中国近代工业起步期：这一阶段时间跨度35年，从洋务运动兴起直至失败，所创设的工厂众多，铺砌了中国近代化道路。调查到的这时期创建的工厂302个，年均创建工厂8.2个，显示了一定数量的发展。

1895~1900年中国近代工业开始加速期：从甲午战争到清末新政，短短6年间，中国的近代工厂的增长数量开始加速。数据库收集到新建工厂数量108个，年均18个，与前一阶段相比，明显出现发展加速的迹象。

1901~1914年中国近代工业首次快速发展期：在这一阶段，中国近代工厂出现了第一轮的快速发展。数据库收集到的新建工厂数量728个，年均52个，这种增长速度反映了体制变革所带来的对工业发展的促进。

1915~1936年中国近代工业稳速增长期：这一阶段，中国近代工厂处于稳步增长的阶段，尽管期间仍有起伏和变化，但新建工厂的数量仍维持在一个相当可观的阶段。数据库收集到570个这一时间段新建的工厂，年均约26个。

1937~1945年中国近代工业二次快速发展期：尽管之前的研究一直认为，抗战期间中国近代的工业遭受极大破坏，工厂也受损严重。但这一阶段的数据显示，工厂建设却仍呈现相当大的增长。收集到该时间跨度内新建工厂371个，年均新建工厂数量约为46个。当然，这一阶段新建工厂的数量增长，也有可能是受抗战时期内迁工厂重新建厂等因素的影响。

1946~1948年中国近代工业停滞期：国共内战全面爆发，确实严重影响了中国近代工业的发展。三年内战期间，工厂年均增长数量又降到个位数，收集到的年均新建工厂数量仅为2个，尽管肯定有数据不足等原因存在，但中国近代工业的发展在内战期间真正停滞了下来。

从以上分析可以看出，尽管数据库本身还存在问题，如某些区间会因为样本量不足出现比较明显的漏洞，但在大数据处理和数据的可视化表达方面却仍然显示了其不可比拟的优势。上述分析也说明：对于本课题初步提出的分期方案的验证也是基本可行的，基本能符合中国近代城市工业（工业建筑建设）在该时间段的发展趋势。

中国近代城市工业发展确实客观存在着一定的历史阶段，每个阶段都有鲜明的分期节点和界标。由于视角不同和研究的侧重点不同，历史分期会有不一致的情况。而且历史分期的主观性非常明显，正是这种主观性的存在，令研究者在分期研究探索过程中有意义。关于其历史分期的讨论，能够为我们研究其时代共性和差异，并进一步组织材料提供便利，同时也为其他相关研究提供一定参考。

1.3 全国各行业研究的基本概况

国内有关全国性的手工业史、工业史以及地方工业史、专门行业工业史和历史企业个案等的研究都较丰富，为研究工业遗产的历史提供了较为清晰的脉络。本部分梳理的重点是1840年之后，中国近现代工业的发展历史，尤其是不同工业门类技术引进和发展的历史。

其中工业通史有：祝慈寿的《中国古代工业史》、《中国近代工业史》和《中国现代工业史》三部曲，按照历史顺序阐述了中国从传统手工业到近代工业，再到现代工业的发展历程，是中国工业史的开山之作；刘国良的《中国工业史·古代卷》、《中国工业史·近代卷》和《中国工业史·现代卷》是继祝慈寿先生之后的又一力作；《中国工业技术史》（重庆出版社，1995）和《中国工业劳动史》（上海财经大学出版社，1999）分别从技术史和劳动经济学等角度阐述了工业的发展历程。

阶段性工业史有：孙毓棠和汪敬虞所著的《中国近代工业史资料》、陈真和姚洛所著的《中国近代工业史资料》、彭泽益所著的《中国近代手工业史资料》1840～1949（四卷本）、张国辉所著的《洋务运动与中国近代企业》、胡滨和李时岳合著的《从闭关到开放——晚清"洋务"热透视》、夏东元所著的《洋务运动史》、范西成和陆保珍合著的《中国近代工业发展史：1840～1927》、董志凯和吴江合著的《新中国工业的奠基石（156项建设研究1950～2000）》等，这些都是系统掌握中国近现代工业发展脉络的重要资料。

地方性工业史的研究包括地方工业史专著和部分地方志中的工业卷，如：宋美云、张环合著的《近代天津工业与企业制度》，徐新吾、黄汉民主编的《上海近代工业史》，张学君等合著的《四川近代工业史》，中共甘肃省委党史研究室编写的《甘肃工业的基石："一五"时期甘肃重点工程建设》，中共辽宁省委党史研究室编写的《历史——永远铭记创业的辉煌："一五"时期辽宁重点工程建设始末》等。

行业史从行业角度，研究了在一定历史时期和区域内的工业发展，包括行业史和地方行业史。其中行业史有：中国近代纺织史编辑委员会编著的《中国近代纺织史（1840～1949）》，陈歆文所著的《中国近代化学工业史（1860～1949）》，上海科学院经济研究所编写的《中国近代面粉工业史》和《中国近代造纸工业史》，徐新吾主编的《中国近代螺丝工业史》，丁长清、唐仁粤主编的《中国盐业史》，方一兵所著的《中日近代钢铁技术史比较研究：1868～1933》、《汉冶萍公司与中国近代钢铁技术移植》，北京科技大学技术史研究所编著的《中国科学技术史：矿冶卷》等。不同行业技术史的梳理是本课题关于工业史研究中需要重点理清的部分。

地方行业史主要有：徐新吾主编的《江南近代丝织工业史》，方宪堂主编的《上海卷烟工业》，云南大学历史系、云南省历史研究所地方历史研究室编写的《云南冶金史》，王菊所著的《近代上海棉纺业的最后辉煌（1945～1949）》等。20世纪60年代初南开大学经济研究所编撰完成《启新洋灰公司史料》后开始了对开滦煤矿史料的搜集整理，系统翻译开滦煤矿的英文档案，同时开展学术研究。1986年出版了郭士浩主编的《旧中国开滦煤矿工人状况》，1988年出版了南开大学经济研究所经济史研究室编《旧中国开滦煤矿的工资制度和包工制度》等专著，同期还发表了一系列研究论文。熊性美、闫光华主编的《开滦煤矿矿权史料》20世纪80年代即完成第二稿交给出版社，但是因为经费问题的缘故拖了30年，最后由南开大学出版社出版。1988年王玉茹完成南开大学学位论文《开滦煤矿的资本集成与经营效益分析》。这些地方行业史对了解各行业和地方主导行业的发展历史，确定工业遗产的价值和地位提供了重要的参考。此外，一些企业史和个人传记也提供了工业史的相关信息。

第2章

从传统向近代转型
——洋务派机器局的创建

在中国近代工业化过程中，近代工厂是其不可或缺的物质载体，近代工厂的兴建与设计又反映了中国近代化的重要转型。洋务工业是中国近代工业的先驱。本章阐述了洋务工业的分布，并以传统营造世家样式雷设计的工业建筑海光寺机器局、广东机器局为对象展示早期的工业建筑。

2.1　洋务工业的布局[①]

2.1.1　工业布局的萌芽

若以1861年曾国藩在安庆设立的内军械所为洋务运动创设的第一个兵工厂，以此开始至1912年清帝退位，在此期间洋务派创办了42个军工企业。除西藏、青海和内蒙古三个政区未设置军工企业外，清朝政府当时统治的全国各辖区内均有企业分布，数量较多的如湖北省甚至有4个。在建设时间分布上可以发现1890～1899年这一时期创办的企业最多，而该时期恰逢洋务运动开展之高潮期。同时不难发现，洋务运动早期这些企业更多集中于东部沿海省份，出现这种布局大概是由于东部通商口岸贸易便捷，且便于引进西方技术、设备、人员之故。直至后来因相继遭受战争影响（中法战争、中日战争），国内安全意识增强，才陆续在内地和偏远地区建设工厂。

洋务运动初兴时，未曾见过清中央政府或者主政者对于整个国家整体工业空间布局的规划，这些军工局（厂）的创设并不受中央政府集中控制，经常是一事一议，着力于解决当前问题，地方意识强于中央，未能发挥所谓"后发内生型"国家的优势。

1895年《马关条约》签订后，张之洞上奏的奏折中，才初步有了全国范围内的工厂布局规划思想[②]。张之洞认为在重要的地区如"要冲之地"、"根本之区"均应设立军事工厂，在选址上内地要优于沿海，故建议要进一步筹款扩充其创办和经营的湖北枪炮厂。对于全国其他原有机器局，如江南、天津、广东、山东、四川等局，采取"应各就本省情形，量加扩充"。福建船政局也适合扩充，因其已经拥有大型的锅炉机器、打铁厂等厂房，并有熟练技术人员，可以节约费用[③]，其他边远地区如奉天（沈阳）和陕西，则应集中设厂[④]。这算是洋务派官员对于全国军事工业调整较为详尽的论述，这个调整注重实效，主张大力发展内地军

[①] 本节执笔者：赖世贤、徐苏斌。
[②] "枪炮子弹，均非多设局厂迳行自造不可。凡要冲之地、根本之区，均宜设局。……尤设于内地，有事时方能接济沿海边边。若设于海口，既嫌浅漏，且海道梗阻，转运亦难。"引自：张之洞. 吁请修备储才折. 转引自：苑书义. 张之洞全集：奏议：第2册[M]. 石家庄：河北人民出版社，1998：995。
[③] "现有大锅炉机器及打铁各厂，并多谙悉机器司工匠，若添枪炮机，似乎费可较省，工亦易集"文献同上。
[④] "其余如奉天，根本而道远，难于接济，宜专设一厂。陕西奥区，且可以接济西路，亦专设一厂。"文献同上。

事工业的同时也不放弃沿海地区，但其仍有一定的局限，摆脱不了发展自己管辖政区工业的嫌疑。

随后更为系统性与更激进的方案出现，1897年荣禄针对时局对全国军事工业布局提出了意见，并得到了清政府的认可①。荣禄的方案提及沿海设厂对于军事安全影响的问题以及内地各省的资源优势，建议让未设局的内地省份尽快设厂，已经设厂的在原有规模上扩充，沿海省份则应予以限制，甚至提出上海江南制造局原料来源有问题、应整体迁厂的想法，这是全国军事工业布局由"近海"向"内陆"转变的重要节点。

1905年铁良提出的方案，更具全局观和统筹性，该方案已将全国军事工厂的规划选址思想提到了一定的高度。除了迁厂建议外，铁良还进一步将全国的军事工业布局的规划分别做理想化与现实性的考虑，提出了"统筹全局法"和"变通办法"。统筹全局法要在湘东、天津或河北、湖北分设南、北、中三厂。若南北厂一时无法同时设置，可变通在江北设一厂，兼顾南北②。其建议中开始要在全国范围内集中布局军事工业，并择重点发展，所谓南、北、中三厂的做法即是此意，同时其还注重选址靠近煤、铁等原料产地并远离沿海。

1909年铁良失势后，朱恩绂在考察全国重要的军事工厂后制定的方案认为机器局（厂）的规划首在交通，拟建东、西、南、北、中五厂，分别在南京、四川、广东、湖北、德州（设法扩充原厂），并建武器库于北京③。该计划考虑更为全面，地区布局上亦更为合理和均匀，且借助原有已建设之厂进行整合，亦为规划布局实施的有利条件。

2.1.2 各个机器局地点选择

在厂址中观布局的考虑中，原料及燃料来源很重要。江南制造局材料和燃料依靠进

---

① "战舰凋零，海权全失，沿海之地易启彼族窥伺之心……制造厂局多在滨海之区，设有疏虞，于军事极有关系。查各省煤铁矿产，以山西、河南、四川、湖南为最，又皆内地，与海疆情形不同。应请饬下各省督抚，设法筹款，设立制造厂局；其已经设有厂局省分，规模未备，尤宜渐次扩充，自炼钢以迄造……各项机器，均须购办，实力讲求，从速开办，以重军需。至上海制造局购有炼钢机器，因其地不产煤铁，采买炼制所费不货，以致开炉少日，似宜设法移赴湖南近矿之区，以便广为制造。"引自：荣禄. 荣禄奏请在内地省份建立制造厂局并将上海制造局内迁片. 光绪二十三年十月. 转引自：中国近代兵器工业档案史料编委会. 中国近代兵器工业档案史料（一）[M]. 天津：兵器工业出版社，1993：44.

② "一、统筹全局办法。……非得南、北、中三厂源源制造，恐所出之械难期因应而不穷。拟请就湘东现勘之地设为南厂，再于直、豫各省择其与山西煤铁相近便者另设一处，作为北厂，而以鄂厂贯乎其中，以辅助北厂之所不及。……此通盘筹画之正计也。一、变通办法。……如南北两厂一时难以并举，只能先务最急……另于江北一带地方选择深固利便之区，取其与南北各省均适中可以兼顾者，专设一厂……"引自：铁良. 铁良奏遵旨查明江南制造局应否移建各情形折. 光绪三十一年正月十八日. 转引自：中国近代兵器工业档案史料编委会. 中国近代兵器工业档案史料（第一册）[M]. 天津：兵器工业出版社，1993：305-306.

③ "局厂规画，首在交通。兼权并计，拟定为东、西、南、北、中五厂：在宁为东厂，在川为西厂，在粤为南厂，在鄂为中厂，而以德州之子药厂设法扩充，作为北厂。再建武库于京师，并沪厂于金陵。从此兼营并进，亦可及时补救。"引自：朱恩绂. 朱恩绂奏整顿制造军械局厂办法折. 宣统二年十二月十三日. 转引自：中国近代兵器工业档案史料编委会. 中国近代兵器工业档案史料（第一册）[M]. 天津：兵器工业出版社，1993：306；又原折亦见于清实录：附宣统政纪：第60册：829-832.

口，其开支费用明显高于天津机器局，因为天津机器局有开滦煤矿作为其主要燃料供应点。福州船政局也曾因为燃料问题而困扰，直至基隆煤矿的开采才缓解了这个根本问题。其他的机器局（厂）在创设的过程当中，或多或少都会碰到原料和燃料来源问题，但由于早期机器局（厂）等生产制造的产品并不十分依赖原料的供应，或者说不像铁厂等那么直接，故而在早期机器局的选址方面，提及与原料关系的选址考虑者不多。但到了湖北枪炮局创办时，情况有所变化。在湖北枪炮厂选址问题上，张之洞综合经济和军事多方面的考虑①，认为选址湖北"尚不独为近煤铁之便"，亦有"设厂沿海不如沿江"之论。此外，又在湖北相继建设钢铁厂、大型煤矿，如汉阳铁厂、大冶铁矿，开发萍乡煤矿，实现原料、燃料、生产一体化建设的产业集群。这样的选址布局和规划，体现了认识上的进步。

  初期创办的江南、福州、天津三局均位于沿海口岸，是当时洋务派军事工业布局"近海"理论的体现。李鸿章在1865年《置办外国铁厂机器折》②中提到在工厂选址上强调"就近海口"是出于"立时制造"的目的，并节省外洋购置机器运费，利于引进西方技术人员。因为当时机器局所需原料只能从外国购进，近海口设厂同样亦出于运费节省的需要——运输是否便利是中国近代早期工厂选址最为看重的问题，这点在各局（厂）创设的考虑中往往被列为首要因素。如吉林机器局创办过程中，吴大澂曾列举运输不便带来的困难：营口没有码头，水运无法抵达，营口到吉林又有山路，路况极差，路途遥远，与其他能依靠水运的机器局相比，转运机器困难③。1875年丁宝桢上奏清廷创建山东机器局，其理由有④：一，设厂于内地安全性高；二，陕西、山西、河南、河北、湖南、湖北都可以通过黄河水运到达。同样将运输便利作为其考虑的重要因素。因此其在建设时山东机器局和四川机器局因地制宜，最大化利用天然的江河水道。山东机器局采用窄轨铁道与河边码头相接，结合铁路和水路运输的优势。四川机器局直接把厂房设在河边，解决了运输和水源的问题。其他机器局在创办时，情况亦然。

  近代早期军事工厂在建设时，基本都属于为了满足地区军事需求而设，众多机器局的

---

① "缘近日访得湘煤、湘铁甚多，黔铁、鄂铁亦不少，皆通水运"且"鄂省为南北适中，若于此处就煤铁之便，多铸精械，分济川、陕、豫、皖、江、湘各省，并由轮运沪，转运沿海，处处皆便，工费亦省。"引自：张之洞. 光绪十六年正月初二、初七日还衙致张. 转引自：王树楠. 张文襄公全集：电牍：卷12[M]. 香港：文海出版社，1970.

② "若托洋商回国代购（机器），路远价重，即无把握；若请派弁兵，径赴外国机器厂讲求学习，其功效迟速与利弊轻重，大非一言可决。不若就近海口，访有洋人出售铁厂机器，确实查验，议价定买，可以立时制造。"引自：李鸿章. 关于江南制造局奏折一则. 同治四年八月初一日（1865.9.20）. 转引自：《上海船舶工业志》编纂委员会. 上海船舶工业志[M]. 上海：上海社会科学院出版社，1999.

③ "营口初无码头，轮船不能傍岸，非若天津、上海就船起运，人力易施。自营口至吉林，有山路崎岖，高坡上下，霪雨之后，积潦满墊，覆辙之车，伤人及马，以数千百斤之重，载行千数百里之长途，仆伕惊怖，津吏骇闻。他省机器局创办之初，无此艰险，此转运之难也。"引自：吴大澂. 会办北洋事宜督察院左副都御史吴大澂奏. 转引自：孙毓棠. 中国近代业史资料（第一辑）[M]. 北京：中华书局，1962：500.

④ 一）"设厂内地，不为彼族所觊觎，万一别有他事，仍可闭关自造，不致受制于人"；二）"秦、晋、豫、燕、湘、鄂等省，由黄运溯流而上，一水可通。将来制造军火有余，可供各省之用，转输易达"。引自：中国史学会. 洋务运动（四）[M]. 上海：上海人民出版社，1961：302.

创设都是因为军需紧迫，换句话说即是市场需求所致。四川机器局的创设，丁宝桢所提的理由是四川各勇营练习用的洋枪全部从上海买，价格昂贵且运费不赀①。市场有需求，近市设厂可以节省运费。同样，吉林机器局的创办原因是中俄关系紧张导致，吴大澂到东北筹建"靖边军"，军队使用的洋枪洋炮弹药供应困难②。其他小型机器局亦是如此，1883年云南机器局的创办亦是因为"越南兵事紧急，军火不敷接济"之故，湖南、山西等局也大致相类。

在考虑技术工人的需求和工价方面，近代早期军事工业选址论述较少，但也并非全无顾及，如江南制造局设厂初次选址于上海虹口地区，收购美国人设立的旗记铁厂，其重要的理由即是可以留用原厂主和厂中的七名科技人员，而在考虑迁址时亦有提到因虹口地区的繁华导致此地"游艺者易于失志"而不便设厂。

工厂地点布局的选择，往往要经由多方面的考虑，最终地点的确定是权衡各方面影响因素的结果。在特定条件下，某一因素会起到关键性的作用，而一旦情况有变，则面临的问题截然不同。初期"近海口"设厂多有便利，但近海设厂的弊端在1884年中法战争中表露无遗，法国舰队炮轰福州船政局，造成其受到极大破坏；1900年八国联军侵华，天津机器局重蹈毁于战火的悲剧。虽然不得不承认防卫的安全性问题在军事工厂的布局选址方面尤为突出，但却也并非其独有的特点，众多毁于兵燹的工厂亦同样能说明问题。随着西安、四川、吉林等机器局的创办，中国早期的军事工业选址由"近海"至"内陆"转变，认为其可以减少战争受袭之险，亦可接济内地军需。1874年，李鸿章认为上海、天津近海口设局是因为材料需要进口，为了方便就近海口设置，一旦发生战争，就需要重兵驻守，实在不是稳妥之策③，指出后续的局（厂）建设必须避免再犯此类错误，以后设局应于"腹地通水"之处，沪局总办李兴锐提议在松江建弹药库为江南制造局后路，理由是松江位于上海远郊，"上达江防"，"下顾海口"，军舰不能开进来，陆路进攻也不易④。

后期随着建厂经验的成熟和认识的改变，中国近代工厂的选址也开始出现了较为全面的思考，汉阳铁厂的选址就是其中一例。起先有考虑在黄石港建厂，其优势是临近长江边上且离大冶铁矿不远，兼顾利用上游的煤矿资源作为燃料。1890年张之洞在给盛宣怀的电报中阐

---

① "（川省）各勇营亦习用洋枪，均须购自上海，价值既昂，而道远转运，所费不赀，故拟自办机器制造。"引自：中国史学会. 洋务运动（四）[M]. 上海：上海人民出版社，1961：306.
② "吉省防军不能自制子弹，购运费时，难乎为继。即弹药、铜帽亦须内地各省机器局转运到吉，道远费繁，终非常策。"引自：中国史学会. 洋务运动（四）[M]. 上海：上海人民出版社，1961：333.
③ "沪津格局当近海口，原因取材外洋就便起见，设有警变，先须重兵守护，实未稳著。嗣后各省筹添制造机器，必须设局于腹地通水之处，海口若有战事，后路自制储备，可源源运济。"引自：李鸿章. 筹议海防折. 转引自：吴汝纶. 李文忠公全集：奏稿：卷二十九[M]. 上海：上海商务印书馆，1921.
④ 魏允恭. 江南制造局记[M]. 台北：文海出版社，1996.

释了自己在武昌省城选址建设铁厂的理由①，包括：（1）黄石港两块地的劣势；（2）荆、襄煤运大冶运费昂贵，运省城则无重运之费；（3）大冶距省城远，运输过程中难免出现掺假及以次充优等情况，在省城可以避免；（4）有专业技术人员的料理可以提高产品质量，提高员工工作效率；（5）无人料理的产品不合质量无法销售；（6）技术人员可以共用，督抚等官员便于到此管理等。这几方面厂址选择理由，已然涵盖现代工厂选址中有关原料燃料、运输条件、劳工情况、配套产业等诸多因素，可见其在选址思想的进步和日臻完善。

2.2 海光寺机器局②

本研究聚焦于清代建筑世家样式雷家族的工业建筑设计展开。样式雷建筑作品包括城市、宫殿、坛庙、园林、陵寝、府邸衙署、行宫、洋房等③。但鲜为人知的是，样式雷家族还参与设计了清末北方第一座兵工厂——天津海光寺机器局，目前发现样式雷图档中有天津机器局（西局和东局）、广东机器局，是样式雷家族设计的较早的西洋风格的建筑之一，对研究天津近代工业遗产及中国工业遗产都具有重要价值。

目前对于海光寺机器局的研究主要以历史文献为主，来新夏先生在《天津近代史》一书中分析了机器局的兴办背景、东西座局子的军事产品以及东局子的五次扩建的过程④，其研究具有重要的价值，也是本书研究的基础。中国国家图书馆藏天津海光寺机器局及行宫地盘样⑤和故宫博物院藏天津海光寺机器局及行宫立样⑥，两张珍贵的图纸为我们了解清末兵工厂的功能组成、格局、建筑特征及结构特征提供了可能。本书结合两张样式雷图和数张海光寺行宫及机器局的历史照片，分析海光寺机器局的设计过程及建设情况。

---

① "黄石港地平者注，高者窄，不能设厂，一也。荆、襄煤皆在上游，若运大冶，虽止多三百余里，回头无生意，价必贵，不比省城。钢铁炼成，亦须至汉口发售，并运至省城炼枪炮。多运一次，不如煤下行，铁矿上行，皆就省城，无重运之费，二也。大冶距省远，运煤至彼，运员收员短数掺假，厂中所用以少报多，以劣充优，烦琐难稽，三也。厂内司员离工游荡，匠役虚冒懒惰，百人得八十人之用，一日作半日之工，出铁既少，成本即赔，四也。无人料理，即使无弊，制作亦必粗率，不如法炼率；制成料物，稍不合用，何从销售？五也。铁厂、枪炮厂、布局三局并设，矿物、化学各学堂并附其中，安得许多得力在行大小委员分投经理？即匠头、翻译、绘、算各生亦不敷用。三厂若设一处，洋师、华匠皆可通融协济，煤厂亦可公用，六也。官本二三百万，常年经费价出入亦二百余万。厂在省外，实缺大员，无一能到厂者。糜费巨款，谁其信之？若设在省，则督、抚、司、道皆可常往阅视，局务皆可与闻。既可信心，亦易报销，七也。此则中法，非西法。中法者，中国向有此类积习弊端，不能不防也。即使运费多二三万金，而工作物料实优劣，所差不止数十万金矣。"引自：张之洞.致上海盛道台.光绪十六年四月初八发，转引自：王树楠.张文襄公全集：卷一百三十五：电牍十四[Z].复印本，1928.
② 本节执笔者：季宏、徐苏斌。
③ 王其亨.华夏建筑的转世绝响样式雷[J].中华遗产，2005（4）.
④ 来新夏.天津近代史[M].天津：南开大学出版社，1987：102-108.
⑤ 地盘样相当于建筑平面图，包括总平面图、平面图、局部平面图以及地形地势等。
⑥ 立样包括建筑立面图、剖面图、轴测图、透视图等。

图2-2-1 1860年前后的海光寺

海光寺位于天津城南，始建于清康熙四十五年（1706年），原名普陀寺，康熙帝赐名海光寺。乾隆帝曾多次来此，并相继留有诗文，海光寺成为天津著名的佛门圣地。"津门十景"中的"平桥积雪"就是指寺北的西平桥，海光寺也是风景绝佳之地（图2-2-1）。

第二次鸦片战争期间英法联军于天津城外设南北二营，其中南营就位于海光寺，1858年6月清政府与英、法、俄、美四国又在海光寺签订了《天津条约》。战争之后，为防御外国侵略，于咸丰十年（1860年）在天津城外距城3至5里不等地方挖筑护城壕墙一道，俗称墙子，设正门四座，即东、西、南、北营门。天津城南郊津郡等防濠墙南营门恰好设立在海光寺附近，该营门因此命名为"海光门"，距天津城3里。

2.2.1　天津机器局兴建背景

清末各省机器局的兴建背景在很多专著中都有涉及[①]。但是天津机器局兴办的重要性需要作简单介绍。

曾国藩、李鸿章在镇压太平天国运动的过程中领略了西方军事武器的威力后才开始逐渐推行"洋务运动"，首先在江苏陆续设立了三所小型军工厂，然后于同治四年（1865年）正式成立"江南制造总局"。在成立江南制造总局之前李鸿章《置办外国铁厂机器折》中还提到"前奉议饬以天津拱卫京畿，宜就厂中机器，仿造一分，以备运津，俾京营员弁，就近学习，以固根本"[②]。可见天津由于自身军事地位的重要性，一直需要一个能够制造洋枪洋炮的近代军工厂。

天津作为京师门户、"畿辅重地"，咸丰十一年十二月（1862年1月）就开始了西法练兵。聘英国军官为教官，以西法练兵，操练西洋阵法，练习西洋枪炮、炮车和马队等兵器与技

---

① 关于清末机器局建设的专著有王尔敏的《清代兵工业的兴起》、高鸿志的《李鸿章与甲午战争前中国的近代化建设》以及清末海防研究的专著。
② 李鸿章. 置办外国铁厂机器折[A]//军机处洋务运动档. 第一历史档案馆.

术,并教练制造枪炮和炮位之法,成为中国军队近代化的开端①。该年崇厚在天津"试铸英国得力炸炮,加工精造炸炮子"②,虽然当时天津练兵所需军火主要是由国外购入的,但天津仿制西式军火在全国也是领先的。江苏设局之后,天津设立机器局成为大势所趋。

同治五年八月二十八日（1866年10月6日）总理各国事务衙门恭亲王等《请在天津设局制造军火机器折》奏明了天津设局的重要性与必要性：

"臣等因思练兵之要,制器为先。中国所有军器,固应随时随处选匠购材,精心造作。至外洋炸炮、炸弹与各项军火机器,为行军要需。神机营现练威远队,需此尤切。中国此时虽在苏省开设炸弹三周,渐次著有成效,惟一省仿造究不能敷各省之用。现在直隶既欲练兵,自应在就近地方添设总局,外洋军火机器成式,实力讲求,以期多方利用。设一旦有事,较往他省调拨,匪惟接济不穷,亦属取用甚便。中国原不少聪明颖悟之资,特事当创始,不能不于洋人中之熟习机器者暂为雇觅数人,令中国人从事学习,务使该洋人各将优娴之艺,授以规矩,传其秘窃。该学习人等若能劳身苦思,究其精微,逐渐推求,久之即可自为制作。在我可收临阵无穷之用,在彼不致有临时挟制之虞。"

可以看出,"练兵之要,制器为先……现在直隶既欲练兵,自应在就近地方添设总局"是天津设立机器局的原因,在此之前仅江苏有军工厂,如有事发生,到江苏调用,实在不方便。

天津机器局于1867年批准兴建。从样式雷图档保留的图纸来看,西局海光寺机器局的设计应该是样式雷家族参与的,从1866年奏请建设到1870年初具生产规模,期间的设计可能是由雷思起与雷廷昌父子完成的。

2.2.2 天津机器局的选址

天津机器局设有东西二局,对于二局的选址特别是海光寺机器局的选址,目前尚未有深入的研究,天津机器局东局的选址以往的研究仅注意到临河建设可方便设备运输这个因素。奕䜣与崇厚奏请兴建天津机器局的奏折中,未提及选址的原因,仅说明选择城南海光寺与城东贾家沽一带。关于福州机器局的选址有"其机器枪子二厂,建设在水部门内人烟稠密之处,存储军火,大非所宜,不如西关外制造局地面宽大,不近民居"③的说法。可见,机器局的选址一般位于郊外人烟稀少之地,广州机器局、山东机器局、四川机器局、吉林机器局等亦是如此选址,天津机器局东、西局选择城外,符合这类军工产业选址的原则（图2-2-2）。

从福州机器局"建设在水部门内"也可看出依附原有建筑兴办或扩建的方法,在这类大型军工产业的选址中经常采用。在郊外空旷之地,已建成的寺庙、朝廷设立的其他部门等,

---

① 陈振江. 天津近代新政运动的历史地位[G]//万新平,天津市社会科学界联合会. 纪念天津建城600周年文集. 天津：天津人民出版社,2004：142.
② 中国史学会. 三口通商大臣崇厚奏[G]//中国史学会. 洋务运动（三）. 上海：上海人民出版社,1961：449.
③ 军机处机器局档[A]. 第一历史档案馆.

图2-2-2 天津机器局二局的选址

往往成为区域的中心，视觉感知的焦点，具有一定场所感，兴建建筑多会依附于此，毗邻建设。海光寺正是南郊空旷之地中的视觉中心，成为天津机器局西局子选址所在地。同一时期在天津的大型工业建筑中，类似的选址还有北洋银元局依附于大悲院，北洋水师大沽船坞依附于海神庙，当然北洋水师大沽船坞依附于海神庙还有祭海等原因。

此外，海光寺机器局的选址是否和天津城防有关还有待进一步考证，但是，海光寺机器局正处于外濠南门海光门旁（前文介绍了1860年第二次鸦片战争后天津城设外濠），建成后为外濠防御提供军事补给。1900年八国联军侵华，南营门和海光寺是八国联军侵华攻打天津城时的主战场之一，聂士诚就驻守于此。不管其目的是否出于城防建设，但建成后的海光寺机器局承担了重要的城防任务。

第2章 从传统向近代转型——洋务派机器局的创建

2.2.3　海光寺行宫及机器局总体布局

从海光寺行宫及机器局总体布局可以看出，样式雷是先对海光寺进行修缮和扩建，作为行宫，再从寺庙东、西、北三侧建机器局。而样式雷关注的重点更多的是海光寺行宫部分。

从天津海光寺机器局及行宫地盘样（图2-2-3）中可以看出，海光寺机器局及行宫可划分为中路海光寺行宫区、行宫东侧与北侧办公房以及东西北三侧围绕的工厂区三部分组成。整个建筑组群以海光寺行宫为中心（图2-2-4），这样的布局显然与福建马尾船政学堂（1866年）、北洋水师大沽船坞（1880年）相同（图2-2-5），军工产业选址在寺庙、行宫附近或整个兵工厂的中心位置布置衙署、办公房等管理用房，而工业生产用房则分布于周围。由于海光寺本为佛教建筑，因此，整个行宫部分可划分为前后两部分，即南侧的佛殿与北侧行宫。

行宫由南侧山门进入。工厂区面积较大，西侧设总南门和大门，南侧中部设二门，东侧木工厂有独立出入口木厂门。行宫东西侧与工厂紧贴，北侧留有院落，可通过便门进入工厂区。

2.2.4　海光寺行宫的修缮与扩建

从1860年前后拍摄的海光寺未扩建的历史照片（图2-2-1）可以看出，海光寺在样式雷家族进行修缮和扩建前已经有相当规模，海光寺机器局及行宫地盘样中行宫部分中轴线上的山门、大殿、御碑亭、御书楼与后楼皆备，只是不知是否为样式雷图中所绘的功能。样式雷首先对海光寺行宫进行修缮与扩建，将原海光寺寺庙从大殿之后划成行宫区，前后区之间设便门，便门与便门旁的廊很有可能为加建的。行宫部分的扩建与改造（图2-2-6）还包括：

历史照片中海光寺山门之前仅存西侧幡杆，样式雷图中增补东侧幡杆，并在旗杆东侧加建一处钟楼和马号。海光寺大殿原为重檐歇山顶，样式雷图中在大殿南侧加建一勾连搭五开间卷棚抱厦。历史照片中海光寺东西配殿前本无钟楼、鼓楼，样式雷绘制的地盘样中加建钟楼、鼓楼，并在鼓楼地盘样旁绘出立样，这是地盘样图中仅绘制立样的部分，可能是表达对加建建筑的构思。

地盘样中后楼部分进行内檐装修的初步绘制，床、花罩、壁纱橱、楼梯都清晰可辨，这是中路建筑中唯一绘制室内细节的，经判断可能为重新装修的部分。

此外，历史照片中依稀可见海光寺西侧一路配殿，地盘样中西侧一路为办公房，立样（图2-2-7）也可看出为中国传统合院样式建筑，地盘样中从第三进院落以北部分绘制较为详细，与后楼北侧办公房连为一体，此部分详细绘制出开门位置，是加建或修缮尚不能断定，有待考证。但是，将侧路建筑作为办公房的做法也出现在天津另一处清末军工产业北洋水师大沽船坞中。北洋水师大沽船坞选址在海神庙周围，海神庙由主轴线一路建筑和西配殿一路组成，其西配殿轴线上的建筑，曾用来作为总督的行辕和接待英国特使马戛尔尼（Macartney），《1793乾隆英使觐见记》对此也有描绘，造船厂办公楼就是紧贴西配殿建设（图2-2-8），这种布局应该不是巧合。

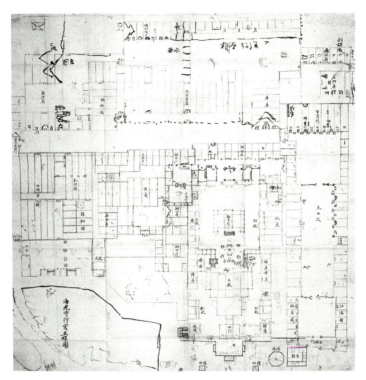

图2-2-3 天津海光寺行宫及机器局地盘样
（绘制时间约1866~1868年）

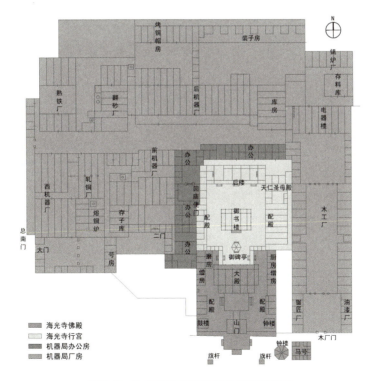

图2-2-4 天津海光寺行宫及机器局分区

第2章 从传统向近代转型——洋务派机器局的创建

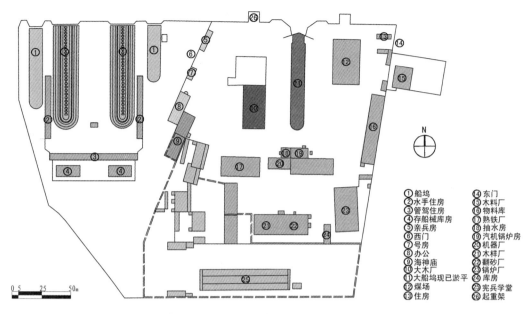

图2-2-5　1907年大沽铁工分厂

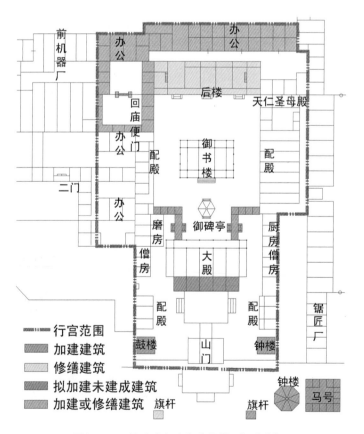

图2-2-6　海光寺行宫部分修缮及加建分析

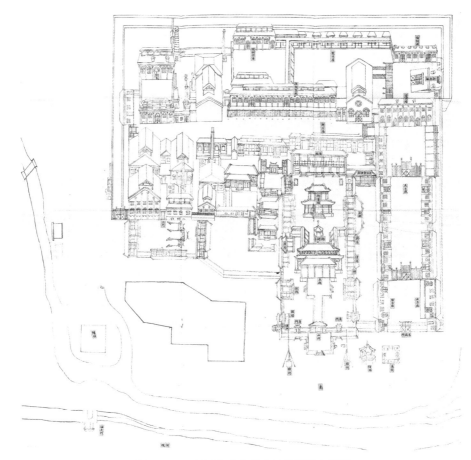

图2-2-7 天津海光寺行宫及机器局立样图
（绘制时间约1866~1868年）

图2-2-8 机器局建成后的海光寺
（时间约为1870年）

图2-2-9　放置于钟楼的海光寺大钟

样式雷对海光寺行宫部分的修缮与扩建,依据建成后照片比对可知建成配殿前的钟楼、鼓楼、东侧旗杆以及山门前的钟楼,马号与大殿南侧加建的抱厦均未建成。钟鼓楼沿中轴对称,为重檐歇山顶,山门前的钟楼为八角攒尖顶,后来德国克虏伯兵工厂铸造的大钟便放置于山门前的钟楼内,被称为"海光寺大钟"(图2-2-9)。

2.2.5　海光寺机器局的设计

醇亲王于光绪十二年(1886年)至天津视察海防时记录了西局子建成后生产时的情形[①]:

"局有八厂,共屋百余间,环于海光寺外,匠徒七百余人,每日可造哈乞开司枪子万粒,吭嗜士得枪子五千粒,其余炮车、开花子弹、电线、电箱及军中所用洋鼓吹,皆能仿制……时伏水雷九具,于寺外积潦中一一试放,雷内装火药四十八磅者,水飞五六丈。盛杏孙观察复觅电光灯、织布机器两事设于局中,并请王试观……"

对照样式雷图,海光寺机器局工厂区部分由八个分厂组成:行宫西侧依次有西机器厂、轧铜厂和前机器厂;行宫北侧为后机器厂;后机器厂西侧有熟铁厂与翻砂厂,后机器厂东侧有锅炉厂;行宫东侧为木工厂,不知是否保留传统文化中的"五行"观念,将木的加工放在行宫东侧一路。设计的木厂门与山门相平,整组建筑由南向北中轴对称布置,依照传统的布局形式,如同海光寺东侧配殿一路建筑,形制整齐。各分厂之间多有院落分隔,各自成区,之间设传统样式的五间六柱栅栏门。这些均与图中所绘相符合。

---

① 周馥. 醇亲王巡阅北洋海防日记[J]. 近代史资料, 1982, 47(1): 13-14.

尽管之前的研究将东西两座机器局的军事产品作出区别，城东十八里贾家沽一代，为东局火药局，城南关外海光寺为西局，生产现代枪炮，但研究尚未深入到各局子的功能组成与产品之间的关系、生产工艺的需求等方面，更没有图纸作为辅助，无法说明功能格局情况。

海光寺机器局生产枪炮，属于机器制造，其工艺主要在金属的加工，功能构成就如图中所标注有锅炉厂、木工厂、机器厂、轧铜厂、熟铁厂、翻砂厂等，加工程序所需的车间与北洋水师大沽船坞、北洋银元局基本一样。而东局子先生产火药，后也加入了枪炮生产，功能较海光寺机器局完善得多，东局子陆续增建了铸铁、熟铁、锯木厂、硫酸厂、碾药厂、洋枪厂、枪子厂、饼药厂、栗色火药厂、无烟药厂，其中硫酸厂、碾药厂、饼药厂、栗色火药厂、无烟药厂等显然是火药生产必备的功能组成。经过几次扩建，东局子集枪炮、火药生产于一身，"世界最大的火药加工厂"显然是针对东局子而言的。

海光寺机器局地盘样和立样图是样式雷图中较早绘制西方样式的图纸。与建成后照片（图2-2-10）比对，可以看出海光寺机器局各分厂的格局与地盘样基本一致，但是建筑结构与外观特征，与图纸相差甚远，这套图纸仅为前期方案，同时还聘请了英国人司徒诺（James Stewart，1840—?）为总工程师，具体建筑深化可能主要由其负责。但是，它提供了样式雷设计的过程，为理解样式雷构思工业建筑及表达方法提供了可能。

地盘样图中绘制出各厂房建筑的轴线，多为进深较大、开间较小的纵向空间，当时的工业厂房多为这类空间类型，与福州马尾船政和北洋水师大沽船坞的轮机车间空间类型相似，这样的空间类型在以后天津的工业建筑中仍大量出现。厂房出入口部位都绘制出立面的门，

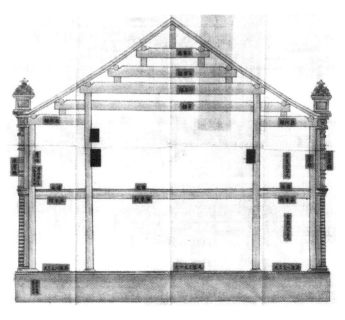

图2-2-10　中海海晏堂主楼大木立样

第2章　从传统向近代转型——洋务派机器局的创建

普通过梁式和券洞式加以区分，有些立面复杂的部位还画出窗。同时，在地盘样中也简要绘出屋顶和天窗，反映了样式雷绘制地盘样时对立面的构思，这是样式雷绘制复杂屋顶时常用的方法。与立样图比较，完全吻合。样式雷地盘样中原本用作绘制水井的符号，在工业建筑中用来表示烟囱，图中外方内圆的符号就是烟囱，其位置也与立样完全吻合。

海光寺机器局部分的建筑立面采用西洋建筑特征，多为立柱与圆券窗的组合，形成连续的韵律感。其中三处山墙形成的立面，有将立柱向中心逐渐升高伸至山墙檐口的处理，有将柱子等高承托屋顶檐口的，有圆券窗与圆窗组合的，但是这些做法显然与西方古典建筑的做法并不吻合，与中国建筑刚传入西方时出现的状况极为相似。西洋样式建筑早至明万历年间就传入中国，至清代郎世宁、蒋友仁、王致成等欧洲传教士参与圆明园西洋楼的建设，但设计师多为欧洲人[①]。海光寺机器局是样式雷家族参与西洋风格建筑中的较早案例。

作为军工厂，各厂房往往跨度较大，又为熟铁厂、锅炉厂、轧铜厂等高温作业项目，基于采光通风的需求，多用天窗，而东侧木工厂建筑就没有天窗。立样图（图2-2-7）中的天窗，外露出承托的结构，采用传统的抬梁式结构。由此可见，建筑的立面语言作为建筑"词汇"可以轻易改变，但是结构上依然采用传统的结构，而且工匠对于传统的结构类型易于把握。各分厂厂房内部的结构形式，样式雷也极可能打算采用抬梁式结构。此外，1904年竣工的海晏堂建筑群（图2-2-10）外观为青砖砌筑，海晏堂结构体系仍是传统的抬梁式木构架。而相对较晚一些建成的天津机器局东局子内的厂房则采用了人字形屋架形式，与抬梁式截然不同（图2-2-11）。然而，这种抬梁结构形式显然并不太适合于天窗，我们可以看出照片中建成的天窗显然并非设计的那样采用抬梁式结构。同时，建筑的屋顶形式、立面特征也与设计有很大区别，应是之后进行多次修改的结果。考虑到作为厂房建筑，防火问题应该关注，因此各个功能之间保持一定的分隔。仔细观察，机器局从南向北总体分为三个部分：前厂、后厂、木工厂，考虑到防火，木工厂置于东侧，独立设置。前厂、后厂之间有院落分隔，前后厂内部各厂之间也由狭长院落分隔。后厂装子房与后机器厂之间也有较大院落。整个机器局由南向北可以看作子弹加工区、枪支加工区、组装区。清末张德彝描绘："烟筒高迥，一如外邦铁厂；黑烟直吐，颇有上海之风"[②]（图2-2-12）。

2.2.6　海光寺机器局的发展与毁灭

1867年天津机器局由崇厚主持兴办，曰"军火机器总局"。1870年，因天津教案，崇厚出使法国，李鸿章任直隶总督，接办军火机器总局，改名为"天津机器局"。天津机器局的军火供应直隶、热河、察哈尔、奉天、吉林、黑龙江、西北边防各军和淮系各地驻军使用，

---

① 王其亨，吴葱，戴建新. 16~18世纪中西建筑文化交流要事年表[J]. 建筑师，2003（102）.
② 张德彝. 随使法国记[M]. 长沙：岳麓书社，1985：318.

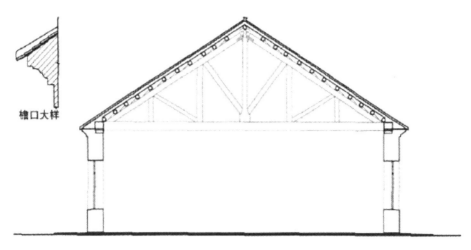

图2-2-11 天津机器局东局子生产车间剖面

图2-2-12 海光寺外景

也是北洋海军军火的重要来源,还拨给其他省份,用"天津机器局"已不能涵盖其功能,1895年时任直隶总督的王文韶奏请更名为"北洋机器局":

"天津机器局创自同治六年,初用关防文曰军火机器总局,嗣于九年改刊文曰总理天津机器局之关防溯查。初设时机器不多,仅是供应天津驻防。各军其后工厂日增,海口之炮营防营之军火,他省防剿之挹注,神机营之调取要,皆取给于此关防。但用天津字样似觉名实不符,拟请改为北洋机器局另刊关防文曰总理北洋机器局之关防……"

海光寺行宫及机器局于1900年在八国联军入侵天津后彻底破坏。由于海光寺与日租界用地毗邻,1901年被日军占领,从1902年的天津地图(图2-2-13)中可以看出该地块已经标注为日本兵营了,是年,作为日本兵营的海光寺机器局用地进行了重新设计(图2-2-14)。作为日本屯兵之地,当年样式雷家族规划设计的海光寺行宫及机器局的格局已完全不存在了。

第2章 从传统向近代转型——洋务派机器局的创建

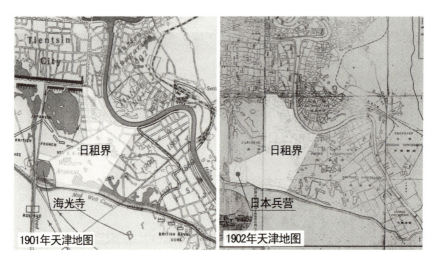

图2-2-13 地图上反映出海光寺被日军占领作为兵营

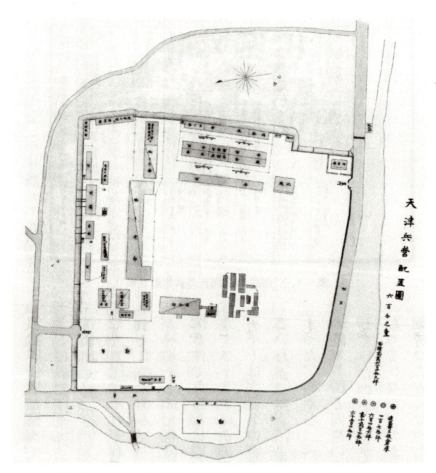

图2-2-14 1902年被日军占领的重新规划的原海光寺机器局用地

2.3 广东机器局的设计[①]

自康熙开海以来,因广州"一口通商"的特殊地位,外国贸易公司纷纷在此设立码头仓库。19世纪末,欧洲企业先后在黄埔兴建近代化的码头和船坞,以航运为基础的近代工业在广州拉开帷幕。两次鸦片战争后,自19世纪60年代,以"自强求富"为口号的洋务运动率先发展军事工业,广州的官办洋务工业亦始于广东机器局。同治八年(1869年),两广总督瑞麟在广州城南文明门外聚贤坊筹办广东机器局,1873年正式投产,温子绍担任总办,生产枪炮子弹等。同治十三年(1874年),张兆栋代理两广总督一职,扩大广东机器局生产规模,在广州城西增埗筹建军火局。光绪十年(1884年),张之洞就任两广总督,将广东机器局统一归并至增埗军火局,称制造东局,逾年在石井购地31亩余,设枪弹厂,称为制造西局[②]。广东机器局早期兼顾造船,光绪二年(1876年),两广总督刘坤一购买英商于道光二十年(1840年)创办的黄埔船坞作为机器局之造船厂,光绪十二年(1886年),黄埔船坞独立建制。光绪三十三年(1907年),广东机器局全部并入制造西局,后改名广东兵工厂。

早期洋务工业设备大多通过洋行购于外洋,厂房设计多由西方建筑师完成,如广东钱局委托英国伯明翰造币厂设计[③]。中国本土设计师亦有参与,目前已知天津机器局西局由清代建筑世家样式雷设计建造[④]。现故宫所藏广东机器局"机器厂造木厂造枪厂等地盘尺寸图"和"机器厂房侧面大柱立样尺寸图"等若干张珍贵图纸,反映出样式雷曾参与广东机器局的规划与建筑设计,本节结合历史档案和照片,解读样式雷图档,分析广东机器局的建设情况以及建筑、结构特征。一方面可以作为样式雷个案研究的补充,另一方面对研究清末洋务工业初创时期的建筑有重要帮助。

2.3.1 选址

在1907年德国营造师舒乐测绘的《广东省城内外全图(附南河)》[⑤]中可以清晰地看到广东机器局的三处选址,分别位于聚贤坊、增埗和石井(图2-3-1)。舒乐在图中标注"制造局",英文Arsenal。

1869年,广东机器局最初选址于城南文明门外,护城河玉带濠河畔,运输方便,起初

---

① 本节执笔者:徐苏斌、李程远。本节原载于《故宫博物院院刊》。
② 陈真,姚洛. 中国近代工业史资料(第三辑)[M]. 北京:生活·读书·新知三联书店,1957:207-214.
③ 广东钱局系1886年创建,由英国建筑师米德尔顿(Edwin Cornelius Middleton)设计. 详见:彭长歆. 张之洞与清末广东钱局的创建[J]. 建筑学报,2015(6):73-77.
④ 季宏,徐苏斌,青木信夫. 样式雷与天津近代工业建筑——以海光寺行宫及机器局为例[J]. 建筑学报,2011(S1). 天津机器局西局,亦被称为天津海光寺机器局.
⑤ 广东省城内外全图(附南河)[A]. 广东省立中山图书馆藏,1907.

图2-3-1 广东机器局的选址

只是购买了十几间临近城南护城河玉带濠的民房便开展枪炮生产。和福州机器局建设在水部门内、天津机器机早期依附于海光寺行宫具有类似的特点，机器局创办早期生产活动较为简单，多利用已有建筑或毗邻其建设。另外，建设在城外护城河边还可一定程度上起到城防的作用。

广东机器局于1874年需扩大规模便重新选址，奏折《谨将广东省城外西北隅设立军火局原委节略呈》[①]中描述和分析了广东省城周边的地理环境，"广东省垣依山为城，坐北向南，新城一带面水，东南两路近海，东路由猎德、黄埔通虎门，南路由大王滘至沙荄各乡环绕，四沙汛出狮子洋通虎门"，在这样的局面之下，如果敌船从虎门闯入内河，则省城外东南两路官兵难以接应，北面为观音山与白云山一带全部是陆路，船只无法驶入。西面则有泮塘海口和白沙海口两河环绕，更远处的佛山有西北两江亦可通船，从澳口走水路至城西门和北门仅数里路程，方便载运军火、调运粮食与士兵。所以西北隅"为救援要地"，在此处设立兵工厂是最佳选择。

广东机器局的选址还参照了当时已经创办的其他机器局，当时的官员已经意识到机器局不宜选在近海，因敌军入侵必先占领，应当深藏入内河。上述奏折中还提到上海江南制造

---

① 机器局档[A]. 第一历史档案馆藏.

局、天津机器局都选在离海不远的位置，是不适宜的，而山东机器局深藏内地，是可以效仿的。所以1874年广东机器局的这次扩张选址广州西北部的增埗，购买民田，填筑地基，设立军火厂[①]。

1885年张之洞任职期间，广东机器局的军火产品已供应至云南、广西各地，增埗的机器局已经不能满足需求，于是通过上海泰来洋行购运制造后膛枪的机器，新建厂房，扩大生产规模。这次扩建选址于城北门外20里地番禺县属石井，此处"位于省城后路，较为稳便"[②]，而且临河道，方便设码头。"稳"和"便"概括了这类兵工厂的选址原则，前者是安全，后者是便利。次年，位于聚贤坊的机器局归并至增埗制造东局，原址建广雅书院。

1905年岑春煊任两广总督，他认为增埗这一选址仍有弊病，增埗位于广州西侧河流交汇的海口处，用轮船运载枪械甚为方便，但敌人兵船可以泊入厂旁，击毁厂房。因此，岑督试图在广州以北的清远县大有村购地筑新厂，广州以北地势深险，敌人不易深入，平时可用小船运输，稍大的兵船则不能驶入。更重要的是，等粤汉铁路建成后，此处乃必经之地，将来可利用铁路运输。但最终因为大型机器转运不便，该方案未能实现。1907年，增埗制造东局被裁并，在石井的制造西局旁购地扩建。

从广东机器局前后多次选址的过程中可以看出，早期受资金短缺、技术尚不成熟的制约，机器局多利用旧有建筑。随后在扩充规模、重新选址的过程中，因军事生产的特殊性，导致创办者始终在交通便利性和安全性两方面做博弈和选择。石井成为最终得以发展的原因，也是二者平衡的结果。

2.3.2　布局与设计

故宫所藏广东机器局样式雷图纸主要是施工设计图，共5张，包括4张地盘尺寸图，即平面图，1张立样尺寸图，即剖面图，兹将诸图内容概述如下（表2-3-1）。每张图纸的左下角都钤有原中法大学收藏印，于20世纪50年代收归故宫。

广东机器局样式雷图档概况　　　　　表2-3-1

图纸类型	编号	图纸名称	内容概述
地盘尺寸图	00004847	机器厂工匠房地盘尺寸图	文字标注工整详细，每座建筑都详细标注了名称、间数、建筑台基的面宽和进深尺寸，详细标注了内院、围墙尺寸，统计了各房屋间数
	00004848	机器造木厂造枪厂等地盘尺寸图	建筑内外墙均为单线，绘图相对潦草，在上图的基础上增加了一些说明文字，每座建筑平面旁边简单示意建筑或门窗立面

[①] 中国史学会. 洋务运动（四）[M]. 上海：上海人民出版社，1961：376.
[②] 陈真，姚洛. 中国近代工业史资料（第三辑）[M]. 北京：生活·读书·新知三联书店，1957：211.

续表

图纸类型	编号	图纸名称	内容概述
地盘尺寸图	00004849	机器厂造木厂造枪厂等地盘尺寸图底图	该图没有反映任何文字信息，建筑内外墙均为单线，图面工整，无改动痕迹，准确清晰地标注了门窗位置，应是作为底图使用
	00004850	机器厂造木厂造枪厂等地盘尺寸图	该图外墙绘制为双线，内墙分隔为单线，主要厂房简要标注了建筑名称、面宽和进深尺寸，办公和生活建筑仅标注了房间面宽，标注了相邻建筑之间的距离
立样尺寸图	00004852	机器厂房侧面大柱立样尺寸图	建筑剖面图，体现了屋面、屋架、基础的做法，标注有比例尺

对于研究规划布局和建筑设计来说，四张平面图体现的内容略有重复，故这里主要分析和讨论"机器厂造木厂造枪厂等地盘尺寸图"（编号00004848，以下简称地盘图）（图2-3-2）和"机器厂房侧面大柱立样尺寸图"（以下简称立样图）（图2-3-3）两张图纸。

1）年代与作者

要确定这些图档的年代必须弄清其所绘制的是哪一处机器局，广东机器局早期依附于城

图2-3-2 广东机器局地盘图

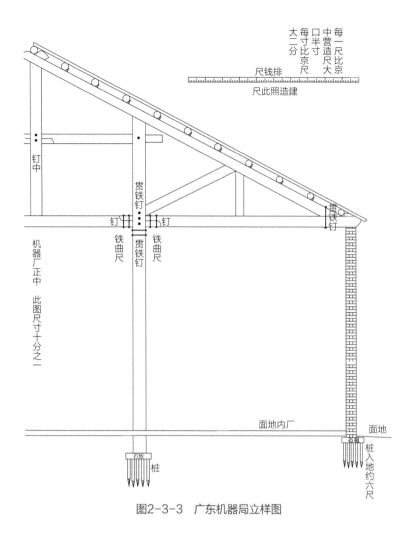

图2-3-3 广东机器局立样图

南文明门外的民房而兴建,规模较小,不可能是此机器局。1887年5月,张之洞的奏折《张之洞奏请在番禺增设枪弹厂》[1]中描述,位于石井的制造西局"周围204丈",而图中所绘围墙总长仅120丈左右。此外,在大量样式雷图档中可以发现,如建筑群为临河兴建,地盘图中一般会绘出河流的边界和流向,表达出建筑群和河流的相对关系,而广东机器局地盘图中并没有类似表达,间接佐证该图档绘制的不是位于石井河畔的制造西局。综上,可以断定图档绘制的是位于增埗的制造东局,其规模不及石井的制造西局,完成于1874年前后。

同样是样式雷所设计的同类型建筑——天津机器局西局,系1866年奏请建设,1867年批准,1870年初具规模。广东机器局样式雷图档与其为相近时期的作品,但天津机器局西局较广东机器局时间更早,规模更大,功能更复杂。很可能的情况是样式雷在完成天津机器局西局的设计,积累了一定的经验后,清政府继续委托其完成广东机器局的设计工作。该时期执

---

[1] 陈真,姚洛. 中国近代工业史资料(第三辑)[M]. 北京:生活·读书·新知三联书店,1957:211.

掌洋式房的是第六代样式雷雷思起（1826—1876），其子雷廷昌（1845—1907）自14岁起学习样式房差务，29岁起与父亲共同担任掌案。据记载，1873年9月重修圆明园工程开工，也就是增埗制造东局完成的前一年，雷思起患病无法进内听差[①]，所以雷廷昌更有可能是广东机器局的主要设计者。在随后1885年至1892年的三海大修工程中，为雷廷昌设计和建造众多西洋式建筑奠定了基础。

2）规划布局与建筑设计

从地盘图中可以看出，机器局位于一圈长三十四丈八尺、宽二十四丈四尺的围墙所围成的长方形院内，设两处出入口，主入口朝南，次入口朝东。整体布局分为两部分，南侧为公务区，包括官厅、办事厅、家人住房和厨房等，北侧为生产区，包括厂房、工匠住房和厨房。

从南向主入口处开始，第一进西侧为门房，东侧为兵丁房，房内均有一隔断划分出一间住房，两侧之间形成入口缓冲空间。接着穿过一条宽三丈六尺的通道，通道正对机器厂南门，在此处形成视觉的焦点与中心。第二进为公务区，分为东西两个分区。通道西侧通过一院门进入官厅，官厅南北各五间，北侧官厅每间用一隔断划出一间住房。两侧官厅朝院内方向做门廊，通过甬道相连接，甬道上铺丹陛石，可见官厅的设计规格较高。官厅西侧的院门通向家人房，家人房共六间，沿南北向排列。家人房西侧用围墙围成一处生活院落，北侧为官厕，南侧为家人厨房。通道东侧亦经过一院门进入一院子，院子以北为五间办事厅，每间用一隔断划出一间住房。办事厅以北划分出五间物料房，朝北开门，服务于生产区域，院子以南为官厨房和六间执役房。院子东侧通过一院门与另一院子相连接，该院内有一间司事厨房。显然，公务区的西侧是提供给官员和家人们的办公生活区，而东侧则是提供给较为高级的技术人员，东侧的设计规格明显低于西侧。

公务区以北为生产区，两个区域之间被一条宽一丈八尺的通道分隔开，东侧正对次入口。生产区的核心是机器厂，是全局跨度最大、面宽最长的一座厂房，紧邻机器厂东侧的是火炉房和汽锤房，安放蒸汽动力设备。机器厂西侧是铸铁厂，东北侧是造木厂，北侧是两座造枪厂。此布局根据制枪的生产流程所设计，铸铁厂和机器厂锻造加工枪支的金属构件，造木厂生产木制构件，最后均送至造枪厂完成组装。这样的排布方式十分紧凑，方便运输。

局内共有大小建筑17座，图中用朱色标注每座建筑的序号，序号的先后顺序一定程度上反映的是设计者及创办者对各建筑在厂区内重要程度的考量，排序从官厅开始逆时针排序，之后依次为办事厅、生产厂房、后勤、值守。每座建筑上写明间数、进深、面宽和高度的尺寸（表2-3-2）。

---

① 何蓓洁. 清代建筑世家样式雷研究[D]. 天津：天津大学，2012：177-178.

各建筑尺寸表　　　　　　　　　　　　　　　　　　　　　　　表2-3-2

序号	建筑名称	间数	建筑尺寸
一	官厅	15	北侧：深三丈六尺，宽五丈一尺，檐高一丈三尺，脊高二丈二尺七寸。南侧：深一丈六尺，宽五丈一尺，檐高一丈二尺，脊高一丈六尺七寸半。廊道宽三尺
二	办事厅	20	物料房，办事厅：深三丈八尺，宽五丈一尺，檐高一丈二尺，脊高二丈一尺五寸。官厨房，执役房：深二丈四尺二寸，宽五丈一尺，脊高一丈六尺
三	司事厨房	3	深二丈四尺，宽二丈六尺，檐高八尺，脊高一丈四尺
四	汽锤厂	3	深三丈八尺，宽四丈一尺，檐高一丈二尺，脊高二丈一尺五寸
五	造木厂	5	深三丈三尺，宽五丈九尺，檐高一丈二尺，脊高三丈零三寸
六	工匠住房	15	深二丈六尺，宽十四丈，檐高八尺，脊高一丈四尺五寸
七	造枪厂	5	深二丈六尺，宽六丈五尺，檐高一丈二尺，脊高一丈八尺五寸
八	造枪厂	5	同上
九	机器厂	8	深三丈八尺，宽十二丈二尺，檐高一丈三尺，脊高二丈三尺
十	工匠厨房	5	深二丈六尺，宽五丈九尺，檐高八尺，脊高一丈四尺五寸
十一	铸铁厂	6	深三丈，宽七丈四尺，檐高一丈二尺，脊高一丈九尺五寸
十二	家人房	9	深一丈八尺，宽七丈七尺，檐高八尺，脊高一丈二尺五寸
十三	官厕	2	深二丈五尺，宽一丈四尺
十四	门房	3	深二丈五尺，宽一丈七尺，檐高八尺，脊高一丈三尺三寸半
十五	家人厨房	4	深一丈七尺，宽三丈六尺，檐高八尺，脊高一丈二尺二寸半
十六	厕房	6	深一丈一尺，宽五丈，檐高七尺
十七	兵丁房	3	深二丈六尺，宽一丈七尺，檐高八尺，脊高一丈四尺三寸五分

　　样式雷的平面图中亦反映了诸多对立面的构思。外墙上均绘出门窗的具体位置，工匠住房、造枪厂和机器厂的南北立面一致，图中仅绘出南向门窗位置，并注明"前后檐一样装修"[①]。铸铁厂和汽锤厂的平面旁边绘有简单的立面样式，两座厂房均采用了带气楼的屋顶，补充室内采光，同时加强通风散热，通常用于高温高湿环境的厂房建筑。除此以外，几乎每座建筑都绘有简单的门窗样式（表2-3-3），这种绘图方法是样式雷设计立面的常用方式。

---

① 原文为"前后言一样装修"。

立面与门窗简图 表2-3-3

名称	立面示意图				
建筑	铸铁厂南立面		汽锤厂东立面		官厕北立面
门窗	工匠厨房（南）	造木厂（西）	造木厂（东）	造枪厂（南）	机器厂（南）
	家人房（西）	汽锤厂（西）	汽锤厂（南）	执役房（北）	物料房（西）
	南大门	官厅（西）		官厅（南，明间）	官厅（南，次间）

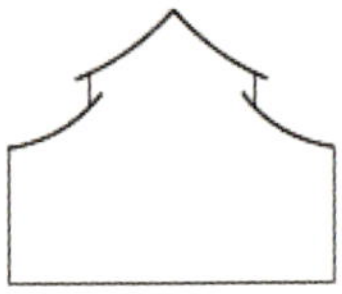

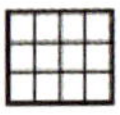

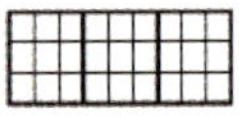

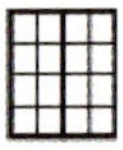

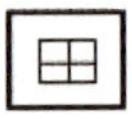

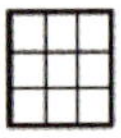

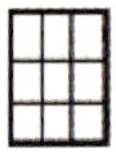

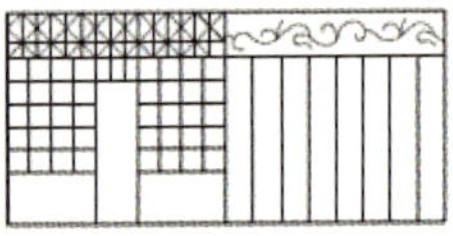

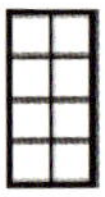

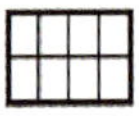

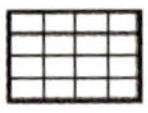

  图纸的右侧注明"共洋房三十二间，共住房八十五间，二共一百一十七间"，虽然没有专门的立面图纸，但可以推断这里的"洋房"指的就是汽锤厂、造木厂、造枪厂、机器厂和铸铁厂，也就是西式风格的厂房；"住房"指的是除生产性建筑以外的办公、居住建筑，为中式风格。图纸右下角亦标明"共计用砖约五十万，用瓦约五十万，以广东砖瓦式算"，样式雷在进行建筑用料的计算时考虑到岭南建筑材料的地域性特征。

  立样图左侧标注文字"机器厂正中，此图尺寸十分之一"，说明其绘图比例是1:10，右上角绘有营造尺，上方标"排钱尺"，下方标"建造照此尺"，全尺长一丈并被均分为十尺，每尺被均分为十寸。该图绘制的是机器厂正中剖面图，显然这是一座西式砖木混合结构建筑。机器厂是全局跨度最大、高度最高的厂房，面宽十二丈二尺，进深三丈八尺，檐高一丈三尺，脊高二丈三尺。该厂由砖墙体和室内木柱共同承重并结合木制三角屋架使用，木柱设在1/3跨度的位置，贯穿至屋架上弦，一侧做斜支撑，木柱和屋架的结合处用"贯铁钉"固定并辅以"铁曲尺"加固。屋架两侧上弦略突出屋面，正脊处檩条搁置于此，两侧均匀布置10根檩条，檩条上铺屋面板。从图中可以粗略估算出柱径约七寸五分，砖墙厚度约六寸五分。基础采用的是木制桩基础，木条端部被切削成楔形，将五排木桩深入地下约六尺，上覆石板，再将木柱或砖墙砌筑在石板上。

样式雷在汽锤厂根据其功能做出结构上的调整，该厂紧邻机器厂东侧，因要放置体积庞大的动力设备且为高温高湿环境，采用气楼屋顶，故室内不宜设置木柱。为了满足与机器厂相同的跨度，将柱移至墙边并加固外墙，地盘图上标有"柱位最为要紧"，"厂正中不宜用柱，惟墙边用柱，墙要坚固"。铸铁厂因涉及金属热加工处理，同样采用了气楼屋顶，地盘图上标有"厂正中不宜用柱"。

2.3.3 广东机器局设计溯源

洋务派所创办的江南制造局、天津制造局等已经培养了一批技术人才，具备了一定的经验，所以广州机器局为自主创办，没有聘请任何外国技师。广东机器局的生产规模远不如天津，天津机器局西局的规模较大，产品种类繁多，涉及重铜炸炮、炮车、炮架、花子弹、电线、电机、各类小型船只和零件等[①]。广州机器局建设之初仅造后膛枪弹，兼造旧式枪弹[②]。在厂房设计方面，该时期西方建筑师尚未大批进入中国，本土留洋工程师亦尚未从业，机器局作为清政府官办的军事工业便委托样式雷完成设计。以样式雷为媒介，天津机器局的建筑理念被推广至广州，其布局设计具有一定相似性的同时亦有所改进。

天津机器局西局（图2-3-4）依托海光寺行宫所建造，南面临河，厂房围绕行宫的东、西、北方向布局。办公房紧邻海光寺行宫，处于整体布局的中心，向西依次是前机器厂、轧铜厂、熔铜炉和西机器厂。行宫以东为木工厂、锯匠厂和油漆厂，单独对外设出入口。行宫以北是全局体量最大的后机器厂，该厂以西为翻砂厂、熟铁厂，以北为烤铜帽房和装子房，以东为锅炉厂、电器楼。广州机器局由于生产功能单一，厂房仅有六座，布局方位和天津机器局西局相似，机器厂位于中心位置，铸铁厂在西，造枪厂在北，木工厂在东。但广州机器局为独立选址建造，无需依托旧有建筑展开布局，和天津机器局西局相比，生产区和公务区的分区更明晰，主入口为对称设计，设门房、兵丁房等，将机器厂作为视线的焦点。从群体建筑的外观上看，天津机器局西局"看上去仍像是一处官衙"[③]，而广州机器局的设计开始趋近于一座近代化的兵工厂。

虽然广州近代工业起步较早，但可以说广州机器局增埗东局是广州首次主动引进和自主建造西方形式的工业厂房，该时期工业建筑布局与设计开始脱离中国传统形式，转向空间与生产功能优先。但先进建筑材料和营造技术都尚未成熟，直接激发了建筑构造本土化的过程，例如机器厂在无法使用钢铁屋架的情况下采用了木屋架，每榀屋架下设两根木柱均衡荷载，汽锤厂将木柱移至墙内，通过增加墙体强度实现较大跨度，反映了样式雷在近代建筑转型初期所做出的实践与尝试。

---

① 赖德霖, 伍江, 徐苏斌. 中国近代建筑史（第一卷）[M]. 北京: 中国建筑工业出版社, 2016: 486.
② 陈真, 姚洛. 中国近代工业史资料（第三辑）[M]. 北京: 生活·读书·新知三联书店, 1957: 207.
③ 彭长歆. 张之洞与清末广东钱局的创建[J]. 建筑学报, 2015（6）: 75.

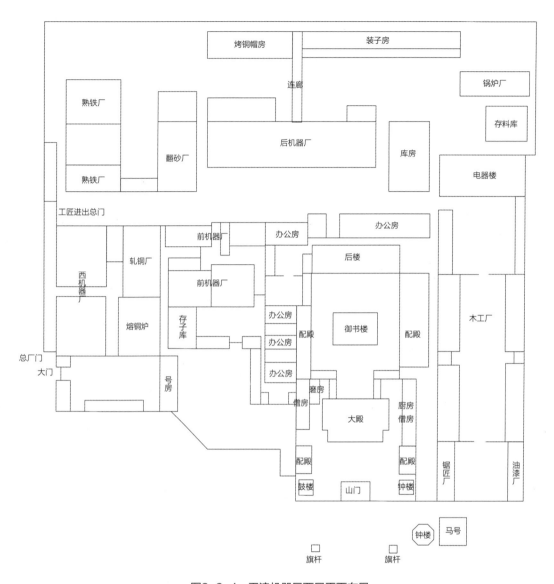

图2-3-4 天津机器局西局平面布局

可以肯定的是,样式雷为广州带来了较为先进的工厂设计理念,增埗制造东局的布局模式在近十年后建成的石井制造西局得以延续。奏折《张之洞奏请在番禺增设枪弹厂》中描述西局有"头门一进,公务厅两进,机器大厂1座,锅炉、打铁、烘铜壳、造木箱、装子药房共5处……及工匠住房、厨房等20余间"。"头门一进"指的是厂区入口处,这里设置门房,兵工看守,紧接着"公务厅两进",即管理者办公场所。机器大厂是全局体量最大亦是处于最核心位置的建筑,在其邻近处设置其他厂房,工匠住房、厨房与之毗邻,形成从外到内依次是入口、办公、生产、工匠住房的空间序列,与制造东局基本一致。

本章总结

洋务运动可以称为中国近代工业的起点。中国从传统手工业向大机器生产的转型过程中有过艰苦的探索，从宏观布局到微观设计都反映了转型过程中的探索，反映了传统的近代化。在这一过程中早期现代意识逐渐被激发，本章的个案研究反映的就是这一时期的建筑情况。19世纪六七十年代，样式雷首先在天津机器局的建设过程中受到外国技师的指导，掌握了一定的工业建筑设计经验，后将这种经验带到广州，独立设计建造了广东机器局。可以看到样式雷已不再拘泥于中国传统建筑营建手法，并初步具备了设计以功能和工艺流程为导向的近代化工厂的能力，所以样式雷不仅是传统建筑的设计者，亦是中国建筑近代转型的实践者。

第3章

世界产业革命背景下的技术交流

3.1 近代采矿先驱开滦煤矿的技术引进[①]

3.1.1 开滦煤矿的地位

1）开滦煤矿的历史背景

开滦煤矿的发展经历了三大历史阶段，这是在学术界得到普遍认可的。其一，1878～1901年官督商办时期的开平矿务局；其二，1901～1912年英商开平矿物有限公司，需要说明的是，为与被英国欺占的开平矿物有限公司抗衡，北洋政府在1907～1912年创建了北洋滦州官矿有限公司；其三，自1912年北洋官矿有限公司被英商开平矿务有限公司吞并后，开始了中英合办的开滦矿务总局时期，抗战期间1941年末至1945年11月曾一度为日军占领，直到1950年后由国家接管。

2）近代煤矿产生的原因

中国近代煤矿产生的原因主要有三点：首先是为满足洋务派自身需求。洋务派兴办的军用产业及部分民用企业对煤炭的大量需求，特别是军工产业如金陵、天津、福州等机器局、轮船招商局等，但旧时手工煤窑产量远远不能满足市场需求，只能长期依赖于洋煤的供给，然"一遇煤炭缺乏，往往洋煤进口故意居奇"，因此洋务派计划开矿采煤。其次"权自我操"、"消西人觊觎之心"。随着对外通商口岸的大量开放，外国轮船以及外资经营的工厂企业每年需要消耗大量的煤炭，为满足自身需求，各国均跃跃欲试要求在中国境内开采煤矿，为防止矿权被外人夺，洋务派决心自己开采。最后，为富国利民。李鸿章认为英国的富强原因在于其矿产的丰富，因此承办近代煤矿也有以富国强兵，以利民用的目的。

3）开滦煤矿在近代煤矿中的地位

中国近代煤矿的发展大致可以分为三个阶段：1875～1895年为起步阶段；1895～1937年为发展阶段；1937～1949年为最高阶段（本章研究重点在1937年之前，此阶段不作讨论）。

从1875年清政府批准试办煤矿开始到1895年甲午战争中国矿权被帝国主义瓜分止，是中国煤炭发展史的第一阶段。在此期间，中国共建立16所新式煤矿。但仅台湾基隆煤矿和直隶开平煤矿完全采用西法，聘用西人，使用西式机器设备进行开采并具有一定规模，其余14所因资金、管理等原因完全沿用土法，或部分采用西法进行开采。通过表3-1-1可见，其开办成效一目了然：3所煤矿规模较小、煤质不良，年产量与开平煤矿不可同日而语；其余11所因资金筹集、管理不善、运输困难、销路不佳等不同原因先后被迫停办；台湾的基隆煤矿由

[①] 本节执笔者：郝帅、徐苏斌。

于中法战争的爆发，台湾当局为免资敌，炸毁了矿井及所有机器设备，使基隆煤矿遭到彻底破坏，后几经恢复，终因收效甚微，亏损严重而于1892年停办。1875～1895年，纵观我国所办新式煤矿，基隆煤矿和开平煤矿的兴衰起伏基本反映了这段时期整个中国煤矿工业的发展状况，开平煤矿是唯一取得成功的新式煤矿。正如《中国近代煤矿史》所言："基隆煤矿是中国近代最早的煤矿，开平煤矿则是中国办得最好的煤矿。"

中国近代煤矿简表（1875～1895年） 表3-1-1

矿名	成立年份	创办人	说明
直隶磁州煤矿	1875年	李鸿章	因储量不多，运输困难，购机器发生波折而停办
湖北广济兴国煤矿	1875年	盛宣怀 李明墀	曾一度用土法采煤，因常年资金不足而停办
台湾基隆煤矿	1876年	沈葆祯 叶文澜	1875年准开办，1879年正式投产，日产能力约300吨。是最早聘用外国技师完全采用西法采煤的新式煤矿。但不幸中法战争中遭到破坏，虽几经设法恢复，均收效甚微，最终于1892年停办
安徽池州煤矿	1877年	杨德 孙振铨	初创集资10万两，1883年拟扩充资本兼营金属矿未成，1891年因亏损停办
直隶开平煤矿	1878年	李鸿章 唐廷枢	初创集资20万两，1878年引进西方机器，1879年用西法凿井，1881年投产，初期即考虑到运输问题。1891年用款达220万两，产量也逐年增加，日产量最高可达2000吨。至今仍在生产
湖北荆门煤矿	1879年	盛宣怀	兴国煤矿失败后，将设备移至荆门，但主要用土法采煤。1882年在上海集资未成，因资本短缺而停办
山东峄县煤矿	1880年	戴华藻 米协麟	创办资金2.5万两，设备简陋，且土法采煤为主，日产100余吨，1895年停办
广西富川县贺县煤矿	1880年	叶正邦	初创资金不详，所用机器不多，靠土法抽水，因煤质差，运输困难，于1886年停办
直隶临城煤矿	1882年	纽秉承	设备简陋，主要靠土法开采，本小利微
江苏徐州利国驿煤铁矿	1882年	胡恩燮 胡碧澄	因资金困难，运输不畅，且以土法采煤为主，长期亏损而停办
奉天金州骆马山煤矿	1882年	盛宣怀	初创集资20万两，但盛将资金移用于电报局，只对矿山做勘测活动，未曾开采，1884年停办
安徽贵池煤铁矿	1883年	徐润	因1883年徐润破产，煤矿改由徐秉诗接办，规模很小
北京西山煤矿	1884年	吴炽昌	1884年使用机器开采，1886年月产仅10余万斤
山东淄川煤矿	1887年	张曜	1888年部分机器开采，1891年张曜去世，矿山随之停办
湖北大冶王三石煤矿	1891年	张之洞	为供应汉阳铁厂，初创集资50万两，1893年因积水过多，被迫停办
湖北江夏马鞍山煤矿	1891年	张之洞	汉阳铁厂出资，1894年出煤，因经费短缺暂用土法，但煤质不良，不得已而用之

从1895年甲午战争中国矿权开始被帝国主义瓜分，到1937年抗日战争的爆发，是中国煤炭发展史的第二阶段。此时的中国大部分煤矿名义上是中外合资，实质是矿权已落入他人之手。攫取中国矿权的主要是：英、日、俄、德、法、比等国，其经营的开滦煤矿、福公司、抚顺煤矿、本溪湖煤矿、华德煤矿、井陉煤矿、临城煤矿，几乎垄断中国煤炭市场。而其中的开滦煤矿在1912年与滦州官矿有限公司合并后，成为当时中国第一大煤矿。需要说明的是，1922年以后，虽然在总产量上抚顺煤矿超过了开滦煤矿，但开滦煤矿的煤质、出口总额等均远远超过抚顺煤矿，因此对于中国工业化的意义，开滦煤矿的影响作用更大。

总而言之，开滦煤矿在中国近代煤矿的发展史上是不可替代的。它是中国煤炭业进入现代化的标志，是中国近代煤矿中影响力最大的煤矿。

开滦煤矿是由开平矿务局与北洋滦州官矿公司于1912年合并而成的。在本章研究时间范围内，开滦煤矿共有六大矿厂，详细内容见表3-1-2。因此，本章所探讨的开滦煤矿技术史主要是围绕表3-1-2所列矿厂展开研究的。

开滦煤矿1912～1936年期间所辖矿区 　　　　　表3-1-2

矿名	唐山矿	西北井矿	林西矿	马家沟矿	赵各庄矿	唐家庄矿
开凿时间	1879年2月	1896年	1887年	1908年7月19日	1909年2月14日	1920年4月
出煤时间	1881年	1899年	1889年	1910年4月13日	1910年1月14日	1925年1月
备注	—	1920年关闭	—	—	—	—

3.1.2　采煤技术引进及其影响

理清世界采煤技术的发展演变过程以及相互间的传播影响，可以准确把握开滦煤矿在整个中国煤炭发展史的定位，才能真正理解开滦煤矿在矿山类工业遗产研究中的重要性。需要说明的是本章所讲到的采煤技术是狭义上的，指在工作面进行开采时所运用的方法，并非指煤炭业所有环节涉及的技术方法。

3.1.2.1　采煤技术的发展演变概况

概括来讲，无论中国还是外国，采煤方法均可以归纳为三大类：房柱法、长壁法以及介于两者之间的混合方法。

1）国外采煤技术的发展演变

在欧洲，房柱法虽然由来已久，但直到18世纪左右才应用于采煤业，它最初产生于采石和采矿业。人们对矿石和金属的开采要早于煤矿，最早可以追溯到史前社会，随之也产

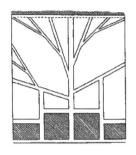 

图3-1-1　长壁采煤法平面、立面图

生了很多用于开采的工具及相关的开采、提升、排水、通风、照明等一套完整的技术方法，房柱法就是这样产生的。可以说采煤业的一系列工具和方法在很大程度上是从采石和金属开采业借鉴而来。房柱法（bord-and-pillar，bord是萨克逊词，意思是巷道，现在多被称为room-and-pillar）实际上是以两道工序进行开采的，即先把煤层分成若干22～60码见方的煤柱，再回采这些煤柱。但很快人们发现这种方法不适用过厚岩石覆层下的煤层，因为岩石覆层的自身重量很容易使煤柱在还未回采之前就倒塌。为克服这一缺点，又出现了长壁采煤法（图3-1-1），到1850年，此法得到普遍应用。为适用不同情况，在这期间人们又提出了很多混合的方法，下文将要介绍的撒沙充填法就是其中之一。

2）国内采煤技术的概况

中国采煤方法的产生要远远早于欧洲。考古学家发现的宋代鹤壁煤窑遗址，充分证明当时中国采煤技术已有了房柱法（与欧洲的bord-and-pillar类似）。这比欧洲早了近5个世纪。但彼此之间的传播关系笔者未能找到相关记载。

在近代中国煤矿中，应用最广的采煤方法依然是房柱法。在此基础上，又出现了其他新式采煤方法。1912年首先在抚顺煤矿的杨柏堡坑使用撒沙充填采煤法（sand flushing）。19世纪20年代锦西大窑沟煤矿首次出现了引柱采煤法和上向梯段充填回采法。到了30年代首先在中兴煤矿出现了长壁采煤法。但这比欧洲晚了近一个世纪。在中国，从房柱法走向长壁采煤法，经历了相对欧洲极其缓慢的过渡，直到1949年，房柱法才逐渐被长壁采煤法取代。

3.1.2.2　撒沙充填采煤技术（Sand Flushing）的引进

开滦自身的采煤方法发展过程与我国近代煤矿的发展过程基本一致。最初同样采用房柱法。在此基础上，开滦煤矿在厚煤层中发明了厚煤层切块陷落法，区别主要在于巷道的布置。到20世纪20年代开滦煤矿从抚顺煤矿引入了撒沙充填法（图3-1-2～图3-1-5），并经过进一步完善后在其五矿内加以推广。到了30年代，随着中兴煤矿内长壁法的应用，开滦也很快将其引入，但由于开滦煤层的岩石覆盖层大部分并非属于过厚岩层，故此法并不适用于开滦，未被推广。因此开滦在1949年之前所采用的主要采煤方法即撒沙充填法。

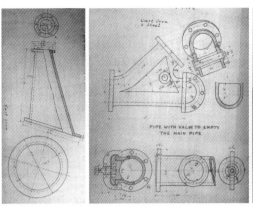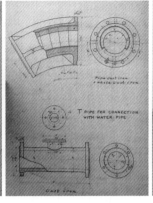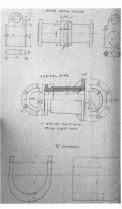

图3-1-2 涉及的各种类型管道的三视图

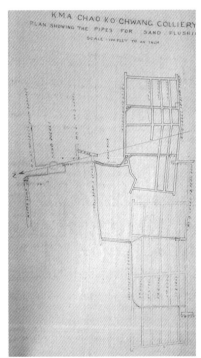

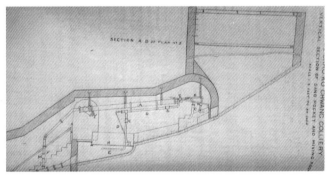

图3-1-4 赵各庄用于撒沙充填方法采煤中储沙室和混合室的纵剖面图

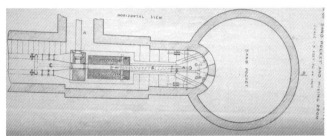

图3-1-3 赵各庄用于撒沙充填方法采煤铺设的管道平面图

图3-1-5 赵各庄用于撒沙充填方法采煤中储沙室和混合室的横剖面图

在1920~1921年开滦总矿师年报中，关于撒沙充填法的相关记载十分详实。此法起源于美洲，后传入欧洲、日本等国。1912年抚顺煤矿最先将德国奥柏尔煤矿的撒沙充填法引入。在采用此法之前，开滦煤矿的回采率很低，遗弃在采空区的煤又很容易自燃，导致火灾的发生。1920年开滦的赵各庄矿井下煤层失火事件促成此法的引进，在修建此法的相关设施之前，开滦派人前往抚顺煤矿进行参观学习。赵各庄矿总矿师Mr.Ge'rard对撒砂充填采煤法也做了相关报告[①]。

---

① 开滦煤矿档案2462[A]. 总矿师年报. 开滦煤矿档案馆藏，1920-1921：58-77.

3.1.2.3 采煤设备的引进

欧洲最初的采煤设备主要是铁锹、凿子等手用工具。直到19世纪初出现了火药和机器采煤，但由于火药具有很大的危险性，因此机器采煤逐渐成为一种趋势。1863年，哈里森（Thomas Harrison）制造了第一台实用的截煤机。这种机器见证了从往复运动到旋转运动的转变，代表了所有后来截煤机的发展方向。这类旋转运动截煤机原理的应用，极大增加了挖煤能力，虽发展缓慢，但出现了三种形式明确的机型：A圆盘式（图3-1-6），其切削构件包括一只在其四周装有切削工具的圆盘或飞轮。B截链式（图3-1-7），其切削构件包括一只带有循环链条而其链节上装有切削工具的伸出臂或悬臂。C、D截杆式（图3-1-8、图3-1-9），其切削构件包括一只在其整个长度上装有切削工具的伸出旋转杆。这类机器最初由压缩空气来驱动。20世纪初电力逐渐普遍使用后改为电力驱动，电动截煤机机型更小、功率更大。到20世纪30年代，英国出现了梅考—穆尔联合采煤机，在采煤和装煤方面取得了很大的进步，为以后研制一种能同时进行截和装的机器奠定了基础。

中国早期采煤工具，不外乎镐、锤、钎子等，也使用过黑火药。距英国发明第一台截煤机58年后，阳泉煤矿于1921年首次从美国订购此种机械，但使用与否，使用情况如何，无资料记载。1925年开滦从英国也引进了上文提到的截煤机，其规格和技术指标未见记载。1931年开滦又引进一台同样类型的截煤机，1934年再次引进格路威（G Dhoth）截煤机。但截煤机并未在开滦得到普遍应用，究其原因主要是成本过高。后经过多方面综合考虑，开滦仅将它用于切割岩石部分，并加以推广。开滦在采煤设备方面并没有完全实现机械化，直到1952年才有所改善。

图3-1-6　圆盘式截煤机

图3-1-7　截链式截煤机

图3-1-8　截杆式截煤机A

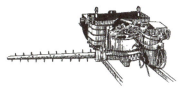

图3-1-9　截杆式截煤机B

3.1.2.4 采煤技术的引进对中国近代煤矿的影响

中国早期的采煤技术要远远领先于欧洲。直到13世纪,甚至可能直到16世纪,中国人一直比世界上其他民族更充分地利用煤资源。然而从大约17世纪到19世纪60年代前后,谈到矿物燃料的开采和利用,大不列颠没有遇上能与之匹敌的对手。可见技术的中心也由中国转移到了英国。1861年的洋务运动成为中国大量引进西方先进技术的契机,采煤业同样是在这个时期得到发展,中国近代煤矿也是在此之后产生的。

采煤技术特别是长壁采煤法的引进打破了中国长期以来仅依靠房柱法的现状,并结合二者的各自特点,独创了很多适合于各自煤矿的采煤方法。如抚顺煤矿的水砂充填法,锦西大窑沟的引柱采煤法和土石充填法,开滦煤矿的急倾斜煤层倒台阶采煤法,中兴煤矿的走向长壁采煤法等(图3-1-10)。其中开滦煤矿的撒沙充填法虽在技术方法上并未有实质的变革,但撒沙充填法的应用对开滦煤矿的影响作用却是不容忽视的:其一此法既解决了开滦煤层厚的问题,又使工作面集中便于开采管理,大大提高了开滦的煤产量与质量;其二防止瓦斯积聚产生火灾,提高了开滦煤矿的安全性;其三此法所需的充填材料来自赵各庄矿附近的沙河,降低了开滦煤矿的出煤成本。

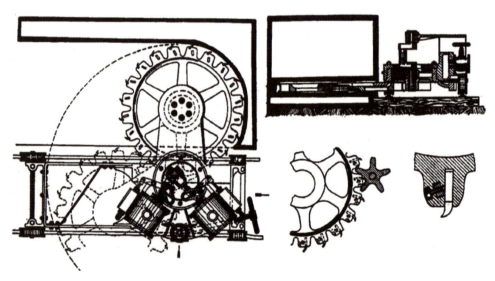

图3-1-10 中兴煤矿引进的截煤机结构图

3.1.3 洗选技术引进及其影响

洗选技术是煤炭开采流程中原煤开采之后的第二个重要环节——精煤生产,洗选技术决定所产煤炭的质量优劣与种类的划分,开滦煤质的领先地位与此技术关系密切。

3.1.3.1 洗选技术的发展演变概述

1）国外洗选技术的发展演变

18世纪初，选煤技术还未出现，开采的煤均直接出售。到了六七十年代，选煤技术开始被纳入煤炭的生产程序之中，但只是人工进行手选，并未得到认可，有人称其为"人力或物力的牺牲"。直到19世纪初，由于末煤需求的增加，这项程序才渐渐被人接受。19世纪中期，由于机械制造业以及金属冶炼技术对煤要求的提高，选煤技术得到了进一步发展。1844年，英国人罗伯特·沃克首次利用蒸汽机驱动发明了一种缓慢旋转的粗筛，每天可筛400~500吨，很快被普遍应用，从此选煤进入机械化时代。

在同一时期，洗煤技术首次出现，它是由法国人米贝拉尔发明的。洗煤的基本原理是：利用不同物质的独特重力进行机械方式的分类，煤被集中在滚筒里，利用一种活塞方式在一个含水的过滤网中搅动。英国人莫里森与两个法国人在达勒姆地区首次成功地运用洗煤机。到19世纪末，电力驱动也被引进到选洗煤技术之中，在其基础上相继出现了多种选煤方法。

2）国内洗选技术的概况

中国早期的选煤与欧洲相似，都是手工筛选，但之后并未有所发展。随着产量和销售量的增加，特别是焦炭用量的增加，煤的洗选日益显得重要，传统的手工洗选已不能满足需求。故在20世纪，中国出现了机械洗选。在引进机械化设备的同时也有了选洗技术的发展。然而在近代煤矿中仍有不少煤矿依旧采用手工选煤，只有开滦煤矿和萍乡煤矿的洗选技术在当时可与国外技术相媲美。

3.1.3.2 开滦煤矿洗选技术的引进及林西矿第三洗煤厂的建设改进历程

继萍乡煤矿之后，装设近代化洗选设备的煤矿即开滦林西矿。中国洗选煤技术最高的当属萍乡煤矿，开滦煤矿紧随其后。而最能反映开滦洗选技术水平的则属林西矿。开滦洗选技术的发展并非完全在于欧洲新技术新设备的引进，而在于开滦依据开滦煤的特质不断进行探索实验，最终创造了一套适用于本局的洗选系统。

1914年和1917年开滦林西矿先后建成两个洗煤厂，均采用Baum System。但洗煤厂问题很多，关键在于不能将煤规律的放入洗煤箱。太少导致效率低，太多导致无法获得足够的清洗分离时间，导致原煤基本未经过清洗分离，便因重力作用迅速进入下一环节。其次，开滦煤具有很大成分的细煤，具有较强吸收和保持水分的能力，进一步增加了清洗难度。此外，由于洗过的煤存有水，特别是冬季结冰后难卸载，甚至会对机车造成损害，京奉铁路局拒绝装运洗过的煤[1][2]。

---

[1] 开滦煤矿档案2450[A]. 总矿师年报. 开滦煤矿档案馆藏，1913-1914：63.
[2] 开滦煤矿档案2454[A]. 总矿师年报. 开滦煤矿档案馆藏，1916-1917：44-45.

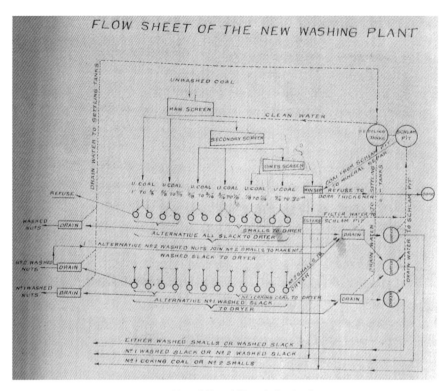

图3-1-11　林西矿第三洗煤厂洗选干燥流程图

对于这些难题在欧美均没有任何一个单独的系统可以有效解决，因此想到需要多个系统相结合的办法。开滦矿务局将目光转向Draper公司的Beetlestone系统，此方法对于处理粗粒煤效果甚好。同时总经理那森与总矿师杜克如在英国曾接触过Mineral Separation公司的Major Tullis系统，送过样品做实验，此方法对于粉煤的洗选效果令人满意。对于煤的干燥问题，开滦矿务局则同时引进美国的离心淋干机干燥粗粒煤，采用奥利佛过滤机干燥粉煤。1921年5月，开滦煤矿委托Draper和Mineral Separation两公司联合承建林西矿第三洗煤厂[①]（图3-1-11），于1923年11月最终竣工。开滦煤矿第三洗煤厂所采用的技术丝毫不逊于世界其他国家的先进技术，甚至有所领先。

3.1.3.3　洗选干燥设备的引进

中国旧式手工煤窑均是手工选煤，直到20世纪30年代很多近代煤矿仍然采用手工选煤。机械洗煤在19世纪80年代传入中国，较欧洲晚了近40年。中国第一台洗煤机即安设在当时的开平煤矿，但它的型号、洗煤能力已无资料可查。至1936年，中国洗煤设备最先进的当属萍乡煤矿和林西煤矿。

---

① 开滦煤矿档案2462[A]. 总矿师年报. 开滦煤矿档案馆藏，1920-1921：96-101.

继最初引入中国第一台洗煤机后，开滦煤矿自1912年采用自制活塞式手摇选煤机，取代了柳条筐在水中荡洗的手工方式，进入机械化选煤阶段。1914年、1917年先后引进两台鲍姆式（Baum System）洗煤机。二者均为电力驱动，功率分别为295马力、355马力。鲍姆式洗煤机与萍乡煤矿的振动式洗煤机不同，它对原煤粒度大小无任何限制，原煤无需进行筛分，更方便。1927年，林西又建立第三洗煤厂，开滦根据本局煤质，巧妙地将追波式（Draper System）洗煤机与泡沫浮选机相结合，特别是对末煤的洗选效果较鲍姆式好。同时，开滦又从美国引进了离心淋干机和奥利佛过滤机，解决了冬日湿煤不易运输的问题（表3-1-3）。

洗选、干燥煤设备　　　　　　　　　　　　　　　　表3-1-3

矿别	唐山矿	林西矿	萍乡煤矿
洗选设备	一号井设Cox 筛煤机	第一洗煤厂设鲍姆式（Baum System）洗煤机	振动式洗煤机
	三号井设Shaker筛煤机	第二洗煤厂设鲍姆式（Baum System）洗煤机	
	—	第三洗煤厂设追波式（Draper System）洗煤机与泡沫浮选机	
干燥设备		美国的离心淋干机	—
	—	奥利佛过滤机	

注：第三洗煤厂的建成是当时煤炭业的典范。

3.1.3.4　洗选技术的引进对中国采煤业的作用

洗选技术的引进使中国采煤环节得到完善，更好地满足市场对不同类型煤的需求。值得强调的是，开滦煤矿对洗选技术的引进以及林西三个洗煤厂的相继建立，是我国采煤业中的典范。采煤技术与煤的洗选技术是煤炭业生产环节中的两个最主要的部分，也是分析矿山类工业遗产之科技价值的重要依据之一。开滦煤矿在近代煤矿中不仅较早的积极引入世界最新技术，同时在引进上述两大技术的过程中依据自身的实际条件，创造出适用于自己的技术方法并取得较大发展。这是开滦煤矿被评价为近代煤矿中办得最好的煤矿的原因之一，也是其科技价值的重要体现。

3.1.4　核心动力系统的发展及设备的引进

3.1.4.1　国外动力系统的发展概况

17世纪末18世纪初，萨弗里（Savery）首次制造出实用蒸汽泵。大约在1712年，纽可门（Newcomen）最先把蒸汽机改造为一种实用的机器，并在斯塔福德郡的煤矿首次使用，纽可门的发明不仅解决了煤矿的积水问题，同时标志着对煤作为动力来源的一个新的和更大的需求的出现。到1750年，采煤业在英国和西欧已成为一种发展状况良好的产业，其水平已达到顶点。在这一时期，英国的煤产量从每年700万吨上升到1.5亿吨。这是在普遍使用蒸汽动力的时代之前，但是手工劳动阶段行将结束，机械时代即将到来。1765年，瓦特发明了分离式凝汽器，1775~1800年，瓦特与博尔顿（Boulton）合作研制了双作用的回旋杆蒸汽机及其凝汽器和离心式调速器。1750~1850年，经过一个世纪的发展，产生了各种类型蒸汽机，最终手工动力也彻底让位给蒸汽动力。此外，随着动力需求的增大，蒸汽机所需的蒸汽也增多，蒸汽锅炉的设计也随之有了很大的发展。

1870年，比利时人格拉姆（Gramme）制造第一台直流发电机。大约在1880年法国人梅里唐（Meritens）发明第一台永磁式交流发电机。从19世纪末至20世纪初，又相继出现了多种交流发电机，蒸汽机又逐步被发电机所取代，动力系统开始走向电力时代。1882年，发电机首次被应用于采煤业中的照明和排水系统。随着发电机的发展，电力驱动也逐渐被推广到采煤业的其他生产环节，成为采煤业的核心动力。

3.1.4.2 开滦电厂的发展及对开滦煤炭的影响

开滦共有三个发电站：林西矿发电站、唐山矿发电站、马家沟发电站。其中1906年建立的林西矿发电站起初只是一个小的发电所，仅供林西矿自己的通风、排水及照明设备用电。到1916年，开滦将其扩建为开滦中央电厂（图3-1-12~图3-1-14），年发电量由720.3万千瓦时增加到1666.1万千瓦时。同时，自1912年之后各矿陆续建变电站、架高压线，通过这些高压环线，将唐山矿、赵各庄矿、马家沟矿、唐家庄矿与林西矿相连，这样就可以接收中央电厂的电力输出（图3-1-15），到1917年年底，这些高压线完工投入运行[1][2][3][4]。至1931年，各矿的双电源高压线路也投入使用。在1921年和1932年，开滦中央电厂再次进行扩建，扩建后总容量为29000千瓦，是当时中

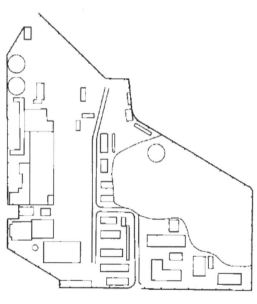

图3-1-12 开滦中央发电厂厂区平面图

---

[1] 开滦煤矿档案2450[A]. 总矿师年报. 开滦煤矿档案馆藏，1913-1914：63.
[2] 开滦煤矿档案2451[A]. 总矿师年报. 开滦煤矿档案馆藏，1914-1915：42.
[3] 开滦煤矿档案2452[A]. 总矿师年报. 开滦煤矿档案馆藏，1915-1916：24-26.
[4] 开滦煤矿档案2454[A]. 总矿师年报. 开滦煤矿档案馆藏，1916-1917：95-98.

图3-1-13　林西电厂

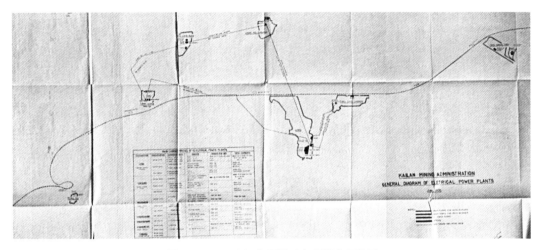

图3-1-14　1935年开滦矿务局发电厂总图

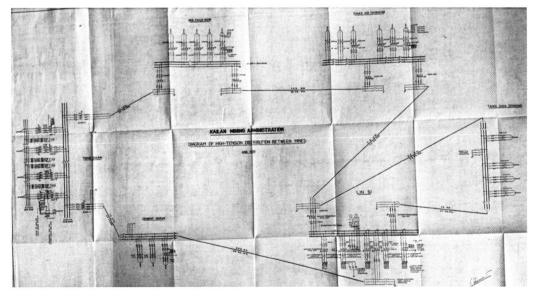

图3-1-15　1935年开滦矿务局各矿区间高压线分配总图

第3章　世界产业革命背景下的技术交流

国最大的发电厂[①]。随着发电厂的扩大，电力应用也越来越广。除用于生产外，开滦所生产的电能也逐渐扩大到本局人生活的各个方面。此外，由于开滦矿务局在秦皇岛的机械厂、塘沽的沿海运输等对电力的需求不断增加，总局决定在秦皇岛和塘沽分别建立各自的小电厂。京奉铁路及唐山境内一些大的工厂企业如启新洋灰厂、华新纺织厂等均由开滦中央电厂供电。

开滦煤矿电厂的建立开创了中国煤矿使用电力的先河，是我国北方第一座大型火力发电厂。其内部的汽机房保存至今：厂房现南北长55米，东西宽20米。虽然室内机器、锅炉等已被拆除，但五号机底座等尚在，房内还保留英国的配电盘等，地下部分保留完好。于2013年已被收入唐山工业遗产名录之中。

3.1.4.3 动力设备的引进与作用

蒸汽机的引入，开辟了中国近代煤矿的历史。直到20世纪初，蒸汽一直是外国煤矿中机械设备的主要动力来源。自开平矿务局建矿，其矿井提升、通风、排水等机械设备就是以蒸汽为动力驱动的（图3-1-16、图3-1-17）。所用的蒸汽锅炉种类多样，主要有：库尼士锅炉、兰开夏锅炉、考尼士锅炉。

随着电力的广泛应用，中国近代煤矿的原动力也逐渐由蒸汽改为电力。1906年，开平矿务局在唐山矿、林西矿分别建立电厂，同时从比利时引进一台1000千瓦的万达往复式双

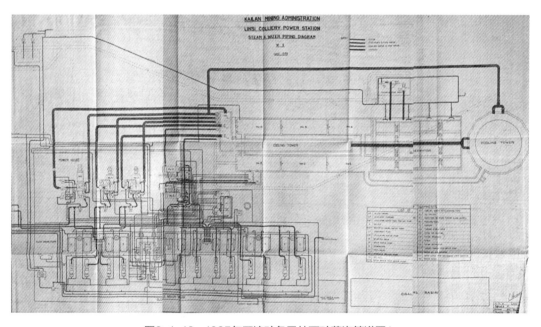

图3-1-16　1935年开滦矿务局林西矿蒸汽管道图A

---

① 开滦煤矿档案712（4-1）[A]. 开滦煤矿档案馆藏：712.

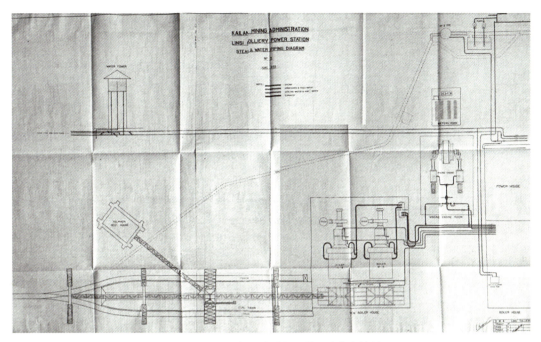

图 3-1-17　1935年开滦矿务局林西矿蒸汽管道图B

引擎交流发电机和两台直流发电机,它是中国近代煤矿用电的开端。随后,萍乡煤矿、抚顺煤矿、中兴煤矿也相继引入。1909年,马家沟安装便携式发电机。1916年,林西矿电厂扩建后(后来成为开滦中央电厂)又从英国引进了两台西屋公司1814年造的3000千瓦发电机[①],此时的林西矿电厂年发电量达1亿千瓦时,是当时中国最大的发电厂。后来随着用电量的不断增加,相继于1918年从Babcock & Wilcox公司引进6台Bacock & Wilcox锅炉,1922年从瑞士BBC公司引进了两台6000千瓦的透平发电机,1932年从英国茂伟公司引进了一台11000千瓦的透平发电机[②③④]。开滦林西矿发电厂所使用的设备基本可以反映20世纪二三十年代煤矿的发电水平(表3-1-4)。

动力设备　　　　　　　　　　　　　　　　表3-1-4

时间	型号	数量(台)	制造商	矿别	备注
1885年	库尼士锅炉	4	阿达姆森	唐山矿	—
1890年	兰开夏锅炉	3	阿达姆森	林西矿	—
1885~1896年	兰开夏锅炉	10	阿达姆森	唐山矿	—

---

① 开滦煤矿档案2454[A]. 总矿师年报. 开滦煤矿档案馆藏, 1916-1917: 95-98.
② 开滦煤矿档案2456[A]. 总矿师年报. 开滦煤矿档案馆藏, 1918-1919: 17.
③ 开滦煤矿档案2466[A]. 总矿师年报. 开滦煤矿档案馆藏, 1922-1923: 14-15.
④ 开滦煤矿档案712(4-1)[A]. 开滦煤矿档案馆藏.

续表

时间	型号	数量（台）	制造商	矿别	备注
1896年	考尼士锅炉	2	—	西北井	—
1906年唐山、林西矿建发电厂后，蒸汽逐渐被电力取代					
1906年	比利时万达往复式双引擎发电机	3		唐山矿	中国近代煤矿用电的开端
	比利时兰开夏锅炉	13			
	往复式发电机	2	—	林西矿	
	锅炉	7			
1910年	德国并列复试蒸汽发电机	1	—	马家沟矿	
	兰开夏锅炉	8			
1916年林西矿扩建发电厂，之后成为开滦中央电厂					
1916年	英国1814年造3000千瓦发电机	2	英国西屋公司	林西矿	林西矿厂年发电量达1亿度
1918年	Bacock & Wilcox锅炉	4	Babcock & Wilcox公司	—	—
1922年	瑞士6000千瓦透平发电机	2	瑞士BBC		
—	Babcock锅炉	6	Babcock & Wilcox公司		
1932年	英国11000千瓦透平发电机	1	英国茂伟公司		
—	锅炉	2			
除蒸汽、电力外，开滦还将锋利作为间接动力，主要用于开凿石门、巷道等					
1931年	压风机	1	—	赵各庄、林西矿	
—	风钻	—			
1934年	格路威（GDhoth）压风机	5	—		
	风钻	40			

至20世纪40年代，开滦中央电厂总计有锅炉14台，发电机5台。开滦中央电厂的建设为开滦煤炭的生产提供了充足的电力能源，保证了提升、通风、排水、照明系统的正常运行。

3.1.4.4 动力系统对采煤业的影响

开滦煤矿乃至整个近代煤矿的诞生，核心在于世界动力系统的发展：蒸汽动力——电力。人类早期的原动力主要是人力、风动力、水动力、马动力。进入17世纪后，蒸汽机和电动机的相继诞生引发一系列先进采煤设备的产生以及与之相适应的现代采煤技术的发展。其主要影响的是排水系统、通风系统、运煤出矿和提升系统、采煤及洗选技术。不难看出，动力系统在采煤环节中处于核心地位，它的发展可以促进整个采煤业技术水平的提升。

3.1.5 辅助生产设备引进与作用

3.1.5.1 矿井提升设备

矿井提升设备的改革，是采煤业纵向向深发展的关键。但早期采煤并没有所谓的提升设备，而是靠人力背装有煤块的柳条筐绕竖井壁四周的梯子爬到地面。随着竖井的加深，这种提升方式急需被某种机械形式所取代。18世纪初，手动卷扬机首先得到了应用，此后又被畜力绞盘所取代。基于马力提升的不足，水力开始作为一种补充动力得到广泛使用，其中斯密顿设计的水力煤炭起重机在当时影响最大。1780年英国诺伯兰威灵顿煤矿首次使用蒸汽绞车提煤，从此蒸汽机开始成为提升设备的主要动力，逐渐取代了水力提升机。在近一个世纪的期间内，英国发明了多种类型的蒸汽提升机，主要是由博尔顿和瓦特设计。但基本的提升机系统一直都没有太大变化。直到20世纪初，随着电力的广泛应用和供电系统容量的增加，采用电力驱动的提升发动机越来越多，最初是用直流电动机驱动的，最后逐渐改用齿轮传动的交流感应电动机。

在中国，清初运煤用荆条筐，以绳拉至井口，用辘轳吊出。到乾隆末期，在四川已出现用畜力机械提升的装置（图3-1-18），并不落后于欧洲。但蒸汽绞车（图3-1-19）的使用，中国却落后欧洲一个世纪之久。电动绞车的引进，也落后了近20年。

在近代煤矿中，开滦煤矿提升机的更新换代，基本上反映了中国近代煤矿使用提升机的历史。1881年开平煤矿最先引进3台150马力蒸汽绞车，日提煤能力500吨。1891年又将其改装为500马力。1908年开平公司在林西矿安装1000马力蒸汽绞车，这种绞车是英国1906年生产的最新产品，在当时中国近代煤矿使用的蒸汽绞车中数它最大。由于蒸汽绞车热能损失大，效率低等原因，开滦也逐渐将目光转向电绞车。1920年开滦的赵各庄矿首次安装了75马力的电绞车，日提升能力800~1000吨。1922年赵各庄矿从比利时ACEC（Ateliers de Constructions Electriques de Charleroi）公司引进1175马力的电

图3-1-18　大约1820年，畜力绞盘图

图3-1-19　1880年左右用于煤矿的蒸汽提升机

绞车一台[1]，1926年从英国Metropolitan-Vickers company引进另一台电绞车，这是当时最好的电绞车，马力达1340[2]。

在提升设备方面，开滦煤矿不仅可以反映中国近代煤矿所达到的技术水平，甚至可与同时期的外国煤矿相媲美（表3-1-5）。

提升设备　　　　　　　　　　　　　　　　　　　　　　　表3-1-5

矿别	井别	年份	使用绞车	备注
唐山矿	1、2、3	1881	150马力蒸汽绞车	开平煤矿在近代煤矿中最先引进蒸汽绞车
	1、2、3	1891	500马力蒸汽绞车	
林西矿	—	1908	1000马力蒸汽绞车	1906年英国最新产品，在当时中国近代煤矿中马力最大，林西矿第一个安装使用
赵各庄矿	1、3	1912	1000马力蒸汽绞车	
	4	1920	75马力电绞车	1920赵各庄矿在当时中国首次使用电绞车
	—	1922	1175马力电绞车	从比利时ACEC（Ateliers de Constructions Electriques de Charleroi）引进
	1	1926	1340马力电绞车	从英国Metropolitan-Vickers company引进，是当时最好的电绞车
西北井	—	—	—	—
马家沟矿	1、2	1912	1000马力蒸汽绞车	
唐家庄矿	—	—	—	—

---

① 开滦煤矿档案2464[A]. 总矿师年报. 开滦煤矿档案馆藏，1921-1922：59.
② 开滦煤矿档案2471[A]. 总矿师年报. 开滦煤矿档案馆藏，1925-1926：96.

3.1.5.2 提升辅助设备

提升辅助设备主要包括井筒、井架和罐笼。它们的发展演变是由于相关机械设备的引进而产生的。

早期的井筒多为方形、梯形，近代煤矿的井筒形状则以圆形为主。主要原因是由于机械化采煤对井筒的深度、大小、井壁支护等要求提高，而圆形井壁支护的受力状态好，有效利用率高。最初装煤的工具主要是柳条筐，柳条筐从矿车上被提起，钩到绳子上沿着竖井被提升至井口。但由于绳子扭曲，柳条筐会不断旋转摇摆。为了克服这个问题，1787年人们发明了竖井导轨，可将柳条筐悬挂固定于装在竖井侧面木导轨上的横杆上。随后由于提升机的使用，可以在导轨上运动的罐笼或开口煤箱也被引入竖井，并得到普遍推广。井架的建设则是伴随提升机的使用而开始的。

值得特别说明的是在1912年之前，开滦各矿井架多为木质结构。1914年后开滦机械制修厂开始自制井架，赵各庄2号井使用的井架是中国近代煤矿中的第一个自制井架（图3-1-20），其高83尺，铁质，此后各矿逐年更换[①]。1949年前，各矿煤车容量在0.4～0.5吨之间，罐笼1～3层，提升能力相对较小（表3-1-6）。

图3-1-20 1914年赵各庄2号井83尺高铁质井架

---

① 开滦煤矿档案2451[A]. 总矿师年报. 开滦煤矿档案馆藏，1914-1915：53.

辅助设备井筒、井架、罐笼（尺）　　　　表3-1-6

矿别		井筒			井架		罐笼	时间
		井筒形状	井筒大小	井筒深度	井架材质	井架高度	类型	
唐山矿	1号井	圆形	14	1200	铁质	70	1881年三层罐笼	1878～1903年
							1903两个双层罐笼	
	2号井	圆形	14	546	铁质	30	单层罐笼	1878年～
	3号井	圆形	16	1400	铁质	85	两层容三个煤车	1878年～
马家沟矿	南井	圆形	18	685	铁质	90	—	1908～1910年
	北井	圆形	12	450	木质	—	—	1908～1910年
赵各庄矿	1号井	圆形	13	600	木质	—	—	1908年～
	2号井	圆形	12	300	木质	—	—	1908～1912年
	3号井	圆形	12	300	木质	—	—	1908年～
林西矿	立井	圆形	14	600	木质	—	—	1889年～

在2013年最新公布的唐山工业遗产名单中即包含唐山矿1号井、马家沟矿老矿井。

图3-1-21　唐山矿1号井井架

唐山矿1号井：位于唐山市路南区开滦唐山矿内，是中国近代工业机械采煤的发端之地，建井距今已有1200多年历史。1号井于1876年选址，1878年装机钻探，1879年凿井，1881年开始出煤，是中国近代采煤业中第一眼机械开采矿井。现在的1号井井深482.7米，井径4.267米，滚筒直径3.96米，天轮直径4米，箕斗容积9.5吨，采用加拿大产电机和国产电机双机拖动，年提升能力150万吨，至今仍然是唐山矿两座主提煤井之一。1976年唐山大地震中，1号井井架倾斜，车房倒塌，在辽宁抚顺局的协助下，于当年8月完成恢复建设，至今仍在使用，保存完好（图3-1-21）。

马家沟矿老矿井：开平马家沟矿老矿井位于唐山市开平区马家沟矿业公司内，开凿于1908年。1900年清政府失去了对开平矿务局的矿权，1906年时任清廷北洋大臣的袁世凯任命周学熙筹建滦州煤矿。1908年7月19日，滦州官矿有限公司在开平马家沟村南凿井，即马家沟老矿井。该井井口为圆形，直径4.3米，于1910年上半年投产。该井于1976年唐山大地震时遭受破坏，震后恢复，井架为钢结构，砖基础，目前保存完好。

3.1.5.3 矿井通风设备

最初并没有相关的通风设备，仅靠自然通风。较为现代的做法之一是修筑两条进矿巷道：一条是让空气流入的，一条是让空气流出的。另一种做法就是相关通风设备的应用。

据相关记载，第一台机械通风设备是在1807年赫伯恩煤矿使用的气泵，这是一台由一只5平方英尺、冲程为8英尺、在木衬活塞室中运作的木活塞组成的抽气泵。其原理在比利时和德国也得到了普遍应用。随后，人们在其基础上将气泵加以改进，研制出斯特鲁维（Struve）通风机和尼克松（Nixon）通风机，这两种通风机在英国南威尔士被大量采用。大约在1830年左右，人们成功地进行了研制抽风机的尝试。抽风机的制造最早要追溯到16世纪左右，典型的早期抽风机是由沃德尔（Waddell）、吉巴尔（Guibal）和法布里（Fabry）设计的，形式都是离心式的，共同原理是用一台蒸汽机使一只鼓轮水平旋转，这样来自矿内的空气被吸入鼓轮的中央，然后可以从它的四周排至外部空气中。到20世纪初，通风机逐渐由蒸汽动力转换为电力驱动。

中国早期与国外相同，均依靠自然通风。中国最早从欧洲引进通风技术是在19世纪70年代。开平煤矿是在1882年从英国引进三台古波尔（Guieae）通风机，一台直径4.8米，44转/分，另两台直径9米，36转/分。使用时间较欧洲最早的机械通风设备迟了近80年。1910年开滦的马家沟矿从德国引进两台电力驱动的开普尔（Cappell）通风机，这是中国引进的第一台电力通风机。此后近30年间，开滦先后从英国、比利时引进不同型号和马力的电力通风机共九台（表3-1-7）。

通风主要设备通风机 表3-1-7

矿别	时间	1920年以前	1920~1925年	1925~1936年	备注
唐山矿	型号	Guieae	Sirocco	Rateau	至1936年共1台375马力，直径4米的Rateau，1台350马力Sirocco备用
	数量	3	1	1	—
	马力	蒸汽动力	电力驱动	电力驱动300马力	—
	备注	1882年从英国引进	—	1927年，从比利时共引进3台，直径4米	—

续表

矿别 \ 时间		1920年以前	1920～1925年	1925～1936年	备注
林西矿	型号	Guieae	Rateau	—	1台Rateau同唐山矿,1台300马力Cappell备用
	数量	1	1	—	
	马力	蒸汽动力	电力驱动	—	
	备注	1887年安装	—	—	
赵各庄矿	型号	Cappell	—	Rateau	1台Rateau同唐山矿,1台300马力Cappell备用
	数量	2	—	1	
	马力	电力驱动150马力	—	电力驱动300马力	
	备注	1919年从英国引进	—	1927年从比利时引进	
马家沟矿	型号	Cappell	—	Rateau	1台Rateau同唐山矿,1台230马力Cappell备用
	数量	2	—	1	
	马力	电力驱动150马力,255马力	—	电力驱动300马力	
	备注	1910年从德国引进,最早使用电力驱动通风机	—	1927年,从比利时引进	
唐家庄矿	型号	—	Cappell	Cappell	1台75马力Cappell,1台65马力Cappell备用
	数量	—	1	1	
	马力	—	电力驱动75马力	电力驱动65马力	
	备注	—	—	—	

此外为了改善矿井通风,中国近代煤矿除引进大型通风机外,在20世纪二三十年代已广泛使用风门、风席、风墙、风桥以及局部扇风机。开滦所采用的即局部扇风机。开滦早期使用的是手摇式风扇,后改用电动式风扇。据开滦1926年总矿师年报记载:"唐山矿五月间于十二槽八石门西,发现爆发气形迹,于是在该处安设轻便小风扇。第八道巷十一槽内、十二石门西,时常发现稀薄之爆发气,但每次辄以手摇风扇排之……林西矿在五道巷西首使用特别风扇,借以通风。……马家沟为加强过道及黑暗工作处通风起见,仍继续使用轻便电扇,

现在第二、三、四、五等巷道内所用之电扇共八把。"直到国家代管开滦矿后，才开始使用国产通风设备。

3.1.5.4 矿井排水设备

在采煤过程中最早应用蒸汽动力的就是排水系统。17世纪初的英格兰人开始探索应用蒸汽的力量来解决煤矿排水问题。1698年左右英国人塞维利（Thomas Savery）制造了第一台蒸汽泵，名叫"矿工的友人"或"用火抽水上来的机器"，它标志着当时的英国采煤业已从手工开采开始逐步走向机械开采。大约在1712年，位于斯塔福德郡的煤矿开始利用英国人纽可门（Thomas Newcomen）发明的大气蒸汽机解决矿井内积水问题，此设备是在塞维利蒸汽泵的基础上发展而来的。经历大半个世纪之后，英国人瓦特又在纽可门蒸汽泵的基础上发明旋转式发动机，并广泛应用于各个工业部门，从而引起了西方的第一次工业革命。此后的几十年间，排水设备的变化不大。直到19世纪最后的十年和20世纪最初的十年里，由蒸汽机推动并用横杆操作的庞大的水泵（这种泵要求有高大的机房和悬在竖井上的笨重木杆）开始逐渐被以电力为驱动的新式离心泵所取代。

在中国，煤窑最初排水用柳斗，顶多用水车，因此排水量很有限。明末，欧洲单双唧筒吸水机传到中国。至清乾隆早期（18世纪中叶）英国煤矿此时已使用了蒸汽为动力的纽可门抽水机，而中国却只能靠开凿泄水沟让积水自行流出，抽水机的应用范围极其有限，且成本高，实属权宜之计。这种状况持续了长达一个半世纪，直到开平煤矿的成立。

1878年开平煤矿成立初期，即从英国引进了一台大维式抽水机（图3-1-22），也称往复式水泵，这是我国引进的第一台水泵，其排水能力每分钟可从六百尺（200米）深的矿井中抽出781加仑（3.55吨）的矿井水。中国第一次使用机械排水较英国迟了近170年之久，开滦煤矿抽水机的引进彻底改变了中国排水设备的传统面貌，是中国煤炭史上的一个重要转折点。在之后的近30年中，开滦又相继引进了多种类型的水泵：莫尔泵、考尼式泵、达尔卫泵、双转轮泵、单旋转泵、唐叶泵。直到1906年，唐山、林西发电厂成立，此时正是世界走向电力驱动的时期，开滦的排水设施也紧随其后开始向电力驱动转换。最初使用的以电为驱动的水泵是比利时造的离心式"苏尔则"泵。值得一提的是，开滦并非就此止步，而是在1906～1921这15年间，开滦的机修厂先后仿制"苏尔则"式水泵40余台，从此形成开滦自己的水泵系列：开滦Ⅰ型、开滦Ⅱ型、开滦Ⅲ型（表3-1-8）。其优点是结构简单、寿命长、便于维修、扬程变化小、效率稳定。直到国家接管开滦矿之前，排水设备的变化不大。

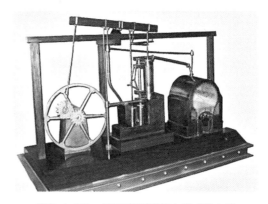

图3-1-22 1878年引进的大维式抽水机

矿井排水设备　　　　　　　　　　　　　　　　　　　　　表3-1-8

时间	水泵种类	排水量（吨/分）	扬程（米）	备注
1878年	大维式抽水机	3.55	200	从英国引进，也称往复式水泵，是我国引进的第一台水泵
1906年以前	莫尔泵	4.5	—	—
	考尼式泵	3.6	—	—
	达尔卫泵	2.025	—	—
	双转轮泵	2.025	—	—
	单旋转泵	1.8	—	—
	唐叶泵	0.9	—	—
	注：1906年唐山、林西建发电厂后，开始使用电力驱动，以上均为蒸汽动力			
1906年以后	离心式苏尔则泵	—	—	从比利时引进
	开滦Ⅰ型	5	240	—
	开滦Ⅱ型	4	180	—
	开滦Ⅲ型	2.5	60～70	—
	注：自1906年从比利时引进离心式苏尔则泵后，1906~1921年间，开滦机厂自制仿"苏尔则"水泵40余台			

3.1.5.5　矿井照明设备

最初井下照明用的是蜡烛或油灯，然而随着竖井深度的增加，甲烷量也在增加，井下爆炸越发频繁，因此急需找到地下照明的替代品，在寻找的过程中产生了各式各样的照明方式。

最早的替代品是腐烂的鱼发出的磷光，但照明效果显然不令人满意。1740~1750年间斯佩丁（Charles Spedding）发明了火石钢磨机（Flint-and-steelmill）（图3-1-23），这种机器使用时要用带子捆在人胸前，通过旋转手柄，产生火花，发出微弱亮光，这种设备虽得到了广泛应用但它依然有可能引起爆炸，问题未得到根本解决。到18世纪初，几种中早期的安全灯问世了：第一种灯即是戴维（Humphry Davy）（图3-1-24）在1815年发明的带有铁丝网筒的"绝对安全灯"，灯火在铁丝网罩之内，煤气虽入网燃烧，但火焰不出网罩，又因网罩散热快，不致达到瓦斯爆炸的发火点，故能起到安全防爆的作用。它包含着近代安全灯所依据的原理。第二种灯是由斯蒂芬森发明的"管筒及小油机"（图3-1-25），它的原理是如果把一些蜡烛拿到瓦斯喷灯的上风一侧，则喷灯会被"朝它们吹来的燃烧过的空气熄灭"。第三种灯则是克兰尼发明的"鼓风"灯，它是利用戴维发明的铁丝网覆盖在玻璃筒外面，再将二者罩在火焰上。这类安全灯第一次接受实践检验是于1816年1月在赫伯恩煤矿进行的，受到了很高的赞誉。

在随后的几十年间，人们对矿灯又进行了许多改进。值得一提的是1840年比利时的莫泽

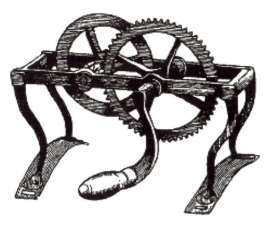

图3-1-23　1813年的火石钢磨机　　图3-1-24　1816年的戴维式矿灯　　图3-1-25　1816年斯蒂芬森的安全灯

勒（Meuseler）发明的玻璃罩灯，这种灯的特点在于罩住火焰的是十分坚固的玻璃，其外面延伸有金属丝网圆筒，在二者结合处是金属烟囱，可把烟和"脱氧空气"从火焰上传送出去。到了20世纪初，这种火焰安全灯开始逐渐被手提式蓄电池安全灯所取代，20世纪30年代，手提式蓄电池安全灯又被更有效的头戴式蓄电池矿灯所取代。

19世纪末之前中国采矿的照明设备长期使用明火灯，直到1884年，开平煤矿第五坑因发生瓦斯爆炸，部分开始改用安全灯。与欧洲相比，使用安全灯的时间推迟了半个多世纪，但这是中国首次使用安全灯。开滦照明设备的演变发展历程基本可以反映整个中国近代煤矿照明设备的发展。

开滦在建矿初始1878～1884年开始部分改用安全灯，期间共采用过三种类型的灯：明火油灯、明火电石灯和安全罩油灯。开平煤矿第五坑的瓦斯爆炸事件作为导火索，迫使开平煤矿改善照明设备，提高其安全性能。自1884年起，开滦陆续引进了三种安全灯：里斯灯（Joris lamp）[①]、Dufrane-Castiau lamp（从比利时引进）、克雷默灯（Cremer lamp，从英国引进）。在这三种类型中，克雷默灯较前两种更为先进，因为此灯采用的是矽铁助燃，前两种采用磷片助燃，而磷易受潮，使用不便[②]。1909年又从比利时引进了苯安全灯（benzine lamp），但1926年12月21日唐山矿第九巷道工人在使用时引起瓦斯爆炸，死亡26人，从此停止采购此灯。也正是因此，开滦矿在1927年从比利时引进手提式蓄电池灯[③]。此后，蓄电池灯逐步取代安全灯的使用，除部分巷道使用明火灯外，其余均换用蓄电池灯，开滦机械厂又自制了一部分。这种状况一直持续到国家接管开滦矿（表3-1-9）。

---

① 开滦煤矿档案2450[A]. 总矿师年报. 开滦煤矿档案馆藏，1913-1914：97.
② 开滦煤矿档案2451[A]. 总矿师年报. 开滦煤矿档案馆藏，1914-1915：124-125.
③ 开滦煤矿档案2475[A]. 总矿师年报. 开滦煤矿档案馆藏，1927-1928：251.

照明设备　　　　　　　　　　　　　　　　　　　　　　　　　　　表3-1-9

类型	使用情况	备注
明火油灯	1878年建矿始用，1917年淘汰	1884年，第五坑因发生瓦斯爆炸，大部分开始改用安全灯
明火电石灯	与明火油灯相伴而生，持续使用70余年	—
安全罩油灯	1882年安全罩油灯	—
安全灯	Joris lamp 里斯灯 Dufrane-Castiau lamp 从比利时引进 Cremer lamp 克雷默灯从英国引进	安全灯有三个类型，其中Cremer灯较前两种更为先进，因为Cremer灯采用的是矽铁助燃，前两种采用磷片助燃，而磷易受潮。1915年后又同时采用了magnetic shutter灯
苯安全灯	benzine lamp 苯安全灯从比利时引进	—
安全电灯（蓄电池灯）	1927年从比利时引进手提式蓄电池灯。至1936年，唐山矿3520盏，林西矿1500盏，马家沟矿4300盏，赵各庄矿5420盏，共计14740盏	1927年后，蓄电池灯逐步取代安全灯的使用，此后开滦机械厂又自制了一部分。并在20世纪30年代制定了一套严密的蓄电池灯管理办法

此外，值得一提的是，开滦煤矿在20世纪30年代制定了一套严密的蓄电池灯管理办法：在灯房的两侧安装玻璃窗口，一侧发灯一侧收灯。每盏灯均有编码，井下工人均配发对应灯牌，凭牌取灯。里工由个人取灯，外工由包工头统一取灯，交灯亦如此。

3.1.5.6 井下运输

英国最初使用煤篮、煤箱或木制箱子、柳条筐等进行煤炭的运输，偶尔也使用手推车。到了18世纪，井下煤的运输基本是装入柳条筐内放在木滑橇上运输的，起初这些木滑橇是由人工托运，到1763年，开始使用矮种马，1789年后，有轮的矿车引入煤矿，后来又配有锻铁轻轨。矮种马作为原动力在井下运输中发挥了很长一段时间的作用。直至1812年，斯蒂芬森（George Stephenson）改装了一台泵机，这是第一次将蒸汽动力运用于运煤之中。到1840年，已经广为普及。但这些运输方式只在水平巷道中发挥作用，在工作面内依然主要依靠人力和畜力。1902年，在达勒姆的布莱克特（W.C.Blackett）发明了第一台令人满意的用于采煤工作面的运煤机。自此，生产过几种类型的运煤机，诸如将煤沿着一个输送槽运输的震动运煤机，还有循环传送带。后者的几个变式，至今仍在普遍使用。

中国早期的井下运输状况与欧洲类似，无机械化可言。直到1907年萍乡煤矿使用架线式电机车，这是中国首次在井下运输中使用电机车。除萍乡煤矿外，其余近代煤矿大多主要依赖人力、畜力，井下运输机械化程度很低，远远落后于欧洲各国。开滦煤矿情况类似，出于成本的考虑，认为对于廉价劳动力的投入资金要远远低于对机车设备的投入。因此直到20世纪30年代才逐渐开始使用电机车。唯一值得一提的是开滦矿曾在顺槽运输中使用过本局人特制的小推车（图3-1-26）。

小结：开滦煤矿引进的辅助生产设备在中国近代煤矿史中的地位

通过对上述六大辅助生产设备的详细探讨，不难看出开滦煤矿在中国近代煤矿设备更新发展中的地位。此外，这些大型设备具有工业革命的符号性特征，与以往手工工具截然不同，它们带给人心理上的震撼和某种意义上的工业美感。因此这些先进设备在承载开滦煤矿主要科技价值的同时也承载着历史价值和美学价值。

图3-1-26　由英国设计师设计的开滦矿早期手推车模型

3.2 从晚清铁路技师看近代欧亚工业技术的传播——以清末关内外铁路英国和日本技师为例①

英国的工业革命对全球产生了深远的影响，而在以重工业为先导的亚洲，矿山和铁路建设是其先行者。尽管中国古代有矿山，但是近代矿山的开发和政治背景、技术密不可分，政治背景和近代技术是划分古代和近代的分水岭，而对技术传播的研究是中国工业遗产研究中特别需要强化的部分。近代技术的传播关键在于技师，对技师的研究可以清楚说明技术传播的途径。本节选择以关内铁路为例是因为该铁路与相关的开滦煤矿是早期近代中国工业的案例，从快车马路到蒸汽机车是手工业向机器工业转型的转折点。

清末关内外铁路最早直接受英国的影响，而后日本技师也参与其中，从关内外铁路的建设可以清晰地看到英国工业革命的影响，同时也可以看到亚洲各国间的影响。它显示了中国近代工业影响途径的多元性和复杂性，以此为思路进行更大范围的考察，会发现中国铁路还受到法国、美国、日本、比利时等国家的影响。

3.2.1 从矿山技师到铁路技师

矿山和铁路是中国近代工业的先驱。开滦煤矿又是中国近代煤矿中的龙头，而关内外铁路又因开滦煤矿而生（图3-2-1）。

开滦煤矿位于滨海平原的山海关与白河口的大沽之间。1878年开发了最初的矿井。广东商人唐景星又名唐廷枢被任命为轮船招商局总办，并依赖李鸿章开始在开平地区经营煤矿开采，在唐山成立了"开平矿务局"。这时建设了1号和2号两个竖井，采用蒸汽动力带动气缸发动机，驱动竖井中的提升泵，防止煤坑进水。同时为直径9.15米，每分钟抽送3400立方米新鲜空气的通风扇提供动力②。近代煤矿在提升、通风、排水三个方面使用了以蒸汽为动力的提升机、通风机和排水机，这是与传统采煤相比最突出的特色，是手工业生产向机械化的近代转型的标志。

采煤技术最初的主要传播者是英国人罗伯特·薄内（Robert Reginald Burnett，1841—1883）。他1841年4月30日生于伦敦，在德国受到教育，他曾经是德国Riga铁路和Dunaberg铁路助理技师，后来他去了普鲁士担任了两年测量工作，后来又去了秘鲁五年，建设了道路、水工、

---

① 本节执笔者：徐苏斌。作者于2003年受到东日本铁道文化财团的资助完成了《清末民初中国铁道建设与日本》一文，并于2009年将其收入《中国的都市建筑与日本》（东京大学出版会），近年关于关内外铁路的研究又有了进展，代表成果有2013年Peter Crush的《关内外铁路》（PETER C. Imperial railways of North China[M]. Beijing: Xinhua Publishing House，2013.）。同时在重大课题研究的过程中我们也发现了新的档案资料。本节试图进一步从对外国技师的雇佣考察中国近代工业技术和海外的关联性。
② PETER C. Imperial railways of North China[M]. Beijing: Xinhua Publishing House，2013.

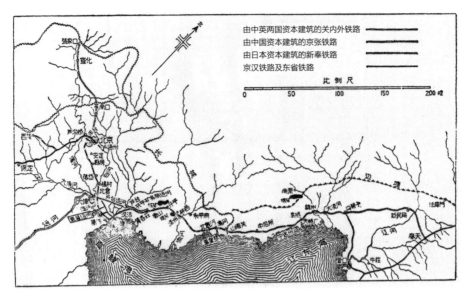

图3-2-1 关内外铁路路线

桥梁的基础设施，开辟建设了银矿，并进行了普查。1866年他回到欧洲，有一段时间他受雇于瑞士政府。后来作为总工程师到普鲁士矿山和铁工厂工作，他将矿井深度从600英尺推进到1200英尺，他同时还有十年的矿石分析的经验。1876年他回到伦敦，在英国著名的矿山Cornwall从事检验和报告工作。1877年末他受到中国的邀请作为总工程师到中国工作，他在中国工作了6年，成功地进行了开滦煤矿的开采工作，而且为矿山建设了长度7英里的铁路和22英里的运河。而且还建设了最早的机车"中国火箭号"（Rocket of China），很不幸他得了伤寒症，于1883年8月19日病逝于上海[1]，年仅42岁。他是最早的矿山、铁路和土木技师，他将欧洲、南美的丰富经验以及英国工业革命的经验和成果带给中国，他是中国近代工业和世界工业革命的进程联动的见证（图3-2-2）。

接任罗伯特·薄内的是英国人克劳迪·威廉·金达（Claude William Kinder，1852—1936，以下简称金达）[2]。

金达的父亲托马斯·威廉·金达

图3-2-2 唐山煤矿早期技师
（右前推测是薄内）

---

[1] OBITUARY. ROBERT REGINALD BURNETT, 1841-1883. Minutes of the Proceedings of the Institution of Civil Engineers, Volume 75, 1884.
[2] 中国社会科学院近代史研究所翻译室. 近代来华外国人名辞典[M]. 北京：中国社会科学出版社，1981.

第3章 世界产业革命背景下的技术交流

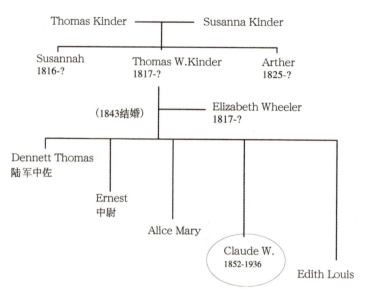

图3-2-3 金达的家谱

（Thomas William Kinder，1817—1884）是一位经历丰富的英国铁道技师，他于1845年从事Bromsgrove and Oldburg的铁道建设工作，1851～1855年参与爱尔兰Midland Great Western铁路的建设，1855年负责管理Shrewsburg and Birmingham铁路的机车部门。同时他于1846年成为陆军中尉，1853年成为军官。1863～1868年被聘为香港皇家造币局长（Master of Royal Hong Kong），1868年香港皇家造币局破产后技术人员和设备迁往日本，成立了大阪造币寮（Imperial Japanesemint，Osaka），于是马斯·威廉·金达1870～1875年成为大阪造币寮的外国人技师。弟弟Arther Kinder是建筑师①（图3-2-3）。

克劳迪·威廉·金达是老金达的第四个孩子，1852年出生于爱尔兰，此时他的父亲正在从事爱尔兰Midland Great Western铁路的建设工作。他少年的时候随父亲到香港，1870年被送到俄国彼得堡一家德国机车制造厂学习铁路工程，并获得毕业证书。1872年离开俄国，1873～1877年从事神户和大阪之间的铁路建设，还勘测了九州西部可开发的深海港口②。曾经受到日本铁道厅长官井上胜子爵（1843—1911）的关照，日本东铁道线路勘测的时候，他跟随日本技师进行了调查③。1877年日本西南战争爆发，技师被解雇，1878年26岁的金达到上海寻找工作，遇到唐廷枢，被聘为开滦煤矿技师（Chinese Engineering andmining Company），最初的工作是帮助挖煤矿竖井④，并和薄内一同建设一条从煤矿到运河之间的铁路（图3-2-4）。

---

① HANASHIRO R S. Thomas williamkinder and the Japanese Imperial mint，1868～1875[M]. Leiden: Brill，1999.
② PETER C. Imperial railways of North China[M]. Beijing: Xinhua Publishing House，2013:107
③ HANASHIRO R S. Thomas William kinder and the Japanese Imperial mint，1868～1875[M]. Leiden: Brill，1999.
④ PETER C. Imperial railways of North China[M]. Beijing: Xinhua Publishing House，2013.

世界上第一台具有现代蒸汽机车结构特征的机车是1829年由乔治·史蒂芬逊（George Stephenson，1781—1848，或译斯蒂芬森）父子共同制造的机车"火箭号"（Rocket），它由十字头、主连杆和曲拐来驱动车轮，汽缸也从锅炉顶上移至锅炉旁边。1880～1881年，薄内和金达制造了中国最早的机车。1881年6月9日在乔治·史蒂芬逊100周年诞辰的时候，总工程师薄内的夫人为机车命名为"中国火箭号"（Rocket of China），当地人称"龙号机车"（图3-2-5）。其中车轮使用的是购入的费城惠特尼公司（Whitney and Sons）制造的冷铸铁二手车轮，机车框架利用了唐山矿井的材料，金达用便携式提升机中的锅炉、汽缸、槽钢以及其他废料制造了发动机。就这样，以蒸汽机技术为主的采矿和机车标志着一个时代的到来。"龙号机车"主要用于铁路线建设期间，而真正用于运煤的机车是1882年从英国罗伯特·史蒂芬逊公司（Robert Stephenson & Co.）引进的两台机车，42英寸的车轮，10.5英寸×18英寸汽缸，是中国进口的最早的标准轨铁路机车[①]。开滦煤矿的火车机车大部分从英国引进，也有部分从美国引进。

图3-2-4　金达

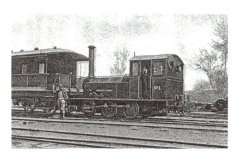

图3-2-5　金达与中国火箭号机车

1881年唐胥铁路建成，直接修到唐山矿场内部，1879年修建唐山火车站。唐山站于1882年初完工，站址选在市内天桥东侧老站道口处，站线为两股。由于这段铁路用骡马牵引货车，所以又被世人称为"马车铁路"。它是七滦线上的一等货运站，担负着繁忙的货物运输业务，配有专用线35条，专用铁道3户。1907年，由于路基塌陷影响了行车安全，西迁至路南区境内，其站址位于七滦线自七道桥站起约17公里处。1907～1976年，唐山站候车室进行了4次改建和扩建。1976年的唐山大地震使唐山站毁于一旦。

1882年薄内退职，金达继任开平矿务局技师长。此后金达得到李鸿章的许可，将铁路事业从矿山事业中独立出来，致力于开平铁路公司的创建，1886年成立了开平矿务局和开平铁路公司。金达便更致力于铁路建设。

---

① PETER C. Imperial railways of North China[M]. Beijing: Xinhua Publishing House，2013.

3.2.2　关内外铁路的英国技师

中国铁路建设事业是和李鸿章（1823—1901）密切相关的。他作为直隶总督，作为洋务派的代表，被外国人在中国开展的铁路建设所刺激，认识到铁路的重要性。他坚决反对洋人独自在中国建设铁路，主张中国人应自己兴建铁路，在全国首先开展铁路建设。1880年，他上奏《妥筹路事宜折》，其中全面阐述了关于铁路的思想：首先，论述了铁路的作用和价值；其次，具体指出了铁路的"大利约有九端"，即"国计、军事、京师、民生、转运、邮政、矿务、轮船招商、行旅"；最后，制订了全国铁路的规划，即南路有两条，一条是由清江经山东，另一条由汉口经河南，最后交汇于京师。北路也有两条，一条由京师到奉天，一条西至甘肃。这四条线为主要线路，加上支线构成纵横交错的铁路网①。

李鸿章的思想是试图通过发展铁路事业实现国家的统合。当然，要实现这个目的，资金与技术必不可少。经费问题通过向其他国家借款来解决，但是也设置了各种条件确保自主性。其中包括技师的聘用，铁道的经营管理等均应该由中国方面决定②。关于聘用技师，洋务派抱有乐观的态度，张之洞语："虽借资洋款，雇用洋匠，权利仍在中国，不至喧宾夺主。"③

1886年，开平铁路局公司创建之初由伍廷芳任总办，伍廷芳在英国留学，学习法律，曾获得英国法庭律师的资格，而且他在外交界也相当活跃④。金达在铁路局中担任最高技术职务，在其手下汇集了以英国技师为主的技术人员。

1888年12月8日的THE RAILWAY NEWS上刊登金达被任命为总技师的内容，其技术人员全部是外国人⑤（表3-2-1）。

1888年铁路工程师以及工作人员　　　　　　　　　　　　　表3-2-1

序号	职务	人名
1	总技师 （C.E., engineer in chief and superintendent）	C.W.Kinder
2	机车总管 （C.E., locomotive superintendent）	G.D.Churchward
3	交通管理（trafficmanager）	R.W.Lemmon
4	第一路段（天津）工程师 （first resident engineer）	A.W.H.Bellingham（中国名柏龄庚）

---

① 宓汝成. 中国近代铁路史资料（上）[M]. 北京：中华书局，1963.
② 李鸿章. 李文忠公全集：奏稿：第39卷（27）：29.
③ 宓汝成. 中国近代铁路史资料（上）[M]. 北京：中华书局，1963.
④ 鉄道時報：第8卷：清国関内外鉄路（2）[M]. 1905：5467.
⑤ A Chinese Railway[N]. THE RAILWAY NEWS, 1888-12-8; The Chronicle & Directory for China, Corea, Japan, the Philippines, Indo-China, Annam, Tonquin, Siam, Borneo, Straits settlements, MalayStates, &c., for the year 1889. Hong Kong: printed and published at the "Daily Press" office. 1889.

续表

序号	职务	人名
5	第二路段（塘沽）工程师 （second resident engineer）	W.Watson
6	助理工程师 （assistant engineers）	A.Cox（中国名考克斯），T.W.T.Tuckey（中国名德克），D.P.Ricketts，A.J.E.Arch
7	驾驶员 （engineer driver）	M.Jarvis，M.Barton，M. Burns，A.Dixon，A. Sheriff，F. Dawcon
8	警卫 （guards）	J.F.Moore，J. Rickerby

组织结构为：总技师、机车总管、交通总管，其下面有两位现场工程师（resident engineer），一位在天津，一位在塘沽。现场工程师下面是工程师助理。

在天津的工程师柏龄庚（A.W.H.Bellingham）也是天津最早的测绘工程师[1]。1891年的资料中加上了A.S.Vowell。[2] A.W.H.Bellingham、W.Watson、A.G.Cox、W.T.Tuckey四位在天津的通车仪式上获得过李鸿章颁发的奖项[3]。

1892年的组织结构是总工程师以及运输总管、会计。下面有现场工程师，其下有助理。这个结构基本和以前一样。机车部门有总管、机车工程师和列车员。

1894年金达成为新公司的总工程师。关内外铁路总局在天津法租界白河岸边设置了总部，其中设置本部、运输课、会计课、庶务课、法课（图3-2-6）。

此外还设置了唐山机车厂，包括技术本部、车辆部。唐山机车厂的建设使得机车制造和维修与采矿分开，更加专业化，而且可以减少进口，实现金达自己建造机车的愿望。机车负责人杰美森（F.A.Jamieson）于1898年加入铁路公司，成为金达在唐山机车厂的得力助手，他在中国工作多年，1936年回到英国[4]。中国技师邝孙谋曾作为英国技师的助手，

图3-2-6　关内外铁路总局

---

[1] 柏龄庚（A. W. H. Bellingham）1880年成为英国土木工程学会准会员，1902年成为正式会员，早年曾经参与英国港口和运河工程，1887～1889年参与修建关内外铁路。1890～1909年在BCT工部局任工程师近20年，他是天津早期城市建设的主要工程师（陈国栋提供）。

[2] KINDER C W. Railways and collieries of North China（including appendix）[M]. Minutes of the Proceedings，1891.

[3] 同上。

[4] 铁道时报：第8卷：清国关内外铁路（2）[M]．1905：5467.

第3章　世界产业革命背景下的技术交流

图3-2-7 唐山机车厂规划图

并在此工作①。图3-2-7是唐山机车厂1915年规划图，图中左侧是入口和仓库等，紧靠仓库的中部是最基本的生产车间，包括锅炉房、锻工房、铸造房、机器房，煤水车制造房靠近锅炉房，便于装配，上述车间又围绕着机车架设房，便于组装。这个组群是机车最基本的动力生产区。工厂左边是喷漆房、锯木房、制动器制造房、车厢制造房、铁路转盘等，也是有明显的生产流线。生产区规模比较大，这和中部的生产区不同，是机车车厢部分的生产区域。可以看到整个规划按照生产流程十分完整，显示了当时的唐山机车厂的机车生产已经不依赖进口。这是中国较早的自主型机车生产线。

图3-2-8中是唐山机车厂机器房，其中有大型卧式镗车两用机床，可以对蒸汽机车的汽缸镗削加工，又可以车削大型机车轮子"轮毂"。因为机车轮是用铸铁制作的，所以要加上坚实的金属"轮毂"。只需要更换轮毂，不需要换整个车轮。同年设置了山海关造桥厂，加强了造桥技术力量。根据1934年交通部编著的《交通史路政编》记载，当时工厂有桥梁房、机器房、配机房、翻砂房、木样房、油漆房共8所，全厂占地135亩（图3-2-9）。

1894年技师变更见表3-2-2②。

图3-2-8 唐山机车厂机器房

图3-2-9 山海关造桥厂

---

① Who's Who in China (Biographies of Chinese) [M]. 3th ed. Shanghai: the China Weekly Review, 1925.
② The Chronicle & Directory for China, Corea, Japan, the Philippines, Indo-China, Straits settlements, Siam, Borneo, Malay States, &c. for the year 1894[M]. Hong Kong: The Hong Kong Daily Office, 1894.

1894年铁路工程师以及工作人员 表3-2-2

序号	职务	人名
1	总工程师	C.W.Kinder 唐山
2	工程师 Engineer	T.W.T.Tuckey，塘沽
3	助理工程师 Assist. Engineer	Kwong king Yang 邝景羊又名邝孙谋，胥各庄
4	线路检查 Trank Inspector	T.Preston，塘沽 W.H.Hall，唐山
5	机车主管 Locomotive Superintendent	G.D.Churchward，唐山
6	驾驶员检查 Driver Inspector	A. Sheriff，塘沽 B. A.Dixon，唐山
7	驾驶员 Driver	W.Johnson，唐山 Benj.Stewart，天津 Johnmoffat，塘沽
8	运输管理 Trafficmngr.	G.J.Golland，天津
9	办公室主任 Chief Clerk	Kwan Kuo-wei，天津
10	运输检查 Traffic Inspr.	J.Rickerby，唐山；J.F.Moore，塘沽
11	电报总管 Telegraph Supdt.	C.W.Yun，天津
12	外科医生 Surgeon	A. Irwin，天津；A.R.Robertson，唐山

1901年李鸿章去世后，袁世凯（1859—1916）任直隶总督，兼中国铁路总公司总裁。副总裁为胡燏棻，事务官为梁如浩①、林雅眉，技术总负责人还是金达。

根据1905年资料可以了解到具体的人员配备如表3-2-3②。

1905年铁路工程师以及工作人员 表3-2-3

序号	职务	人名
1	总工程师 General Manager and Engineer-in chief	C.W.kinder
2	本部 （Head Office）	J. E.Foley，交通管理，天津；H.J.W.Marshall秘书；W.Henderson，总会计

---

① 梁如浩（1863—1941），字孟亭，广东香山（现名中山市）人。1874年9月第三批留学美国幼童，在美国新泽西州工业学校毕业。1881年回国，在天津西局兵工厂任绘图员，北宁铁路总办，山海关铁路总办，天津海关监督，1911年以后任外交部长。1941年去世。
② The Directory & Chronicle for China，Japan, Corea, Indo-China, Straits settlements，Malay States，Siam, Netherlands India，Borneo, the Philippines，&c. With Which Are Incorporated "the China Directory" and "the Hong Kong Directory and Hong list for the far East" for the year 1905[M]. Forty-third year of publication. Hong Kong: The Hong Kong Daily Office，1905.

续表

序号	职务	人名
3	工程部（Engineer Department）	A.G.Cox，地段工程师，营口；T.W.T.Tuckey，地段工程师，天津；D.P.Ricketts，地段工程师，山海关；L.J.Newmarch，地段工程师，丰台；W.M.Bergin，助理，丰台；J.C.Martin，助理，滦州；E.H.Rigby，助理，大凌河；W.O.Leitch，助理，沟帮子；R.G.Gibson，助理，杨村；Jeme Tien Yow（詹天佑），现场工程师，高碑店；F.Kitching 塘沽；T.Preston，轨道检查，沟帮子
4	机务部（Locomotive Department）	F.A.Jamiesen，机务总管，唐山；J.C.Anderson，机务总管，沟帮子；F.A.Harris，会计，唐山；John Alston，绘图员，唐山；R.B.Payne，机械工程师，唐山；J.McLelland，工头，唐山；A.Witcomb，锅炉修理工，唐山；W.Plowman，锅炉检查助理，唐山；Ed.N.Maline，锅炉检查助理，唐山；H.Franklin，车辆制造，唐山；A.Dixon，车辆检查，唐山；W.H.Earley，车辆检查，天津；V.Engstrom，车辆检查，山海关；J.Moffatt，车辆检查，丰台；A.sheriff，车辆检查，塘沽；A.Wheeler，车辆检查，锦州；W.A.Shellam，火车司机，唐山；G.Sinmmons，火车司机，唐山
5	运输部（Traffic Department）	E.Foley，运输主管；J.Barber，检查员，天津；G.Bloom，检查员，天津 T.Bone，检查员，丰台；J.Hefferman，检查员，锦州 J.F.Moore，检查员，山海关；J.Rickerby，检查员，唐山；Henri Robert，检查员，塘沽；F.Ambrose，G.Dyson，J.A.Davies，W.Knight，C.E.Lindsay，E.Miller，G.Norton，W.Whiting，售票员
6	会计部（Audit department）	W.H.Warwick；W.Woods；H.A.Rattenbury
7	桥梁工程（Bridgework）	W.G.Howard，主管，山海关
8	仓库码头等（Stores, Wharves, etc.）	W.K.Bradgate，仓库管理，新河；J.K.Cooper，仓库管理，新河；S.E.Bollen，仓库负责人，唐山；E.More，仓库负责人，唐山
9	法律（Legal）	Edgar Pierce Allen 天津
10	医疗（Medical）	J.O.Malley Irwin 天津；D.Brown，天津；H.B.Moorhead 唐山；C.C.de Burgh Daley 营口

日本1905年《铁道时报》记载的内容说明了保线组织英国技师的情况如下[①]：

牛麻治（L. J. Newmarch）负责天津到北京之间的保线[②]（他毕业于英国西菲尔工业学校），任土木工程师，于1892年受聘。1926年任京奉线工务处处长兼总工程师。1931年任北宁铁路第一总段工程师。现场技师有 W.M.Bergin，负责北京到天津及杨村支线部分。

德克（T. W. T. Tuckey）负责天津到山海关的保线，其下属的现场技师马田（J. C. Martin）负责唐山到山海关的保线。德克于1926年任京奉线工务处副总工程师。

D.P.Ricketts 负责山海关到锦州之间的保线，兼任建设长，其下属有现场技师 R. G. Gibson。

考克斯（A. G. Cox）负责锦州到营口之间及新民屯线的保线。他曾指挥滦河铁桥（1892年）和大凌河（1900年）的沉箱工程。现场技师 E. H. Rigby，负责新民屯线，住在沟帮子。沟帮子到新民屯一段在日俄战争时由日本人建设，轨道宽度3英尺6英寸（1.07米），1907年

---

① 鉄道时报：第7卷：清国関内外鉄道組織（2）[M]. 1905：4642.
② 1931年《中华民国雇聘外国人人名录》，原文无英文原缀，推测为1884年创建的 Sheffield Technical School。

中国花费了166万元买回，作为交换条件新民屯到奉天的建设总工程师由日本人担任①。另一位现场技师W.O.Leitch于1897年受聘，住在锦州②。

桥梁建设是铁道建设的重要工作。从1894年开始有山海关造桥厂，但是之前已经建设了很多重要桥梁。1888年10月，关内外铁道全长81英里（130.35公里）路段上跨度20英尺（6米）以上的桥梁有48处，其中跨度在90英尺（27米）以上的钢铁桁架有7处，包括美国制造的跨度为120英尺（36.58米）的桥梁1处，英国制造的同等跨度的桥梁1处。

重要的工程有汉沽铁桥（1888~1893年，已毁）、滦河铁桥（1892~1894年）和大凌河铁桥（1900年）。1893年以前，汉沽铁桥是全国最大的桥，全长720英尺（217米），跨度为30英尺（9.14米）的铁桁架5跨，60英尺（18.29米）的旋开桥一跨，50英尺（15.24米）的10跨，由于工程紧迫，桥墩中有几个为木构，其他为石构。当时中国人认为木头比较经济，但是设计者认为北方比较干燥，木材收缩很严重，还是推荐钢铁材料③。这座桥使用了旋开桥的形式。但是该桥于1900年被毁。

就铁桥的历史来看，世界上最早的铁桥是1779年在英格兰制铁业的中心Coalbrookdale的Severn河上架设的跨度为100英尺（30.48米）的全铸铁拱桥。明治初年，日本长崎和横滨也出现了铁桥，1876年开通的大阪到京都之间的铁道都使用了铁桥，1888年跨度为200英尺（60.96米）的东海道天龙川铁桥完工④。

中国的铁桥稍微晚于日本。根据《中国铁路桥梁史》记载，1892年建成的滦河铁桥是中国最早使用沉箱工法建成的铁桥⑤。沉箱工法1841年在法国诞生，最初是为了挖掘煤矿竖坑的，1850年首次用于罗切斯特附近的Medway桥的基础。这种工法是以气压沉箱来修筑桥梁墩台或其他构筑物的基础。气压沉箱是一种无底的箱形结构，因为需要输入压缩空气作为工作条件，故称为气压沉箱或简称沉箱。这个技术是近代造桥的关键技术。滦河铁桥建设在坚硬的岩石基础上，一部分桥墩使用压缩空气基础工法打造在深70英尺（21.33米）的岩石上。这座桥是关内外铁路最长的桥，长2200英尺（670.56米），1894年竣工，1905年黄河铁桥建成之前，它是当时中国最长的桥（图3-2-10）。建桥工程由英国人考克斯（A.G.Cox）负责⑥，中国铁路的先驱詹天佑也参与了这项工程⑦。

1900年，考克斯又主持了大凌河铁桥的压缩空气基础工程，该桥跨度超过了100英尺（30.48米），由12跨构成。詹天佑也参与了这项工程⑧。其下属还有技师部长助理和工头。

---

① 1913年，General staff, war office 的Military Report on Railway in China.
② 1930年4月，Tongshan University（应为唐山铁道学院）总工程师P. M. Rly撰写，原文为"LEITCH W. O.: 'Early Days on the Peking Mukden Railway'".
③ 铁道时报：第8卷：清国関内外鉄路（2）[M]. 1905: 5467.
④ 村松贞次郎. 日本近代建筑技术史[M]. 东京：彰国社株式会社，1979.
⑤ 中国铁路桥梁史编辑委员会. 中国铁路桥梁史[M]. 北京：中国铁道出版社，1987.
⑥ 肯德. 中国铁路发展史[M]. 李抱宏，译. 北京：生活·读书·新知三联书店，1958.
⑦ 村松贞次郎. 日本近代建筑技术史[M]. 东京：彰国社株式会社，1979.
⑧ 西南交通大学校史编辑室. 西南交通大学校史[M]. 成都：西南交通大学出版社，1996.

图3-2-10 滦河铁桥

另外，铁路总局于1895年开创了中国最早的铁路教育，创立了山海关工程学堂，招收了60名学生，学制3年，设置了桥梁和铁路工程两个专业，后来改称山海关北洋铁路学堂。该学堂于1900年解散。1906年关内外铁路总局和开平矿务局联合创办关内外唐山路矿学堂，曾留学美国的方柏林任监督，英国人葛理斐（D. P. Griffith）任教务长。铁路科招收学生100人，矿务科招收学生40人，之后学校改名为唐山铁道学院（图3-2-11～图3-2-13）。

金达的背后有英国做强有力的后盾。英国女王维多利亚授予了金达圣米迦勒及圣乔治骑士勋章（Order of St.michael and St. George）[①]。英国杂志《工程》（Engineering）评价金达：

"金达非但是一个爱好铁路工程的人，而且在他来到中国之前，在英国、俄国、日本均修筑过铁路，具备丰富的实践经验。除了金达，还有一些著名的工程师在此监护着铁路的利益，因而使英国债券持有人消除了担忧。不仅如此，金达还制造了便宜好用的机车等各种车辆，而且质量可与欧洲的媲美。他一步步走向成功的原因有三点：第一，他在他所工作的地区深得人心；第二，他热衷于铁路事业；第三，他尽最大努力展现才能，并富有耐心，他必须尽可能使自己适应于天朝的思想方法和工作顺序，他不能采用俄国在满洲所行的西方方

---

① 最卓越的圣米迦勒及圣乔治勋章（The Most Distinguished Order of Saint Michael and Saint George）简称圣米迦勒及圣乔治勋章（Order of St Michael and St George），是英国荣誉制度中的一种骑士勋章，于1818年4月28日由威尔斯亲王乔治设置。当时他正代替父王乔治三世摄理君职。原意是纪念爱奥尼亚群岛（Ionian Islands）成为英国的受保护领地。该岛于1814年落入英国控制，并于1817年授予宪法。因此勋章原先的颁赠对象，是爱奥尼亚群岛的原居民、马尔他和其附属地的居民，以及一些在地中海地区供职的政府高级官员和从事秘密任务人士。然而到了1864年，爱奥尼亚群岛不再是英国的受保护领地，并回归希腊，所以勋章的颁赠定义在1868年进行了更新，对象转为"在女皇陛下的殖民地出掌机要官职者，以及向皇室在帝国的对外事务上提供服务的人士"。一般而言，除非该英联邦王国的成员国有一套自己的荣誉制度，每一任的总督都会在上任或卸任时获赠爵级大十字勋章或爵级司令勋章。但澳洲和新西兰分别在1989年和2000年停止了这个惯例。本勋章一般授予对英联邦或外交事务作出贡献的人士，不少前港督皆获此勋位。

式，因为他没有一队哥萨克人来帮他实现。事已至此，铁路渐渐地获得了反对革新事业的人士的赞美，而且铁路虽属初创，它已获得令人满意的利润。"①

这段评论及英国女王授予金达圣米迦勒及圣乔治骑士勋章，说明了英国技师与英国和中国的关系：一方面他的存在和成功可以获得英国债权人的信任，从而保障资金来源；另外一方面他们受雇于中国政府，帮助其修筑铁路，和满铁技师不同。因此他们在中国近代工业的演进中起到润滑剂的作用。1891年，李鸿章将铁路作为官办事业经营，创办了中国铁路总公司（关内外铁路总局），就在这一年金达写过"Railways and Collieries of North China"一文（1891年）来说明当时的情况，这是十分宝贵的资料②。

这些技师和城市建筑还有密切关系，柏龄庚在1890～1909年间任天津市英租界市政工程负责人，并于1890年开业成立了自己的建筑事务所，设计了天津早期建筑利顺德饭店、太古洋行、赛马场等，成为天津第一代建筑师。1880年代柏龄庚作为第一批铁路技师常驻天津，负责天津路段的铁路，因此可以推测天津站以及塘沽站的建设和他有关③。

图3-2-11　唐山铁道学院远望

图3-2-12　唐山铁道学院

图3-2-13　唐山铁道学院化学实验室

3.2.3　关内外铁路的日本技师

1899年12月日本外务省向驻上海总领事以及驻牛庄、天津、芝罘、苏州、杭州、汉

---

① 肯德. 中国铁路发展史[M]. 李抱宏, 译. 北京：生活·读书·新知三联书店, 1958. KINDER C W. Railways and collieries of North China (including appendix) [M]. Minutes of the Proceedings, 1891.
② 同上。
③ 1880年成为英国土木工程学会准会员，1902年成为正式会员，早年曾经参加英国港口和运河工程，1887～1889年参与修建关内外铁路。1890～1909年在BCT工部局任工程师近20年，他是天津早期城市建设的主要工程师。（陈国栋提供。）

口、重庆领事发出了"清国各地铁路事业勃兴之际本邦铁路技师推荐方右同各国领事馆训令一件"①，推荐日本技师到中国，于是各个领事馆开始行动。

1900年1月16日苏沪铁路总办潘学祖接受南洋大臣的命令赴日本考察。在其赴日之前，苏州领事加藤本四郎给外务大臣青木周藏写信，提议利用这个机会说服潘雇佣日本技师②。

北方也有同样的情况。1899年《铁道时报》报道了"东清铁道被日本人占用"，这是有关日本技师最早的报道："清国的铁道敷设权由比利时公司（Belgian Syndicate）占有，不久前已经开工。（清）照会我外务省其技师工夫等尽可能采用日本人，外务省通知了铁道局，同局正在选择适当的人选。"③

这里的"东清铁道"不是俄国建设的"东清铁道"，应该指清东部的铁路，即卢汉铁路。关于正式的纪录，外交史料馆所藏史料中留有1900年5月12日天津领事馆领事郑永昌（郑永昌是第八代领事）向外务大臣青木周藏提交的有关中国铁路的报告。在这份报告中有郑为了推荐日本技师与中国各个相关铁路组织的重要人物的会谈纪录和铁路视察纪录，也有郑永昌于1899年12月调查直隶省的卢汉铁路和关内外铁路的记录。

卢汉铁路属于铁路大臣盛宣怀（1844—1916）的管理范畴。1896年成立铁路公司后，盛宣怀被任命为督办铁路大臣。当时郑永昌面见了盛宣怀，盛宣怀说明了资本都是从比利时借款，该铁路的既成部分和一切财产都委托比利时担保，而且有关该铁路所有官吏任用之事也全部归其管理，包括使用的技师材料也不得不由该国提供④。但是他本人赞成雇佣日本技师，答应与即将来中国的比利时技师监督商谈。

1898年6月签订的《卢汉铁路比国借款续订详细合同》第19款中有："营造全路工程，除庐保外，应由中国总公司责成比国公司代雇之总工程司，代中国总公司监造，并代测绘全路图样。"⑤这和李鸿章最初的完全自主管理技师已经不同了。根据这个合同，中国方面将雇佣技师的权利出让给比利时，正是因为这个原因盛宣怀不便立刻答应郑永昌。

另外，郑永昌和比利时公使交涉，比利时公使答应给技师监督代理写信商议此事。结果雇佣日本技师的建议没有被采用⑥。同样郑永昌在关内外铁路上也付出了很大努力。他和关内外铁路督办许景澄（1845—1900）交涉，许景澄这样回答："去年（1899年）四月为了扩建关内外铁路从英国借外债一千六百万镑作为担保，将中御所到北京的既成铁路交付于英国。从此铁路局的职员及执务方法有所不同，如会计均归英国监督管理，中国人彻底失去了与金钱出纳有关的权力。又因其工程归监督技师英国人金达指挥，而现在关外铁路建设的雇

---

① 日本外务省外交史料馆藏史料。
② 日本外务省外交史料馆藏史料《蘇滬鉄道総弁日本ニ赴クノ件》。
③ 鉄道時報：第1卷：東清鉄道の日本人採用[M]. 1899.
④ 日本外务省外交史料馆藏史料《领事郑永昌给当时的外务大臣青木周藏的关于中国铁路的报告书》。
⑤ 肯德. 中国铁路发展史[M]. 李抱宏，译. 北京：生活·读书·新知三联书店，1958：218.
⑥ 日本外务省外交史料馆藏史料《领事郑永昌给当时的外务大臣青木周藏的关于中国铁路的报告书》。

佣技师也属于金达的管辖范围。"①

和卢汉铁路情况一样，1898年签订的《英华公司与督办大臣胡关于北京至牛庄铁路所订之正式借款合同》，其中第6条明确有"在借款期内，总工程司应用英人。至铁路办事首领人员，应照现在办法，均用干练之欧洲人充当，仍应归督办大臣派委"②。这个借款合同也是写明"欧洲人充当"，因此许景澄按照合同回答了日本领事郑永昌。但是中国方面还是愿意接受日方技师，所以愿意写介绍信。

此外郑永昌还和英国公使交涉。英国公使说明了技师雇佣十分严格，不过也给金达写了信。从这里看到金达是雇佣技师的关键人物。

1900年3月12日郑永昌从天津出发，通过军粮城、新河、塘沽、汉沽、卢台到达唐山。他的目的是调查铁路沿线并和金达会面。当时金达在唐山，铁道工厂也在唐山。

在唐山，郑永昌把中国铁路督办大臣及英国公使的信交给了金达。金达介绍了工程情况并且陈述了对技师的要求。"山海关至牛庄的铁路工程已经完成，山海关到新民屯的支线也完成了土工，其处所需要的技师已经雇佣完毕，然而从贵国雇佣技师并非不可，只是该铁道技师应通晓英语以便实用，还要多少通晓中文，指挥部下的工夫时有不方便之处，特别是贵国人和清国人性情上有很大差异，因此担心行动上不一致招致冲突影响工程"③，等等。

金达强调了语言的重要，但是他并没有拒绝日本技师。金达本人由于父亲的关系在日本长大，1879年又娶了日本妻子，1881年到中国。他对郑永昌表示出与其他外国技师不同的态度，当时他还带着郑永昌参观了铁道工厂，并在自宅招待了郑永昌午餐。他的经历和对日本的"同情"是接受日本技师的重要原因④。日本在金达的帮助下，和中国最初的铁道建设建立了联系，日本技师开始登场（图3-2-14、图3-2-15）。

在郑永昌的报告书的最后发表了他对铁路技师雇佣的意见。"关内外铁道是由英国人管理，应以英国技师为主。英国人给日本人的报酬很低。这个问题与中国铁路问题上日本权益直接相关，因此今后应该采取的措施是购入卢汉铁路的股份，不断提高发言权，同样也应该购入关内外铁路的股份。"⑤

在中国铁路建设初期，张之洞等曾经论及对外国技师的管理，但是实际上并没有充分实现他的初衷。英国及比利时都为了获取最大的利润，尽量使用本国技师。结果雇佣技师成为合同的一部分。日本当时从资金和技术两方面都不能与英国和比利时相比。在技师问题上由外国人来决定人选会使问题复杂化，但是技师的派遣是日本政府获得中国铁路建设与使用权利的试金石，因此日本积极地推进此事。

---

① 日本外务省外交史料馆藏史料《领事郑永昌给当时的外务大臣青木周藏的关于中国铁路的报告书》。
② 肯德. 中国铁路发展史[M]. 李抱宏, 译. 北京：生活·读书·新知三联书店，1958：202.
③ 日本外务省外交史料馆藏史料《领事郑永昌给当时的外务大臣青木周藏的关于中国铁路的报告书》。
④ 同上。
⑤ 同上。

图3-2-14 开平矿务局总工程师金达和日本妻子玛丽

图3-2-15 开平矿务局总工程师金达的住所

1902年11月29日，天津领事伊集院彦吉为了招聘土木技师一事向外务大臣小村寿太郎发函，说明横滨正金银行北京支店的锅仓支配人和当时的津榆（天津—临榆）铁路总办梁如浩商谈，雇佣两名日本技师各支付报酬200弗①。毕业后两三年并且有实地经验者支付300弗。实现技师的雇佣当然是和前任领事郑永昌的努力分不开的。同年12月5日日本驻中国临时代理公使松井庆四郎也给小村寿太郎发函，其中详细记述了日本技师的地位和报酬。

铁路总局的技师组织结构：技师长（Chief Engineer），下面有技师部长（Division Engineer），再下面是现场技师（Resident Engineer）。雇佣的日本技师是技师部长的辅助员（Assistant Engineer），比现场技师地位还要低。关于报酬，松井认为200弗比较低，希望日本政府能够给予补助②。因此可见雇佣技师是和政治背景分不开的。

1903年1月9日，松井向小村报告了递信省（邮政管理部门）的人选结果。同月12日递信大臣芳川显正也向小村寿太郎报告了同样的内容③。大村鎚太郎（图3-2-16）和曲尾辰二郎被选为技师，1月23日，他们从门司出发赴中国。这两位技师是当时日本的铁道技师中的佼佼者。大村鎚太郎（1871—1944）于1899年毕业于东京帝国大学土木工学科，毕业后成为递信省的技师，曾经任阪鹤铁道三田建设事务所所长，铁道作业局地篠之井出张所技师，帝国铁道厅技师，京滨改良工程主任等，最后成为工务局建设课长。1903年1月和北洋铁道总局签订了翌年的合同，月俸300元，1908年又赴湖北，任湖北铁道顾问官，之后留学欧美，1920年5月

图3-2-16 大村鎚太郎（1871—1944）

---

① 日本外务省外交史料馆藏史料《土木技师招聘之件》。1903年时中国银（马蹄银）1两折合日元1元20钱，天津也用元，1两马蹄银折合1元40钱，基本和日元一样。天津的元通常也称为"弗"。
② 日本外务省外交史料馆藏史料《北方铁路総局ニ本邦技师ヲ傭聘セントスル件》。
③ 日本交通协会编. 铁道先人録[M]. 日本停车場株式会社刊，1972：93.

就任新设铁道院建设局长，后来又做过铁道监察官①。

曲尾辰二郎（1868—？）出生于东京，1887年1月赴美国加州奥特兰大的林肯学校学习，几经转校后，于1891年中学毕业，同年8月进入加州州立大学学习铁道工学。在学期间学习美国陆军的练兵规则，晋级军曹、少尉、中尉。1895年大学毕业，获得工学学士学位，并成为加州陆军义勇兵中尉。1896年，他回到日本，在铁道局工务课新桥设计挂奉职，同年被任命为高等铁道技师。1902年1月12日，他应募清国政府的招聘，获得日本递信大臣许可，同月18日出发赴天津。根据外务省的记录，1905年12月4日，曲尾被任命为关内外铁路技师（出张所所长），1908~1909年任粤汉铁路技师，月俸900元。1909~1910年任吉长铁路技师，1910~1914年任技师长，测图及测量系长。他从清末到民初在中国铁路任职，是参加京奉铁路建设时间最长的日本技师。1906年4月1日他被日本赏勋局授予叙勋六等授瑞宝章，1908年10月陛叙高等官四等，12月叙正六位，1914年5月叙从五位，同年6月被日本赏勋局授予叙勋五等授瑞宝章②。

日本技师在最初雇佣的时间是一年，在这期间的工作是新民屯线的工程。新民屯线是锦州以北沟帮子到新民屯之间的线路，之后成为通向满洲的重要线路。这条线路的建设从1900年就开始了，因义和团运动中断，1903年重新开始建设。当时曲尾刚就仕，7月末着手从沟帮子到打虎山的桥梁建设，并且完成了青堆子和高山子车站的工程，临时线路被改建为主线。打虎山以北由中国技师邝景羊负责③。邝景羊（K'uang Sun-mou, K. Y.kwong，1863—1925）又名邝孙谋，广东人，1877~1880年留学美国，首先在Williston Seminary（Easthampton, mass.）进行学习，1880年进入麻省理工学院，预定1884年毕业，但是他1882年便回国，1882~1886年任唐山开平矿山公司总助理，1886~1900年担任助理工程师，1901~1903年在萍乡—株洲铁路任助理工程师，1903~1905年任京奉铁路现场技师，1904年参与新民屯线建设。1906年粤汉铁路回收后任技师长（总工程师）④。

1903年8月14日，曲尾结束了新民屯线的工作回到天津⑤。1903年曲尾一直在金达的手下工作，他对他的上司抱有好感。他这样评价他的上司："（金达）性情温厚且勤奋，忠实且廉洁，深受清人的信任。在唐山和天津间收买土地的时候，土地所有者更愿意将土地卖给他。当时清官有不够清廉的问题，只有他处世公平，考虑上下的意见，执事周密，纠正部下

---

① "旧日本国有铁道総裁室文书课"所藏《高等官転免死亡履歴書》。外交史料馆所藏史料，《清国官庁顾佣本邦人一览表》（1903年3月4日调查）；《清国顧傭本邦人名表》（1908年1月调查）；《清国備聘本邦人名表》（1908年12月~1909年7月、1909年12月~1910年5月、1910年12月~1911年7月调查）。有曲尾辰次郎的记录，自笔为曲尾辰二郎。

② 鉄道時报：第8卷：清国関内外鉄路（5）[M]. 1906：5532. 1887年制定了叙位条例，从正一位到从八位设定。瑞宝章（Orders of the Sacred Treasure）是1888年制定的日本勋章，是以对国家或者公共事业有功劳的，常年从事公务，成绩卓著者为对象。

③ 同上。

④ Who's Who in China（Biographies ofChinese）[M]. 3thed. Shanghai: the China Weekly Review, 1925.

⑤ 鉄道時报：第8卷：清国関内外鉄路（7）[M]. 1906：5602.

技师，不完全依赖使役清人的言行，自己监督实施，细致入微。"①

1904年1月7日，天津总领事伊集院彦吉再次就土木技师招聘之事向外务大臣小村寿太郎报告，报告说大村锹太郎因为与中国的风土不合、身体不适经常缺勤，准备期满回国，而曲尾则希望留任，他在中国也获得好评。对于日本方面提高工资的要求，金达担心会招来其他技师的不满，立刻提升100弗比较难，所以只提高了50弗。外务省也与前一年一样每年提供600日元的补助。另外，阿久津成雅代替大村作为日本技师继续参加中国的铁路建设②。

阿久津成雅出生于日本宫城，1896年东京帝国大学土木工学科毕业，1904年准备继任大村锹太郎的工作，但是因故延期③。因此1904年以后关内外铁路只有曲尾一位日本技师。

曲尾经过短暂的休假之后，于1904年3月21日经过上海回到天津，就1904年的工作，他于12月1日做了报告："本年已经进入结冰期，各项工程不得不暂时中止数月间。本年度内天津-山海关之间的竣工或者动工的工程很少，举例来说，天津车站内的机车车库，以及运输两主任的二官舍、站长室、保线事务所、仓库、工场、田庄车站，除了这些已经建成的之外新设工程还有汉沽桥梁（跨度750英尺，228.6米），外线以外的工程施工的不过有运河铁桥工程，其他皆不足枚举，本年大概处于闲散状态。天津塘沽等大车站的再建应该等待义和团赔款投入以后开工，天津车站的改建将是明年第一个着手的工程。小生现在监督上述工程，现在塘沽在勤的英国技师回国休假六个月，因此调到塘沽负责监督该处的铁工厂、铁桁制作所、仓库等，特此报告本年度北清铁道所经营的工程并报告工作调动情况。"④

从上述资料可见曲尾和塘沽的工程有密切关系，他在《铁道时报》上用"北溟生"的笔名记述了1907年以前的事情⑤，从中可以一窥他的工作。当时在技师长金达的管理之下分为四个保线区，第一区为北京—天津，第二区为天津—山海关，第三区为山海关—锦州，第四区为锦州—营口。

第二区天津—山海关由技师部长德克（W.T.Tuckey）负责，技师马田（J.O.Martin）负责唐山到山海关之间的保线，北溟生负责天津到唐山之间的线路。主要负责保线、铁桥的修复、车站的修复等。天津到唐山的线路（唐津铁路）全线30km，1888年9月完成，10月9日举行了盛大的开通仪式。当时李鸿章、金达、伍廷芳等重要人物参加了开通仪式。

1900年以后，保线和修复成为重要的工作，根据日本外务省的记录，1905年12月4日曲

---

① 铁道时报：第8卷：清国关内外铁路（1）[M]. 1905：5451.
② 日本外务省外交史料馆藏史料《京榆铁道备聘本邦技师进退ノ件》。
③ 日本外务省外交史料馆藏史料《铁道技师招聘ノ件》《铁道技师招聘中止ノ仪二就キ具报ノ件》。阿久津成雅也有《阿久津成雅》的记录。
④ 明治37年12月1日，日本外务省外交史料馆藏史料，曲尾辰二郎给山座政务局长的信（无题，使用了"驻天津に本总领事馆"的便笺）。
⑤ 铁道时报：第9卷：清国关内外铁道组织[M]. 1907：6303. 北溟生为曲尾辰二郎著《铁道时报·第9卷·清国关内外铁路》。

尾辰二郎被任命为关内外铁路技师（出张所所长），1906年曲尾这样描述了自己的工作："我驻在塘沽，负责监督天津到唐山之间八十哩（一哩等于1609米）及新河材料线三哩，新河美国标准石油公司（美孚）线半哩，塘沽招商局支线三哩，塘沽开平矿务局支线半哩，塘沽欧洲石油公司支线二哩，塘沽太古洋行支线二哩，并监督塘沽分工厂。同工厂中有汽罐一台，石油发动机一台，生产道岔、信号灯、螺栓类、铁具类，修理线路设备，我指挥七十名职工，另外还领导四十名建筑工人建造各车站的门窗、梁架及铁具的铸件。（塘沽还有日本、德国、法国的军用线，不属于铁路局的管理范畴。）"①从上述内容可见他的管理范畴为铁路的修理、保线以及车站建设。

1905年7～11月，曲尾负责监督汉沽铁桥的架设。"千九百四年（1904年）铁桥架设动工，编者自身担任监督，翌年七月竣工，十一月六日开通。"②

1900年，由于八国联军侵略中国破坏了汉沽铁桥，德国军队建设了临时桥梁。但是再建也成为迫在眉睫的事情。1904年以后日本技师曲尾主持了天津到唐山之间的工程，他于1904～1905年负责铁桥的再建，1905年7月完工，该桥跨度为200英尺（60.96米）2跨，100英尺（30.48米）1跨，50英尺（15.24米）1跨③。和以前的铁桥相比，新铁桥使用了更长的跨度，以前最大的跨度是60英尺（18.29米），新的铁桥跨度接近旧桥3倍长。新铁桥建设中废除了旋开桥，基础工法改用了沉箱工法，工程使用了空气压缩机2台，汽罐6个④。虽说是再建，实际是建设一座新桥（图3-2-17）。

同时期曲尾还主持建设了天津总督府门前的白河道路桥、海关道门前运河道路桥，两桥都使用了沉箱工法。天津总督府门前的白河道路桥（金钢桥，现已拆毁）全长240英尺（73.15米），跨度100英尺（60.96米）2跨，中间是跨度40英尺（12.19米）的开启桥2跨。由于承接工程者中途逃走，故袁世凯命令铁路局完成该工程。1903年曲尾从新民屯回到天津后开始参与该桥建设工程，11月24日举行了开通式⑤。

海关道门前运河道路桥（金华桥，现已拆毁）也是铁桥，由法国技师建设，由于铁桥腐朽严重，袁世凯命令重建，同样使用了沉箱工法⑥。

1903年袁世凯开始天津近代城市

图3-2-17　汉沽铁桥

---

① 铁道时报：第8卷：清国関内外铁路（5）[M]. 1906：5532.
② 同上。
③ 同上。
④ 铁道时报：第8卷：清国関内外铁路（7）[M]. 1906：5602。
⑤ 同上。
⑥ 同上。

河北新开区（现河北区）的建设，而白河道路桥、运河道路桥是连接天津旧城和新开区的重要桥梁，对袁世凯的新政至关重要。

1905年12月4日，曲尾被任命为关内外铁路技师，出张所所长（现场事务所）。1908年他被调到辽河以东任总工程师。后来由于在粤汉铁路湖北路段的建设中英国和日本之间发生权利冲突，作为缓冲之策，1908~1909年曲尾被派往粤汉铁路任技师。他于1909~1910年任吉长铁路技师，1910~1914年任技师长，测图及测量系长。他从清末到民初在中国铁路任职，是参加京奉铁路建设时间最长的日本技师。他曾经留学美国，通晓英语，和英国人交流没有障碍，这可能是他在中国深得英国人信任的原因。另外，他背后还有日本政府的支持，为他提供经济资助，这也是他能够长期在中国工作的原因。

外国技师在中国参加铁路建设是出于一种政治原因，他们本身是技术人员，但是他们肩负着政治使命，而且也得到本国政府的大力支持。英国女王维多利亚授予了金达圣密契尔圣乔治骑士勋位（Order of St.michael and St. George），曲尾1914年6月被日本政府授予叙五等授瑞宝章。日本技师虽然很少，但是反映出后起的日本帝国主义对中国铁路的格外关注，关内外铁路是日本渗透中国铁路的第一步，这个时期日本没有向中国贷款，因此发言权较小。吉长铁路是第二步，日本不仅从经济，而且从技师方面渗透中国铁路。"九·一八"事变以后日本全面占领东北，中国也完全丧失了路权。

另外，中国铁路建设初期也十分需要国外技师，因此中国政府对雇佣外国技师抱积极态度。同时，外国技师对中国铁路建设的贡献也是不能否认的。他们在中国铁路史上最突出的贡献是建设了中国最早的钢铁桁架桥，最早引进了沉箱工法的技术，且都集中体现在关内外铁路的建设中，也说明该铁路重要的历史价值和技术价值。

3.3 从近代工学留学生看亚洲间的技术交流——以留日工科学生为例[①]

近代日本明治维新受到英国产业革命的重要影响，日本从明治维新至二战前期，致力于工学教育，率先学习英国的工学教育体系，其教育体系又称为亚洲的样板。清朝政府从甲午战争之后看到了日本发展的成效，决心向日本学习。1898年张之洞发表《劝学篇》，推进了向日本学习的进程。此后派遣大批留学生赴日留学。

从二战前期开始已经有研究者研究过留日学生问题，最为著名的是实藤惠秀（1896~1985）的研究，他1926年于早稻田大学文学部毕业，1928年成为早稻田大学教授，

---

① 本节执笔者：徐苏斌。原载于：战前期日本留学中国人技术者研究[M]//井波律子，井上章一. 关于表现的越境和混淆. 京都：国际日本文化研究中心，2005：281-310. 有更新。

以《中国留学生历史的研究》获得文学博士学位。至今大部分留学生史的研究侧重在政治、经济等层面上，技术交流研究比较少，本节聚焦工科专业的留学生研究，留学生的交流反映了技术的传播途径，因此我们选择这个切入点探讨亚洲之间的技术交流。

本节以这些为数众多的工学留学生作为对象，基于各种第一手数据进行统计，对各种相关的名簿、人名辞典、有关资料等进行收集，并且进行分析，这些资料的内容包括日本文部省直接管理的6所帝国大学，15所高等工业、工艺学校，10所私立大学的在校生的出生地、赴日时间、大学入学年份、毕业年份、在学情况、工作地等。特别针对之前未能解释清楚的有关留学生的回国工作地点，留学生归国后的活动进行调查。得出了从日本留学初期到1945年近半个世纪的留学生个人资料[①]。并分析了工学留学生所在的城市、学校、学科等分布情况，其历史背景以及留学生回国后的基本情况，从而为进一步研究中国近代专门技术的发展奠定基础。

3.3.1　留学生的派遣和接纳——中日两国的工科系留学观

1) 中国方面留学生的派遣

中国的留学生首先是从工科院系的留学开始，其开端与洋务派的工业振兴计划有着密切的关系。

1840年鸦片战争爆发，中国受到了强烈的冲击。此时，一部分知识分子主张引进西方先进技术，振兴近代民族工业。最早的洋务派工厂为1862年曾国藩创建的安庆军械所，同年李鸿章创立了上海洋炮局。1866年以洋务派左宗棠为代表开设了福州船政局，并制造蒸汽船。当时的口号是"船坚炮利"，洋务派对于西方的军事技术，特别是蒸汽船和大炮有强烈的兴趣。

1872年设立了轮船招商局，有必要开采轮船用的能源煤炭，1877年河北省开设开平矿务局。在制造工业方面1882年计划建设的上海织布局于1890年创立。1890年张之洞在汉口创办了汉阳制铁厂。

在洋务工业运动发展的同时，人才不足的问题变得越发严峻。为此洋务派设立以教授近代工业技术为目的的学堂，同时派遣留学生到海外学习近代工业技术。1872年共有30位

---

① 留学生资料，主要参考以下资料：
名簿类：《留日中华学生名单》，《建筑杂志》，《水鲵会名单》，《光鲵会名单》，《岩仓铁道学校一览》，《名古屋高等工业学校》，《冬夏会会员名单90-91》，《稻门建筑协会名单》，《日本帝国文部省年报》，《福冈工业工友会会员名单》，《东工的五十年》，《满洲国留日学生名录》，《匠美会会员名单》，《早稻田建筑学报》以及参照了《东京帝国大学一览》，《东京高等工业学校一览》等各学校的一览。
人名字典：《中华文化界人物总鉴》，《日本满洲土木建筑名鉴》，《现代东亚人名鉴》，《中国绅士录》，《清末民初中国官绅人名录》，《现代中华民国满洲人名鉴》，《日本留学中华民国人名调》等。
汉语资料：《清末各省官自费留日学生姓名表》，《民国名人图鉴》，《中国工程人名录第一回》，《专科以上学校教员名册》，《中华留日东京工业大学同学录》，《留日东京工业大学同窗会会员录》，《中华民国当代名人录》，《最新官绅履历汇录》，《中华民国职官表》，《民国人物大辞典》。

12~16岁的幼童被派往美国进行为期15年的留学。原计划每年派遣30名学生，但是到第四年计划中断了。在这之后，排斥中国移民问题使得中美关系恶化，在美留学生不得不归国，于是以美国为主的留学生派遣事业至此落下了帷幕。尽管如此，120多名留学生们在美国习得了铁路、电信等近代科学，他们也是工科留学的先驱者。

另外，福州船政局学堂也开始派遣留学生到英国和法国。1877年派遣了最初的39名留学生，在这之后1882年（第二次）派遣10人，1886年（第三次）派遣34人，1897年（第四次）派遣6人。留学生主要学习军事或与军事工业相关的学科。但是，后来由于福州船政局陷入了经营亏损状态，留学生的派遣事业难以继续下去，1897年是最后一次派遣留学生。

洋务派为了振兴近代工业，虽然派遣了留学生，但效果并不显著，究其原因，林子勋曾指出"第一是没有计划，第二是派遣的留学生太年幼，第三是回国后不得不接受科举考试"[1]。

中日甲午战争爆发后留学地逐渐变为日本。

最重要的赴日留学倡导者是张之洞[2]。他的留学教育的设想可以在《劝学篇》（1898年）中看出。他认为："至游学之国，西洋不如东洋，一、路近费省，可多遣；一、去华近，易考察；一、东文近于中文，易通晓；一、西学甚繁，凡西学不切要者东人已删节而酌改之。"[3]

另外，由张之洞主政的湖北、湖南两省是留学生派遣人数比较多的两个省份。由此可见，派遣留学生最初的动机，始终是学习国外先进技术，"以夷制夷"。

2）日本的留学生接纳观点

明治末期亚洲工业的发展同欧美各国相比十分落后，有人主张必须迅速推进亚洲各国工业的发展，这个主张的代表人物是手岛精一[4]。根据手岛的回忆录《回顾五十年》，在费城的万国博览会上展出了俄罗斯工业学校的产品，俄罗斯的工业教育为了培养工业技术人员，遵循理论和实践相结合的宗旨，在学校内设立了工厂，这种做法甚至比先进的工业国家更早。发展中国家俄罗斯的新的教育方法的成果，给予同样处于探索期的日本很大的冲击，在这之后，手岛形成了重视实习的工业教育方法论。并且他认为，不仅是日本，东方各国的工业发展都是十分必要的。《手岛精一先生传》中写道："根据先生（手岛）所说，有人认为将工业教

---

[1] 林子勋的《中国留学教育史：一八四七至一九七五年》（台北：华冈出版公司，1976.）对于中国清朝末期留学教育失败的原因进行了检讨。
[2] 张之洞1837年在天津出生，1863年考中进士，1884年开始成为两广总督，从1889年开始17年间担任湖南、湖北的总督。清法战争战败后，为了实施富国强兵的政策，在广东创立了兵工厂、造币厂、陆海军学校。推进北京-汉口之间的铁路建设、大冶铁山的开采、碳矿开发、制铁所建设，并且培育了武汉兵工、丝绸、纺织等工业，此为洋务派后期的代表业绩。并且他在晚年致力于教育制度的改革。
[3] 张之洞．劝学篇：游学第二[M]．1898．
[4] 手岛精一，东京高等工业学校校长。1870年22岁时，在美国留学，1872年在读时，在岩仓使节团工作，到美国各地进行考察。之后到英国进行考察，1874年回国。1876年任职于文部省，与文部大臣一起在美国费城的美国独立纪念大博览会上处理日本方面的事务。1878年与文部省大书记九鬼隆一一起，出席巴黎的世界大博览会，回国后也与国内博览会有着很深的联系。他从自身的体验深深地感到工业教育的重要性，在日本提倡工业教育。之后被称作工业教育之父。（安达龙作．工业教育的慈父·手岛精一传[G]．手岛工业集团财团，1981．）

授给其他国家无异于给敌人雪中送炭，所以觉得这样做并不可取。但是如果我们能往深处去想，这种想法是何等地气量狭小，这么做是不能让日本的教育立于东方之首的。只要日本能够继续发展并处于引领地位，便不会存在这种威胁。而且如果能让更多的东方人受到教育，那么东方也会变得更加开放，最终让东方具备和西方抗衡的力量。还有，我们日本不能只满足于领先这一步两步，将来还必须要更进一步地走在前列。所以，请抛弃那种小气的想法，更多地去招收外国人入学，接受我们的教育，这才是更好的选择。在尽量招收更多日本人的同时，也要去招收外国人。另外，我们日本必须以工业立国，但因为国土面积狭小、工业原料不足——在西方国家仔细调查就会发现，那是应有尽有的状态，所以为了我国的工业发达，必须要进口其他东方国家的工业原料。从这方面来看的话，我国作为东方的工业发达国家，对中国、南洋等国家的工业进行发展指导是有必要的。这些事实上不得不说是一种远见。"①

19世纪末期日本的亚洲主义在各种方面都有所反映，手岛精一的思想可以被看作是亚洲主义在工业界的反映，他的思考方式和同时期的冈仓天心的"一个亚洲（Asia is one）"有共同之处。除此之外还可看出，这个时期的亚洲主义作为已经产生的帝国主义萌芽的表现之一，在工业原料方面的思考方式上，有了最终向着掠夺的方向指引的倾向②。这样一来，日中两国以彼此不同的动机，推进了工科留学生的培养。

1896年，东京工业学校（后来升格为东京高等工业学校、东京工业大学）接收了六名韩国留学生，成为日本第一个接收工科留学生的学校。至于中国的留学生，有五名于1901年被接收。

1900年，《有关文部省直辖学校外国人委托生的规定》的制定（于1901年11月15日改订为《文部省直辖学校外国人特别入学规定》）使得留学在法律层面上有了依据，一些规定从而得以实施。

3.3.2 工科留学生的比例和专业排行

1）工科留学生的比例

本研究基于各个大学的一览表、各种名单、人名辞典、各类杂志、传记、访谈录等资料中有关工科留学生的基础数据。该数据相比以往的研究似乎更能够描绘出工科生留学的概况。

在先前的研究中，实藤惠秀在1960年出版了《中国人日本留学史》（KUROSIO出版社）。该著作中统计了1900~1937年中国留学生的毕业生的总数。笔者将工科留学生的总人数进行了统计，并进行了比较（表3-3-1）。

---

① 手岛精一先生传[G]. 手岛工业教育财团，1929：166-167.
② 有关亚洲主义，参考松本健一. 竹内好 近代日本的亚洲主义精读[M]. 东京：岩波书店，2001；並木赖寿. 近代的日本和"亚洲主义"[M]//岩波讲座世界历史20亚洲的"近代". 东京：岩波书店，1995：269-290.

中国留学生的毕业人数总数和工科系毕业生总数的比较（人）　　表3-3-1

年份	毕业生总数	工科系毕业生数	官立学校留学生数
1900	0	0	0
1901	40	0	0
1902	30	4	4
1903	6	1	1
1904	109	4	4
1905	15	4	4
1906	42	10	9
1907	57	13	12
1908	623	147	10
1909	536	132	32
1910	682	210	45
1911	691	102	32
1912	260	39	24
1913	416	46	39
1914	366	52	46
1915	420	71	57
1916	400	55	50
1917	311	56	45
1918	314	62	53
1919	405	57	53
1920	415	65	56
1921	465	82	76
1922	506	96	92
1923	413	82	82
1924	431	86	80
1925	347	68	66
1926	287	80	77
1927	291	49	44
1928	286	41	40
1929	417	62	57

续表

年份	毕业生总数	工科系毕业生数	官立学校留学生数
1930	363	63	54
1931	460	80	74
1932	280	29	24
1933	182	14	13
1934	186	12	12
1935	208	26	25
1936	316	35	22
1937	202	42	31
1938	未统计	16	7
1939	未统计	14	8
1940	未统计	10	10
1941	未统计	16	16
1942	未统计	22	4
1943	未统计	8	5
1944	未统计	23	8

根据该表，我们了解到工科留学生在总的留学生中所占的比例，在10%～20%之间变化。在清末的毕业生中，工科留学生的比例尤其高。也就是说，从这里可以看出清朝末期有重视工科的倾向。

比例最高的时候是在1908～1911年之间。观察官办留学和私办留学的差别可以看出，1908年的工科留学生总数为147名，其中官办10名，而第二年就增加到了32名，私立学校的工科留学生增加很明显，由此工科留学生的比例变高。私立学校中大多数都是铁路学校，由此便可以了解铁路建设在当时的中国是需求最高的方向。

进入民国之后工科留学生的比例就变得稳定起来。除了1926年之外，比例都在20%上下波动。1926年迎来了工科留学生数量的顶峰，而在1931年"九·一八"事变发生后，受其影响很多工科学生退学，1932年比例跌落至10.36%。在此之后，有关留学生制度出台，留学生人数慢慢回升。此外，实藤没有统计1937年以后的留学生人数，因此本节无法列出工科留学生比例。

根据日本文部省直辖各工科学校的留学生数（包括毕业生、结业生和肄业生）可以看出，东京高等工业学校占据了人数的第一（表3-3-2）。此外，由于中国留学生大多集中在东京，工科留学生也有同样的趋势，在东京的工科留学生占据了工科留学生总人数的58.93%。其后是大阪，占据10.24%（表3-3-3）。

公立工科教育机关的留学生（1900～1945年） 表3-3-2

排名	名称	人数（人）
1	东京高等工业学校	785
2	大阪高等工业学校	165
3	东京美术学校	100
4	名古屋高等工业学校	87
5	京都帝国大学	81
6	仙台高等工业学校	76
7	明治专业学校	66
8	东京帝国大学	60
9	秋田矿山专业学校	45
10	九州帝国大学	39
11	京都高等工艺学校	37
12	横滨高等工业学校	25
13	北海道帝国大学	25
14	熊本高等工业学校	21
15	东北帝国大学	20
16	桐生高等工业学校	7
17	神户高等工业学校	6
18	广岛高等工业学校	6
19	山梨高等工业学校	2
20	米泽高等工业学校	2
21	德岛高等工业学校	4
22	浜松高等工业学校	0
23	金泽高等工业学校	0

工科系出身院校所在地和留学生的比例（1900～1945年） 表3-3-3

排名	地名	比例（%）
1	东京	58.9
2	大阪	10.2
3	京都	7.3
4	名古屋	5.4

续表

排名	地名	比例（%）
5	仙台	5.3
6	福冈	4.1
7	九州	2.4
8	北海道	1.6
9	横滨	1.6
10	熊本	0.3
11	群马	0.4
12	神户	0.4
13	广岛	0.4
14	德岛	0.1
15	山梨	0.1
16	米泽	0.1

2）不同专业的留学生数

这里，根据"二战"前期接收留学生的18个学科的情况，尝试对不同专业的留学生人数进行比较和分析。

从表3-3-4中可以看到，排名第一的是建设工程学科（293名），第二名是机械学科（278名），第三位是应用化学（260名），第四位是建筑学科（190名）。

工科系留学生专业人数排名　　　　表3-3-4

排名	专业名称	留学生数（人）
1	建设工程	293
2	机械	278
3	应用化学	260
4	建筑	190
5	采矿冶金	163
6	土木	140
7	纺织	135

续表

排名	专业名称	留学生数（人）
8	电气	122
9	色染	94
10	电气化学	73
11	窑业	54
12	矿山	24
13	工业化学	21
14	船舶	12
15	兵工	11
16	酿造	8
17	火药	3
18	印刷	2

建筑、建设、土木这三个学科是当时留学人数比较多的学科。建筑和土木学科在日本明治初年就已经存在，建设科是明治时期大兴修建铁路时，为了培养铁路技术人员设立的学科。这三个学科同时也存在着不可完全区分的部分。对于建筑学科，留学生数量最多的学校是东京高等工业学校，实际上该校并没有土木学科，但是教学内容中却含有土木学科的内容。并且，建设工程学科当时虽然指铁路建设，但是房屋建设（建筑）也包含在其中。另外，土木学科内也包含建筑学科的内容。因此，如果将这三者作为同一个领域来看，建筑、建设、土木学科的留学生总数实际上占最大比例。由此可以想到，在国土建设时期，对于建设人才的需求量很大。

其他学科，除了应用化学、工业化学、电气化学之类的化学系总数为354人之外，机械科的留学生人数也不容忽视。在近代产业发展过程中，作为核心技术的机械技术具有重要的作用。此外，近代中国的采矿冶金、纺织等工业也受到了日本的很大影响。

这里对于排名较靠前的土木、建筑、机械、化学学科的留学背景尝试进行考察。

19世纪可以说是工程的时代。近代产业的发祥地英国完成了以机械、化学、建筑、土木技术为核心的工业革命。英国工业革命对世界的影响是广泛的，19世纪末亚洲各国也以西方先进各国为发展目标，推进近代化的发展。日本的工学教育直接受到英国的影响。

中国也不例外，中国的近代产业是在半殖民地背景下，从兵器工业开始的。对于兵器工业，化学、机械是不可或缺的技术。为此，近代的工业教育也是从化学、机械开始的。对于工业教育，江南机器局的工艺学堂（1898年创立）很快导入了大阪高等工业学校的教学系统，设立了机械工艺学科和化学工艺学科[①]。在这之后，天津直隶工艺总局附属工艺学堂（1904年创立）、北京的艺徒学堂（1904年创立）也设立了机械、化学学科。与建设学科有关的方面，全国各地在同一时期开设了铁路学校。在近代产业的黎明时期，机械、化学、建设学科是各个专业的基础，这一点在各国得到了共识。

对留学生人数最多的建设、建筑、土木学科的留学生人数进行统计，制成了表3-3-5。

不同教育机关的建设系（建设，建筑，土木）留学生数（人）　　表3-3-5

学校名称	建设	建筑	土木
东京帝国大学	—	—	16
京都帝国大学	—	7	23
九州帝国大学	—	—	5
北海道帝国大学	—	—	17
东京高等工业学校	—	140	—
名古屋高等工业学校	—	10	30
仙台高等工业学校	—	—	23
横滨高等工业学校	—	4	—
熊本高等工业学校	—	—	8
神户高等工业学校	—	1	1
神奈川县立工业学校	—	1	—
福冈工业学校	—	1	—
早稻田大学理工学部	—	15	8
日本大学	—	2	1
工手学校	—	1	3
东京工科学校	—	7	—
东京高等工学校	—	4	4
武藏高等工科学校	—	4	1
岩仓铁道学校	114	—	—
东亚铁道学校	179	—	—
路矿学校	8	—	—

---

① 朱有瓛，华东师范大学《教育科学期刊》编委会. 中国近代文学史史料（第一辑）：上册[M]. 上海：华东师范大学出版社，1983：470.

有关建设学科的留学,民国成立后,铁道学科的留学生锐减,取而代之的是建筑系和土木学科的留学生的增加。这是因为各国不仅需要铁路建设,而且需要更广泛的建设系技术人员。土木学科最初的留学生是东京帝国大学的选科生。铁道学科的最初的留学生是1906年在岩仓铁路学校毕业的韦仲良。

这里以建筑学学科为例,对最早期的留学状况进行考察。

中国留学生学习的工业学校(建筑系)有工手学校(私立,现工学院大学)、福冈工业学校(县立,现福冈工业高校)、东京高等工业学校(公立,现东京工业大学)、名古屋高等工业学校(公立,现名古屋工业大学)、早稻田大学(私立,现早稻田大学)、横滨高等工业学校(公立,现横滨国立大学)、京都帝国大学(国立,现京都大学)、日本大学(私立,现日本大学)、武藏高等工科学校(私立,现东京城市大学)、神户高等工业学校(公立,现神户大学)等。

最初的建筑学留学生是工手学校出身的张含英。工手学校就是培养技术工人的学校。

张含英(字伯华),出生于云南晋宁,1906年初入学,1908年7月毕业。在学时期在大熊喜邦的介绍下成为日本建筑学会的准会员[①]。毕业后曾担任云南陆军兵工厂监督、实业部门名誉参事、广东及上海的实业调查员、云南兵工厂代理等,1916年时担任云南造纸厂的长官。当时的中国,还并不存在建筑师的组织,早期的建筑留学生也不一定从事和建筑相关的工作。张含英回到家乡从事兵工厂的工作也反映了国内工业发展的需求。

民国成立后,中国基础设施的建设有了很大的进展,包括铁路、道路、桥梁、水利、市政工程各个领域多方面的进展。在城市建设的进程中,与之相伴的是对众多建设技术人员的需求急速增加。并且铁路的主权也从外国人手中开始向中国人手中转移,需要更多的人才。民国成立后建筑、土木留学生逐渐增多,可以认为是国内这种情况的直接反映。

表3-3-6是化学相关专业的留学生的统计。

不同教育机关化学系的留学生数(人) 表3-3-6

学校名	应用化学	工业化学	电气化学
东京帝国大学	9	—	—
京都帝国大学	—	17	—
九州帝国大学	12		
东京高等工业学校	160		57
大阪高等工业学校	49	—	—

---

① 建筑杂志(253号),1941(1).

续表

学校名	应用化学	工业化学	电气化学
明治专门学校	14	—	1
横滨高等工业学校	12	—	1
早稻田大学理工学部	4	—	—
岩仓铁道学校	—	4	—
米泽高等工业学校	3	—	—
广岛高等工业学校	1	—	1

在化学领域有优秀的留学生。毕业于京都帝国大学特科生范锐（字旭东，1883—1945），在中国被称作是盐业的鼻祖。范锐是湖南湘阴人，1900年到达日本，1910年入学京都帝国大学理科化学系，习工业化学，1912年毕业。归国后，担任北洋政府北京铸币厂的检查分析工作。在那之后，为了考察德国、意大利的实业，赴德国和意大利。1914年归国后创办了久大精盐公司。1918年创立了永利盐业公司，对于国产碱的制造有巨大的贡献[①]。

机械学科的留学生也有着广泛的分布（表3-3-7）。

不同教育机关机械学科留学生人数（人） 表3-3-7

学校名	机械科
东京帝国大学	6
京都帝国大学	3
九州帝国大学	4
东京高等工业学校	149
大阪高等工业学校	31
名古屋高等工业学校	9
仙台高等工业学校	5
明治专门学校	13
横滨高等工业学校	1
熊本高等工业学校	3
早稻田大学理工学部	24
岩仓铁道学校	29

---

① 《日本留学中华民国人名调》（1939年4月调查）；久大、永利等公司《纪念范旭东先生》（1946年）；同书编辑组《化工先导——范旭东》（中国文史出版社，1987年）；师俊年等《化学工业的先驱——范旭东传》（河北人民出版社，1995年）。

3.3.3 最初的留学生接纳机关和留学生

1）最初的留学生接纳机关

进入1900年后，可以看到越来越多的留学生进入工科院校学习。《清末各省官自费留学生姓名表》[1]中记录了从1908年（光绪三年）到1909年（宣统元年）间毕业的留学生的在校情况。这里有东亚蚕业学校、岩仓铁道学校、东亚铁路学校、信浓蚕业学校、工手学校、大阪关西工学校、大阪高等工业学校、东京高等工业学校、东京帝国大学等以工科院系为主的教育机关。

当时，根据日本的学制，帝国大学之下是实业专门学校，再下是实业学校，更低的是徒弟学校。大阪关西工学校（之后改名为大阪高等工业学校）、东京高等工业学校属于实业专门学校，东亚蚕业学校、岩仓铁道学校、东亚铁道学校、信浓蚕业学校属于实业学校，工手学校属于更低一级的徒弟学校[2]。也就是说，当时的工科系留学生分布广泛，从高等教育机关到中等教育机关均有留学生就学。

这里以"二战"前日本文部省直辖的工科系院校24所、私立院校8所作为研究对象，对毕业生的所属学科和毕业年份情况进行分析，由此可以大概得出各教育机关接收留学生情况。

（1）帝国大学

帝国大学是日本的工学教育的最高教育机构。"二战"前，东京、京都、九州、北海道、东北、大阪帝国大学（原大阪高等工业学校）都接收留学生，但是，最早接收留学生的是东京帝国大学。

东京帝国大学从1899年开始接收留学生，但是由于选科（相当于旁听）没有在名单上记录，最初记录的只有1906年的本科毕业生。以下按照顺序来看留学生的情况，1906年京都帝国大学工业化学学科留学生毕业，1908年北海道帝国大学附属土木专业学部的留学生毕业，正式的本科留学生毕业于1933年，之后，1916年九州帝国大学采矿专业留学生毕业，1918年东北帝国大学土木工程学科的留学生毕业。

从留学生人数来看（表3-3-8），帝国大学中，东京和京都的人数最多，分别是79人和77人。其他九州有37人，北海道18人，东北17人。大阪帝国大学工学部有5人。

帝国大学中工科系留学生（人） 表3-3-8

大学名	正规毕业生	留学生总数	最初毕业年份
东京帝国大学	64	79	1906年
京都帝国大学	60	77	1906年

---

[1] 佚名. 清末各省官自费留学生姓名表[M]. 台北：文海出版社，1978.
[2] 参见明治41年的学校系统图（《学制九十年史》，文部省，1964年）。

续表

大学名	正规毕业生	留学生总数	最初毕业年份
东北帝国大学	10	17	1922年
九州帝国大学	33	37	1916年
北海道帝国大学	1	18	1933年
大阪帝国大学	5	6	1933年

（2）专门学校

专门学校是日本留学生工学系教育中起最重要作用的一部分。据笔者统计，在总数2000多名留学生中，1183名就读于高等工业学校，51名就读于高等工艺学校，由此可知实际上专门学校留学生占了工学系留学生总数的一半。

接收留学生的工业、工艺学校见表3-3-9中所示。可以看到东京高等工业学校留学生人数在专业学校中具有压倒性的人数。它1929年改称东京工业大学，在这之前有709名留学生，之后又有169名留学生，总计达到878名留学生，成为接收留学生人数最多的工业学校。

工艺工业专门学校的留学生（人）　　　　表3-3-9

学校名	正规毕业生	留学生总数	最初毕业年份
东京高等工业学校	672	785	1904年
大阪高等工业学校	145	165	1906年
名古屋高等工业学校	61	87	1910年
明治专业学校	58	66	1922年
仙台高等工业学校	41	76	1912年
秋田矿山专业学校	41	45	1915年
东京高等工艺学校	14	14	1926年
京都高等工艺学校	14	37	1909年
横滨高等工业学校	15	25	1923年
熊本高等工业学校	11	21	1909年
桐生高等工业学校	7	7	1926年
米泽高等工业学校	3	3	1926年
广岛高等工业学校	2	6	1915年
神户高等工业学校	1	6	1938年
福冈高等工业学校	1	1	1911年
神奈川县立工业学校	1	1	1917年

1908年以前，中国政府与日本之间，有过中国向日本支付官费，使得留学生可以去日本公立高等院校学习的协定。中国的留学生人数非常多，尽管总数超过了1万人，但是60%是速成学习，修读普通学科课程的人只有30%，中途退出的人数占5%~6%。进入高等专业学校学习的人只占3%~4%，进入大学学习的人不超过1%，可见，迫切需要正规的高等学校接受留学生的途径。

与之相对的是，日本文部省认为即使是日本人也应该负担一部分学费，何况中国人更不能无偿接受教育，希望让中国人承担一部分设备费和经营费。因此，两国再三交涉，日本方面从1908年开始的15年间（到1922年为止），每年可接受中国留学生25名到东京高等师范学校，40名到东京高等工业学校，25名到山口高等商业学校，10名到千叶医学专业学校，总共165名可以得到入学许可。中国方面，每一名五校特约生每年需支付190日元的补助费。

1906年12月2日制定的《奏定管理游学日本学生章程》的第六节中规定"官费生肄业官立高等专门学校者每人每年学费日金四百五十元整"，加上190日元补助，所以每名进入五校留学生平均每年向学校交学费640日元[1]。当时（1908年）日本公务员的初次上任工资是每月50日元，一年相当于600日元[2]。

虽然留学生的费用全部由各省负担，但是各省依然认识到人才养成的重要性，接二连三地向日本派遣留学生。进入民国后，民国教育部于1920年12月13日将留日五校特约协议解除。

在工业学校当中，东京高等工业学校是唯一的有五校特约制度协议的学校，条件优惠，其人气非常高，与其他学校相比留学生数量较多。

东京高等工业学校最初的留学生是1901年（明治34年）入学的5名中国留学生。1904年（明治37年），王守善、周培炳选修应用化学专业毕业，范泰鸿、洪镕选修机械专业毕业，还有一位汤时敏在1905年选修了电气化学专业[3]。东京帝国大学紧接着接收了留学生，这体现了之前所提到的手岛精一校长在亚洲普及工业教育的思想。

紧跟东京高等工业学校之后对留学生教育起着重要作用的是大阪高等工业学校。这所学校于1896年作为工业学校创立，1910年改名为大阪高等工业学校。1906年应用化学专业杨华（河北）、沈均（江苏）、袁翼（浙江）3名留学生，窑业科施弼（福建），采矿冶金专业孙海环（浙江）共5名留学生毕业[4]。1929年改为大阪工业大学，1933年改称大阪帝国大学。1929年以前，共133名留学生毕业，1929~1933年共有138人留学生毕业。

---

[1] 光绪三十三年11月30日（1908年1月3日）《奏定日本官立高等学堂收容中国学生名额及各省按年分认经费章程》（多贺秋五郎. 近代中国教育史资料清末编[G]. 日本学术振兴会，1972.）。

[2] 值段史年表明治·大正·昭和[J]. 周刊朝日，1988（6）.

[3] 《东京工业大学百年史通史》（东京工业大学，1985年5月）；《东京高等工业学校一览》（1927~1928年）。另根据手岛工业教育资金团《手岛精一先生传》（手岛工业教育资金团发行，1929年，第167页），1900年接受最初的中国留学生。

[4] 《大阪工业大学一览》，1932年。

此外，名古屋高等工业学校也接收了较多的留学生。最初的留学生于1910年毕业，在这之中有机械专业的季新益，色染专业的陈佐汉、诸人龙，土木专业的唐在贤（江苏公费留学）、邬启元（浙江公费留学）[①]。

其他的还有仙台高等工业学校、京都高等工艺学校、横滨高等工业学校、熊本高等工业学校、桐生高等工业学校、神户高等工业学校等公立学校也招收了留学生。

县立工业学校中，神奈川县立工业学校、福冈工业学校也招收了留学生，但人数非常少。

（3）私立学校

私立学校也招收了许多留学生。表3-3-10为各私立学校工科院系的留学生人数比较。

私立学校的工科系留学生（人）　　　　　　　　　表3-3-10

学校名	正规毕业生	留学生总数	最初毕业年份
早稻田大学理工学部	21	81	1912年
日本大学高等工业学校	1	3	1922年
工手学校	4	4	1908年
岩仓铁路学校	—	221	1906年
东亚铁路学校	—	187	1909年
路矿学校	—	142	1908年
东京高等工学校	4	9	1934年
武藏高等工科学校	1	5	1937年
关西高等工学校	1	1	1939年
东京工科学校	—	7	1926年

早稻田大学虽然在经济学、政治学教育方面广为人知，但是工科系的留学生较少。

早稻田大学虽然从1899年就已经接收中国的留学生，但是在1905年7月，才向国内外宣布其新的特设教育机关——中国留学生部。除中国留学生部以外，政治和经济学部的留学生人数最多。根据《日本留学生中华民国人名调》（1939年4月调查），1905～1939年的政治经济学部的毕业生有127名，与之相对的，理工学部的留学生毕业生仅有21人。

此外，日本大学也不是工学系大学，工科留学生也较少。

工手学校是培养技工的，最初的毕业生是应用化学系的诸翔，毕业于1905年。在那之后，1907年电气工学部，1908年建筑、土木学科，1909年机械学科，1910年采矿学科等各科的最初留学生也相继毕业[②]。

---

① 《名古屋高等工业学校一览》，1936～1937年。
② 《工手学校一览》，1913年。

第3章　世界产业革命背景下的技术交流

铁路学校是初期工科系留学生的主要选择。岩仓铁道学校（现岩仓高等学校），东亚铁路学校（停办），路矿学校（停办）是当时最重要的教育机关。根据笔者统计，岩仓铁道学校的留学生有221名（其中建设学科114名），最初的毕业生毕业于1906年。东亚铁路学校有留学生187名（其中建设学科179名），最初的毕业生毕业于1909年。路矿学校有留学生142名（其中建设学科8名），最初的毕业生毕业于1908年。

私立学校中的铁路学校接收众多的中国留学生是为了从中国得到学费的赞助。

综上所述，留学生就学的教育机关中，作为最高学府的大学很少，多数集中在中、高等教育机关的实业学校。东京帝国大学是最早接收政府留学生的机关，1899年开始就承担了教育中国工学系留学生的责任，但接收的人数非常少，毕业也不容易。私立的教育机关中，以岩仓铁道学校为首，铁路学校在1900年代中期以后，接受了许多的留学生，到铁路学校留学是清末工科系留学生的主要选择。这些如实反映了当时中国以大规模的国土建设和铁路建设为主开展建设的情况。此外，东京高等工业学校由于是唯一实行五校特约生制度的工业学校，1908年以后，特别是民国初期，与其他的工业学校相比接受了更多的留学生，可以说是近代留学教育中最具影响力的工业学校。

2）最早期的中国工科系留学生

在近代中国，最早到日本留学可以追溯到1896年，驻日公使裕康将留学考试合格的13名中国留学生托付给日本外务大臣西园寺公望。当时，西园寺将教育任务交给东京高等师范的校长嘉纳治五郎。以此为契机，中国留学生的派出人数逐渐增加。

根据实藤惠秀的《中国人日本留学史稿》中记载，最早期留学生在以下学校入学（数字是学校的创始时间）：横滨大同学校（1899年，校长犬养毅）、清华学校、东亚商业学校（1901年）、成城学校（1899年）、日华学堂（1898年）、亦乐书院（1899年）、弘（宏）文学院（1902年）、东京同文书院（1902年）、东斌学堂（1903年）、振武学堂（1903年，成城学校的预备学校）、经纬学堂（1904年）、早稻田大学（1905年）、法政速成科和普通科（1907年）、湖北路矿学校、警监学校、志成学校、警监速成科、警察速成科、大成学馆等。

这里教授日语、英语、数学、物理学、化学等，实施以语言学科和自然学科为中心的教育。并且，接收留学生的学校在逐渐增多，1908～1912年，中国留学生人数达到了顶峰。

在这之中，日华学堂的毕业留学生中，有1898年北洋政府派遣的留学生张煜全、王建祖、金邦平（字伯平，安徽黟县出生，1902年东京专业学校毕业）、周祖培（字仲阴，江苏苏州出生，1902年东京专门学校毕业），有浙江求是书院①派遣的留学生陆世芳（字仲芳，浙江仁和出生，1902年东京高等商业学校毕业）、陈幌（1902～1905年，东京帝国大学）、

---

① 浙江求是书院是1897年创立的中国最早的普通学校。1898年开始向日本派遣留学生，1901年改名为浙江求是大学堂，1928年改为国立浙江大学。

钱承志（字念慈，浙江仁和出生，1902年东京帝国大学毕业）、何橘时（1906年东京帝国大学毕业）、江有龄（法政大学）、吴振麟。南洋公学①派遣的留学生有6人，分别是章宗祥、富士英（字意诚，浙江海监出生，1902年东京专门学校毕业）、雷奋（字继兴，江苏华亭出生，1902年东京专业学校毕业）、胡礽泰、杨荫杭（字辅唐，江苏无锡出生，1902年东京专门学校毕业，入学早稻田大学）、杨廷栋（字翼之，江苏吴县出生，1902年东京专门学校毕业）。他们作为最初的留学生，后来在中国担任了重要的职务。

东京帝国大学作为近代日本最早的公立大学，是中国的公费留学生派遣理所应当会选择的大学。日本《教育部直辖学校外国人特别入学章程》（1901年12月，教育部第50号通告）中写道，留学生入学需要外交部、在外公馆以及在日本的外国公馆的介绍，明确地指出接收官方派遣留学生，私人缴费入学的留学生不予接收。

1897年开始东京帝国大学开始接收外国留学生（表3-3-11）。最开始的留学生是韩国留学生，在那之后有印度、中国留学生。在东亚各国中，可以看到韩国是最早向日本派遣留学生的国家，这和东京高等工业学校、岩仓铁道学校是同样的情况。

东京帝国大学的外国留学生最早接收年份　　　　　　　表3-3-11

国家	接收年份
韩国	1897年
印度	1898年
中国	1899年
比利时	1899年
美国	1900年
俄罗斯	1906年
英国	1911年
土耳其	1912年
法国	1914年
秘鲁	1920年

中国的工学系留学生最早出现在1899年。需要注意的是，9名留学生之中有8名留学生选择了工科专业，只有一名选择修读法学专业。在这之后的第二年1900年，新派遣的4名留学生全部选读了工科系专业。也就是说，可以推测出最初的留学是以习得工学技术为目的的（表3-3-12）。

---

① 南洋公学1896年创立，1897年开始接受学生。中国师范教育的先驱。1904年改名为上海商务学堂，1906年改为邮传部高等实业专业学校，设置铁路、电机、船政等专业，1912年改为上海工部高等事业学堂，1921年改为上海交通大学。

清末时期东京帝国大学的中国留学生统计（人）　　　　表3-3-12

年份	法科大学 本科	法科大学 选科	医科大学 本科	医科大学 选科	工科大学 本科	工科大学 选科	文科大学 本科	文科大学 选科	理科大学 本科	理科大学 选科	农业大学 本科	农业大学 选科	其他	总计
1899	—	1	—	—	—	8	—	—	—	—	—	—	—	9
1900	—	—	—	—	—	4	—	—	—	—	—	—	—	4
1901	—	4	—	—	—	4	—	—	—	—	—	—	—	8
1902	—	5	—	—	—	5	—	—	—	—	—	—	—	10
1903	—	4	—	—	—	3	—	—	—	—	—	—	—	7
1904	—	1	—	—	1	1	—	—	—	—	1	—	—	4
1905	—	13	—	—	1	1	—	1	—	4	—	—	院1	21
1906	—	22	—	—	—	1	—	4	—	2	—	—	院1	30
1907	4	23	—	4	—	1	—	4	—	3	—	—	听20	59
1908	4	16	1	4	2	1	1	5	5	1	—	5	听28	73
1909	8	8	1	5	7	1	3	6	5	1	—	5	听36	86
1910	13	1	1	9	8	—	3	6	1	—	1	5	—	48
1911	10	—	2	10	8	—	4	11	—	—	4	1	院1	51
1912	5	—	3	1	10	—	2	3	2	—	2	1	—	29
合计	44	98	8	33	37	30	13	40	13	12	7	17	87	439
	142		41		67		53		25		24			

　　1901～1904年，法律专业的留学生增多，与工科专业数量相同。可以想到这是中国维新派的影响。也就是说，与技术的发展相比，维新派更主张政治体制的改革，效仿日本的明治维新。作为结果，1904～1906年间，清朝实行了重要的体制改革，1904年成立了商部，1906年前后，相继成立了农工商部、学部、邮传部、民政部等。

　　新的体制下就会产生与之对应的人才需求。1905年以后，在工科与法学的留学生数量上，情况发生了大的逆转。从1905年21名留学生选学的学科中来看，文科有1人，理科4人，工科2人，法学科13人（另外研究生1人）。到1906年，留学生30人中，共有22人修读了法学专业。1908年以后，各科修读人数才渐渐平衡。即使这样，从整体来看，工科大学有67名留学生在读，与各专业相比，处于第二名的位置。与此同时，其他的工科系教育机关留学生不断增加，是近代留学生教育不可忽视的存在。

　　进一步对工科中的情况进行考察。东京帝国大学工科开设土木、机械、船舶、航空、兵工、电气、应用化学、火药、矿山、冶金、采矿等学科。从工科系留学生的实际状态考察来看，可以看出一些学科选择的特征。

最初期（1899年）的8名工科在籍中国留学生全部都是选科生，包括土木专业的黎科（广东）、郑葆丞（福建），机械工学专业的沈琨（直隶）、张锳绪（直隶）、高淑琦（浙江），兵器制造专业的安庆澜（直隶），应用化学专业的张奎（江苏）、蔡成煜（直隶）[①]。

以上8名留学生，黎科和张奎1898年由北洋大臣派遣留日，有在海军兵校进修学习的计划，只是后来被拒绝了。除郑葆丞之外的其余5名留学生进入日华学堂学习[②]。从海军兵校的入学志愿情况来看，日清战争失败以后，可以看出清朝有整备和强化海军的意图。但是，以习得最尖端的军事技术力量为目的进入海军兵校学习并不是一件容易的事情，所以最终不得不改变学习计划，改为学习土木、机械、应用化学、兵工等各个工科的专业。

土木专业的选科生黎科是广东人，当时广东是派遣留学生比较早的地区。

黎科在1899年来到日本，1899~1900年在读。在读过程中，加入了革命组织励志社。1900年与改良派的唐才常（1867—1900）和革命者在日本集结，对留学生有很大的影响。当时留学生中间，"排满共和"的思想高涨，爆发了革命思潮，产生了各种各样的组织，励志社就是其中之一[③]。唐才常在康有为的派遣下回国，为了实现君主立宪制，成立了自立军，1900年8月励志社成员的一部分参加了自立军。可惜的是，最初期的工科系留学生，郑葆丞和蔡成煜在这一年的汉口战争中不幸身亡[④]。

机械工学专业选科生沈琨、张锳绪、高淑琦，应用化学专业的选科生张奎1899~1902年在学。

张锳绪和张奎之后在农工商部就职，张锳绪担任了农工商部高等实业学堂的教育以及艺徒学堂的教务长，参加了京师大学堂的建设，还撰写了《建筑新法》一书，介绍了先进的建筑构造做法和案例。

兵工专业的安庆澜只在1899年一年在读。

继最初的8人之后入学的是陈幌（1902年兵工专业）、何橘时（1903年采矿及冶金专业）、吴荣鬯（1903年土木专业）。

陈幌字乐书，浙江人，从日华学堂第一高等学校进入东京帝国大学学习，1902~1905年三年的时间作为选科生在读。1904年担任东京清华学校[⑤]理科的讲师。毕业后成为上海制造局（兵器制造所）的监督，1913年5月成为陆军少将，8月担任中将。有著作《物理易解》，翻译《中学物理教科书》（水岛九太郎著）、《中学代数教科书》（作者不详），归国后研究数

---

① 《东京帝国大学一览》，1899~1900年。
② 黄福庆. 清末留学生[J]. "中央研究院"近代史研究所专刊，34号，1975（7）.
③ 励志社是清末最初留日学生的爱国团体，1900年在东京创立，会员200名。励志社从1900年12月开始发行《译书汇编》，介绍日本的明治维新的思想、人物等，是留学生最早的杂志，1902年解散。
④ 黄福庆. 清末留学生[J]. "中央研究院"近代史研究所专刊，34号，1975（7）.
⑤ 东京的清华学校的前身是1899年梁启超创立的东京大同学校。校舍在东京牛込区东五轩町，之后转移到小石川，改称为东亚商业学校，两年后改称为清华学校。

学，翻译了众多文献①。

在选科生之后，1906年开始逐渐出现了本科生。工科最初的本科生是何橘时（1877—1961，字燮侯），浙江诸暨出生，1903年作为采矿和冶金专业的选科生入学，一年后升为本科生，1906年毕业。毕业后担任过学部专业主任兼京师大学堂助教，工商部矿政局局长，北京大学校长等。曾担任中央监察委员会委员，全国人民代表大会代表，浙江省政协副主席，民革浙江省委员会主任②。

1906年之后，土木专业的留学生开始增加。

孙庆泽直隶出生，1900年公费留学，首先在同文书院及第一高等学校留学，1906年作为土木工学科的选修生入学东京帝国大学③。

1907年入学的施恩曦是本科生留学的第一人。

施恩曦字熙台，江苏省崇明出生，由京师大学堂出资，1902年来到日本，在第一高等学校学习，1907年毕业。同年在东京帝国大学土木工学科入学，他第一学年上学期的成绩是53.8分，不合格。留级了一年，1913年7月毕业。1936年在青岛胶济铁路局工务所工作④。

1908、1909年三名留学生作为本科生留学，他们是毛毓源、张毅、黄秉端。

毛毓源是浙江省人，毕业于仙台第二高中，1908年6月以土木工学专业在日本留学。第一年学上学期的平均分为54.5分，不及格，予以留级，1914年7月毕业。回国后担任南京兵工专业学校的教官⑤。

张毅是江西省出生，第二高中毕业，1909年作为土木工程专业本科生入学。1909~1910年留级，最终没有正式毕业⑥。

黄秉端（1886—?）是江西临川出生，1905年来到日本，1909年以土木工学专业入学，他也没能正式毕业⑦。

1910年尹援一（1886—?）以土木学科本科入学。尹援一字肖波，在读时作为留学生杂志

---

① 田原天南. 清末民初中国官绅人名录[M]. 台北：文海出版社，1973；黄福庆. 清末留学生[J]. "中央研究院"近代史研究所专刊，34号，1975（7）；严修著，武安隆，刘玉敏. 严修东游记[M]. 天津：天津人民出版社，1995. 参照.
② 《东京帝国大学毕业生氏名录》（1926年5月）；郝平. 北京大学创办史实考源[M]. 北京：北京大学出版社，1998：318-358；杨家骆. 中华民国职官年表[M]. 鼎文书局，1978；严修著，武安隆，刘玉敏注. 严修东游记[M]. 天津：天津人民出版社，1995. 参照.
③ 《清末各省官自费留学生姓名录》、《东京帝国大学毕业生氏名录》（1926年5月）、《东京帝国大学一览》（1906~1907年、1909~1910年）、《第一高等学校一览》（1913~1914年）.
④ 《东京帝国大学毕业生氏名录》（1926年5月）、《清末各省官自费留学生姓名表》（东京帝国大学游学生姓名籍贯入学年份学科成绩表、各校各生履历清册）、《民国名人图鉴》（1936年1月）、《会员名簿》（东大土木同窗会，1938年2月）、《第一高等学校一览》（1913~1914年）、《日本留学中华民国人名调》（1939年4月调查，兴亚院，1940年10月，调查资料第9号）.
⑤ 《东京帝国大学毕业生氏名录》（1926年5月）、《清末各省官自费留学生姓名表》、《会员名簿》（东大土木同会，1938年11月）、《日本留学中华民国人名调》（1939年4月调查）.
⑥ 《清末各省官自费留学生姓名表》、《东京帝国大学毕业生氏名录》（1926年5月）、《东京帝国大学一览》（1909~1912年）.
⑦ 《清末各省官自费留学生姓名表》、《东京帝国大学毕业生氏名录》（1926年5月）.

《湖北学生界》(1903年)的发行者和编辑。1910~1911年留级。回国后，自营上海锑铅矿业，曾担任湖南省公立实业科长兼教育科长(1917年)、湖南矿务局长(1918年)、奉天四洮铁路总务处长(1927年)、平汉铁路局秘书主任兼工务处长(1928年)、胶济铁路代理管理局局长、秘书长(1931年)，组织了青岛治安维持会。1939年担任青岛市政委员会海务局长[①]。

"二战"前11名中国留学生在东京帝国大学土木专业学习。但是清朝末期5名本科留学生中，顺利毕业的只有两人。最开始的中国留学生，特别是本科生留学获准毕业，可以说是十分困难的事情。

还有一些其他专业的留学生，1909年，付尔斅履修造船专业本科，吴和履修兵工专业本科，洪彦亮、许征履修冶金专业的本科。

有关清朝末年东京帝国大学的留学生，法学和工科的留学生最多，这展示了当时中国形势的需要与教育方面的空白。在工科系专业中，土木专业的留学生最多，此外，机械工程专业的学习内容也与建设有密切的关系，总体来说可以推测建设技术被重视。但是建筑学专业却没有一个人。相比于强调"美学"的"建筑"来说，可以推测出"土木"是当时需求更大的专业。其他的专业，冶金、兵工也是留学的重点专业。

初期就读于东京帝国大学的留学生中，顺利毕业的人很少，可以认为中日近代工业教育基础之间有巨大的差距。

3.3.4 工科系留学生回国后的情况

关于工科系留学生回国后的情况，首先针对工学系留学生的工作地点进行分析。粗略统计，从2241名中可以查找到964名留学生的资料，以此为基础尝试对留学生归国后的状况进行研究[②]。

留学生的工作地点与出生地的比较。初期的留学生派遣事业是以省为单位执行，因此可以预测留学生回国后也将会回到派遣省。民国成立之后，在国民国家意识形成的同时，与之相对的家乡归属感较弱，实际上，为了产业发展，可以从资料中看到需求较高的地域，人才也较为集中。

表3-3-13显示了工科系留学生的出生地和工作地点的关系。根据此表，可以看出浙江省出生的工科系留学生最多，达到了181名，之后依次是湖南、湖北、广东、江苏、四川、江西。这里可以看出一部分省的留学情况：浙江、四川，与张謇有着密切的关系，湖南、湖北、广东与张之洞的存在有着很深的联系。他们是留日政策的倡导者，推进了留学生的派遣。

---

① 《东京帝国大学一览》(1909~1912年)、《华北经济使节团访日录》(1939年12月)、《湖北学生界》。
② 对于就业地的统计，以各学校一览为基础作统计有一定的差异，只能说是粗略的统计。对于史料，虽然参考了基本的名单、人名字典等，但是名单、人名字典多是1930~1940年出版的，由于日本方面的出版物很多，不能否认资料会存在偏差。这里根据现有的资料进行整理，将来有必要进一步补充完善，因为目前还不能得出准确的数据。此外，同样的人物可能也同时是教授和校长，并不能单纯按数字(合计人数或总人数)统计。

工科系留学生的工作地点与出生地（人） 表3-3-13

地名	工作地点	出生地
北京	73	15
上海	96	17
天津	53	11
南京	53	2
湖北	30	133
湖南	56	155
河南	18	11
四川	26	137
广东	39	141
广西	12	21
贵州	5	32
浙江	39	181
江西	37	105
陕西	7	13
河北	21	96
江苏	17	135
福建	26	74
安徽	15	47
云南	8	44
甘肃	1	3
山西	35	81
山东	35	75
台湾	15	13
辽宁	11	19
黑龙江	2	1
吉林	15	4
奉天	39	10

  从归国后留学生的工作地点分析来看，可以看出多数集中在上海、北京、天津、南京等大都市。浙江、湖北等派遣留学生人数众多的省份，回到原省份的非常少。以此可以证明在产业振兴的聚集地对掌握高技能的人才有较大的需求。除此之外，东北各省的人数也较多。

从职业的选择来看回国后的留学生在教育、官署、产业技术部门工作的案例较多。当时大体存在三条道路：做官可以考虑是由于"学而优则仕"的影响，虽然当官的这条道路是最好的选择，但是需要很强的关系；除此之外，从学习中得到真知，从而从事教育专业也是好的选择；而从事实业生产一般是在伴有非常严重的困难的情况下的选择[①]。

工科系留学生归国后的就业情况（人）　　　表3-3-14

就业部门	机关类别	总人数	职务	人数
教育研究机关	大学	88	校长	41
	工业学校	123	教授	94
	师范学校	17	教员	97
	中学	31	—	—
产业技术	工厂	170	工厂长	23
	公司	123	工程司	77
	自营	51	技师	81
	—	—	技士	27
官署	省政府	23	省长	4
	市政府	13	市长	2
	县政府	2	县长	6
	其他	31	部长	6
	厅	61	厅长	10
	局	163	局长	29
	处	66	处长	14
	公署	26	科长	70

表3-3-14是工科系留学生回国后的就业情况（教育、官署、产业技术部门）。政府机关（省市县）中有较多的人才就职，而进入上层机关的省政府就职的留学生所占比重较大，可以看出留学生是被当作重要的人才来看待。此外政府机关从上到下有厅、局、处等机构，留学生所在大多为局。从职务方面来看有部、厅、局、处各级领导者，其中也有省长。

在教育机关中，主要就职于大学和工业学校。就职于大学的有88名，工业学校的有123名，主要在高等、中等学校的工业教育中起到重要作用。其中，担任校长的有41名，担任教授的有94人。

对于产业技术部门来说，在工厂、公司就职的案例比较多。从职业种类来看，有铁路、

---

① 柳士英在《回忆录提纲》（载于《南方建筑》1994年3月）中曾记载"通则为仕，穷则施教"。

建设、化学、机械、兵器等多种职业，与铁路和建设有关的占大多数。

由于篇幅有限，此处以东京高等工业学校建筑系留学的留学生回国后的情况作为重要的案例进行分析。

在教育方面，1920年毕业的柳士英（字雄飞，1893—1972）于1923年在苏州工业学校创立了民国初期第一个建筑系。柳士英作为主任，与同窗的伙伴们（刘敦桢、朱士圭、黄祖森）一起，引入了日本的高等工业教育体系。之后他又担任了湖南大学土木系教授及副院长。

刘敦桢（字士能，1897—1968）毕业于1921年，是对中国建筑史的研究和教育具有巨大贡献的人物。他1925年成为湖南大学土木专业的教授，之后曾担任苏州工业学校建筑系教师，中央大学建筑系教授。1930年接受了中国营造学社的邀请，在学社中就职。1943年调到中央大学（现名东南大学），直到去世一直从事建筑学的教学工作。曾有著作《苏州园林》（1956年）、《中国住宅概论》（1957年）、《中国古代建筑史》（1959~1964年）。

朱士圭（字叔侯，?—1981）毕业于1919年，回国后曾担任上海纺织二厂的工程师，苏州工业学校、南京工专、中华职业大学、大夏大学、湖南大学的教师。

黄祖森（字鹿森，1891—?）毕业于1925年，1927年成为苏州工业学校建筑系的教师，在那之后曾任汉口市工务局工程师，著有著作《建筑工程实用计算图表》。

在政府机关方面，毕业生多数被分配到了与建设相关的部门。北京市为了促进城市建设，1914年成立了市政公所。1917年毕业的刘基淼（字渊甫）、林是镇（字志和，1896—?）就职于市政公所。林回国后，曾任北京市政公所技术科长、农商部主任、市政公所主任、北京市工务科长、华北政务委员会建设总部城市局局长、华北建筑协会会长等职务。他对北京各个阶段的城市发展以及历史古迹修复方面具有重要的贡献。

在地方，1919年毕业的刘国树（字惠苍）曾担任云南昆明市政府公所技术科长，同时期毕业的朱士圭也曾在无锡市政公所工作，1924年毕业的林常懋（字勉之）曾在奉天市政公所任职。

至于省行政机关，1919年毕业的张斐然（字孟晋，1894—?）是江西省政府委员兼建设厅长、河南省政府委员兼建设厅长，曾担任江西南昌工务局长、武汉特别市总工程师兼公用局长，是城市建设行政的实际掌权者。

从事铁道建设的留学生，与各铁路建设有很深的关系，比如东北的四郑、吉长、四洮、吉敦铁路，内地的北宁、粤汉、汉川、九江、张绥、京绥铁路。1910年毕业的赵世瑄（字幻梅，1884—?）是清朝的进士，最开始担任张绥路局工程师，之后曾担任九江铁路公司工程师、华冠线路考工科长、汉粤铁路总务局考工科长、四洮铁路工程局长、京绥铁路局局长、江西交通部部长、国民政府交通部路政局局长、沪宁铁路总工程师等职务。1928年以后，他曾担任战地政务委员会委员、扬子江水道整理委员会技术主任等多个职务。曾出版了《道路工学》（1913年），在土木建设事业中留下了许多理论技术与实践结合的业绩。

近代中日两国基于各种各样的动机推进了工科系学科学生的留学。工科系中国留学生，在20世纪前半期的50年间里，基本占据了全部留学生数量的二分之一，清朝末期占据了近三成。不论如何留学日本给予了中国近代工学以重要的影响。

此外，从工科系留学生的专业来看，建设系（建设、建筑、土木）的留学生最多，第二是化学、机械。这反映了中国当时对于建设人才的需求量是十分巨大的。这是因为社会基础建设事业是国家各项事业的根本，反映了亚洲地区的经济发展以及伴随的对城市再开发和环境保护问题的重要性的认知。现在日本将工科系的各个专业进行了调整，现在的建筑、土木、城市规划、环境设计等各学科依然在留学生中十分有吸引力。

从回国后留学生的足迹来看，清末后很明显出现了对家乡的归属感减弱的现象。留学生并不一定回到出生地，而是有向大都市聚集的趋势。可以认为从国家的需要出发，将最适合的人才分配到最需要的地方。换句话说，出现了民众从宗族观念到国民国家观念的转变这一现象。

此外，就职的机构主要分为三种，它们分别是官署、教育机关、产业技术部门。可见受传统的价值观"学而优则仕"的影响，同时也反映了新的国家对于懂得技术的管理人才的需求，培养人才也成为留学的主要目的，此外从事实业的也大有人在，反映了近代中国向大机械生产时代的过渡期工业人才的重要性，同时也说明了通过留学生这个渠道，产业革命的新技术确实传播到亚洲并且在亚洲内部二次传播。

第  章

多样化的近代工业
——以天津为例①

---

① 本章执笔者：闫觅、青木信夫。

在中国工业近代化过程中，有很多城市如黄石、鞍山等，依托本身的资源优势，实现了工业的近代化，这类城市在工业类型的多样性和丰富性方面暴露出不足。而一些重要的港口城市，如上海、天津等，却在近代形成了多元的工业类型，不仅在采矿、运输、通信等工业方面举足轻重，而且在轻工业等方面的发展，也成为中国近代城市中的佼佼者。

天津位于海河入海口，本就是贸易往来之地，清朝末年更是天津工业发展的关键时期。在庚子事变之后，西方各国给天津带来了西方产品，促使清政府进行改革，让手工业向机器工业转变，家庭工业向工厂工业发展。民国元年以后，在提倡实业救国的背景下，天津的工业有了进一步的发展，出现了如丹华火柴公司、久大精盐公司、恒源纱厂、华新纱厂、永利碱厂等企业，都见证了天津工业的迅猛发展。

天津工业最核心的是制造业，其中的纺织业所占比重最大，其次为面粉、火柴、制碱、制盐、地毯、提花等七大行业。根据当时天津社会局的统计，纺织业占全市工业资本总额70.2%。其次为饮食业，占16.32%。再次为化学工业，占12.37%。这几个行业兴盛于天津的原因主要有以下三点：(1) 适应市场的需要。如纺纱业、面粉业、火柴业是顺应市场的需要而逐渐发展，但天津的纺纱业和面粉业的规模仍与上海相距甚远，仅火柴业勉强可以与上海相比。(2) 原料获取便捷。如制盐业、制碱业、地毯业，这三类行业不仅规模可观，而且是天津的优势工业，在全国的工业中占有相当重要的地位，对中国的工业发展也有不可磨灭的贡献。(3) 得益于政府的特殊奖励。如精盐业是由于袁世凯的盐政改革政策，选派范旭东去欧洲考察盐务，促使久大精盐公司的建立。

虽然狭义的工业仅限于制造业，但是在中国工业发展初期，采矿、交通、水利工程等不仅是近代中国转型时期出现的重要产物，而且对中国近代工业的发展起到了决定性的作用。因此本章结合上述对工业分类的研究，将天津地区的工业种类分为制造业、运输业、采矿业、基础设施四大类行业。制造业下又细分为纺织业、化工业、机器及金属制品业、建筑材料业、饮食品工业、日用品工业和印刷业七类，每类下又有更为详细的行业分类，具体的分类见图4-0-1所示。

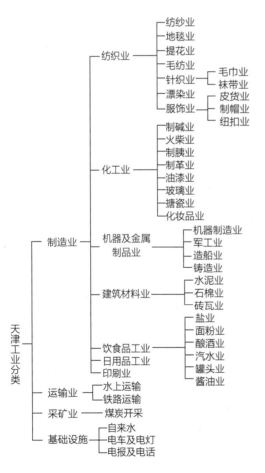

图4-0-1 近代天津工业分类

4.1 制造业

制造业是工业的根本,也是中国近代工业转型中最先发生剧变的领域,代表了中国近代工业发展初期的水平。

4.1.1 纺织业

棉纺织业为中国传统工业之一,1890年李鸿章在上海创办机器织布局是中国自设机器纺织厂的开始。中国棉纺织业的中心最初在江苏省,后来形成了"上青天"(即上海、青岛、天津)的格局。1930年,上海纺锤占全国总数55.79%,青岛占7.88%,武汉占7.33%,天津占5.70%,通崇海(南通、崇明、海门)占4.42%,无锡占3.36%。天津成为纺织业的中心的原因有以下几点:(1)棉产中心,河北占全国棉花产量的11.4%。(2)煤与电力供给便利,河北与山东二省为中国产煤区,1927年占全国煤产量28.2%。(3)运输便利,天津是北宁铁路和津浦铁路的必经之处,而且是河北省五大河汇流之处,水陆运输方便。(4)临近广大华北市场。(5)商业发达,金融便利。

开放通商口岸后,欧洲特别是英国的纺织品逐渐销入中国,并且物美价廉,对中国本土的手工纺织业产生了不小的冲击。因此李鸿章首先在上海开办织绒局,此后各通商口岸逐渐兴办纺织厂。至民国初年,正值第一次世界大战期间,外国进口产品大量减少,国内纺织业迅速繁荣。天津处于华北地区的交通要地,贸易往来频繁,因此天津的纺织业成为华北地区的代表。1899年吴懋鼎创办天津机器织绒局,专门生产毛毯、呢绒等毛织品及制造军服,是天津地区的近代纺织业的开始[1]。清末新政期间,周学熙在天津创办了直隶工艺总局和实习工场,建立了机器纺纱厂。民国以后,六大纱厂相继建立,20世纪30年代,仁立、东亚等新型企业成为天津毛纺织业的代表。

抗战时期,天津纺织工业受到严重的冲击。华新、裕元、裕火、宝成等厂均被日资工厂兼并,日资又于1937年前后相继建立上海、裕丰、双喜、大康等纱厂,满蒙毛织公司天津工厂、公大毛绒、毛毯厂以及丸松、恒盛针织厂、染业株式会社等企业;解放战争期间,中国纺织建设公司天津分公司接收日资7个纱厂,原裕丰纱厂改为中纺一厂,公大六厂改为中纺二厂,天津纱厂改为中纺三厂,上海纱厂改为中纺四厂,双喜纱厂改为中纺五厂,大康纱厂改为中纺六厂(玻璃纤维厂),公大七厂改为中纺七厂(天津印染厂)。民国时期,国民党军队的后勤总部接收了满蒙毛织公司天津工厂改为天津毛织厂,恒昌、丸松等针织厂改为天津针织厂,染业株式会社改为染整厂。接下来将对纺织业的详细情况进行阐述。

---

[1] 雷穆森. 天津租界史[M]. 许逸凡,赵地,译. 天津:天津人民出版社,2009: 233.

4.1.1.1 纺纱业

天津纺纱业以六大纱厂为代表,即裕元(图4-1-1)、恒源(图4-1-2)、宝成(图4-1-3)、北洋(图4-1-4)、华新(图4-1-5)、裕大(图4-1-6),其中除裕大为中日合资外,其余均为华商。各纱厂的详细情况如表4-1-1所示。

图4-1-1 裕元纱厂

图4-1-2 恒源纱厂

图4-1-3 宝成纱厂

图4-1-4 北洋纱厂

图4-1-5 华新纱厂

图4-1-6 裕大纱厂

天津六大纱厂详细情况一览表　　　　表4-1-1

厂名	地点	开办时间	创办人	机器	商标	年产量
裕元	小刘庄	民国7年（1918年）	王郅隆	纺纱机7.5万碇，织布机1000台，透平发电机4台，马达185座，锅炉4座	松鹤飞虎	纱约3.7万包，布约7万包
恒源	西窑洼	民国9年（1920年）	王鹿泉、冯伯崇	纺纱机3.1万碇，织布机200台，透平发电机2台，马达百20座，立式水管锅炉5台，加煤机5架	纱：蓝虎八仙布：车	纱约3万包，布约10万包
宝成	乡庄子河岸	民国11年（1922）	刘伯森	纺纱机共2.7万碇，透平机2台，锅炉3个，电台1座，水磅2个	三鹿、三喜、红福、万福	纱1.08万包
裕大	郑庄子	民国9年（1920年）	王克敏	纺纱机3.5万碇，发电机3座，马达60个，锅炉4个	八马	纱约1.5万包
华新	小于庄	民国7年（1918年）	周叔弢	纺纱机2.7万碇，透平机3架，锅炉2架，水磅2个，电台1座	三星，顺手，十金	纱2万包
北洋	挂甲寺	民国10年（1921年）	章瑞庭	纺纱机共2.8万碇，摇动部共有机器160部，长方形新式锅炉1台，交流电机2台	三光、三吉、三鼎	纱2万包

4.1.1.2 地毯业

地毯是天津市的工业名产之一，行销西欧各国，极受欢迎。咸丰十年（1860年），一位喇嘛僧从西方将织地毯工艺带到北京，传授于一些寒苦子弟，于是北京有了织地毯工艺。由于邻近北京，天津受到影响，最早的一家毯铺始建于19世纪末期，坐落在天后宫附近，名为"义盛公毯铺"。19世纪末，西方各国开始欣赏中国的地毯及其技艺，中国地毯在美国路易斯万国博览会上获一等奖，后来又在巴拿马国际赛会上获得金质奖章。此后地毯输出外国的数量日见增加，天津市地毯业乘机而兴。据民国18年（1929年）天津南开大学方廷显先生所著《天津地毯工业》可知，天津市地毯业从此时起快速发展。

但民国18年（1929年）之后，地毯业逐渐衰落，据天津市社会局民国23年（1934年）上半年调查，当时地毯厂家只余102家。其中华光、庆生恒、福兴茂、大丰、华泰等厂规模较大，设备较为完善，现将各厂概况列表如下（表4-1-2）。

天津各大地毯厂详细情况一览表　　　　表4-1-2

厂名	地点	开办时间	性质	资本	经理人	设备	每月产量
华光地毯厂	南开大街	民国15年（1926年）	合伙	1.8万元	李仁	织球机38架	甲种地毯1.63万平方尺
大丰地毯厂	下瓦房	民国16年（1927年）	独资	2000元	宋寿丞	织球机40架	甲、乙、丙、丁种地毯共1.83万平方尺

续表

厂名	地点	开办时间	性质	资本	经理人	设备	每月产量
庆生恒地毯厂	下瓦房	民国2年（1913年）	独资	1万元	张庆林	织球机36架	甲、乙、丙、丁种地毯1.425万平方尺
福兴茂地毯厂	下瓦房	民国22年7月（1933年）	独资	5000元	李安俭	织球机37架	甲、乙、丙、丁种地毯共8700平方尺
华泰地毯厂	挂甲寺	民国11年（1922年）	独资	1万元	—	织球机35架	甲、乙种地毯8000平方尺

4.1.1.3 提花业

在清朝时，天津的丝织品完全由东南和江浙各省供给。民国后，由于服装的改革和战争的影响，导致南方丝织品价格昂贵，于是以丝、毛和人造丝交织成品，出品有双丝葛、华丝葛、明华葛及毛衣葛仿等类。不仅色泽漂亮，而且成本较低，物美价廉，于是天津的人造丝织品如雨后春笋般发展起来。据天津市当局民国13年（1924年）调查，天津的提花厂大大小小加起来约有530余家。后因外货倾销，原料价格上涨，无利可图；又值战乱，经济更为不景气。据天津市社会局民国23年（1934年）调查，当时仅存约数百家，其中最著名的是大德隆、利源、利顺兴、聚成义、永盛公、庆华、兴记提花厂7家，各厂情况列表如下（表4-1-3）。

天津各大提花厂详细情况一览表　　表4-1-3

厂名	地点	开办时间	性质	资本	经理人	设备	每月产量
大德隆提花工厂	华家场	民国13年5月（1924年）	合伙	2.5万元	陈冠卿	马达两台，11匹马力；机81架	提花布1500匹
永盛公工厂	张家大门	民国元年4月（1912年）	独资	2万元	刘佩周	马达1台，5匹马力；机40架	提花布923匹
庆华提花工厂	信家后中街	民国元年（1912年）	独资	1万元	巴仑泉	马达2台，14匹马力；机53架	提花布1543匹
利源提花工厂	华家场七号	民国元年（1912年）	独资	1万元	—	机60架	提花布1750匹
利顺兴提花工厂	九成里四号	民国20年5月（1931年）	独资	5000元	玉振声	机23架	提花布825匹
兴记提花工厂	西营门街德山里	—	独资	5000元	—	机20架	提花布652匹
聚成义工厂	张工祠	民国4年（1915年）	独资	5000元	李凤鸣	马达2台，16.5匹马力；机70架	提花布1628匹

4.1.1.4 毛纺业

天津是华北地区重要的毛皮类出口交易市场，年交易额约1000余万元，居天津市对外贸易第二位。可以推测，当时天津的毛纺产品应当非常丰富，但是由于中国人缺乏毛纺技术，尽管有丰富的原料却无法将其制成产品。天津市最早的毛纺业是光绪三十四年（1908年）吴懋鼎创办的天津机器织绒局，生产分为两部分：制皮革和纺毛线，后来由于技术匮乏和资本不足而停产。民国之后，仁立、海京两毛纺厂所出产品精致美丽。此后，又有东亚毛纺厂、五三毛纺厂、章华毛纺公司逐渐成立，为各毛纺厂中的佼佼者。其中组织完备、规模宏大、管理科学者，首推东亚毛纺厂（图4-1-7），其次为仁立毛纺厂（图4-1-8）和海京毛纺厂。

东亚毛纺厂创办于民国21年（1932年），位于意租界，厂区占地20余亩，有公司公事房、工厂机器房、仓库房等50余间，另外又有锅炉房、水楼、浴室、饭厅、职工宿舍、厨房、运动场等。工艺车间有拣毛、洗烘、梳纺、精梳纺、合股、摇线、染色、打包、成品室等部分。民国25年（1936年）厂区迁至第十区云南路（旧英租界二号路），包括三个工厂厂：毛厂、麻厂、化学厂，出品毛线、麻袋、驼绒、西药、化学品等。仁立毛纺厂位于英租界，海京毛纺厂在法租界，两厂均规模宏大，设备完善。章华毛纺厂在北宁公园对面，交通便利，但设备与其他几厂相比稍逊。现将各毛纺厂概况列于表4-1-4[①]。

图4-1-7　东亚毛纺厂

图4-1-8　仁立毛纺厂

天津各大毛纺厂详细情况一览表　　　　表4-1-4

厂名	地点	开办时间	性质	资本	设备	生产量
东亚毛纺工厂	意租界	民国21年4月（1932年）	华商	5万元	大锅炉1座，小锅炉1座，机30架	年产毛线100万磅及其他毛织制品
仁立毛纺工厂	英租界	民国21年1月（1932年）	华商	3万元	织机26台，锅炉2座	年产帽子9000顶，西服料9万磅，毛线40万磅，围巾1万条

---

① 李洛之，聂汤谷. 天津的经济地位[Z]. 天津：经济部冀热察绥区特派员办公处结束办事处驻津办事分处，1948.

续表

厂名	地点	开办时间	性质	资本	设备	生产量
海京毛纺工厂	法租界	—	华商	200万元	—	—
章华毛纺工厂	宫北二道街	民国22年9月（1933年）	华商	2000元	电机11台，横机9架	月产针织品1000打
祥和纺毛	—	—	华商	80万元	织机14台，锅炉1座	年产毛线75万磅及其他毛呢
美古绅洋行	—	—	美商	100万元	织机30台	毛线、线毯
倪古纺毛	—	—	美商	20万元	织机17台	日产绒毯1.7万平方尺
井泽洋行	—	—	日商	—	织机155台	年产绒毯100万平方尺

各毛纺厂所用原料多为国产羊毛，华北各省富产羊毛；西北羊毛，质粗而短，但产量甚微，不敷使用；而东北数省之羊毛，纤维细长，质料佳美，可用于纺细毛线。可惜自"九·一八"事变后，均被日本控制，所以各厂纺细毛线只能采用澳洲羊毛。

天津市各毛纺厂，东亚毛纺厂专纺"抵羊牌"毛线，出品以100号、200号、300号、1000号等四六股毛线为主体，并辅以1224号、2232号双股毛线，及831号、200号、1400号毛线，因品质精良及广告宣传得力，所以市面上普遍出售的多为东亚产品。海京毛纺厂产品种类甚多，但以纺织呢绒布为主，所以毛线多自己使用，很少出售。仁立产品种类与海京类似，产"飞马牌"毛线，销路颇佳。

4.1.1.5 针织业

19世纪末针织业传入中国，在第一次世界大战期间，天津针织业乘机兴起，几乎能与提花工业相提并论。民国初年王济中在天津创设织袜工厂，后来义兴、华铭、郭有恒、崇华、义盛兴等厂相继成立。虽然物美价廉，但由于规模小，不能满足天津的市场需要。至民国10年（1921年）以后，卞月庭深感中国针织业的发展受国外进口的冲击较大，毅然组织华北针织工厂从外国采办机器，扩大生产，借以抵制外货之输入；后因经营不力，亏累歇业。民国10年（1921年）天津袜取代上海袜在天津的地位并逐步发展，民国13年（1924年）产品畅销东三省，民国20年（1931年）据天津市社会局调查，天津大小针织厂有93家，产品多为线袜、毛袜、围巾、手套、毛衣等；原料主要是毛线，其次为棉线，麻线则很少用。"九·一八"事变后，仅剩七八家，较为突出的是义生、生生、华铭、金记等厂。各厂情况列于表4-1-5。

天津各大针织厂详细情况一览表　　　　　表4-1-5

厂名	地点	开办时间	性质	资本	经理人	设备	每月产量
义生工厂	金家窑唐家胡同	民国3年（1914年）	合伙	1.5万元	刘香九	马达1台，8.5马力；机20架	针织品2500打
生生针织工厂	西车站荣茂里	民国12年（1923年）	合伙	33.259万元	李茂章	马达3台，20匹马力；机60架	针织品3000打
金记针织厂	新大路156号	民国15年（1926年）	合伙	1万元	—	马达1台，机32架	针织品1500打
华铭针织厂	宫北二道街	民国11年1月（1922年）	独资	7000元	华松涛	电机11台，横机9架	针织品1000打

4.1.1.6　漂染业

中国传统的漂染业全部用手工制作，所有工具及染色方法都非常简便。自从化学工业之方法及精制颜料输入中国，漂染业开始发生巨大变革。天津的漂染业，依据工作种类的不同，可以分为七类：染纸、染毛线、染棉麻线、染明华葛、染布、染绸布及衣物和染线自售。新式漂染工业中最早成立的是博明厂，成立于民国2年（1913年），其次为义同泰、瑞生祥。民国10年（1921年）后，漂染业大力发展，约有近200家，散布于华租各界。旧式工厂大多门面朴素，设备简陋；而新式工厂大都装饰门面，标明漂染法，各厂的设备虽然不全部一致，但大多有马达发动引擎机和各种漂染机器，如喷浆机、干燥机、拉宽机、轧压光机、蒸汽给湿机、蒸汽炼箱、自动起水机等。

天津的漂染业有设厂自织的，也有设肆自染的，更可以代为漂染，或者自织自染。所以一般纺织工厂都号称织染公司。其中设备较完整，规模较为宏大的主要有福元、华伦、义同泰三家，其次有博明（分为二部，一部漂染，二部生产卫生材料）、瑞生祥、同顺和等，其余的规模较小，现将这六厂的情况列表如下（表4-1-6）。

天津漂染业概况一览表　　　　　表4-1-6

厂名	地点	开办时间	资本	经理人	机器	每月产量
博明卫生材料厂	粮店前街小口河沿	民国2年7月（1913年）	2000元	邢焕文	马达8台，马力8匹	棉花2.5万磅漂染布类约600匹
义同泰漂染厂	河北关下张家胡同	民国7年1月（1918年）	1.4万元	赵廷玉	马达5台，马力23.5匹	漂染布类约1500匹
瑞生祥漂染厂	河北小刘庄	民国11年10月（1922年）	5000元	牛墨卿	马达5台，马力23匹	漂染布类约1300匹

续表

厂名	地点	开办时间	资本	经理人	机器	每月产量
同顺和记工厂	—	民国18年6月（1929年）	4000元	张序庭	马达3台，马力12.5匹	漂染布类约1000匹
华伦机器染织工厂	粮店前街	民国18年7月（1929年）	3万元	曹典环	马达1台，马力23匹	漂染布类约1600匹
福元公记染织工厂	意租界六马路西口	民国20年5月（1931年）	10万元	张奎生	马达5台，马力20匹，大小机器32架	漂染布类约1700匹

由于新旧方法不同，导致颜料也有差异。新式机器染厂染棉织品布类用红、蓝、元青、阴士林、士林红等，染丝麻呢哔叽类布则用大红、元青、品蓝、大绿、正灰等。但是这些颜料均是舶来品，德货较多，品质也优良。其次为英美日瑞士等货，而国货染料无人问津。旧式染厂所用原料主要是靛青，以前多用河北省安新县产的靛青，现在多用德国的蓝静水。总之，不论新旧漂染工业，所用原料大多是进口，国货所占比例很少。新式染厂的产品主要是贵重织品，如丝质绸缎纱罗，毛质呢绒哔叽等，旧式染厂则主要生产普通织品，如棉质布匹。

4.1.1.7 服饰业

1）皮货工业

皮货主要是指制造毛皮的衣料，而不是皮革业。这种工业一直为简单的手工业，无大的发展，所以没有大规模的工厂。产品多为滩羊皮、狐皮、狸皮、貂皮、狗皮、猫皮、灰鼠、水獭等，资本稍雄厚的工厂为福和盛、大源、茂盛合、东聚合等。

2）制帽工业

民国前，天津以瓜皮缎帽驰名，旧式工厂多散布在侯家后、估衣街、宫北一带。民国建立后，旧式的帽子渐被淘汰，外来的新式帽子趁势兴起。天津最早生产新式帽子的是盛锡福、同陞和两个帽庄，民国10年后（1921年），新式帽业逐渐兴起，有了同磬和、同泰和、福东来等厂。新式工厂多在租界或特别区内，天津帽业概况列表如表4-1-7。

天津帽业概况一览表　　　　　　　　　　　　表4-1-7

厂名	地点	开办时间	性质	资本	经理人	机器	每月产量
盛锡福帽庄	法租界二十一号路	民国元年（1912年）	独资	10万元	刘锡三	锅炉2座，电力马达7台，大小制帽机120架	每年出品值50万元

续表

厂名	地点	开办时间	性质	资本	经理人	机器	每月产量
同陛和帽庄	法租界梨栈大街	民国元年1月（1912年）	合资	1万元	徐瑞庭	电力机2台，马力各3匹，各种制帽机54架	每年出产5.465万打，总值21.5865万元
同春和帽庄	东马路六吉里	民国14年1月（1925年）	合资	6000元	王达生	制帽机30架	每年出产4.12万打，总值20万元
同馨和帽庄	法租界梨栈大街	民国17年（1928年）	合资	1万元	—	马达1台，马力3匹，机20架	每年出品值19.85万元
福东制帽厂	特三区大马路	民国18年（1929年）	合资	1万元	冯秀山	马达1台，马力3匹，大小制帽机36架	每年6000打
振兴制帽工厂	太平庄兴树里	民国21年4月（1932年）	独资	5000元	牛银堂	马达1台，马力3匹，大小制帽机13架	每年6000打
冀南毡帽厂	南市庆善大街	民国22年8月（1933年）	合资	3000元	—	马达1台，马力3匹，大小制帽机10架	每年6000打

制帽的原料非常复杂，如果是夏季帽，则多为草辫；冬季则多是皮、纱等。这些原料除各种药水和块胶是日德等国的产品，其余的多用国产，草辫来自山东掖县和河北省；皮张如水獭皮、狐皮、羊毛等则来自西北等地；纱缎绒等来自南京、上海；同陛和、盛锡福二厂所制的西式白筒帽所用的软木来自香港。

天津各帽厂所制的帽子种类繁多，分为男式、女式、西式、中式。中式又分为南式、北式、蒙古式。外式又分为东洋式、法式、美式、英式、德式、葡萄牙式、土耳其式等。依据材料分又可分为缎、皮、呢、草等四种。

3）纽扣业

纽扣是服装用品，多用布结或金属制成。自天津开埠后，服装逐渐变化，所以纽扣就成为点缀之物。外国人以贝壳和各种骨角做成纽扣，成为天津的时尚之物。天津最早的纽扣业是北臣实业厂，成立于民国9年（1920年），民国15年后（1926年）又有裕丰永制扣厂、东兴实业制扣厂、功茂成、荣记等四家成立。

北臣实业制扣工厂，创办人杨景西，民国8年（1919年）筹集资本，设厂于天津市河北金家窑大街，有大小机器38架，马达3台，生产纽扣约23种，每月产量2200罗。裕丰永制扣厂于民国15年（1926年）创建，设厂于侯家后东旧胡同，有机器8架，马达1台，每月产量900罗。

天津纽扣厂所用的原料以蚌壳、果木、杜木、牛角为主，其次为铁片、铅铜丝以及各色油漆。蚌壳来自安徽、湖北、河南等省；果木来自南洋；杜木来自河北；牛角骨来源于河北、山东、河南、江苏等省；铅铜丝、铁片多用日德货；油漆多用天津市油漆工厂产品。各厂产品种类繁多，仅东亚实业工厂一家就出产有520余种纽扣。大体上可以分为蚌壳、骨角、果木、金属四类。

4.1.2 机器及金属制品

一个国家的文明程度以及其在国际上地位的高低可以通过机器和金属制品来判断，它们不仅是国民经济生产的主要内容，而且与国家物质建设息息相关，涉及防卫武器和一切日常用品。

4.1.2.1 机器制造业

自工业革命之后，机器的功能日益增加，大至海陆空防卫运输，小至寻常日用品，都由机器制造。我国机器工业的起步从购买外国的机器加以仿制，再到进一步研究制造机器。天津机器局是天津机器工业之始，设铸铁、金工、锯木、木工四厂，用于制造各种军工机器。光绪十年（1884年）罗三佑在小白楼附近开设的民办机器厂"德泰机器厂"是天津第一家民办机器厂。光绪二十三年（1897年），"金聚成铸铁厂"在三条石开设，生产铸造整套轧花机及各种机器零件。光绪二十二年（1896年），郭庆年等人在三条石开设郭天成机器厂，生产轧花机、织布机等。1906年创办的北洋劝业铁工厂，属于官督商办企业，利用天津机器局的剩余机器，将大沽船坞旧有机器厂房改为铁工厂的分厂，设有机器科、木样科、翻砂科、熟铁科、电镀科、铆焊科。此外，天津作为重要的通商口岸和九国租界，有很多外商在天津建立机器工厂，如英美机器厂（英商）、华利铁工厂（法商）、西门子电器厂（德商）、大昌实业公司（美商）等，生产锅炉、水泵及纺织、矿山机器等。

民国建立后，机器业愈加发达，特别是民国10年最为兴盛，河北区三条石大街是该业的集中区域，被誉为"华北民间机器行业的发祥地和摇篮"，产品规模宏大，种类繁多，但出品精良者不多。1937年天津被日军占领，在天津建了一批机电工厂，规模较大的有华北机械工业株式会社、华北自动车株式会社、北支电机工厂等，这些企业大部分是为日军生产军火。

天津的机器业可以分为公营和私营两类。公营类如津浦铁路机器厂、河北省农具制造所、河北省立工业学院之机器厂、国立北洋工学院之机器厂、南开大学之机器厂等；私营类如裕元、恒元、华新三纱厂的修机厂、中国油漆公司的机器厂以及一般普通营业的机器厂如德利兴、郭天成等。公营的机器厂主要是试验（验证）性质，各大工厂附属的机器厂主要为本厂机器修理或者补充零件。其中规模和设备较完整的有德利兴、郭天成、郭天祥、永大、恒大、德源益、全盛德、永信等。天津机器制造业概况如表4-1-8所示。

天津机器制造业概况一览表　　　　　表4-1-8

厂名	地点	开办时间	性质	资本	经理人	设备	每月产量
郭天成机器厂	三条石大街	光绪二十二年（1896年）	独资	2000元	郭静轩	马达2台，10马力	织布机12架，切面机4架
恒大机器厂	北营门内	民国4年6月（1915年）	独资	1万元	荣少山	马达1台，5马力，制机8架	同上
永信机器厂	西车站大马路	民国8年6月（1919年）	独资	1600元	王雅齐	马达1台，3马力	同上
全盛德机器厂	三条石大街	民国9年5月（1920年）	独资	2000元	贾恩波	马达2台，6马力	同上
永大机器厂	大胡同口	民国9年10月（1920年）	有限公司	2万元	王秉忱	马达2台，12马力	电染机2架，铅印机3架，打麦筛1部
德利兴机器厂	三条石大街	民国13年4月（1924年）	独资	1万元	李元才	马达2台，6马力制机30架	铅印机2架，刨床5架，钻床3架，石印机2架
德源益机器厂	河北大街	民国12年（1923年）	合伙	2000元	张栗田	马达1台，3马力	轧床钻床3架
郭天祥机器厂	三条石大街	民国14年（1925年）	独资	5000元	郭东波	马达2台，5马力制机8架	轧机10架，弹花机5架

天津各机器厂所用的原料，除一部分生铁、铅、锡是国产外，其他的多采用外国产品。生铁来自湖北汉冶萍厂、山西宝晋厂、辽宁安东本溪；铁板、铁条、钢条、铜板、铜块等都是舶来品。

产品大体上可以分为织造机类、漂染机类、生产机类和农具类。再详细分有织布、拉宽、针织、提花、毛巾、切面、弹花、轧光、石印、造纸、肥皂、榨油等机器，以及锅炉、水泵等。机器制造业中最主要的工作是设计与制图，但是天津的数十家厂中，只有德利兴一家略有设计，其余的完全没有这项工作。德利兴以印刷机著称，义聚成以造纸机见长，久兴则专门制造织染漂用的机器，志达主要制造针织机器。

4.1.2.2 军工业

清朝末年，为了抵御列强的入侵，提出了"师夷长技以制夷"的主张，洋务派将"购置船炮、自制枪炮"作为自强的出路，一批军事工业应运而生。天津机器局是继江南制造总局、金陵机器局、福州船政局之后的又一个大规模官办军事工业。

同治五年（1866年），神机营编练使用洋枪洋炮的"威远队"迫切需要各种新式军火。在这种情况下，恭亲王奕䜣、三口通商大臣崇厚等人分别向清廷建议在天津设机器局，购买外国机器，制造军火。奏折中指出："练兵之要，制器为先……洋炸炮、炸弹与各项军火机器，为行军要需"，虽然此类机器局在江苏已有，且有显著成效，但是江苏一省制造的军火并不能满足需要；直隶练兵，应该就近设局制造军火机器，而且天津临近入海口，"购料制造，不为费手"。这样，既可以有效地拱卫京师，又可以向别的省份调拨机器，作为南方各机器局的补充。出于增强直隶地区的军事实力和限制地方势力的发展双重考虑，朝廷批准了在天津设机器局的建议①。

同治五年（1866年）崇厚开始着手天津机器局的组建工作，委托英国人密妥士（J. A. T. Meadows）赴英购买机器、雇觅洋匠。与此同时，崇厚奏请曾办理海防事务多年的德椿主持天津机器局筹办事宜。通过丁日昌从上海祺记、旗昌洋行买到车床、刨床、直锯及双卷锅炉板机器等八种设备，于次年运至天津；同时，从香港购买修造枪炮与仿制炸弹、开花炮等机器，开始制造炸炮、炮车和炮架等。同治六年（1867年）四月，正式设立机器局，定名为"军火机器总局"。在天津南门外海光寺建造了一座枪炮厂（图4-1-9），由英国人司图诺（James Stewart）监督建造，建有铸铁、锯木、金工、木工等厂。

在天津城东十八里的贾家沽设立火药局，即后人所称的"东局"（图4-1-10）。东局占地约为22顷30余亩（约为150公顷），规模宏大，建有机器房42座，290余间，大烟筒10座，洋匠住房160余间，官厅5间，局门更房8间，局北公所130余间，有工匠600~700人。据密妥

图4-1-9　天津机器局西局

图4-1-10　天津机器局东局

士私下向英国驻天津领事报告："机器最初只打算装置制造火药和铜帽的设备，清政府期望天津局所制造的火药能供应全国的需要；等到机器局上了轨道后，再加扩充制造枪炮。"同治七年（1868年），从英国采购的以制造火药、铜帽为主的机器陆续到达，淋硝、淋磺、呀药、筛光药等机器配置齐全。至同治九年（1870年）七月，厂房先后落成，机器也安装就绪。天津机器局的创建工作基本完成②。

同治九年（1870年）十一月，李鸿章就任直隶总督，将"军火机器总局"更名为"天津机器局"，为了避免密妥士等人独断专权，奏调湖北补用道沈保靖总理天津机器局事务③。并以密妥士不

---

① 奕䜣等奏直隶练兵需用军器请在天津设局制造折，筹办夷务始末：同治朝[M]. 台北：文海出版社，1971：17.
② 见《天津机器局记》，载：天津市地方志编修委员会，南开大学地方文献研究室. 天津通志：旧志点校卷（上）[M]. 天津：南开大学出版社，1999：991-992.
③ 见《筹议天津机器局片》，载：李鸿章. 李鸿章全集（1-12册）[M]. 长春：时代文艺出版社，1998：752-752.

精于机器且患病为由，撤销他在津局的职务①。至同治十二年（1873年），天津机器局建成铸铁、熟铁、锯木、第二碾药厂等制造厂，洋式药库3座，将西局的铸铁厂也移至东局，这期间修建的厂房约计200余间，并购置西洋药碾3架、机器10余台②。

光绪十七年（1891年），为了制造新式长炮弹在东局建设一座炼钢厂，由总工程师司图诺（James Stewart）筹划，从英国新南开机器公司（New Southgate Engineering Co.）购进了成套的西门子马丁炼钢设备以及铸钢炉、轧钢机、起重机等大型机械用具等。1892年开工兴建，并修筑了天津通往东局的铁路，方便沉重的铁厂设备运输；第二年正式投产，并铸造六英寸口径的小钢炮③。光绪二十一年（1895年），天津机器局改名为"北洋机器局"；1900年，八国联军攻陷天津，天津机器局东、西两局均被破坏。

4.1.2.3 造船业

天津市塘沽区位于海河入海处，由于地势优势便于修建船厂，清末洋务运动时便修建了北洋水师大沽船坞，这是中国北方的第一座船坞。1916年法国人在塘沽北岸开办永和公司，从事大型帆船制造，后几经转手，成为现在的新河船厂。1937年天津被日军占领，原有的港口不能满足大批量转运战略物资的需要，便选择在塘沽建设新港，为了满足机械制造和船舶修理的需要，修建了新港船厂。

光绪元年（1875年）清政府令直隶总督兼北洋大臣李鸿章督办北洋海防，在筹建北洋水师的过程中，先后从国外购买了多艘军舰，所购舰船需随时修理，方能保障使用。由于北方没有船坞，一有损坏，需要到上海和福州的船坞去修理，然而路途遥远，往返耗时，且有延误军机的可能。于是，李鸿章以"天津为海防重地，时有兵轮驻守，议建船坞，以为岁修之地"为由，向朝廷提出在天津设置船坞，方便北洋水师的舰艇修理。1880年北洋水师大沽船坞在大沽创办，与福建马尾船政、上海江南船坞一起形成南、北、中三足鼎立之势，共同支持海防。

光绪六年（1880年），李鸿章派前任天津海关道郑藻如、候补道许钤身和天津海关税务司英国人德璀琳在海神庙附近购得民地110亩（7.34万米^2），作为船坞厂址。正月，大沽船坞正式动工兴建，最初搭席棚3座，设备仅有活动机床8台，马达、锅炉、汽锤各1台，非常简陋；五月，甲坞破土动工，相继建造了轮机厂房、动力房、抽水房、大木厂、码头、起重架、绘图楼和办公房；并从外国购买了20台机床及动力机、抽水机、卧式锅炉各1台；至十月，船坞建设工程基本结束，正式投入使用。

光绪十年（1884年），开始建筑乙、丙两坞，十月竣工。次年三月，开始建筑丁、已两

---

① 见《奏报机器局经费折》，载：李鸿章. 李鸿章全集（1-12册）[M]. 长春：时代文艺出版社，1998：909-911.
② 《李鸿章奏销天津机器局同治十一十二两年动用经费折》，载：《中国近代兵器工业档案史料》编委会. 中国近代兵器工业档案史料（第一册）[M]. 北京：兵器工业出版社，1993：708.
③ 陈真，姚洛. 中国近代工业史资料（第一辑）[M]. 北京：生活·读书·新知三联书店，1961：365.

坞；光绪十二年（1886年）继续建造办公房、报销房、西坞抽水房和西坞军械库；光绪十三年（1887年），西坞设立水雷营，兼造水雷；光绪十七年（1891年），仿制德国后膛炮成功，次年，直隶总督李鸿章奏请在大沽船坞建设炮厂，经批准后开工；光绪十九年（1893年），中日局势紧张，停止建造，将机器运到天津机器局东局安装。

光绪二十六年（1900年），八国联军入侵，大沽船坞中的设备被俄兵拆卸走不少，各个船坞也多坍塌毁坏；光绪二十八年（1902年）八月，李鸿章以重金赎回大沽船坞、海口炮台和"快马"等舰船，并将各坞、各厂损坏情形登记，准备兴工修理；次年，因经费不足，将铜厂、铁厂合并，铸铁厂和模样厂两厂归并；光绪三十年（1904年），将大沽船坞更名为北洋劝业铁工厂大沽分厂。历经战乱后，甲、乙、丙坞淤塞，飞鹰、飞艇两驱逐舰的机件被拆毁，均不能使用，因此奏请朝廷拨款维修，至宣统元年（1909年）七月，甲坞和飞艇的维修工程结束。

民国2年（1913年），大沽船坞划归北洋政府的海军部管辖，更名为"大沽造船所"，委任海军部总视察吴毓麟为所长；民国5年（1916年），尝试仿造德国马克沁机关枪，经过多次研究，终于在次年实验成功。于是，海军部令大沽船坞大量制造枪炮。11月继续建造第二座动力房、轮机厂和办公房，并添建锅炉、汽机等设备；民国7年（1918年）3月，继续建造铸厂烤模房、一号炮厂安装铣床，建筑铜厂、熟铁厂；7月，继续建造轮机厂、管厂室、安装各处汽管、电机等；9月，二号炮厂旁建西南厂房，并添置机床和动力机，建筑检查室、刷色房、蘸火房；民国9年（1920年），所长吴毓麟设立大沽海军管轮学校，共3个班，每班60人。海军部以考生条件尚不具备，改名为大沽技术学校；次年，学校观音阁失火，随即停课。

民国16年（1927年）建设南门，添建考工室、沐浴室和汽车房；次年，阎锡山派刘宗法接管，改名为"平津修械厂大沽分厂"，不久后，南京政府海军部又派员接管；民国20年（1931年），修理厂房、码头及办公房、西坞、水手房等①。

1937年日军占领海军大沽造船所，交塘沽运输株式会社管理。1941年归天津浮船株式会社管辖，改名为浮船株式会社西工厂。1949年，天津市军事管制委员会交通处接管。1953年，将大沽造船所、小码头船厂、海河工程处天津小孙庄船厂和新河分厂四厂合并为新河船舶修造厂②。

4.1.2.4 铸造业

光绪十三年（1887年），李鸿章在天津机器局设立"直隶宝津局"，利用从英国格林活铁厂购买的造币机，制造了一批"光绪通宝"，但是由于西方钱币与中国的铜钱形制不同，

---

① 天津社会科学院历史研究所. 天津历史资料（第9期）[M]. 天津社会科学院历史研究所，1980：5-7.
② 《中国舰艇工业历史资料丛书》编辑部. 中国舰艇工业史料集[M]. 上海：上海人民出版社，1994：860-861.

需对机器进行改造才能造出钱孔，机器容易损坏，维修费用太高，因此1888年停止铸造。"机器造法本与中国模铸不同，其自熔铜、卷片、以至成胚、凿孔、印字、光胚，挨次相连，又非多建厂座不敷。"1896年"直隶宝津局"改名为北洋铸币厂开始试铸银圆，1898年铸造的"壹圆"银元是机械化铸造银元的开端，后来北洋铸币厂在1900年受到战争的重创，不得不停止生产。

庚子战争后，社会动乱，私自制钱更是导致物价上涨，通货膨胀。因此袁世凯上奏户部用机器生产新式钱币来解决当时的货币问题。光绪二十八年（1902年），周学熙奉袁世凯令，利用宝津局的残存机器和零件，筹办北洋银元局，工厂位于河北西窑洼（今大悲院），后相继改称"北洋银元总局"、"直隶户部造币北分厂"、"度支部造币津厂"[①]。至光绪三十年（1904年），建设厂房140间、办公用房及库房等82间、熔银铜烘片烘饼模等炉84座、水柜2具、烟筒4座、引擎6副、锅炉5座、辗片机23架、舂饼机11架、光边机5架、印花机39架、电灯机2架。北洋银元局是袁世凯创建北洋实业的第一家企业，成为北方币制改革的先行者，为发展实业奠定了资金基础。

1903年，清政府在天津设立"铸造银钱总厂"，以"近水近煤为第一要义"，原想设在京城，但"京中地势虽不无可用之处，而水源多不敷用，且距开平煤矿较远，运费亦必增加"，设在天津则"经费较可节省"[②]。后选址于大经路（今中山路），此处极为高敞，而且与天津北站和北运河相距不远，取水运煤极为方便。9月开始动工，兴建办公、住房及厂房，机器通过天津瑞记订购美国常生厂的全套新式铸造银铜元通用机器。不久更名为"户部造币总厂"（图4-1-11），而此时北洋银元局成为造币总厂的分厂，1906年更名为"直隶户部造币北分厂"，1907年又更名为"度支部造币津厂"（图4-1-12）[③]。

图4-1-11　户部造币总厂头门

图4-1-12　度支部造币津厂

1914年天津造币厂新厂建成，位于西窑洼的北洋银元局改称西厂，而大经路的

---

① 中国人民银行总行参事室金融史料组. 中国近代货币史资料（第一辑）（下）[M]. 北京：中华书局，1964：904.
② "因各在案查银钱总厂之设，先须勘定合式地基为根据，而机器之用尤以近水近煤为第一要义。京中地势并不无可用之处，而水源多不敷用，且距开平煤矿较远，运费亦必增加，似不如建天津经费可节省。"见《奏为尊旨设立铸造银钱总厂现在天津勘定地势并筹商建情形恭折》，载：中国人民银行总行参事室金融史料组. 中国近代货币史资料（第一辑）（下）[M]. 北京：中华书局，1964：814.
③ 吴鼎昌. 造币总厂报告书[M]. 天津：华新印刷局，1914.

新厂则称为东厂；西厂专铸铜币，东厂专铸银币。1916年后，西厂改为炼铜厂，主要负责熔化制钱。

4.1.3 建筑材料业

建筑材料业主要生产砖瓦瓷以及新式建筑所用的水泥、石棉等。随着工程技术的发展，建筑材料也在不断变化，不仅传统的砖瓦珐琅瓷受到外货的冲击，新式的建筑材料如水泥、石棉等更是如此，因此建立新式工厂迫在眉睫。

4.1.3.1 水泥业

直隶地区唐山的启新洋灰公司建设最早，其次还有振亚、模宏和裕大三厂，但规模都不及启新。

我国的水泥工业始于光绪十五年（1889年），唐山开平煤矿在附近设水泥工厂，称唐山细棉土厂，聘请英国技师用旧式直窑烧制水泥[①]。在此开办水泥厂优势有三点：一是毗邻开滦煤矿，煤炭价格低廉；二是临近铁路，产品运输方便；三是石灰石与黏土的采掘地在工厂附近，原料开采方便[②]。光绪三十二年（1906年），周学熙收购该厂，成立启新洋灰公司[③]。总公司设在天津旧法租界海大道，工厂设在唐山，厂址接近北宁铁路线，水陆交通均极便利，且距煤矿亦近；在塘沽建有码头、仓库岔道设备，在天津河东及上海南市均有仓库，除制造普通洋灰外，还制造速坚洋灰（Quick Hardening）及抗海水洋灰（Anti corrosive）；占地3000余亩，有透平发电设备，发电量超过1万kW，机器设备分三种：动力方面，有大型锅炉3座，小型锅炉12座，透平发电机3座，蒸汽机发电机1座，大小马达190座；制造洋灰方面，有碎石机5座，拷土罐3座，拷煤罐6座，煤磨8座，石料磨14座，洋灰磨10座，旋窑8座，灌包机2座；修机厂方面，有电气铸钢炉2座，汽锤2座，并有镟床刨床等多台。该公司所用石灰石及黏土原料均是自行开采，用轻便铁道运送，至于燃煤则由开滦供给。将采集之石灰石用机器打成碎块，以斗车送至厂前，加入黏土25%，再倾于生料磨中，以电力发动磨成细粉。再用管道装于200尺长之旋窑，烧至1500℃～1600℃，变成液体后，经由减热锅炉，凝结为拳头大圆形碎块，堆置于外，再加石膏约3%～4%，倾入热料磨中，研成细末，即成洋灰[④]。

启新洋灰公司的洋灰，成色品质极为优良，在国内外各博览会中获得最优等奖牌。每月生产2.5万吨，销往北京、天津、上海、青岛、厦门、汕头以及北宁、津浦铁路沿线各大市镇，商标图最初为太极图，后改为马牌。

---

① 南开大学经济研究所. 启新洋灰公司史料[G]. 北京：生活·读书·新知三联书店，1963：22.
② 南开大学经济研究所. 启新洋灰公司史料[G]. 北京：生活·读书·新知三联书店，1963：132.
③ 南开大学经济研究所. 启新洋灰公司史料[G]. 北京：生活·读书·新知三联书店，1963：35-36.
④ 赵兴国. 启新洋灰公司概观[J]. 河北省银行经济半月刊，1946（1）：26-29.

4.1.3.2 石棉业

石棉是近代工业用品之一,是矿物的一种,由于其不传热且不燃,因此又叫作"不灰木"。天津大约在民国元年(1912年)时就创立了春华石棉厂,最初该厂只有很少的资金,用简单的方法制造,经过20年的不断扩充改造,已经非常完善,产品也很好,足可以与舶来品相媲美。民国23年(1934年)1月,中华厂成立,设备规模都较完善。此外还有瑞记一厂,由于资金不足,发展缓慢。现将天津市各石棉厂概况列表于下(表4-1-9)。

天津各石棉厂概况一览表　　　　　表4-1-9

厂名	地点	开办时间	性质	资本	经理人	机器	每年产量
春华石棉工厂	南市荣庆里	民国元年5月（1912年）	独资	1万元	李松林	马达1台,马力2匹,打绳机10架,弹棉机4架	石棉绳、石棉带共10万斤,值洋9000元
天津石棉有限公司	英租界黄家花园	民国4年（1915年）	独资	—	—	—	石棉带共7万斤
瑞记石棉工厂	东八经路	民国12年7月（1923年）	独资	1000元	徐瑞庭	马达1台,马力5匹,弹棉机2架,织机2架	石棉绳、纸、带、圈、粉共3.6万斤,值洋5500元
中华石棉公司	南面外富贵大街	民国23年1月（1934年）	独资	2000元	王达生	马达1台,马力5匹,织机9架	石棉圈、粉、绳、带等共1200斤,值洋1000元

天津各石棉厂所用原料主要来自易州、涞源、昌平、朝阳等处,分为三等,绒长而且质地纯白的为一等,绒短而且质地发黄的为二等,绒短赤黄并且含杂质多的为三等。天津的石棉厂大约生产40~50种石棉产品,主要有石棉绳、带、圈、粉、砖、纸、布、线等。

4.1.4 化学工业

一个国家的工业化水平与其化学工业是否发达息息相关,各类工业均需要化学工业。我国化学工业,创办最早的是火柴业,光绪年间中期,津沪各地均设厂自造,但规模狭小,产品较少;十年后,肥皂、蜡烛、精盐、碱、颜料、油漆及化妆品类工业逐渐发展起来,颇有成效,足以与舶来品抗衡。直隶地区规模较大的化学公司主要有四家:塘沽的永利制碱公司、汉沽的渤海化学工业公司、老天利公司和唐山的得利三酸公司。现将天津化学工业概况分述如下:

4.1.4.1 制碱业

天津市制碱业中颇具规模的是永利制碱公司和渤海化学工业公司,其中永利制碱公司在全国的制碱业中也颇有名气。

永利碱厂（图4-1-13）位于天津市塘沽区，是由我国著名的爱国实业家范旭东先生和世界著名科学家侯德榜先生、著名企业家李烛尘先生等人于1917年创办的，是中国化工业的摇篮和中国海洋化工业的发源地。

图4-1-13　永利碱厂

1917年范旭东先生开始筹备永利碱厂，决心采用当时较为先进的氨碱法制碱，而这种技术一直被苏尔维集团所封锁，极为保密，需要自己探求。1917年冬，范旭东等人在天津日租界家中进行制碱试验并获得成功，解决了核心技术难题。

1918年，范旭东派陈调甫赴美国聘请工程师进行设计、代购机器、招揽人才。陈调甫邀请到几位中国的留学生，特别是在美国哥伦比亚大学攻读博士学位的侯德榜，他们参照曾任美国马逊叙碱业公司厂长的工程师孟德（W. D.mount）提供的蓝

图4-1-14　永利碱厂蒸吸厂房

图，于1919年完成了永利碱厂的设计图，陈调甫携图回国。自主设计的机器设备在上海大效铁工厂制造，不能自制的设备则向国外采购。

万事皆备，永利碱厂于1919年破土动工，其中制碱的核心生产厂房——蒸吸厂房（老北楼）11层高47米，当时被称为"东亚第一高楼"（图4-1-14）。1920年永利碱厂在农商部注册为"永利制碱公司"。1921年侯德榜毕业回国并被范旭东先生聘为永利制碱公司工程师，和美国机械师G.T.李共同主持工厂建设。1923年，碱厂大部分机器设备安装就绪，次年永利碱厂正式开始生产，但是碱色红黑相间，无法销售。侯德榜和G.T.李对氨碱法制碱技术和设备进行不断改进和调整：先后将半圆型干燥锅换为圆筒型干燥锅，用加少许硫化钠的方法防止出色碱，改进了锅炉加煤机，改革了化盐设备，灰窑下灰改为自动化等，终于在1926年6月29日生产出雪白的纯碱，范旭东为其选定"红三角"牌商标[①]。该产品在1926年8月美国费城举办的万国博览会上获最高荣誉金质奖章（图4-1-15），在1930年荣获比利时工商博览会金奖（图4-1-16）。两个国际性大奖，充分肯定了永利碱厂的生产工艺。

永利碱厂从筹划建厂到生产出雪白的纯碱，历经九年，经历了多次的失败，终于打破了

---

① 天津碱厂志编修委员会. 天津碱厂志[M]. 天津：天津人民出版社，1992：9.

图4-1-15 北美万国博览会奖证　　图4-1-16 比国工商博览会奖证

苏尔维集团的垄断,第一次在垄断的背景下成功生产出纯碱,开创了我国第一条氨碱法生产线。永利碱厂氨碱法生产线在我国化学工业史和世界化学工业史上都具有重要的价值。

4.1.4.2　火柴工业

火柴工业是天津六大工业之一（其他为纺纱、面粉、地毯、精盐、制碱业）,天津的火柴工业若以资本总额及出产数量而论,应为全国首屈一指。天津火柴工业有丹华、北洋、荣昌、大生、三友等五家较大规模的工厂,大生为中日合资,三友为日商,华商者仅为其余三家。根据民国17年（1928年）调查,天津北洋、丹华等厂共有资本150万元,其中北洋最多,其次为丹华,唯有上海之荣昌公司可与之比拟。现将各厂情况详述如下：

（1）北洋工厂。创办于宣统三年（1911年）2月,位于天津市西头芥园,是天津火柴工业的创始者,资本约2万元,当时华北地区很少有火柴工业,政府极力提倡保护。民国8年（1919年）又设北洋第二厂于天津市马场道街,但规模比第一厂小,所置机器有马达2台及其他机器多架,年产硫化磷火柴约2000箱,商标为年、大印鱼缸、英罗、一板兰、大状元。

（2）丹华工厂。设于西沽村,宣统二年（1910年）成立,原名华昌火柴股份有限公司,民国5年（1916年）又在安东设立分厂,采办火柴木料。民国6年（1917年）多数股东联合提议,为避免同业竞争,与北平丹凤火柴公司合并,因此两厂各取一字改称为丹华火柴股份有限公司,全公司资本总额120余万元,天津分厂资本约25~26万元,厂内有锅炉一座,马达10台,轴木机、大板机等若干架。年产硫化磷火柴约3429箱,安全火柴约35箱。商标为玉手、醒狮、福利、象牌。

（3）荣昌工厂。民国17年（1928年）10月开办,因怜悯天津西市一带工人失业穷苦无依,在赵家场成立该厂。产品优良,机器有马达一台,年产硫化磷火柴约3000箱。商标为寿星、汽车。

（4）大生中华火柴公司。民国9年（1920年）在日租界福岛街成立，第二年又在天津市特三区设分厂，后受到抵制日货运动的冲击，分厂于1928年底关闭。在民国21年（1932年）三四月间，由于债务原因将中华厂改组，更名为大生火柴厂，日本人金山八郎辞职，改聘中国人高美臣。年产硫化磷火柴约3000箱，商标为钟表、僧帽。

（5）三友火柴厂。日商经营，厂址在日租界桃山街，民国16年（1927年）在抵制日货高潮中成立，资本约2万日元，规模虽小，生意尚佳。年产硫化磷火柴约1500箱，商标为金龙、鱼头。

4.1.4.3 制皂业

肥皂是生活必需品，以前用皂荚或皂果，中外通商后，肥皂输入中国，国内的开埠城市均设厂仿制。天津第一个厂是天津造胰公司，该厂成立于光绪二十九年（1903年），最初在黄姑庵东老公所胡同设立工厂，制造肥皂及蜡烛。后来由于生产扩大，迁移至闸口元会庵胡同，购置机器，添造香皂。后又在河北大红桥西邵家园子购地建筑厂房，并在华租两界设立营业部，北京设分销处。民国9年（1920年）兴业造胰厂创建，除制造洗衣皂外还制造各种香皂，规模日益宏大。此后，中昌、大业等厂逐渐建立，共计约有十五六家，厂址多在华界。天津的肥皂业在1925~1926年最为兴旺发达，自"九·一八"后，受到外皂倾销和劣质产品的排挤，营业则一落千丈。天津市制皂业中规模宏大而且设备完整的工厂有天津、中昌、兴业、大业四家。现将四厂概况列于表4-1-10。

天津制皂业概况一览表　　　　　表4-1-10

厂名	地点	开办时间	性质	资本	经理人	机器	每月产量
天津造胰工厂	河北大红桥西邵家园子	光绪二十九年（1903年）	合伙	20万元	—	引擎1台，10马力，制机17架	肥皂4042箱，香皂13421打
兴业造胰工厂	西门大街七十一号	民国9年1月（1920年）	合伙	1.4万元	张友亭	马达1台，15马力，制机15架	肥皂500箱，香皂5234打，药皂46箱
中昌造胰工厂	北开新街六十四号	民国17年7月（1928年）	合伙	1万元	史东初	马达1台，马力30匹	香皂16852打
大业造胰厂	北马路北四门	民国21年1月（1932年）	合伙	1万元	吴懋鼎	马达2台，18马力，制机14架	肥皂1256箱，香皂5020打，药皂460箱

4.1.4.4 制革业

制革工业主要是指制革与硝皮，制革工厂也往往围绕这两类工作开展。华北地区的皮革产量向来很丰富，据天津海关贸易报道，天津市每年约出口皮革60万余公担。而且用生皮制成熟革也是我国旧有的工业，天津在以前就有皮革作坊，但是制造工艺和设备都非常简陋，所生产的皮类有开青皮、海南皮、黄板皮、红牛皮、羊皮、马皮等，主要用于制作马鞍绳带，也有用于箱笼鞋靴等。民国以后，舶来品日渐增多，进口皮革种类如花旗皮、芝麻皮、法蓝皮等都做工精良，皮质优良，销量日增，而旧有传统皮革业则大受影响。因此，只有将旧有皮革业改良，研究新式制作方法，才能抵制进口。

北洋硝皮厂是中国第一家新式制革厂，是吴懋鼎于光绪二十四年（1898年）在天津创办，其后上海机器硝皮公司、江南制革公司等相继成立。王晋生于民国4年（1915年）筹备华北制革公司，招募股本20万元，民国6年（1917年）3月开始营业。仿制美国的花旗皮和芝麻皮、法国的法蓝皮、英国的英软皮等各国皮货，品质精良不亚于舶来品。民国7年（1918年）以后传统皮革业如中亚、兴记等都改为新式制革厂，但多数由于资本和技术的限制，发展不尽如人意。新法制革工厂除华北、中亚两厂成立较早外，其余如长记、祥茂等都是在民国16年（1927年）后成立。现将各厂概况列表如表4-1-11。

天津制革业概况一览表　　　　表4-1-11

厂名	地点	开办时间	性质	资本	经理人	机器	每月产量
华北制革公司	三条石人王庙街一号	民国6年3月（1917年）	有限公司	20万元	王晋生	发动机1台，马20匹，马达1台，马力5匹	皮革1100张
中亚制革工厂	小西关	民国7年（1918年）	独资	1500元	从锡三	马达1台，马力3匹	马皮、羊皮280张
德利生制革工厂	南大道安吉里	民国14年（1925年）	独资	2000元	马仲良	马达1台，马力3匹	芝麻皮250张
德发源制革工厂	西门外	民国15年（1926年）	独资	5000元	—	轧光机1台，底皮机1台	花旗皮9张，芝麻皮20张，马皮2张
长记制革工厂	西门北清真寺后面	民国16年（1927年）	独资	5000元	温寿长	轧皮机1台，马力3匹	花旗皮244张，两色皮250张
祥茂制革工厂	南开塘子胡同	民国18年（1929年）	合资	1万元	马德森	转鼓轧皮机3台，马力共9匹	花旗皮200张，二色芝麻皮10张，硬软皮50张
五洲制革工厂	南开大街	民国19年5月（1930年）	合资	2万元	王抚五	马达2台，马力4匹，机器9台	花旗皮300张，芝麻皮150张
华洋制革工厂	挂甲寺	民国21年（1932年）	合资	5000元	—	机器6台，马力6匹	花旗皮65张，法蓝皮24张

4.1.4.5 油漆业

天津开埠以来，随着工业的发展，对于油漆的需求量也日益增加，因为一切用具均需要油漆涂抹，不仅防水，而且色泽鲜艳。但是市场上的油漆多为外国产品，日本的油漆产品由于色泽鲜艳销量最多，天津的国产油漆厂主要有中国、东方两厂。

中国油漆有限公司于民国18年（1929年）1月开办，厂址在天津市郊外唐家口，地处僻静，且水陆交通便利，适合工业发展。厂区规模宏大，设备完善，机器从德国采购，经理为常小川；机器有引擎2架，45马力及制机20架；产品有20余种，大概分有各色铅油、瓷油、金银瓷漆、汽车瓷漆、亮光漆、墙漆、地板漆、打磨漆、耐水漆、防锈漆等，商标为"飞龙牌"，每月产油漆236400桶；产品优良，销售极佳。

东方油漆厂创办于民国10年（1921年）9月，厂址位于河北区宙津路，该厂虽然建厂较早，但由于经济与人才之限制，发展不如中国油漆有限公司。产品亦甚精美，分瓷漆、铅油、甲种瓦力斯油、乙种瓦力斯油等四五种，商标为"猫牌"，每月产油漆105000桶。

两厂所用原料多为国产，油类用胡麻、桐油和天津特产核桃油。松蜡及颜料等主要用国产原料，少数使用外国产品。

4.1.4.6 玻璃业

我国北方玻璃工业除山东博山外，以天津最为繁盛，天津玻璃工业在1900年以前就有所发展，当时从事此业者用旧法吹制各种小件物品。后日本大仓洋行于光绪二十八年（1902年）投资5万元设茂泰玻璃厂于日租界，有日本工人十余名，并招收中国人数十名为工徒，制造灯罩、灯壶、杯盘、瓶子、胰皂盒等。光绪三十四年（1908年）又有某日商在日租界创立永信玻璃厂。

天津华商新式玻璃工厂起源于宣统年间，至民国12年（1923年）形成规模，约有华商工厂12家，其中以大兴料器公司、明晶玻璃公司、北洋料器公司、福盛成等家最为著名。大兴料器公司开设于民国元年（1912年），资本6000元，有工人150名，制造平板玻璃及灯壶、灯罩、瓶杯等，有15口熔玻璃料缸。明晶玻璃公司开办于民国8年（1919年），用博山工人30名，制造平板玻璃、电灯罩及各种料器，有10口熔玻璃缸。北洋料器公司开办于民国9年（1920年），有工人100名，10口熔玻璃缸。福盛成同样开办于民国9年（1920年），有工人110名，7口熔玻璃缸。民国13年（1924年）之后，各厂纷纷倒闭。

各厂所用原料主要是国产，砂来自龙口（天津法租界有广昌、永昌，专售龙口砂），其余还有唐山、烟台等处的砂。碎玻璃购自本地，石英粉来自京西琉璃河，泡花碱（俗称水玻璃）、氧化锰均来自北京（老天利关窑制品），火硝购自天津官硝局，碳酸钠（碱）从前用卜内门制品，后来采用永利制碱厂产品。只有硫化锑、萤石及各种着色料来自日本，熔玻璃料之缸（及坩埚）从前来自日本，后来天津有两厂制造：一是炳华窑业，工厂在河北造币西厂内,是中日合办;另一个是天津窑业工厂,工厂在小刘庄,是日商经营,生产坩埚和耐火砖。各厂的产品以灯壶、灯罩、瓶子为多,其中明晶公司、大兴公司、北洋料器公司三家可以制造平板玻璃,产品甚佳,停产后市面上所售平板玻璃多为外国货或秦皇岛耀华玻璃厂出品。

玻璃可分为钾玻璃、钠玻璃和铅玻璃三种。钾玻璃以碳酸钾、石灰、白砂等为原料,质坚难熔,适合作为化学器具;铅玻璃以铅丹、碳酸钠、石灰、白砂等为原料,折光力强,适合做光学器具;纳玻璃以碳酸钠、碳酸钙和白砂为原料,用于制造瓶管等器。

建筑上所用玻璃通常为纳玻璃。将石灰石($CaCO_3$)及白砂(SiO_3)搅合烧炼成为硅酸钙($CaSiO_2$),其性质不溶解,须加以碳酸钠(Na_2CO_3)才成为溶液,冷却后变为透明才可以使用。

4.1.4.7 搪瓷业

搪瓷亦称珐琅,又称为"烧磁"、"磁铁"等,天津最早的搪瓷是由德商老谦信洋行出品,英、法、日货紧随其后。民国15年(1926年),上海人魏某在天津市炮台庄创立了一个烧磁厂,由于资本和技术的关系,开工没多久便停工了。日本人清水氏于民国17年(1928年)在日租界伏见街开了一家名为天津搪瓷公司的搪瓷厂,经营日善,至民国19年(1930年)改组扩大为东华搪瓷公司。民国19年(1930年)中成工厂开办,但由于经营不善,亏损不断,民国23年(1934年)将所有机器廉价买给王醒民,厂址也迁至大胡同,改为"华北第一烧磁厂"。三同和记工厂于民国20年(1931年)开办,最初设厂于炮台庄,后因为经营扩大,厂房不够用,民国23年(1934年)迁到南市首善大街,规模和设备都堪称一流,在华商中首屈一指。德记、大新、新华三厂均是在民国22年(1933年)开办,规模较小,设备简陋,因此几乎不能称为工厂。现将三同和记、华北、东华三厂的情况列表如表4-1-12。

天津搪瓷业概况一览表　　　　　　　　表4-1-12

厂名	地点	开办时间	性质	资本	经理人	机器	每月产量
三同和记搪瓷工厂	南市首善大街	民国20年8月(1931年)	独资	2万元	郑幼伟	马达2台共8.5马力,制机4部	产量约值1万元左右
华北第一烧磁厂	大胡同	民国23年11月(1934年)	独资	2万元	王醒民	马达1台,6马力,制机4部	产量约值8000元左右
东华搪瓷工厂	日租界伏见街	民国17年(1928年)	独资	10万元	金井	马达4台16匹马力,制机9部	产量约值5万元左右

4.1.5 饮食品业

4.1.5.1 盐业

盐是人生活的必需品之一，华北地区日常所食用的盐，分为土盐、硝盐、精盐等。土盐和硝盐就地取材，人工简略制造而成，这种盐质量粗劣，但是价格也很低廉；精盐则是用科学机械制造，结晶纯净且卫生。

1285年，元朝在长芦盐区设盐场22处，其中属于天津地区的有三汊沽、丰财、芦台等盐场。明永乐初年设"长芦都转运盐使司"，下设青州、沧州两分司，天津属青州分司管辖。当时天津不仅是产盐地，也是北方销盐的中心。明嘉靖年间，长芦盐业生产逐渐采用日光晒盐法，使产量大为增加。清代天津已发展成长芦盐的产、运、销中心，康熙、雍正年间，长芦盐年产量已达600余万石，行销京、津、鲁、豫等地。

塘沽盐场的前身是丰财盐场，海盐生产历史悠久。据史料记载，春秋时渤海沿岸即设灶煮盐，至元代时初具规模，元至元二年（1265年）创建丰财盐场，嘉靖元年（1522年）长芦盐区开始使用摊晒法制盐，清雍正初年，丰财盐场全部采用摊晒法制盐。随着生产工艺的进步，规模的扩大，丰财盐场不断吸纳三汊沽场、兴国场、海丰场、严镇场等盐场，至民国26年（1937年）已有盐滩92处，管辖塘沽、邓沽、新河等滩区。1938年，日本人开设大沽盐田，于1942年建成投产。1949年后，不仅进行大规模的扩建工程，而且对盐田生产技术进行改造，为盐业机械化创造了条件。

以前天津市民所食用的盐多为土法制盐，直到民国4年（1915年），范旭东在塘沽筹办久大精盐公司之后，天津市民才得以食用中国自产之精盐。

范锐（字旭东，1883—1945），湖南湘阴人，1900年到达日本，1910年入学京都帝国大学理科化学系，1912年以工业化学专业毕业。回国后不久，由财政部派遣去欧洲考察盐政，通过对德、奥、意等国的考察，深感中国盐质不纯，用途不广，因此他决心先制造标准食盐，然后用盐制碱。范旭东募得资金买下通州盐商开设的熬盐小作坊，开始筹建精盐公司，与当时盐务署顾问、"盐政杂志"主编景韬白商议，在其兄范源廉（当时任教育部长）和师友梁启超等人的支持下，1914年7月20日申请立案，同年9月22日得到批准，设厂塘沽，厂名"久大精盐厂"（图4-1-17）。范旭东在塘沽购地13.5亩，于1915年6月破土动工建筑厂房，除锅灶由上海求新工厂制造外，其他主要设备由范旭东亲自到日本调查购买。1916年4月6日久大精盐厂竣工投产。久大所产精盐，商标为"海王星"，象征着为广大人民造福。民国7年（1918年）又添设第二、第三厂，两年后，又增设第四厂及化验室；民国10年（1921年）又添置第五、第六两厂；民国13年（1924年）在天津市内法租界建立大楼，并将总店移到此处[①]。

---

① 天津碱厂志编委会. 天津碱厂志[M]. 天津：天津人民出版社，1992：8-9.

图4-1-17 久大精盐厂

久大精盐厂所用原料为附近汉沽等盐滩所产之粗盐，盐滩分自置和租用二种，久大精盐厂有盐滩170余万亩，租用19万余亩，年需原料60余万担；每年生产精盐40余万担，分为瓶装及黄、绿色等纸包装；年产瓶装盐、久大粒盐各1万余担；黄色纸包装盐10万余担；绿色纸装盐5万余担。久大精盐开始日产5吨，每年获利50~60万元，1919年扩建东厂后，年产量达8.2万多吨，获利更加丰厚。

久大精盐厂的成功，不仅结束了中国人民食用粗盐的历史，而且积累了资金和办厂经验，为永利碱厂的创立提供了条件。

4.1.5.2 面粉工业

天津的工业发展较为显著的除了纺织业外，还有面粉工业，天津面粉工业在全国面粉工业中地位不如上海等地重要，但却是华北地区的面粉工业中心。1916~1925年，天津的面粉厂相继成立，1916年日本人森恪与朱勤齐等人设立寿星面粉公司，是天津最早的机器面粉厂；1919年刘鸿龄、张良谟开设福星面粉公司；1920年设立大丰及民丰面粉公司；1931年设立嘉瑞及庆丰面粉公司；1925~1926年间，天津计有面粉公司10家左右；但1927年之后，因外货倾销，逐渐衰落，如庆丰、裕和、嘉瑞、大丰、乾义、涌源都亏累停业，三星则遭受火灾，其余厂家也因为营业不振而改组、缩小或合并。民国18年（1929年）天津仅剩寿丰、永年、民丰、福星四家面粉公司。寿星公司由于中日股东意见分歧，日股退出，改名为三津寿丰面粉公司，大丰改名为三津永年面粉公司，民丰公司改组为民丰年记面粉公司。民国22年（1933年），三津寿星面粉公司、三津永年面粉公司、民丰年记面粉公司合并为大丰面粉公司。

（1）寿星面粉公司：1916年设于意租界沿河马路，民国14年（1925年）改组，后来因为不满日本人把持垄断，退出日本人的股份，将寿星改为三津寿丰。全厂占地18亩，机房占地四分之一，为长方形五层楼一座，其余为办公处、工人宿舍和储存原料和产品的库房。其工务科分为三部：净麦部、制粉部和打包部，每天可出面粉5000包，商标有绿桃、红桃、白桃、寿丰及白袋等。

（2）大丰面粉公司：1920年设于河北赵家场，民国18年（1929年）改组，改名为三津永年面粉公司。厂内有锅炉两座，引擎1个，碾面机22架，产品商标有鹤鹿、封侯及白袋等。

（3）福星面粉公司：民国8年（1919年）刘鹤龄、张良谟等创办，设于西头村，水利交通便利。次年开始营业，全厂占地10余亩，计有房屋450余间，面粉车间为楼房六层，新式建筑，内有钢筋，外敷洋灰，上设避雷针，非常坚固。厂内有锅炉两座，引擎1个，碾面机18盘，产品商标有红蝠、绿蝠、蓝蝠、蝠星及白袋等。

（4）民丰面粉公司：由巴西洋行于民国9年（1920年）创设，第二年由于营业状况不佳，转让于民丰天记公司，民国18年（1929年）受时局影响，改组更名为"民丰年记面粉公司"。全厂占地25亩，前面为营业部及经理室，后面为工厂及仓库，最后则为原动部及工人宿舍。工厂为6层楼房，原动部则装有锅炉2部、引擎1部。

天津面粉业概况列表如表4-1-13。

天津面粉业概况一览表 表4-1-13

厂名	地点	开办时间	性质	钢磨数	动力（马力）	商标
寿星面粉公司	意租界河沿	1916年	有限公司	20	蒸汽，440	桃
大丰面粉公司	西头赵家场	1920年	有限公司	22	蒸汽，400	鹤鹿
福星面粉公司	大头巷	1919年	有限公司	18	蒸汽，400	蝠
民丰面粉公司	大头巷	1920年	有限公司	15	蒸汽，400	斗
嘉瑞面粉公司	堤头村	1932年	有限公司	20	蒸汽，440	牧牛、宝马
三星面粉有限公司	小刘庄	1922年	有限公司	12	蒸汽，300	三星

天津面粉各厂所需原料都为小麦和玉米，多产自河北、山东、江苏、安徽、湖南、湖北等省，其中河北省为最多。产品主要销往天津市，其次为北京、唐山以及沿铁路各埠（如平汉、平绥、北宁、津浦铁路等）及冀南等地。

4.1.5.3 汽水业

汽水，天津俗称"荷兰水"，是因为最初是由荷兰人在天津设厂制造。天津的汽水厂成立最早的是鸿兴汽水厂，创办于光绪二十八年（1902年），此后，汽水业逐渐发展，规模较大的厂有光明、山海两厂，其次为新明、增记。天津汽水业约有6家，都为华资经营，由于原料如果汁、小苏打、柠檬酸、硫酸等多从英国及日本购买，所以天津汽水业不是很发达。现将规模较大的工厂列表如表4-1-14。

天津汽水业概况一览表　　　　　　　　表4-1-14

厂名	地点	开办时间	资本	经理人	商标	设备
鸿兴汽水厂	北马力白衣庵胡同	光绪二十八年四月（1902年）	8000元	张豪臣	铁锚、双龙、菊花印、三星	汽水罐1个；汽筒1个；汽水机砸木塞机1架；砸盖机1架；马达2座
光明汽水股份有限公司	法租界二三号路	民国14年（1925年）	40000元	张捷三	光明、一片冰心	立柱式锅炉1个；小锅炉1个；汽水机1个；砸盖机1个；马达1座；滤水机1个；30咖汽水罐1个；大汽筒1个
新明汽水厂	河北四马路新开里	民国14年（1925年）	10000元	徐新民	—	—
增记汽水厂	河北元纬路	—	—	赵鸣凤	麒麟	
明星公司	意租界			蒲岐山	明星	

4.1.5.4　酱油业

酱油是调味品之一，并且有维持体力排除废物的功效。制造方法多采用旧法，一面设坊制造，一面摆摊出售。天津的酱油业历史久远。自开埠以来，外国人侨居日渐增多，调味用品源源不断地输入，特别是日本酱油。旧法制造酱油规模较大的厂有万康酱园、广茂居、东合居、五星酱油公司等。成立于民国15年（1926年）的宏中酱油公司采用科学化新法制造，出品非常精良卫生。厂址位于华界西车站东，厂房建筑都是新式建筑，分为实验室、机器室、制面室、发酵室、压榨室、杀菌室，规模宏大，设备完整。经理为张雅轩，厂长李惠南留学日本，是一位化学家并精于制造酱油。

4.1.6　日用品工业

日用品工业包括蜡烛、凉席、文具、体育用品、棕刷等与日常生活息息相关的生活用品制造业。

蜡烛以前大多为美孚和亚细亚等外商销售。民国9年（1920年）才有中国贸易公司开始制造，位于三区一所五彩号胡同，后来由于经营不佳转给中华贸易公司，商标为金星、寿星。此外还有中国实业公司位于侯家后，商标为电球、三光；美亚公司位于三区三所三条石，商标为牛、羊。

凉席和棕刷制造业都为旧式手工业，由于使用新式制造法的外国产品更为精良，促使其改用新法制造。规模较大的凉席制造厂为永丰和北洋振业，永丰位于西车站，商标为永字；北洋振业位于周公祠，商标为单凤。棕刷制造业资本较雄厚者只有德盛永一家，位于韦驮庙，出品有猪毛竹柄刷，用于刷鞋及衣服；有猪毛骨柄刷，用于刷头发及物品等；又有棕刷及稻草刷，用于扫床、褥席及裱糊字画、油漆木具等。

文具包含的种类复杂，如粉笔、石板、油墨、墨汁、印泥、笔、墨、账簿等都属于文具的范畴。其中规模较大的厂分述于下：（1）平记油墨工厂。经理人为刘道平，产品为鹤球牌油墨，销路极广，在河北省立第一国货商场和天津国货售品所设立发售处。民国19年（1930年）8月，在河北省国货展览会上获得特等奖章。（2）中国油墨厂。位于南马路，机器有一座马达和一架油墨制造机，商标为警钟牌。（3）鸿记日记本厂。位于一区二所，机器有一座马达，六架铅印机，一架切纸机和一架木制割线机。（4）华纶日记本厂。位于三区三所，机器有一架切纸机，一架割线机和一张轧机案子，商标为虎牌。（5）兴华日记本厂。位于一区五所，机器有一架切纸机，商标为狮球牌。（6）万丰日记厂。位于侯家后，机器有一架切纸机和一架印花机，商标为美丽牌。

天津最初的体育用品如足球、网球和哑铃等多数属于舶来品，后来体育盛行，利生体育用具制造厂应运而生，建于民国10年（1921年），位于河北公园后东马路，每月产量为皮球1500余只，球网20余张，球拍子350余件，运动鞋400双，皮革（如法蓝皮、花旗皮等）300张，铁饼约300只，标枪200支。民国12年（1923年）春合厂成立，位于南开马场道，每月产量为皮球2000余只，球拍子500余件，鞋200双，皮革300张，铁饼约400只，标枪150支，针织品450余打。其次还有专门制造文具而附带制造体育用品的厂家，如玉兴、久大、德玉、中北、华北等，制造球拍、标枪、铁饼等。原料主要是皮革和木料，其次为颜料、弦线等。利生和春合两厂自己制造皮革，所以该两厂分为制造用具和造革两部分。

4.1.7　印刷业

雕版及活字版印刷最早由中国发明。木版印刷始于隋唐五代，至宋代又发明了活版印刷。后来流传至欧洲，西方人利用机器印刷，出品精良且生产迅速。19世纪时，又通过传教士传入我国，最初是在广州，后来发展到上海，然后又推广到平津和华北各地。民国元年（1912年）后印刷业初具规模，成立最早者是华中印刷局，其次是协成商益印刷局，其余如鸿记、义利、寰球等，多成立于1921年之后。天津印刷业组织规模大小虽然不同，但是印刷的种类不外乎分为铅印、石印、铜版、锌版、钢版、三色版、玻璃版等数种。纸张油墨是印刷业的重要原料，纸的种类有道林纸、毛道林纸、有光纯毛边纸、铜版纸、连史纸、卡片纸、报纸等。油墨、颜料、铅铁、药墨等多用外国货，印刷产品主要是各类广告、图书、传单、报纸、刊物等。概况列表如表4-1-15。

天津印刷业概况一览表　　　　　表4-1-15

厂名	地点	开办时间	资本	经理人	设备	每月产量
商益印刷局	锅店金街胡同25号	民国7年7月（1918年）	5000元	郑兴可	马达4台，印刷机14架	广告传单等60万张
协成印刷局	荣业大街79号	民国4年9月（1915年）	5000元	张育庵	马达5台，印刷机9架	广告传单等70万张
鸿记印刷局	东马路贡院东胡同	民国10年5月（1921年）	5000元	荆鸿仟	马达1台，印刷机3架	—
义利印刷局	东南城角	民国12年9月（1923年）	10000元	李次坪	马达1台，印刷机3架	—
寰球印刷局	锅店金街胡同4号	民国13年11月（1924年）	500元	杨庆春	马达1台，印刷机3架	—
霈记印刷局	河东小关大街36号	民国21年9月（1932年）	1000元	冯雨臣	马达1台，印刷机3架	—
华中印刷局	意租界15号路	民国3年5月（1914年）	8万元	陈慰农	马达1台，印刷机23架	—

4.2　运输业

天津地处九河下梢，河流汇聚为海河东注渤海，水运极为发达，而随着铁路的建设，陆运也不断发展，水陆衔接使天津成为华北内外交通的枢纽，为天津近代工业的发展提供了极大的便利。近代水运的发达除了与轮船的不断发展有关，也与近代码头和桥梁的发展息息相关。

4.2.1　船舶运输

从金朝起，贵族、官僚和军队所用粮饷，都要从河南、山东及河北一带通过南运河运到天津，再经北运河转输燕京。至元朝，由于河道漕运困难，转用海运，天津则成为海运漕粮入京的必经之地。明代漕运的进一步发展对天津有着重大影响，明王朝迁都北京后，天津作为首都的东大门，漕运更加繁忙。明永乐二年（1406年）设天津卫，经天津的漕粮每年达400～500万石。随着河海交通的发展，明代天津的商业贸易也日渐繁荣，成为北方商品的集散地。

清朝漕运仍行河运，随着商品交流发展的需要，清政府准许运河的漕船载运商货，漕船成为南北商品交流的一支重要运输力量。1739年，因直隶粮价腾贵，清政府命天津、宁河两县雇海船，赴牛庄、锦州等地代运米豆入京。这些粮米"不独运至津门，即河间、保定、正定，南至闸口，东至山东登莱等口，亦俱贩"，天津又成为奉天与直隶货物交流的枢纽。

4.2.1.1 桥梁

20世纪初,天津内河漕船和海上舶轮往来如梭,水运繁忙。随着城市日益繁华,市区河流两岸陆上交通受到阻隔。为了兼顾通航与过河,海河上架起了多座开启式钢桥,桥身可以立起、平转、抬升,机动灵活。

金华桥建于光绪十四年(1888年),俗称老铁桥,位于南运河,是华北地区修建开启式铁桥的开端。1903年,金华桥改建为双叶立转下承式开启桥,下部结构为石砌桥台,中墩则为小型沉箱基础,用人力启闭(图4-2-1)。

金钟桥原建于金钟河上,1888年改建为钢桥,海河裁弯取直时于1920年移设于南运河上。桥有三孔,中孔同样为双叶立转下承式开启跨,下部结构为条石桥及钢管桩排架墩,用人力启闭。

金钢桥原为浮桥,俗称窑洼浮桥,光绪二十九年(1903年)改建为钢桥,中跨为双叶承梁式开启跨(图4-2-2),桥梁为沉箱基础,墩身为圆形混凝土实体柱,外包钢板。1925年在其下游重建新桥,由美国施特劳斯开启桥公司(Strauss Bascule Bridge Co.)设计并提供材料,天津大昌实业公司主持安装,中跨为双叶立转式开启跨,两边跨为固定桥孔,电力启闭,开启时绕一固定轴旋转。固定跨为钢筋混凝土桥面,桥基采用气压沉箱,墩身及桥台均为钢筋混凝土结构[①](图4-2-3)。

图4-2-1 金华桥

图4-2-2 金钢桥(1903年)

图4-2-3 金钢桥开启(1925年)

图4-2-4 老龙头桥

---

① 天津市政协文史资料研究委员会. 天津——一个城市的崛起[M]. 天津:天津人民出版社,1990:82-83.

老龙头桥于光绪三十年（1904年）建成，位于老龙头车站（今天津站）附近，桥中间两孔为平转式开启跨，采用变高度的连续钢桁架（图4-2-4）。

金汤桥始建于雍正八年（1730年），俗称东浮桥，是海河上最早的一座桥梁，1906年将浮桥改为钢桥，取固若金汤之意，更名为金汤桥。桥分三跨，大跨为固定跨，其余两跨为平转开启跨，电力开启，是国内仅存的平转式开启钢桥（图4-2-5）。

老龙头桥通车后，因桥面狭窄经常拥堵，1923年由法国达德与施奈尔公司（The Etablissements Dayde andmessrs Scheiner&Co.）重建新桥。于1927年建成，改名为万国桥，是一座双叶立转式开启桥，桥梁分为三孔，中孔为开启跨，边孔固定跨采用钢筋混凝土面板（图4-2-6），上部结构为钢桁架及纵横梁组成的桥面。

大红桥始建于1888年，位于子牙河进入北运河入口处，此桥桥面高，纵向坡度陡，好似飞虹凌空飞架，故称为"虹桥"（红桥）（图4-2-7）。1924年被洪水冲毁，现存钢桥建于1937年，由市政府技正李吟秋主持，最终建造由英商东方铁工厂中标。桥梁共分三孔，主跨选用系杆拱结构，右岸一孔为人力启闭的单叶立转开启跨桥。桥面板除主跨车道之外均为木板，下部结构基础采用美松木桩，台身及墩身采用钢筋混凝土结构[①]，大红桥为市区仅存2座老铁桥之一（图4-2-8）。

图4-2-5　金汤桥

图4-2-6　万国桥

图4-2-7　大红桥（1888年）

图4-2-8　大红桥（1937年）

---

① 天津市政协文史资料研究委员会. 天津——一个城市的崛起[M]. 天津：天津人民出版社，1990：78.

图4-2-9 滦河铁桥

光绪十七年（1891年）清政府计划将唐胥铁路向北延展到山海关，再经山海关延伸到奉天，当铁路进展到滦河时，便需要架设一座铁桥，该桥由天津铁路公司负责修建。于清光绪二十年（1894年）建成，桥的基础由料石砌筑，上部为钢梁结构，共17孔，其中"上承板梁"2孔，"上承式桁架"10孔，"下承式桁架"5孔，是中国最早使用气压沉箱法的桥梁（图4-2-9）。

4.2.1.2 码头

传统的码头主要分为浮桥式码头和石砌驳岸码头，浮桥式码头是在水中用木头作桩、上面铺设木板，岸壁也用木板加以固定；石砌驳岸码头是将原来的河岸用石头加以整饬而修成的码头。开埠之后，随着新式船只的涌入，旧有的码头不能满足轮船停泊的条件，所以铁质、钢质或钢筋混凝土的码头开始出现，分为固定式和浮码式。固定式是在岸壁边以木料或混凝土为基础，上面铺设木板或混凝土面；浮码头是用浮桥将木质或钢质的船与岸相连。

天津很早便是重要的海运和河运集散码头，卫河与海河交汇处的三岔河口一带，由于地势较高成为理想的天然码头。近代天津开埠后，紫竹林地区被划为租界，开始修筑码头、仓库。1863年，英租界工部局在英租界内修筑五处码头，全长1090尺（约332米），随后法租界也修筑了90英尺（约27米）的码头，均为木石结构，这是天津港较早的近代码头（后改为混凝土永久性码头），俗称"紫竹林租界码头"[1]。随着紫竹林租界码头的发展、塘沽码头的扩建和外国航运业的入侵，使天津港的航运中心从三岔口一带转移到紫竹林租界，成为天津近代码头的主体。

《辛丑条约》签订后，各国在天津海河沿岸扩建租界，并开始新的码头扩建工程。英租界在1892～1901的十年间新建1039英尺（约317米）码头[2]，并建有天津市第一座钢板桩混

---

[1] 天津市地方志编修委员会. 天津通志：港口志[M]. 天津：天津社会科学院出版社，1999：70.
[2] 赵桂芬. 津海关十年报告（1892～1902）[M]//天津海关译编委员会. 津海关史要览. 北京：中国海关出版社，2004：41.

凝土码头①；法租界新筑河坝及码头2900英尺（约884米）；1904年日租界建成300英尺（约91米）新码头②；俄租界建成两个码头，长200英尺（约61米）。另外，为了贸易的需要，外国公司也在这里竞相建造码头。至1937年，紫竹林租界一带共建有码头总长约9000多米，一部分为混凝土结构，一部分为木桩栈桥或石木混合结构。其中日租界码头长约1000米，主要由东亚海运、三井洋行、招商局等航运公司使用；法租界码头长约1500米，主要由东亚海运、直东、大阪、招商局、仪兴、天津轮驳等公司使用；英租界码头长约1200米，主要由天津航运业太古、怡和、三北、招商局、仁记等航运公司使用；特一区码头长约1300米，主要由政记、三北、中联、招商局、东亚海运等航运公司使用；特三区码头长约400米，主要由太古、美孚、和记、中信、开滦、大通、华北交通等公司使用。塘沽也相继建成仪兴码头（法）、孚油码头（美）、八号码头（英、意、奥）、久大、德大、东兴码头等③。

4.2.2 铁路运输

1865年铁路作为展品第一次在中国出现，而清政府认为修建铁路会侵占田地，破坏风水，满朝文武皆持反对态度。随着洋务运动逐渐进入活跃期，北洋大臣李鸿章认识到铁路对于国计民生的重要影响，1880年上奏了《妥议铁路事宜折》，提出修筑铁路的九大有利之处："地无遗利，人无遗力，便于国计；调兵遣将，师行迅捷，便于军政；遥控腹地，四面拱工，便于京师；移粟辇金，货畅其流，便于民生；海疆有事，漕粮无虞，便于转运；轮车之速，十倍驿马，便于邮政；煤铁运送，利源路畅，便于矿务；轮运轨通，相如表里，便于发展航运；千里行役，瞬息可达，便于商民行旅。"从军事、经济、民生三个方面提出修筑铁路所能带来的巨大利益，此后清政府对修筑铁路的态度逐渐缓和。

随着轮船航运业和一些近代工业在天津兴起，对作为主要能源的煤需求量大增，因此兴办了开平煤矿。开平煤需用畜力车运到芦台，再由煤船沿蓟运河运至塘沽，销往各地，从而需要开辟产地与塘沽之间运煤通道来降低运输成本。于是开平矿务局奏请修建轻便铁路，李鸿章转奏清廷同意后，于光绪七年（1881年）6月动工修建，11月修成从唐山煤井至胥各庄间9.7公里的轻便铁路，这是我国自建并延续至今的第一条准轨铁路。当时筑建铁路的技师是英国人金达（C. W. Kinder），他极力主张采用英国铁轨的标准，将轨距定为4英尺8英寸半（公制1435毫米），此后，我国修建的铁路均采用这种轨距，便于运输④。

1886年开平矿务局"以所开新河河道春秋潮汛不大，煤船由是停棹候水之苦，而兵商各

---

① 天津市地方志编修委员会. 天津通志：港口志[M]. 天津：天津社会科学院出版社，1999：187.
② 赵桂芬. 津海关十年报告（1892～1902）[M]//天津海关译编委员会. 津海史史要览. 北京：中国海关出版社，2004：41.
③ 天津市地方志编修委员会. 天津通志：港口志[M]. 天津：天津社会科学院出版社，1999：187-188.
④ 陈晓东. 中国自建铁路的诞生——唐胥铁路修建述略[J]. 铁道师院学报（社会科学版），1911（2）：55-61.

轮船欲多购煤而运不及"[1]为由，向李鸿章提出接办从胥各庄至阎庄长65里的铁路的要求。1886年开工修筑，为了铁路的修筑方便，李鸿章准许成立了开平铁路公司，成为我国铁路独立经营的开端。开平矿务局公司购得唐胥路权后将唐胥铁路由胥各庄延长到芦台，于1887年竣工，名为唐芦铁路。

1887年，《海军衙门请准建津沽铁路折》中指出："自大沽、北塘以北五百余里之间，防营太少，究嫌空虚。如有铁路相通，遇警则朝发夕至，屯一路之兵，能抵数路之用，而养兵之费，亦因之节省。今开平矿务局于光绪七年创造铁路二十里后，因兵船运煤不便，复接造铁路六十五里，南抵蓟运河边阎庄为止。此即北塘至山海关中段之路，运兵必经之地。若将此铁路南接至大沽北岸八十余里铁路，先行建造，再将天津至大沽百余里之铁路，逐渐兴办。"[2]从海防需要出发上奏朝廷，建议将铁路经大沽延伸至天津。经批准后，1888年3月，将该铁路修建延伸到塘沽，新河和塘沽站建成（图4-2-10）。同年8月修通到天津，名为津沽铁路[3]。9月举行通车典礼，李鸿章等乘车检验。唐胥铁路及其延长线的主要发展历程如图4-2-11所示。

图4-2-10 塘沽南站

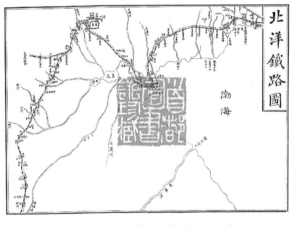

图4-2-11 北洋铁路图（1904年）

光绪十八年（1892年）修通至滦县，同年5月开工兴建滦河大桥；光绪二十年（1894年）修通到山海关；光绪二十三年（1897年）修通到丰台；宣统三年（1911年）延长到奉天（今沈阳），至此，京奉铁路全线建成。

天津站是在光绪十四年（1888年），随着唐津铁路的通车而建设的。最初设于旧城东南的旺道庄，设备和建筑都极为简陋。1892年，为方便铁路发展的需要而迁到现址，称为

---

[1] 申报，光绪十二年六月二十六日. 转引自：宓汝成. 中国近代铁路史资料：1863～1911：第1册[M]. 北京：中华书局，1963：126.
[2] 交通史编纂委员会. 交通史路改篇（第一册）[M]. 1931. 转引自：宓汝成. 中国近代铁路史资料：1863～1911[M]. 北京：中华书局，1963：131.
[3] 天津市地方志修编委员会. 天津通志：铁路志[M]. 天津：天津社会科学院出版社，1997：11.

老龙头车站（图4-2-12）。

天津北站建于1903年，初名为天津新站，宣统三年（1911年），津浦铁路与京奉铁路在此接轨后，因一站连结两路，遂更名为天津总站，这一名称一直沿用到20世纪40年代初，才改用今名（图4-2-13）。

津浦铁路分为南段和北段，北段于光绪三十四年（1908年）6月在天津兴建，南段于清宣统元年（1909年）2月在浦口举行开工典礼。宣统三年（1911年），南北段分别通车。津浦铁路修建时，采取分段施工、分段通车的办法。因此，各段开竣工时间不一，通车时间各异。天津西站随着其所在的天津北良王庄段的竣工，于清宣统二年（1910年）11月开站。根据津浦铁路借款合同，该路天津至韩庄段（即北段），由德国工程师设计、施工，因此天津西站也和北段的其他一些车站一样，具有德国建筑风格（图4-2-14）。

图4-2-12　天津站

图4-2-13　天津北站

4.3　采矿业

天津地区采矿业的典型代表是开平煤矿，开平煤矿的诞生主要基于以下三点：首先是为满足近代工业的自身需求。洋务运动兴办的军用产业及部分

图4-2-14　天津西站

民用企业对煤炭的大量需求，特别是军工产业如金陵、天津、福州等机器局、轮船招商局、大沽船坞等对煤炭需求量甚大。但旧时手工煤窑产量远远不能满足市场需求，只能长期依赖于洋煤的供给。然"一遇煤炭缺乏，往往洋煤进口故意居奇"[①]，因此清政府计划开矿采煤。其

---

① 张国辉. 洋务运动与中国近代企业[M]. 北京：中国社会科学出版社，1979：183.

第4章　多样化的近代工业——以天津为例

次强调"权自我操"、"消西人觊觎之心"。随着对外通商口岸的大量开放，外国轮船运营公司以及外资经营的工厂企业每年需要消耗大量的煤炭，为满足需求，各国均要求在中国境内开采煤矿。为防止矿权落入旁人手中，清政府决心自己开采。最后，富国、强兵、利民。李鸿章认为英国富强的主要原因在于其矿产的丰富，因此开办开平煤矿也有富国强兵，以利民用的目的。

开滦煤矿的发展经历了三大历史阶段：第一阶段，1878~1901年官督商办时期的开平矿务局。第二阶段，1901~1912年英商开平矿物有限公司。另外需要说明的是，为与被英国欺占的开平矿物有限公司抗衡，北洋政府在1907~1912年创建了北洋滦州官矿有限公司。第三阶段，自1912年北洋官矿有限公司被英商开平矿务有限公司吞并后，开始了中英合办的开滦矿务总局时期，直到1950年由国家接管。

4.4 基础设施

4.4.1 自来水

4.4.1.1 天津自来水公司

1897年，仁记、隆茂、新泰兴等洋行投资在英租界建立了天津第一家自来水公司（Tientsin Water Works Company, Ltd.），1899年开始供水，主要供应英、法租界中的洋行集中区域。该厂先以海河为水源，取水口设于宝顺道（今太原道），建有进水机厂，有蒸汽抽水机1架，锅炉1座。后因水质不佳乃掘井取水[①]。

净水厂设于巴克斯路（今保定道）与达克拉道（今建设路）交口处，名为巴克斯机厂。内设有钢板制沉淀罐3座，容量36万加仑；慢滤池5座（8500立方米）；蒸汽抽水机3架；锅炉4座；后又增设电动水泵1座。该水厂建成后，逐渐形成日产水量30万加仑的能力。其工艺流程是：将海河水经抽水泵提升至混水罐后，以重力作用通过11吋铁管由河坝进水机厂经宝顺道、海大道（今大沽路）、隆茂胡同（今旅顺道），送至巴克斯机厂，然后在厂内经沉淀、过滤及消毒，再经抽水机输送至厂外管网，供用户使用。后来为了解决用水高峰时供水不足问题，在巴克斯机厂前院用石头砌成高30米的水塔一座，容量为13000加仑。另外，沿上述路线还铺设一条低压水泥管，将海河水直接引至各洋行仓库，装设绿色立式消火栓20余个，为消防专用[②]。

英工部局于1923年收购该厂，改名为"英国工部局水道处"。采用深井水，产水工艺是：先用压缩空气将水从井内提升，经三角水堰投漂白液消毒后，送至清水库，然后再用抽水机

---

① 赵桂芬. 1892~1901年津海关十年报告[M]//天津海关译编委员会. 津海关史要览. 北京：中国海关出版社，2004: 42.
② 天津市政协文史资料研究委员会. 天津——一个城市的崛起[M]. 天津：天津人民出版社，1990: 166-169.

送至厂外管网。截至太平洋战争爆发前,该厂下属自来水厂共有四处:巴克斯机厂、达克拉道机厂(1923年)、皇后花园机厂(1938年)及河坝进水机厂。

4.4.1.2 济安自来水公司

老城区的自来水供应是从1901年开始筹划,由中外合资的自来水公司——天津济安自来水股份有限公司(Tientsin Native City Water Works Co.Ltd.)供应,水厂分为芥园水厂和西河水厂,采用南运河水源和子牙河水源,在西北城角和炮台庄各有水塔一座[①]。

芥园水厂进送水泵均用蒸汽复式水泵,以煤为动力。机器有44马力抽水机8架,每厂各4架,用途是将水抽至储水池,每小时抽水约10万加仑。锅炉3个,每个可烧汽100磅。设施有:储水池9个,用途是将水澄清后导入杀菌池,再入存水池;杀菌池中则用漂白粉杀菌;存水池35个,每日滤水量为350万加仑,滤水方法是将石子和细砂铺于池中,水经砂石而过,所有水中污物遂被滤而停留,干净水进入汇水处;汇水处流出之水,进入3个大净水池,用抽水机将水送至水塔,以供用户使用。

滤水的方法,有速滤池与慢滤池两种。速滤池是在原水中加入矾液,使原水内之泥土结成小块,在凝结缸内下沉再用砂过滤。过滤时间约24小时以后,砂面积泥太多,这时关闭水源,开启放水闸,用另一压力水泵由砂底上冲,将砂面之泥顶出,约15分钟,即可洗净。慢水池不同之点是不投矾液,沉淀时间较长,砂滤池面积大,滤水能力小,不能在洗池内洗砂,如果砂面积泥太多时,需要用人力将污泥担出,用另外之洗砂机冲洗[②](图4-4-1)。

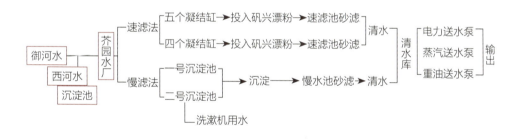

图4-4-1 芥园水厂滤水的方法

4.4.2 电车

1904年袁世凯批准世昌洋行比利时人海礼办理电车电灯公司,资本25万磅,占地面积约160亩。厂内职员有比利时人4人,中国人6人,工人约300余人,司机500余人,售票员900余

---

① 纪念刊及天津自来水分布图,401206800-J0090-1-003950-001[A]. 天津市档案馆藏.
② 程俊. 从未断水的自来水厂[J]. 工业月刊,1947(6):19-22.

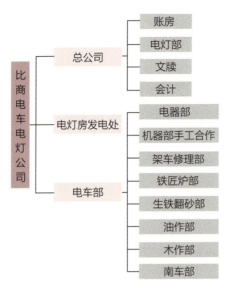

图4-4-2　比商电车电灯公司组织机构示意图

人,道路工人200余人。电车电灯公司分为总部、电车部和电灯部,各部分组织如图4-4-2所示。

1905年,电车轨道开工铺设,第一路电车为"白牌"电车,路线围绕天津城(图4-4-3)。至1918年,又陆续建成"黄牌"、"蓝牌"、"红牌"、"绿牌"、"花牌"5条线路,行驶范围覆盖了老城区、法日意奥四国租界以及部分俄租界。1947年又增加了通往天津北站的"紫牌"电车。各个电车所经路线如表4-4-1所示。

图4-4-3　清末最早的环城电车

1947年电车路线　　　　　　　　　　　　　　　　　　　　　　　　　　　表4-4-1

牌类	长度（公里）	经过地点
红牌	1.9	北大关、老铁桥、大口、警察局
红牌2	1.2	金汤桥、河东医院、建国道、东车站
黄牌	4.2	北大关、北门东、东北角、东门、东南角、南市、中原、哈密道、劝业场、海大道
蓝牌	4.9	北大关、北门东、东北角、东门、东南角、南市、中原、哈密道、劝业场、大沽路、中正路、东车站
白牌	5.2	西南城、西门、西门北、西北角、北门西、北门、北门东
紫牌	2.2	金钢桥、元纬路、日纬路、宿纬路、总站
花牌	3.2	东北角东门、东南角、南市、中原、哈密道、劝业厂、海大道

4.4.3　电力设施

光绪十四年（1888年），德国世昌洋行在羊毛打包机上安装了一台发电机，成为天津最早对于电力的应用。1902年，法租界设立发电厂，位于法国桥（现解放桥）旁，最初由法国工部局经营，后被法国人克立孟·布吉瑞收买，选址法租界26号路211号建发电厂，于1912年开始营业，使用卧式蒸汽机发电。1916年成立法商电灯股份有限公司[①]（图4-4-4）。

1906年，英商仁记洋行在伦敦路（今成都道）建立了直流发电厂，向英租界供电。1920年，由英租界工部局收回，成立电务处，改为交流供电，设备有4座交流发电机，电平机2架，汽锅6座，抽水机4架，变压机2座，为英租界及特一区供电。1923年，安装1000千瓦汽轮发电机2台，1924年和1927年又增设2500千瓦发电机各1台（图4-4-5）。

日租界电厂设立于民国16年（1927年）11月，由日侨组织租界局设立，1938年第一发电厂建成后拆除。机器有2000马力交流发电机2架，2000马力透平机1架，汽锅3架，30马力抽水机2架（图4-4-6）。

最大的发电厂是比利时人设立的电车电灯公司发电厂，总发电厂设于河北金家窑，机器有交流发电机5座，机上附有直流机，发电供给全市应用；变电机2座，因交流电不能用于驱动电车，必须用变电机将交流电变成直流电，然后才能驱动电车；汽锅10座；抽水机，用于给锅炉添水，给电机降温以及净化空气，减轻机器摩擦（图4-4-7）。

此外，德租界工部局于1908年成立200千瓦直流发电所，经营配电业务。这一时期，各发电厂独立经营，自成系统，供电范围主要集中在外国租界、老城区和近郊区的一些大型工厂。

[①] 天津市政协文史资料研究委员会. 天津——一个城市的崛起[M]. 天津：天津人民出版社，1990：147.

图4-4-4 法租界发电厂

图4-4-5 英租界发电厂

图4-4-6 日租界电厂

图4-4-7 电车电灯公司发电厂

4.4.4 电报

自1844年电报被广泛应用后，已经成为西方各国用来通信的主要工具。第二次鸦片战争之后，西方列强纷纷要求在通商口岸架设电报线，同治元年（1862年）俄国公使就要求架设从恰克图至北京和天津的电报线，但遭到拒绝。

直至光绪五年（1879年），李鸿章在处理军事外交事务时，深感传统邮驿传递迟缓，便让天津鱼雷学堂教习贝德斯（J. A. Batts）在大沽、北塘的海口炮台间架设了一条约60公里的电报线，它是我国第一条军事专用电报线，是中国自办电报之始。

光绪六年（1880年），中俄伊犁交涉失败，李鸿章以电报有利军事、便利通信为理由，奏请敷设天津至上海的电报线。该电报线于光绪七年（1881年）开始动工，11月竣工，从天津起始沿大运河经镇江到达上海，技术工作承包给大北电报公司，是我国正式开办的第一条陆路电线。1880年天津电报总局设立，盛宣怀为总办，位于东门内问津行馆，并在紫竹林、大沽、济宁、上海等地各设分局。电报线跨过西南城角，横贯天津城（图4-4-8）。

李鸿章又以加强防务为由，提出天津北塘至乐亭、山海关、营口、旅顺等地，都是海防重地，各地都驻有防军，为迅速传递军情，亟需架设电线。由于经费不足，便分段分期建设，先架设北塘至山海关的电线，再架设山海关到营口、营口到旅顺两段电线。而其余各地

图4-4-8 天津电报总局

也纷纷奏请建立了电报线,如苏浙闽粤电报线、宁镇线、陕甘线等。至1890年,以天津为中心的中国电报干线通信网业已初步形成,李鸿章为此上奏清王朝:"中国创设电报线,已阅十年。近来风气渐开,推行日广,东北则达吉林、黑龙江俄界,西北则达甘肃、新疆,东南则达闽、粤、台湾,西南则达广西、云南,遍布二十二行省,并及朝鲜外藩,殊方万里,呼吸可通,洵称便捷。"

4.4.5 邮政

天津是中国近代邮政的发源地。光绪初年,北洋大臣李鸿章深感驿递法需要改良,建议由赫德(Robert Hart)主持,仿照欧洲试办邮政。光绪四年(1878年),总理衙门决定试办新式邮政,由海关税务司德璀琳宣布天津海关书信馆开始收寄华洋公众邮件,并推动其他通商口岸开办新式邮政。除了建成津京骑差邮路,使北京通过天津与其他试点城市联系起来,还与招商局、怡和、太古轮船公司商议带运邮件,开辟海上邮路。光绪四年(1878年)在天津发行了中国第一套邮票——大龙邮票(图4-4-9),邮票的图案为"蟠龙戏珠",全套包括1分、3分、5分三枚邮票,开始用邮票凭证收取邮资。光绪五年十一月(1880年1月)改名为海关拨驷达局(海关邮局),专送北京、天津、牛庄、烟台、上海等通商口岸来往信件。光绪二十年(1894年)津榆铁路建成,第二年天津至山海关的邮件改用火车运送,成为全国利用火车运邮之始。这段时间邮政一直处于海关的管理体制之中,因此这段时间邮政被称为"海关邮政"。

图4-4-9 大龙邮票（1878年）

光绪二十二年（1896年）总理衙门建议"请由海关现设邮递推广，并与各国联会，以便商民，而收利权"，遂改名为"大清邮政"，并在大沽设立天津第一个邮政分支机构——大沽邮政局。光绪二十五年（1899年），全国邮政按海关管辖区域划分邮界，天津邮界是全国35个邮界之一。1902～1911年是天津邮政历史上的一次发展高潮。此时，天津的大清邮政局改为天津邮政总局，不仅增加局所，还拓宽了邮路。随着津榆、京津、津浦铁路的建成，以及塘沽、秦皇岛两个港口的交替使用，组成以天津为中心，以铁路为干线，四通八达的邮政通信网。此时，天津已成为北方最大的水陆两运通信枢纽。宣统三年（1911年）邮传部接管邮政。1912年中华民国成立，大清邮政改为"中华邮政"。

第5章

新中国工业城市规划建设
——以洛阳涧西区156项目工程为例①

① 本章执笔者：孙跃杰、徐苏斌

5.1 因工业而生的现代洛阳——156项目工程对城市建设的影响

5.1.1 洛阳在新中国成立初期城市发展的基础状况

洛阳的城市建设,最早可上溯到考古发现的位于洛阳偃师二里头村的夏都,在我国古代城市发展史上,更为有名的是"周公营洛邑"①对后来我国城市规划产生了深远的影响。东汉、曹魏、西晋、北魏的洛阳城均以此为基础。隋唐时代是洛阳城市最为繁荣的时期,隋炀帝于大业元年(605年)重新规划了洛阳城。唐中叶以后,洛阳城逐渐颓败,直到北宋后期,洛阳才在原有的断壁颓垣上有所恢复②。金人营洛时洛阳为中京、金昌府,辖九县、四镇,55635户。元朝时洛阳是河南路、河南府暨洛阳县治。明朝河南府属河南行中书省,洛阳仍为河南府暨洛阳县治。清朝,仍沿明制,为河南府洛阳县治③(图5-1-1)。

民国时期洛阳战事不断,洛阳城破坏严重,昔日王城早已不见,百业凋敝,民不聊生④。到新中国成立初期,洛阳仅为县治,人口6万有余⑤,无任何现代化设施,城市公共事业极其落后,隅于老城区域。

洛阳鼓楼　　　　　　　　　　　　河南府洛阳文庙

图5-1-1　清末洛阳街市图景

---

① 《周礼.考工记》:"匠人营国,方九里,旁三门,国中九经九纬,经涂九轨,左祖右社,前朝后市。"
② 《元河南志》:"宋以河南为别都,宫室皆因隋唐旧,或增葺而非创造。"
③ 《金史》卷二五,"地理志";《元史》卷五九,"地理志";《明史》卷四二,"地理志三";《清史稿》卷六二,"地理志九"。
④ 洛阳市地方志编纂委员会. 洛阳市志[M]. 郑州:中州古籍出版社,1996:5.
⑤ 同上。

洛阳街景　　　　　　　　　　　　　　洛阳城隍庙

图5-1-1　清末洛阳街市图景（续）

5.1.2　新时代的开创——新中国156项目工程选址洛阳后第一期城市规划

1）规划始末

洛阳于1948年4月5日解放，经过国民经济恢复期[①]，迎来了大规模的城市建设。而洛阳的城市建设主要得益于"一五"时期的156项目工程。"一五"时期，共有6项156项目工程落户洛阳[②]。建筑工程部建设局确定洛阳作为全国重点建设的新兴工业城市之一。

1953年9月，建工部分别为这些城市组建了重点城市规划组。1954年4月，洛阳规划组开始进驻洛阳收集相关资料，进行规划前期工作，洛阳市则成立了城市建设委员会，设置规划处，从北京、上海、广州等地借调专业技术人员30余人，组建市测量队进行大地测量和1∶1000～1∶10000的地形图测量，在编制涧西工业区规划的同时编制了洛阳市的整体发展规划。

2）规划布局与内容

城市总体形态为东西长15公里，南北宽约3公里的元宝形带状城市。涧西区为工业区，西工区是市中心行政区（发展区），老城、瀍河区为商业、手工业、小型轻工加工区（改造区），从而形成一个中心（西工区行政中心），两个副中心（涧西工业区和老城商业区）的格局。

其中，涧西工业区的规划是在特殊的历史时期下进行的。常规的城市规划必须以国民经

---

① 指从新中国成立到1952年的这个时段，一方面是全中国的全面解放，一方面是战后的经济转型与调整、恢复。
② "一五"时期156项目工程先有6项选址初建，分别是洛阳铜加工厂、洛阳滚珠轴承厂、洛阳第一拖拉机厂、洛阳矿山机械厂、洛阳热电厂，河南407厂最初建厂于山西侯马，后迁入洛阳涧西。

济发展计划、国土规划和区域规划为前提，而涧西区的规划却是在国土规划和区域规划尚未开展的情况下进行的。作为156项目工程中5大项工业项目的集中择址地，首先要保证五大厂的建设需要，以五大厂远期发展人口规模为基础，产业职工可达4.43万人，基本人口与服务人口和被抚养人口以1:3计，这样确定该工业区的人口数量为13.3万人，加之预留余地，确定涧西区规划人口为16万人。工业用地5平方公里，居住区10平方公里，人均以100平方米计[①]。

具体规划为：生产区规划在原洛潼公路以北，陇海铁路、涧河以南，自西向东布置洛阳矿山机械厂、洛阳第一拖拉机厂、洛阳热电厂、洛阳滚珠轴承厂和洛阳铜加工厂。热电厂置于拖拉机厂东北部。生产区北设铁路编组站，通各大厂专用火车线，并与洛阳货运站接轨。各大厂大门面南，厂前设厂前区，包含生产管理、科研和职工教育。厂南门设东西货运干道，供零星配件发货及小宗生产配件运输。各厂大门前设厂前广场，南侧为各厂矿的生活区，包含住宅、商业、教育设施[②]。

规划优点：

（1）事先预留了厂矿企业和人口的发展空间，为后期厂矿的入住及城市发展留有余地。

（2）由于主要的运输线在厂矿北侧，各大厂矿的大宗原料和成品运输不走市内，不对市区的交通和环境构成压力。

（3）热电厂的位置正好是能源负荷中心，为各厂矿供电、供热、供气，输送线路短，既节约了基础建设成本，也减少了能源损耗。

（4）厂区和生活区利用厂前区和广场分隔，极大降低了厂区生产对生活区的污染，合理的布局也使得上下班交通便捷。

（5）涧西区的规划总平面布局完整，能够独立存在又与主体城市有便捷的联系，突出解决了"一五"时期建设资金匮乏和需要尽快建设社会主义工业化的目标之间的矛盾，先满足涧西工业区的建设，保障工业生产，逐渐发展建设城市其他区域。

涧西工业区的建设是在国家"一穷二白"的国情背景下开始的。作为国家首批重点新兴工业城市之一，涧西区的建设受到了党和国家的高度重视。中央从机械工业部、国家电力部、建筑工程部派了基建队伍，从荆江分洪工地调了工程兵第8师，集中2.6万人，组成洛阳工程局，负责涧西工地的建设施工。"支援涧西的物资从祖国的东西南北源源运来，各路建设大军从祖国的四面八方汇集涧西"。

1955年中共洛阳涧西区委、区政府成立，以"基建第一"为指导方针，带领各方力量，征购工业用地，组织原有居民搬迁，修公路、架桥梁、敷设铁路、通水电、修筑防洪沟渠，在苏联专家的帮助下，建厂房，筑宿舍，安装大型工业机器设备，建造各类公共设施与建筑物，到1957年底，一个新兴的工业区就已初具规模（图5-1-2）。

---

① 彭秀涛. 中国现代新兴工业城市规划的历史研究[D]. 武汉：武汉理工大学，2006.
② 洛阳市地方史志编纂委员会. 洛阳涧西区志[M]. 郑州：中州古籍出版社，2010.

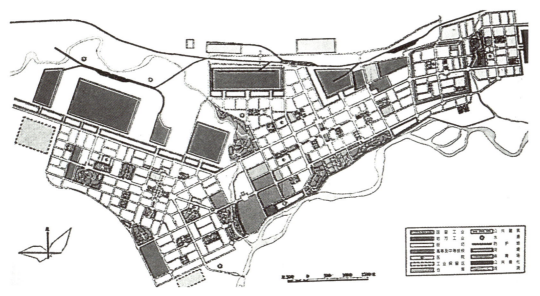

图5-1-2 1956年洛阳第一期城市总体规划图

5.1.3 作为新兴工业城市的洛阳涧西区规划详解

1954年4月，国家建设总局组成工作组，在苏联专家的协助下，对涧西区作了全面规划，10月经国家建委组织有关部门审查后下达执行。按照总体规划，涧西区范围为：东起七里河村，西达谷水镇，南接秦岭防洪渠，北邻涧河。工厂延涧河一字形排列，厂区北侧设置各大厂的铁路专线编组站，厂区南侧为生活区，厂区和生活区之间用200米的绿化带隔离，生活区按照街坊设置市场商业区，生活区的南侧布置大专院校和科研单位，从而形成东西长6.5公里的带形城市。

1）功能分布

洛阳涧西区是洛阳6个辖区之一，是以机械工业为主体的城市工业区，初建于1955年，因位于涧河以西，故取名涧西区，初建时长6.5公里，宽4.2公里。选址自涧河以西，自东向西依次布置了洛阳铜加工厂、轴承厂、洛阳热电厂、拖拉机厂、矿山机器厂及柴油机厂，采用了"南宅北厂"的格局，自北向南按照工业区、绿化隔离带、居住区、商业区、科研教育区的排列方式建造工业新城，引来大量工业移民，形成了全新的洛阳涧西工业区。涧西区因国家156项目而生，选址及其与老城位置的处理办法早已蜚声海内外，即著名的"洛阳模式"，其特殊的形成背景和规划模式，使得城市格局和城市肌理表现出高度的计划性和如一性。东起七里河村，西达谷水镇，南接秦岭防洪渠，北临涧河，工厂沿涧河南岸一字排开，充分利用充足的水源集中布置厂矿，各厂规模宏大，各自成方，并设立相对如一的厂前

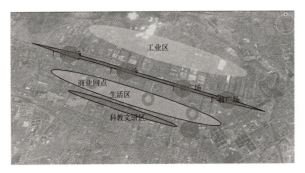

图5-1-3 涧西工业区功能分区示意

广场；厂北设各大厂铁路专线编组站；厂南为生活区，厂区与生活区之间设200米宽的绿化隔离带（"文革"时期亦改为生活区），在生活区点状布置商业网点；大专院校、科研单位设在生活区南面，如图5-1-3所示。

在区域功能方面兼具以下诸多方面：

（1）工业集中，从1954年国家156项目开始落户该区到1957年底涧西区初具规模时，已有洛阳热电厂、洛阳第一拖拉机厂、洛阳轴承厂、矿山机械厂、铜加工厂和河南柴油机厂等众多国家、省部级企业分布于此。

（2）科研集中，文教事业发达。各厂均设有幼儿园、小学、中学、职业技术学校，同时该区域内还有大专院校，如洛阳农机学校（后更名为洛阳工学院，今河南科技大学），农专、医专，以及科研院所例如耐火材料研究院、725研究院、洛阳有色金属设计院、机械工业部第四设计院等国家级科研单位。

（3）商品流通活跃，区内按照生活区及国内移民原属地集中布置了广州市场、上海市场、康滇市场以及河南市场（该市场未建成）等。

（4）医疗、文化娱乐设施健全，体育运动场所丰富。

（5）是洛阳市外事、游览接待中心。

（6）交通便捷，道路宽敞，绿化出众。

2）道路交通

道路规划是一座城市规划的先行和骨架。作为带形城市的一部分，洛阳涧西工业区的道路是分隔各大功能分区的主体，也是城市内部及对外交流必须（图5-1-4）。

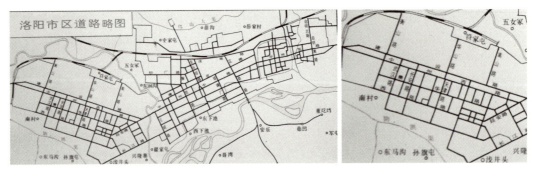

图5-1-4 1956年规划洛阳市及涧西区道路分布

涧西区的主要干道可以总结为"五经、五纬、两放射"。"五经"指的是南北贯穿涧西区的五条道路，即太原路、天津路、青岛路、长安路和武汉路；"五纬"是指纵贯东西的主干道，即建设路、中州西路、景华路、西苑路和联盟路；"两放射"一条由七里河放射出主干道建设路、中州西路和延安路，另一条是由牡丹广场友谊宾馆门前通向延安路、西苑路和南昌路。

（1）五条经路

太原路，北起长春路口，连接洛阳铜加工厂厂门，南至联盟路，是铜加工厂厂前横穿各功能带的道路。

天津路，北起建设路洛阳滚珠轴承厂门，南至孙旗屯、浅井头村，是轴承厂厂前横穿涧西各功能带的道路。

长安路，北起建设路洛阳拖拉机厂门，南至联盟路，是洛拖厂前横穿涧西各功能带的道路。因拖厂面积较大，青岛路北起中州西路，是天津路和长安路之间连接南北生活、商业区的以及科教区的南北道路。

武汉路，北起洛阳矿山机械厂南门，南至联盟路、南山，是矿山厂前通往南侧各功能带的南北路，也是涧西工业区最西端的经向道路。

（2）五条纬路

建设路原名纬一路，东起七里河村，西至谷水镇东，1955年修建，全长5851米，是五大厂矿的厂前道路，起到小件材料、成品运输和连接各厂的作用。

中州西路原名纬二路，东起中州桥，西至谷水镇西，是纵贯洛阳东西带型城市的中轴干道，涧西段长6230米，也是涧西区的主要干道（图5-1-5）。

景华路原名纬三路，后以隋代西苑景华宫为之命名，东起太原路，西至武汉路，平行于中州西路，全长3332米，是贯穿涧西生活区的主要干道，也是涧西区的商业街。

西苑路，原名纬四路，因其位置正好位于隋唐时期的西苑，就以隋唐西苑命名之。东起延安路和南昌路口，西至武汉路，全长3650米，北侧为各工厂生活区，南侧是科教文单位。

联盟路，平行于西苑路，西通武汉路，东达南昌路，位于科教文单位的南侧，是教科文单位与南山住宅区的分界。

图5-1-5　20世纪80年代涧西区主干道路照片

（3）放射状节点以及对外交通

因整个涧西区的布局并非正南正北，而是带形走向偏东南—西北，这样的布局在涧西区的最东边与西工区连接的部位就会出现转角，因此在此处会有两个放射状的节点：一个是往西工区方向，建设路、中州西路和延安路在此汇聚；另一个是延安路、西苑路和南昌路在涧西区的东南角汇聚。南昌路是涧西区向南至洛河的对外通路，中州西路和延安路是连接涧西区与西工区的主要通路，在北侧，嵩山路、华山路、衡山路既是各厂区时间的分隔路，也是向北连接城内城外的通路。

3）整体风貌

构成涧西区主题风貌的主要有三个主要元素：一是厂区，二是街坊，三是绿化。同一时期建造的建筑具有统一的风格，也就构成了气势恢宏、时代精神突出的涧西风貌。

（1）厂区

涧西区因工业而生，工业是涧西城市建设的基础。1954~1956年，洛阳滚珠轴承厂、洛阳第一拖拉机厂洛阳矿山机械厂、洛阳铜加工厂和热电厂相继开工，1961年河南柴油机厂（407厂）迁入，后期地方大型工业也逐步落户涧西，使得涧西区成为名副其实的工业区，且布局严整，具有高度的计划性，是计划经济时代精神的代表，其特点有四：布局合理、相对集中、规模宏大、建筑宏伟。

每座厂矿都经过严整的规划，都有厂前广场、厂前办公区、生产区和厂后铁路编组站（图5-1-6）。

图5-1-6 涧西工业厂区的整体风貌

（2）街坊

从20世纪50年代开始，依照"先宿舍、后厂房；先辅助车间及服务性建筑、后主要生产车间"的整体计划，在规划的生活区建设有大量的苏式住宅区，并借由洛阳悠久的历史积淀，取隋唐"里坊"的古意，命名为"街坊"，并依次编号。规划整齐，多采取内围合式；建筑一般为3~5层；坡顶，砖混结构，内墙多为木板结构，外墙有装饰线脚，小型外凸式阳台，有烟囱，部分住宅有地下室。建设初期标准较高，各户型包含较大的客厅、卧室、卫生间、厨房及储藏室，后将一户改造为2~3户，住宅标准降低。整体建筑风格为苏联式建筑，俗称"苏式"。如今，当我们经过这些工人住宅区的时候，我们端详着那些面目相近、老旧而又略显笨拙的楼群，端详着楼房顶端那一溜溜熏得乌黑的排烟道，仍能体味出苏式建筑的用料实惠、宽大沉稳和向往共产主义的浪漫热情（图5-1-7）。

图5-1-7　涧西区"苏式"住宅街坊风貌

（3）绿化景观

从前述内容可以得知涧西工业区的路网十分整齐，广场的布置因厂区分布规则，延中州路的四大厂矿均有正对大门的厂前广场，气势恢宏。建设路与中州西路之间原为200米宽绿化隔离带，种植多种花树果树，不仅实现绿化，更在春、秋季实现城市"彩化"；该绿化带于"文革"期间加建为居住区。中州路作为主干道，沿路设绿化隔离带，多植雪松；西苑路沿路种植法国梧桐，枝繁叶茂，形成绿荫拱廊，街心设绿化及花坛雕塑，成为街心公园；涧西区最东段设有牡丹广场，科研机构、商业网点、对外接待中心围绕其四周，是进入涧西区的门户和窗口，北线四大厂区均设有厂前广场，规则分布，立有毛泽东巨型雕像，对称布置，绿化精致，厂区内部也实现了花园式工厂的景观绿化。

整个涧西的道路广场与绿化有明显的新中国时代特色，节点空间的效用显著，如图5-1-8所示。

（4）科教文等其他建筑风貌

与洛阳工业区各个企业配套的高校和研究所有：洛阳农机学院（今河南科技大学西苑校区，中国农机、轴承教育中心）、洛阳拖拉机研究所、洛阳耐火材料研究院、725研究所、机械工业部第四设计院、有色金属设计院、机械工业部第十设计院、轴承研究所、矿

图5-1-8　涧西区道路广场与厂区绿化风貌　　　图5-1-9　河南科技大学
（原农机学校）1号、2号楼实景

山机械研究院等。这些建筑建于20世纪50年代，建筑规模恢宏，平面对称，有明显的古典主义构图方式，苏式风格，砖混结构，墙体较厚，底层为50墙，外有装饰线脚，如图5-1-9所示。

（5）广场景观

"一五"时期的洛阳涧西区城市规划，在空间形态上存在重要的五个节点，即涧西的五大广场：自西向东依次是洛阳矿山机器厂厂前广场、洛阳第一拖拉机制造厂厂前广场、洛阳滚珠轴承厂厂前广场、洛阳铜加工厂厂前广场和位于西苑路东部端头的牡丹广场。厂前广场极大地增强了各厂大门和厂前区的恢宏气势，其广场绿化和具有时代特色的毛泽东雕像成为涧西的著名地标，是构成涧西区工业遗产的重要组成，也是构成涧西独具时代特色的城市整体风貌的重要组成部分（图5-1-10～图5-1-13）。

图5-1-10　洛阳矿山机器厂厂前广场　　　图5-1-11　洛阳第一拖拉机制造厂厂前广场

图5-1-12 洛阳滚珠轴承厂厂前广场

图5-1-13 洛阳铜加工厂厂前广场

5.2 洛阳156项目工程建设历史

5.2.1 电力工业的建设——洛阳热电厂建设

5.2.1.1 洛阳热电厂建厂背景

1）洛阳电力工业的起点

洛阳在近代时期工业基础薄弱，因此电力工业并不发达。1920年（民国9年）开封普临电灯公司股东董家位、魏子青和杨民3人在洛阳招股，筹资5万元兴办临照电灯股份有限公司[①]。这一公司设在今洛阳东站西闸口北五段路南，即在洛阳东站北面司马懿坟附近。当时厂内安装一台三相交流发电机，容量为80千瓦，蒸汽驱动。当时军阀吴佩孚驻兵于洛阳西工[②]，所发电力仅供当时西工兵营及城内军政机关和部分商贾照明使用。1924年第二次直奉战争爆发，电灯公司饱受战乱影响，电费亦无着落，后被迫停办。

1932年淞沪战争爆发，"一·二八"事变后，南京政府于该年2月从南京迁入洛阳，洛阳就此定为"行都"。国民党建设委员会拨款65000元兴建行都电厂，供官方用电。1932年5月5日，国民政府与日本签订《淞沪停战协定》，到冬天，蒋介石率所有官员返回南京，行都电厂就此停建。

---

① 魏子青（1870—1928），实业家，字步云，回族，开封市人。幼年家境贫寒，后贩卖马匹，逐渐发迹。清宣统二年（1910年），联合杨少泉等，集资创建开封普临电灯公司。民国4年（1915年），又集资在郑州兴办明远电灯公司，自任总经理。民国6年（1917年）又在洛阳兴建照临电灯公司，在信阳兴建兴明电灯公司。还办有丰乐园剧场、裕华楼澡堂。为提高少数民族文化，又办了养正小学，人称"实业迷"。

② 西工：洛阳西工区名称来源于民国3年（1914年），北洋政府在洛阳老城以西大规模兴建兵营，当时叫"西工地"，简称"西工"。

1933年9月，中央军官学校洛阳分校在洛阳西工成立。蒋介石政府因此投资25万元筹建洛阳电厂，即西工电厂。该厂于1934年4月动工，于1935年3月竣工，到1935年4月底正式发电。当时厂内安装的是两台英国B·T·H厂出产的水管式锅炉。该厂厂区面积26977米^2，当时职工最多时110人，最少时76人，每天仅晚上发电，所发电主要供军校、航校和军政机关使用，剩余部分供给市民商贾。

1944年4月，日军入侵洛阳，该厂遭到严重破坏，1945年6月，日军又将其修复，仅使用了28天，抗日战争结束，日本侵略者无条件投降，国民政府派第一战区长官司令部接收。1948年在解放洛阳的战斗中，该厂在战火中遭到严重破坏，厂房、工房材料库基本上倒塌殆尽，设备材料也都被盗窃一空。直到1948年4月5日洛阳解放，解放军军代表进驻电厂，并将原厂工人找回电厂。1948年10月重新筹款抢修，至1949年6月16日恢复发电。西工电厂的恢复为巩固洛阳新生的人民政府起到了极大的作用，也为市区人民正常的生活照明做出了贡献。此时的西工电厂改名为"洛阳电力公司"，1953年再次更名为"地方国营洛阳电厂"（图5-2-1）。

1956年后，郑州、洛阳和三门峡电网成立，最初是由郑州向洛阳和三门峡输电，后伴随洛阳热电厂的建设与投产，原有地方国营洛阳电厂因其老旧设备运转耗能大，发电量小，故不再并入郑州、洛阳和三门峡电网，并于1957年10月停止发电，原有设备迁往信阳、周口、许昌等地，当时的268名职工也分别调往许昌、开封等地的电厂，也有一部分进入洛阳热电厂工作（图5-2-2）。

图5-2-1　1955年西工电厂一角

图5-2-2　1957年西工电厂解散时职工合影

2）洛阳热电厂建厂梗概

"为着适应工业的发展,特别是新工业地区建设的需要,必须努力发展电力工业,建设新的电站和改造原有的电站。第一个五年计划期间,将以建设火力电站为主(包括热力和电力联合生产的热电站),同时利用已有的资源条件,进行水利电站的建设工作,并大力进行水力资源的勘测工作,为今后积极地开展水电建设准备必要的条件。"[①]

从1951年起,中苏签订了援助中国建设156项大型工程的协议,在电力建设方面共有25项工程,其中火电项目23项[②]。

洛阳热电厂位于华山北路北端西侧,洛阳第一拖拉机厂北侧,是新中国第一批高温高压大型电厂之一,既供电又供热。1954年4月正式成立洛阳热电厂筹建处,1956年6月20日破土动工,1957年12月17日第一台25000千瓦供热机组投入生产,1958年全部竣工,历时3年(表5-2-1)。

洛阳热电厂投资建设生产情况[③]　　　　表5-2-1

计划安排投资	占156项目工程投资比例	实际完成投资	"一五"时期完成投资	建设规模	形成生产能力	"一五"时期形成生产力
6700万元	2.1%	6797万元	5229万元	7.5万千瓦	7.5万千瓦	5万千瓦

5.2.1.2　洛阳热电厂建厂历史

1）选址

洛阳热电厂的厂址最初由一机部结合洛阳拖拉机厂的厂址统一选择,因此也是由一机部择定了最初的热电厂的轮廓和位置,后来工作转至燃料工业部,热电厂的筹建处则在原有基础上进一步进行地质勘测工作。当时北京设计分局地区勘测队对洛阳热电厂厂址初步位置进行了方格网工程地质勘探,又请北京设计分局对厂区的地下蓄水进行了抽取试验工作(图5-2-3)。

洛阳是13朝古都,有着极为丰富的地下文物埋藏,整个1954年上半年,地质勘测人员都在进行古墓的钻探和场地的回填工作。厂区内的土质属于层层交错的大孔性黄土类砂质黏土和黏土的混合,浸水易下沉,结合热电厂的常规地面建筑物荷载考虑,需采取防止土壤进水下沉的措施。直到1954年底,经过一系列的勘测、比较和实验工作,才最终确定了热电厂的

---

① 《中华人民共和国发展国民经济的第一个五年计划》。
② 董志凯,吴江. 新中国工业的奠基石——156项建设研究(1950~2000)[M]. 广州:广东经济出版社,2004:343.
③ 董志凯,吴江. 新中国工业的奠基石——156项建设研究(1950~2000)[M]. 广州:广东经济出版社,2004:346-349.

图5-2-3　洛阳热电厂原始地貌图

图5-2-4　洛阳热电厂地形测绘与地质勘探

厂址，如图5-2-4所示热电厂地形测绘与地质勘探留影。

2）工程设计与建设

洛阳热电厂的厂区建设大致分为三期建成。洛阳热电厂所在位置图及厂区总平面布置图如图5-2-5、图5-2-6所示，热电厂的建设不同于一般厂区，其主体工程建设是大型发电、供热机组，所有建筑物是厂区建设的配套工程，包括一些设备基础、蓄水池、冷却塔、覆盖性厂房等。因此大型设备之间的组合就成为其厂区规划的核心，如何连接各设备机组，节能、节地，合理分区，尽可能减少传送过程中的热能损失是厂区规划的关键，因此热电厂的厂区规划在生产区部分相对集中紧凑。

第一期工程（1956～1958年），编号412工程。燃料工业部计划安装4台12000千瓦发电机组，交由捷克斯洛伐克设计并提供设备，但因对方交货时间不能满足中方急需用电投产的需要，在1954年下半年改为由苏联设计并提供发电设备，国家遂将此项工程列入"一五"时期156项重点工业项目之中。这一期工程依据当时洛阳新建156项目的厂矿的原始资料设计，由苏联莫斯科动力设计院加以修正，并于1955年7月完成了初步设计，1956年第四季度完成了技术设计[①]。工程建设由北京基建总局第七工程处承包，设备安装由基建总局第八工程处承包。

---

① 洛阳热电厂. 洛阳热电厂志[Z]. 1987：17-18.

图5-2-5 洛阳热电厂所在位置

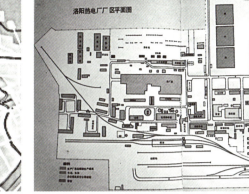
图5-2-6 洛阳热电厂厂区规划平面

热电厂的第一期工程于1956年6月20日破土动工,相继建设主厂房、烟囱、卸煤装置、喷池、水泵房、拦河坝及附属厂房等,至年底主厂房基本建成。1957年初安装设备,1957年12月3~6日,第一套机炉设备进行了72小时带负荷试运行,同年12月16日移交生产,17日正式并入郑州-洛阳-三门峡电网。从开工到投产历时18个月,整个建设过程得到了苏联专家小组在生产工艺方面的技术指导(图5-2-7)。

第二期工程(1958~1965年),由北京电力设计院设计,初步设计于1958年5月提出,设计容量17.5万千瓦,除满足洛阳地区用电负荷外多余电力输入电网。土建工程由豫西建筑公司负责,安装施工由河南省电力工业局火电安装公司第一工程处承担,1959年1月开始安装,1962年相继投产。采用的是我国自制新设备,由于质量不过关,试运行中振动严重,后

引风机室施工

拦河坝施工

锅炉房基础施工

汽轮机基础施工

1号发电机整体吊装

1号发电机组投产剪彩

图5-2-7 洛阳热电厂第一期工程施工图景

返厂修理、更换等，前后试运行了70余次，最终到1965年12月1日正式投产使用，此时洛阳热电厂的装机容量达到1805万千瓦，锅炉蒸发量达到950吨/时[①]。

第三期工程（1965～1968年），涧河北岸新灰场建设。因原有涧河南岸的灰场已不够用，遂于1965年在涧河北岸扩建新的灰场，1975年又建设姚家沟灰场，如图5-2-8所示。

洛阳热电厂的建立，极大地解决了豫西地区电力不足的问题。在20世纪60年代，河南省中原电网总容量为32.09万千瓦，而洛阳热电厂的发电则占了57.5%[②]，是河南省的主力电厂，此时的装机容量也远远超出了1949年前洛阳电力的容量[③]（图5-2-9、图5-2-10）。分别为以下地区提供电力输送：首先是涧西区各大厂矿和市区的动力与生活用电；此外是向郊区、孟津、徐家营地区供电；第三是向涧东区、宜阳县等地区供电；剩余的并入河南电网系统。

在供热方面，洛阳热电厂共有5台带抽气的供热机组，为涧西区各大厂矿供热，后发展为向整个涧西区供热。

汽轮发电机房内部　　　　　　　　邙山姚家沟灰场

图5-2-8　热电厂厂区扩建建设

图5-2-9　1960年代的洛阳热电厂　　　图5-2-10　洛阳热电厂办公楼

---

① 洛阳热电厂. 洛阳热电厂志[Z]. 1987：19.
② 洛阳热电厂. 洛阳热电厂志[Z]. 1987：8.
③ 同上。此前洛阳电力的装机容量仅为500千瓦，到20世纪60年代，洛阳热电厂的装机容量相当于此前的370倍。

5.2.2 机械工业的建设——洛阳滚珠轴承厂建设

5.2.2.1 洛阳滚珠轴承厂建厂背景

1）新中国轴承生产的背景

旧中国在机械工业方面极其薄弱，少有的一些制造业多数以进口设备为主。新中国成立伊始，大多数工厂设备残缺。新中国要实现工业的现代化，首要是发展自己的制造业，建设一批大中型机械工业。"一五"时期，苏联援建的156项重点工业项目中有24项属于机械工业。

在轴承生产方面，旧中国民国时期仅在辽宁沈阳、瓦房店、山西长治以及上海有一些轴承生产的基础。该时期建设了哈尔滨轴承厂、辽宁省瓦房店轴承厂和洛阳滚珠轴承厂，一时间成为国内轴承界享誉盛名的大型企业。时至今日，"哈"、"瓦"、"洛"[①]仍是我国轴承生产的领军企业。

2）洛阳滚珠轴承厂建厂梗概

洛阳轴承厂是我国第一个五年计划时期建造的156项重点工程之一。1953年5月15日中华人民共和国同苏维埃社会主义联盟共和国政府商定，并于同年11月27日签订102307号合同，由苏联设计并帮助建设洛阳轴承厂，直接隶属中华人民共和国机械工业部，属直属国营工业企业。

洛阳轴承厂位于洛阳涧西，东临洛阳铜加工厂，西与洛阳第一拖拉机厂毗邻，南接秦岭防洪渠，北有陇海铁路和厂内铁路专用线相连，厂前洛潼公路穿过，涧河和洛河分别从东北和西南环绕而过，为工厂提供了便利的交通和水源。

1953年2月预备筹建滚珠轴承厂，1954年3月24日国家计委通过工厂设计任务书正式动工兴建，1955年8月厂区正式开工建设，1957年7月试运行生产，产出第一批汽车变速箱2191套。至1958年7月，轴承厂第一期工程全部建成，正式投产运行，历时近5年。洛阳滚珠轴承厂的建设和发展，得到了党和国家领导人的关切，苏联以尼·谢·伊克良尼斯托夫为首的苏联专家为该厂的建设提供了极大的帮助。

洛阳轴承厂的建设，从开工到投产只用了23个月的时间[②]，竣工面积、项目和设计完全相符，1957年试产轴承14种，合13.62万套，1958年生产轴承183种，合585.72万套，当年实现利润920.3万元（表5-2-2）。

[①] "哈"、"瓦"、"洛"即哈尔滨轴承厂、辽宁省瓦房店轴承厂和洛阳滚珠轴承厂的业内简称。
[②] 此处仅指厂区生产单元的建设。

洛阳滚珠轴承厂投资建设生产情况[①]　　　　表5-2-2

计划安排投资	占156项目工程投资比例	实际完成投资	"一五"时期完成投资	建设规模	形成生产能力	"一五"时期形成生产力
10610万元	4.1%	11306万元	9508万元	滚珠轴承1000万套	同规模	同规模

洛轴生产的轴承供应给全国各地，大大提高了"一五"时期我国机械设备的国内自给率。除常规轴承外还研制成功了我国国防科研和国家重点工程用的特殊性能、特殊结构的轴承应用于航空发动机、坦克、精密光学仪器等领域，填补了我国轴承工业的空白，为新中国机械工业的进步做出了贡献。著名的长江葛洲坝水利工程、核潜艇建造工程以及海洋石油钻井船、巨型电子计算机，乃至国防工业的中远程导弹和人造卫星的发射设备上，都有洛阳轴承厂生产的轴承在运转。

5.2.2.2　洛阳滚珠轴承厂建厂历史

1）洛阳滚珠轴承厂的筹建

（1）选址

滚珠轴承的生产属于精密机械制造工业，对工厂的自然环境、空气的温度、湿度和清洁度均有严格的要求。因此作为156项重点工程之一，国家对轴承厂址的选择极为重视。

1953年先后进行了多次厂址调查工作，从大的布局上来讲，大西北地区风沙大，交通不便，原材料购进和产品销售的运输费用高；长江以南湿度太大；津浦线以东，国防条件不适宜[②]；黄河沿岸土质松散，沙尘过多。根据轴承生产的特殊性，考虑自然、经济和国防因素，初步建议以北京、石家庄、太原和西安作为选厂目标。

1953年4月，初步选定在西安东郊王家坟一带、灞桥电厂以东建设该厂，后因西安地震多、湿度大、离拖拉机和汽车厂较远等因素，苏联专家建议放弃西安厂址，该建议于1953年12月11日获中央批准，自此转向洛阳与洛阳第一拖拉机厂和洛阳矿山机械厂联合选址[③]。

1954年2月20日经国家计委通过，毛泽东主席同意，正式确定滚珠轴承厂在洛阳建厂。在洛阳地区，筹备组先后考察了涧河东岸、洛阳东部白马寺附近两处，均因地下古墓众多而放弃；洛河以南虽有地势平坦、水源近、古墓少、居民少等优势，又因受周围高地雨水冲刷

---

① 董志凯，吴江. 新中国工业的奠基石——156项建设研究（1950-2000）[M]. 广州：广东经济出版社，2004：373.
② 当时我国国防军事在对空防御方面的措施要求重要工业要选取在津浦线以西，即以台湾地区为起飞圆点轰炸半径之外的区域。
③ 《洛阳轴承厂志——大事记》（内部资料，23）："1953年8月滚珠轴承厂厂址确定在西安并进行勘测。11月，又在洛阳进行厂址的勘查。12月11日，一机部汽车工业管理局通知西安厂址决定放弃。1954年2月20日国家计委决定滚珠轴承厂在洛阳涧河以西建厂。"

和洛河洪水威胁的因素不能作为建厂地，遂选定在涧河以西现在的地址[①]，如图5-2-11所示洛阳滚珠轴承厂位置图及图5-2-12厂区总平面。

（2）筹建阶段

1953年2月，一机部汽车工业管理局在北京成立新厂筹备处，负责洛阳第一拖拉机厂和滚珠轴承厂的筹建工作。同年5月，国家计委初步确定在西安建厂，因此在7月中旬分别进行筹建，在西安设立轴承厂的筹备处。

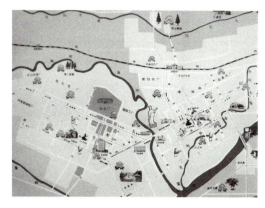

图5-2-11　洛阳轴承厂位置图及厂区鸟瞰

1954年1月滚珠轴承厂筹备处从西安迁到洛阳，办公地点设在老城区大中街30号、南大街130号和仙果市街24号。1月26日，中南局"洛阳新厂资料工作检查组"调查了相关资料的搜集工作，为了解决好洛阳新厂建设的各项任务，河南省委决定成立"洛阳建厂委员会"，组织保证建厂工作的顺利进行[②]。同年7月份，洛阳滚珠轴承厂会同洛阳第一拖拉机厂、矿山机械厂在洛阳七里河组成联合工地办公室，负责探墓、勘探和测量等工作。

（3）资料搜集

建厂初期，涧西厂址还是一片麦地，如图5-2-13所示轴承厂原始地貌图。

除了1934年测绘的1/50000地形图外并无其他资料，三厂的联合筹备处组织了一大批

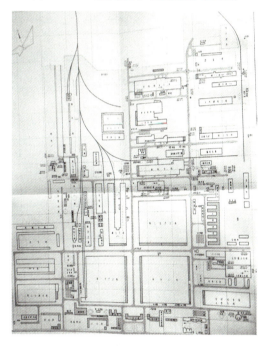

图5-2-12　洛阳轴承厂厂区平面图

人员对涧西厂区进行地形测量、地质勘探、古墓钻探以及气象水文等资料的收集工作。该工作从1953年11月起直至1954年底结束，为建厂提供了可靠的资料[③]，如图5-2-14所示。

（4）施工准备

洛阳的基础建设极其落后，且都在老城一隅，面对如此浩大的建厂工程，涧西区作为独

[①] 《洛阳轴承厂志——大事记》（内部资料，23）："1953年8月滚珠轴承厂厂址确定在西安并进行勘测。11月，又在洛阳进行厂址的勘查。12月11日，一机部汽车工业管理局通知西安厂址决定放弃。1954年2月20日国家计委决定滚珠轴承厂在洛阳涧河以西建厂。"

[②] 原定有洛阳第一拖拉机厂和矿山机械厂选址洛阳，滚珠轴承厂重新选址洛阳后，156项目已有3项落户洛阳，因此河南省委成立洛阳建厂委员会筹备这三个工厂的建设。

[③] 洛阳轴承厂. 洛阳轴承厂志[Z]. 1984: 87.

图5-2-13 洛阳轴承厂原始地貌图

图5-2-14 洛阳轴承厂建厂初期测量、古墓勘探及处理工作

图5-2-15 洛阳轴承厂建厂初期铁路、桥梁和供电的建设

立的行政区也才只存在于纸面之上。基础建设作为厂区建设的前期工程,需要事先完成7公里长的铁路专用线、编组站和100米的铁路桥梁的建设。此外,七里河临时发电站、由老火车站通到厂区工地的道路以及秦岭防洪工程都需在建厂前进行。洛阳轴承厂负责了秦岭防洪工程的修建,即将厂南秦岭的洪水引向洛河,使厂区免受秦岭洪水之害。

整个秦岭防洪渠长8103米,内含土坝、桥涵37个,1954年1月勘察设计,同年6月17日动工修建,9月26日竣工①。如图5-2-15所示建厂初期的施工准备工作。

2)洛阳滚珠轴承厂的建设

(1)工厂设计

根据1953年5月15日中苏协定,11月27日,一机部、中国技术进口公司同苏联机器制造

---

① 洛阳轴承厂. 洛阳轴承厂志——大事记[Z]. 1984: 23.

部、全苏技术进口公司签订了滚珠轴承工厂的设计合同。规定工厂设计分为初步设计、技术设计和施工图设计三个阶段。工厂的建筑通用设计由一机部第一设计分局及建筑工程部北京工业建筑设计院配合进行，苏联仅提供扩大初步设计。国内配合设计的有郑州铁路局（主要承担铁路专用线的设计）、邮电部北京邮电设计院（承担电信设计）。

1954年3月24日，国家计划委员会批准滚珠轴承厂设计任务书。同年9月17日，初步设计在苏联莫斯科进行审查，1955年2月4日，在北京进行技术设计的审查。1955年6月，北京工业建筑设计院和第一设计分局分批交付施工图纸，因时间短任务重，整个设计与施工组织采取边设计边施工的方式进行。

据苏联扩初设计资料，初建厂占地面积516363平方米，厂区276486平方米，包括生产工场、辅助工场、锻工场、动力站、热力站和库房等，总建筑面积73074平方米；生活区占地239877平方米，宿舍、住宅等建筑面积103644平方米[①]。

（2）工程建设

初期工程：洛阳轴承厂的初期建设历时较短，施工效率极高，1955年4月25日土方平整；5月，铁路专线开工；同年7月道路、上下水管道施工开始进行，厂区围墙开工，当月完工；8月29日，滚珠轴承厂联合仓库破土动工；9月4日主厂房辅助工厂动工兴建，随后生产工厂、锻工厂和一号仓库相继开工，至1956年7月10日，第一台设备进入安装阶段，1957年3月设备安装基本完成，1957年7月投入试生产。此阶段历时23个月，1958年6月30日国家验收，7月1日举行了正式的开工典礼[②]。

第一期扩建工程（1958~1966年）：在1958年验收投产后，随着国民经济的发展，洛阳滚珠轴承厂在大型和特大型轴承[③]的生产方面不能满足社会需要。于是，在1958年10月，一机部下达扩建任务，即建设洛轴能够年产特大型轴承7500套，大型轴承40万套，同时按照全厂的年产长远规划，增加相应的锻工、磨具、机械修理等的生产能力。特大型和大型车间厂房就原辅助工厂向北扩建，机修车间厂房向东扩建，锻工车间在原锻工工厂西侧扩建与原面积同等的一跨，并扩建生活间等。这一阶段新增厂房建筑面积31030平方米，设备752台，总投资4144.31万元[④]。

扩建部分的工艺设计中特大型工艺仍由苏联专家负责指导，其余由洛轴工艺部门独立编制设计，建筑公用部分在北京工业建筑设计院现场小组配合下，由洛轴自绘施工图纸。

第一期扩建工程从1958年12月开始，至1961年竣工。伴随生产的大发展，此时为了发展国家急需的大型、特大型、军工专用和超精密轴承，根据中央"调整、巩固、充实、提

---

① 洛阳轴承厂. 洛阳轴承厂志[Z]. 1984: 90.
② 洛阳轴承厂. 洛阳轴承厂志——大事记[Z]. 1984: 23.
③ 大型轴承为外径为200毫米以上，特大型轴承指外径在400毫米以上的轴承。
④ 洛阳轴承厂. 洛阳轴承厂志[Z]. 1984: 92.

高"①的八字方针，洛阳轴承厂坚持独立自主、自力更生的原则，在雷锋精神和大庆精神②的鼓舞下，自行设计，为我国军工生产提供坦克轴承、航空轴承以及军工大型轴承等做出了巨大贡献，为后期建设球面滚子车间奠定了基础，也为我国冶金、矿山机械、铁路运输、重型设备的发展提供了设备支持。改革开放后，洛阳轴承厂建成了我国小型球轴承出口基地③。

如图5-2-16、图5-2-17所示当年洛阳轴承厂的建设情况。

洛轴锻工车间基坑开挖　　　第一根柱子的吊装　　　厂房主体结构施工

辅助工场厂房施工

图5-2-16　洛阳轴承厂建设初期施工情况

设备吊装　　　厂长范华与苏联专家现场指导设备清洗　　　设备试车

图5-2-17　洛阳轴承厂建厂开工典礼

---

① 汪海波. 新中国工业经济史[M]. 北京：经济管理出版社，1986：203. 在1958～1960年三年"大跃进"生产后，党的八届九中全会决定从1961年起对整个国民经济实施"调整、巩固、充实、提高"的方针，调整因"大跃进"造成的国民经济和工业内各部门比例失调的现象。

② 开始于1964年初的工业学大庆运动，号召当时的工人阶级发扬"大庆精神"，为了工业的发展而苦干，不为名，不为利，不依靠外国，自力更生。1964年2月13日，毛泽东在人民大会堂的春节座谈会上发出号召："要鼓起劲来，所以，要学解放军、学大庆。要学习解放军、学习石油部大庆油田的经验，学习城市、乡村、工厂、学校、机关的好典型。"此后，"工业学大庆"的口号在全国传播。

③ 1981年国家计委和一机部批准洛阳轴承厂建立年产1200万套小型球轴承出口基地，1983年部分建成投产。

开工典礼大会

苏联专家组组长尼·谢·伊克良尼斯托夫开工典礼致辞

图5-2-17 洛阳轴承厂建厂开工典礼（续）

5.2.3 机械工业的建设——洛阳第一拖拉机厂建设

5.2.3.1 洛阳第一拖拉机厂建厂背景

1）新中国拖拉机生产的背景

拖拉机是一种移动式动力机械，它最早诞生于19世纪中叶的英国[①]，伴随蒸汽机的产生而得以发明。它可以与不同的农具配套，从而实现耕犁、播种、收割、运输等农业作业。

我国是农业大国，几千年的文明都是以农业为基础的。但旧中国工业基础极其薄弱，广大农村耕种收割一直是人工和牲畜劳作，并无机械化生产（图5-2-18）。

1858年，清政府在黑龙江齐齐哈尔设立垦务局，吸引关内移民开垦荒地。1908年，黑龙江巡抚程德全奏请朝廷批准，以22250两白银购入两台"火犁"（拖拉机）。至1949年，仅有为数极少的农用装备，且全部由国外进口，国内连配件都不能生产[②]（5-2-19）。

图5-2-18 我国传统农具木犁　　图5-2-19 民国时期上海关于拖拉机的宣传画

---

① 朱世岑. 拖拉机历史概况[EB/OL]. http://wenku.baidu.com/view/a387bf084431b90d6c85c7b3.html
② 洛阳农耕博物馆——拖拉机进入中国。

因此,"一五"期间,国家尤其重视在民用机械工业方面的建设,在农用机械方面,主要兴建了洛阳拖拉机厂、南昌拖拉机厂和鞍山拖拉机厂,我国的拖拉机生产也开始于此[①]。

2)洛阳第一拖拉机厂建厂梗概

洛阳第一拖拉机厂(原名洛阳拖拉机制造厂),是我国"一五"期间苏联援建的156项重点工程之一。洛阳第一拖拉机厂位于洛阳涧西区涧河南岸,东临洛阳滚珠轴承厂,西与洛阳矿山机械厂毗邻,北邻洛阳热电厂,有陇海铁路和厂内铁路专用线相连,厂前洛潼公路穿过,厂区交通便捷。该厂于1953年开始筹备,1954年2月由毛泽东主席亲自确定厂址,1955年动工兴建,提前一年于1958年7月20日生产出我国自行制造的第一台东方红-54型履带式拖拉机。至1959年11月1日,全厂基本建成,正式投入生产,见表5-2-3所示洛阳第一拖拉机厂投资建设生产情况。

洛阳第一拖拉机厂投资建设生产情况[②] 表5-2-3

计划安排投资	占156项目工程投资比例	实际完成投资	"一五"时期完成投资	建设规模	形成生产能力	"一五"时期形成生产力
35130万元	13.5%	34788万元	13750万元	拖拉机4.5万台	同规模	同规模

洛阳第一拖拉机厂的建成,标志着我国农业机械工业进入了一个新的发展阶段,我国自产的拖拉机装备始于此,为我国农业机械化迅速发展创造了条件。

5.2.3.2 洛阳第一拖拉机厂建厂历史

1)洛阳第一拖拉机厂的筹建

(1)选址

1953年2月,北京新厂筹备处成立后,曾筹划在哈尔滨、石家庄、西安、郑州等地选择拖拉机制造厂的厂址。后来考虑到整个156项目工程的布局,中央指示在中原一带的河南省内建厂,因此,筹备组先后在郑州、洛阳、偃师、新安、陕州五个地区踏勘进行厂址选择。

第一阶段(1953年7月15日~9月15日),筹备组在洛阳西郊的西工区进行选厂。主要区域是从老城西关起至涧河,北至陇海铁路,南至西工的方圆7.7平方公里的区域。此处地势开阔、土质好,靠近城市,临近铁路,但因该地区是周代王城遗址所在,最终放弃此处的选址。

第二阶段(1953年9月16日~11月16日),筹备组在郑州市三官庙、冉屯、京汉与陇海

---

① 中国一拖常务副总经理阎麟角. 沧桑巨变任重道远——我国拖拉机行业的发展与展望[EB/OL]. http://www.doc88.com/p-7562993251095.html.

② 董志凯,吴江. 新中国工业的奠基石——156项建设研究(1950-2000)[M]. 广州:广东经济出版社,2004:373.

铁路线的三角地带以及贾鲁河以西的四个地区勘察，同时在洛阳市洛河以南、涧河以西以及老城东郊白马寺一带进行勘察，对比偃师、新安和陕州的勘察结果，认为偃师、新安和陕州地段狭窄，洛阳东郊白马寺一带地下古墓众多、不利文保。而此时中央从工业布局方面考虑，指示在洛阳建厂，因此，该阶段的结果是将选厂重点转向洛阳涧河以西地区。

第三阶段（1953年11月17日～1954年2月20日），筹备组集中力量在涧河以西选厂，进行了1:5000和1:1000的地形图测绘，同时进行了地质钻探，最终于1954年2月20日经国家计委批准，确定了最终的位于洛阳涧西的厂址。

如图5-2-20所示洛阳第一拖拉机制造厂厂址及厂区鸟瞰。

（2）筹建阶段

如上所述，新中国成立时国内还没有拖拉机工业，为实现我国的农业机械现代化，156项目规划决定由苏联帮助我国设计建造第一个拖拉机制造厂。

1953年2月，一机部汽车工业管理局在北京小经厂成立新厂筹备处，负责洛阳第一拖拉机厂和滚珠轴承厂的筹建工作。一方面进行厂址的选择，另一方面进行建设筹备。1953年7月12日，正式成立洛阳拖拉机制造厂筹备处，同年8月1日，一机部向国家计委报批《国营拖拉机制造厂计划任务书》，1954年2月开始勘察设计，同年10月，筹备处赴莫斯科与苏联正式签订《拖拉机厂初步设计审批议定书》，且确定洛阳第一拖拉机制造厂生产东方红-54型履带式拖拉机（图5-2-21）。

图5-2-20　洛阳第一拖拉机制造厂厂址及厂区鸟瞰

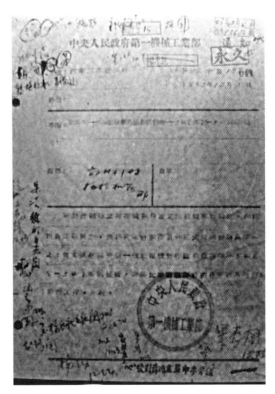

图5-2-21　国家计委以（53）计基第25号批文批准洛阳拖拉机制造厂生产德特-东方红-54型拖拉机

筹备组先后调查、整理国内外设计基础资料，并进一步成立与生产直接相关的铸钢、铸铁、精密铸造、锻工、冲压、装配等车间筹备组，成立基本建设管理机构，并于1955年10月1日举行正式的开工典礼[①]。

2）洛阳第一拖拉机厂的工程设计与建设

（1）工程设计

洛阳拖拉机制造厂的设计共分为三个部分，即厂房设计、宿舍福利设施设计和厂外公用设施设计。厂区全部工艺和建筑扩初设计由苏联方面担任，其余的由国内单位承担。

1953年5月15日，一机部汽车工业管理局筹备处与苏联国家汽车拖拉机工业设计院，签订了《中苏关于中国拖拉机制造厂的设计合同》书，其中工厂的全部工艺初步设计和技术设计由苏联汽车拖拉机工业设计院负责，施工设计由苏联哈尔科夫拖拉机厂负责，各车间建筑扩初设计以及铸钢、铸铁车间的施工设计由苏联哈尔科夫农业机械设计院负责，如图5-2-22所示。

1954年3月，拖厂与建工部设计总局工业及城市建筑设计院签订厂房建筑设计合同，4月底与一机部设计总局第一设计分局签订动能站的设计合同，同年10月，厂区内的电信、通信工程设计交与邮电部设计院，园林绿化部分由武汉园林管理处负责设计[②]。

（2）施工准备

洛阳拖拉机厂的施工建设较为注意建设程序，在统筹安排和施工管理方面都较为高效。

洛阳地下古墓众多，拖厂选址虽远离老城区，但仍有大量的地下墓葬存在[③]。拖厂在建

1956年1月20日，中国第一拖拉机厂苏联总专家列布柯夫与夫人抵达洛阳

苏联专家在第一拖拉机厂车间做现场指导

1956年9月19日的《中苏友好报》登载的关于委托苏联设计的拖厂图纸全部运到的消息

图5-2-22 苏联方面帮助拖厂设计的史料

---

① 第一拖拉机制造厂．一拖厂志——大事记[Z]．1985：19-29．
② 洛阳拖拉机厂的设计较为快捷，准备工作较为充分，因此整个工程的施工都以设计为先导，部分存在边设计边施工的情况。
③ 1954年11月，拖厂筹备处成立了探墓指挥部，从1954年底到1955上半年，在选址区内铲探90万平方米，发现古墓1568座，地下古河、古井、古坑及古蚁穴1450个。

设前期组织了大量有经验的探墓民工进行铲探，并组织专业填孔队进行填孔①，为厂房建设做好了地基方面的处理。建厂多年，一拖的工程并无因地基原因而发生的质量事故②。

和洛阳轴承厂一样，拖厂的建设也是在一片农田上开始的，因此缺乏必备的基础设施建设，洛阳拖拉机厂负责了铁路专用线、厂区编组站等厂外工程的施工（图5-2-23）。

图5-2-23　拖厂铁路编组站

1954年上半年，根据建工部的安排，拖厂筹备处开始调集施工力量，按照工程进度组织进场，最多时现场施工人数达到2万多人③，为工厂建设的进度提供了保证。

为了适应施工的需要，1954年和1955年，先后在拖厂和轴承厂之间的500米隔离区及宿舍以南的李村地区建筑了大批大型临时设施，包括木材加工厂、混凝土构件加工厂、混凝土搅拌厂、砂浆搅拌厂、露天预制构件厂、材料仓库、金属结构加工厂等，总面积达3万多平方米，大大提高了建厂的效率。

（3）工厂建设

洛阳拖拉机制造厂的施工是按照"先宿舍后厂房，先辅助生产车间后基本生产车间，边土建、边安装、边调整试生产"的原则进行的。

工厂在基本完成施工准备工作后，于1954年9月14日开始组织生活区10号和11号街坊宿舍楼的施工，1955年10月1日厂房正式动工兴建（图5-2-24）。

厂区土建工程分三批进行：第一批开工的项目有辅助工厂、锻工工厂、有色修铸工厂和

图5-2-24　洛阳拖拉机厂开工奠基及破土动工照片

---

① 具体处理手法是距地面1米以上的用砂填孔，1米以内的用素土填孔，每30厘米厚用铁锤夯实一次。
② 董志凯，吴江. 新中国工业的奠基石——156项建设研究（1950～2000）[M]. 广州：广东经济出版社，2004：253.
③ 同上。

总仓库；第二批开工的有冲压工厂、发动机工厂、木工工厂、燃料系统工厂和煤气站；第三批开工的是铸铁工厂、铸钢工厂和标准金属零件工厂及拖拉机底盘工厂，同时开工的还有厂区的上下水工程和道路工程。1956年是土建施工的高峰期，同年7月开始设备安装，同时厂区内部煤气、氧气、蒸汽、凝结水、热水、回水等主要管道进入全面施工期。1958年进入设备安装的高峰期，一年内完成了全厂60%设备的安装，部分进入调试生产。1959年继续土建和设备安装工程，至1959年10月底，全厂土建工程基本完工，主要设备安装完毕，水、电、道路、气体都已接通，各生产线基本成型，如图5-2-25所示。

根据工厂的建设进度，1959年9月8日，一机部以（1959）机基张字第216号文，同意一拖向国家交工验收。按照苏联设计，厂区面积145万平方米，建筑面积32.95万平方米，宿舍区建筑面积40.94万平方米，全厂机电设备1.2263万台，各种管线长26.44万米，各种电缆、电线106.59万米，道路面积5.93万平方米，铁路2.166万米，铁路桥一座160米以及附设铁路编组站[①]。从开工到基本建成，洛阳拖拉机制造厂历时4年。

洛拖基坑开挖　　　　　洛拖锻工工厂吊装　　　　架设动力管道

洛拖铸铁厂房施工

辅助工厂天车吊装　　　　　发动机工厂试生产

图5-2-25　洛阳拖拉机制造厂厂房建设施工情况

---

① 第一拖拉机制造厂. 一拖厂志——大事记[Z]. 1985：52.

图5-2-26 洛阳拖拉机制造厂落成投产

1959年11月1日，在一拖厂前广场举行了工厂落成典礼大会。如图5-2-26所示洛拖落成典礼及新中国第一台拖拉机——东方红-54型履带式拖拉机诞生。

1960年到1962年的三年里主要完成了一系列前序工程的收尾工作，同时在施工过程中对一些有关苏联设计不符合我国国情的方面都予以了改正。后来，苏联方面停止了一些关键设备和技术资料的供应，一拖第一期工程的建设受到了一些影响，直到1964年，整个第一期建厂工程才全部完工，形成了计划生产力。这期间完成了车轮车间、精密铸造车间、第二铸铁车间、锻工车间等的兴建，共计建筑面积9.065万平方米。

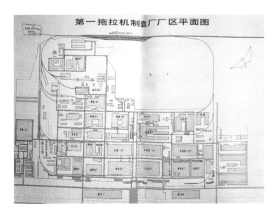

图5-2-27 洛阳拖拉机制造厂的规划总平面布局

图5-2-28 拖厂生活区总平面

从1963年到1982年主要进行了产品的改造，一拖的生产品种不断增多，因此在生产线和生产建筑方面自然有一些扩建和改建工程。且伴随生产的扩大，工人数量也在不断增加，相应的生活区亦需持续建设，该阶段共新增生产建筑面积1.55万平方米，辅助生产面积8300平方米，居住建筑面积3.56万平方米。在"六五"期间，也进行了一系列的技术改造工程，新增建筑面积1.37万平方米。后期的所有建设均是在"一五"时期的规划和生产设计基础上进行的。如图5-2-27、图5-2-28所示一拖厂区与住宅区平面图。

5.2.4 机械工业的建设——洛阳矿山机器厂建设

5.2.4.1 洛阳矿山机器厂建厂背景

1）新中国矿山机械生产的背景

近代中国在"机船矿路"①方面起步较晚,仅有的一些基本建设始于"洋务运动",而洋务运动的相关建设屡遭挫折,艰难缓慢,根本无法满足中国近代工业的发展,致使中国在近现代化过程中受阻。

矿山机械既涉及机械制造,同时也关乎矿山开采,因此在机械重工里显得尤为重要(图5-2-29)。其生产最早在1907年前后,汉阳周恒顺机器厂生产了我国第一台15～30马力的抽水机和60～80马力的卷扬机。1922年上海增茂五金厂开始生产小口径低压阀门、管接头。1926年上海华德机器厂生产的铸铁阀门,最大口径6英寸②。

图5-2-29 湖北黄石大冶铁矿曾用的矿山机械

1949年9月29日中国人民政治协商会议通过的共同纲领规定:"关于工业,应以有计划有步骤地恢复和发展重工业为重点,例如矿业、钢铁工业、动力工业、机器制造业、电器工业和主要化学工业等,以创立国家工业化的基础。"因此,"一五"期间的主要骨干项目中,在重型矿山设备方面,兴建了富拉尔基重型机械厂、太原通用机器厂、洛阳矿山机器厂和沈阳风动工具厂。洛阳矿山机器厂因此成为联合选厂③于洛阳的三大工厂之一。

2）洛阳矿山机器厂建厂梗概

图5-2-30 洛阳矿山机器厂生产的我国第一台2.5米卷扬机

洛阳矿山机器厂(现名洛阳中信重工),是我国"一五"期间苏联援建的156项重点工程之一。洛阳矿山机器厂位于洛阳涧西区西部,东临洛阳第一拖拉机制造厂,西与谷水镇相接,北邻陇海铁路干线,南与河南柴油机厂(原河南407厂)相对。该厂于1953年开始筹备建设,

---

① 机船矿路:"机"指的是以兵器为主要生产产品的机器制造业,"船"指战船,"矿"指的是以煤和铁为主的开采,"路"指的是铁路的修筑。
② 黄开亮,郭可谦. 中国机械史[M]. 北京:中国科学技术出版社,2011:231.
③ 此处指洛阳第一拖拉机制造厂、洛阳滚珠轴承厂和洛阳矿山机器厂三厂的联合选址与建设。

1955年12月5日动工兴建，1958年5月试制出第一台2.5米双筒卷扬机（图5-2-30），至1958年11月建成，正式投入生产，历时两年零十个月（表5-2-4）。

洛阳矿山机器厂投资建设生产情况① 表5-2-4

计划安排投资	占156项目工程投资比例	实际完成投资	"一五"时期完成投资	建设规模	形成生产能力	"一五"时期形成生产力
8869万元	3.4%	8793万元	5989万元	矿山机械设备2万吨	同规模	矿山机械设备1万吨

洛阳矿山机器厂在不到三年的繁忙建设中，不但提前完成了建厂任务，形成了生产能力，还为国家节约基建投资211万元，是156项工程中投资效果较好的一个建设项目②。

为适应国家建设的需要，洛矿厂建成后仅1958~1960年的三年间，就有47种产品问世，解决了当时我国大型矿山的急需，有些项目还填补了国内的空白③，它是我国重型机械的骨干企业。

5.2.4.2 洛阳矿山机器厂建厂历史

1）洛阳矿山机器厂的筹建

（1）选址

1953年7月，筹建工作正式启动，筹备组曾先后在7个地方进行选址工作：首先是在洛阳老城西郊、白马寺西两处进行选址勘察，均因地下古墓过多而放弃。此后转移至郑州贾鲁河、三官庙三角地带进行考察，因该地段地下水位高、区域狭窄、无后续发展空间而最终放弃。接着筹备组重返洛阳，在洛河以南进行勘察，又因该区域地下水位高、村庄稠密、地上搬迁工作量太大而被放弃。最终勘察组转移到洛阳西郊涧河以西进行勘察。

当时勘察与厂址的选定主要考虑了以下几点原则：选厂首先要靠近原材料、燃料产地和消费地区，以避免不合理的运输；其次要使物质资源能够充分得以利用；第三要发展经济落后地区，使它尽可能赶上先进地区，以逐渐消灭各地区经济发展的不平衡性；第四必须全面考虑经济建设的安全和国防的巩固。

最终筹备组选定在洛阳邙山以南、秦岭以北、涧河以西地区（即今厂址）建设工厂。经

---

① 董志凯，吴江. 新中国工业的奠基石——156项建设研究（1950-2000）[M]. 广州：广东经济出版社，2004：369-372.
② 当代中国重矿机械工业编辑委员会. 当代中国重矿机械工业丛书——1953~1985洛阳矿山机器厂厂史（内部发行）[Z]. 1986：15.
③ 洛阳矿山机器厂. 洛阳矿山机器厂志[Z]. 1986：5.

党中央毛泽东主席同意，于1954年1月8日经国家计委批准，决定在洛阳涧河西新建我国第一座现代化的矿山机器厂。

（2）资料搜集

1953年7月"洛阳重型矿山机械厂筹备处"于洛阳老城义勇街1号成立。

厂址确定后，筹备处从1954年1月4日至同年2月25日开始进行勘察设计资料的准备工作，如前面章节所述，一机部在选址和筹建时，是会同洛阳第一拖拉机制造厂和洛阳滚珠轴承厂一起进行的，而选址所处地区又恰恰是隋代皇家西苑[1]的所在，因此，在建厂前期有大量的水文、地质以及地下文物的勘查工作。

勘查工作主要包括测绘厂区1∶1000及1∶6000的地形图，钻探厂区土壤以获取厂区内水文地质资料，委托太原重型机械厂扬水办公室进行扬水实验[2]以及探墓和地下古墓的处理工作。整体上收集了包括气象、水文、山洪、地震、区域测量、地质构造、地下墓葬等方面的资料，如图5-2-31～图5-2-33所示。

图5-2-31　洛阳矿山机器厂原始地貌

图5-2-32　洛阳矿山机器厂地形冬季勘查

图5-2-33　洛阳矿山机器厂古墓处理工棚

（3）建厂准备

建厂前的准备工作首先是古墓的处理，矿山机械的生产设备均较拖拉机厂和滚珠轴承厂的设备大，因此需要在建设初期进行地基的深处理，而古墓勘探的结果是在该区域共发现地下古墓1520座，深度距离地面最浅4米，最深11.5米，西汉会稽太守朱买臣之墓就在今三金工车间的地下[3]，因此都需要挖掘回填夯实才能进行后续建设。

建厂前的另一方面的工作重点是土地征购和原住民的搬迁，1953～1958年共征得土地2614.4亩[4]用于厂区和生活区的建设，并对被征土地的农民进行安置。除此之外，还需要修

---

[1] 河南府志记载涧河西部地区为公元605年隋炀帝建造的西苑的一部分，当时建有山水、林木、亭台馆榭，是供皇家狩猎玩赏的帝王苑囿。到明朝末年已成为一片水田。
[2] 扬水试验是地质学中确定渗透系数和出水量的基本方法之一。在实际水文地质调查中，在井群或在单独井中作扬水试验，通常记录几口井的位置关系（主要是距离）和井的出水量，再根据经验公式计算得到渗透系数。
[3] 当代中国重矿机械工业编辑委员会. 1953～1985洛阳矿山机器厂厂史（内部发行）[Z]. 1986: 3.
[4] 洛阳矿山机器厂. 洛阳矿山机器厂志[Z]. 1986: 34.

建大量的临时性设施。建厂初期，拖拉机厂、轴承厂、矿山机器厂三厂都面临相同的原始条件——在一片麦田里进行零基础建设，洛阳矿山机器厂负责了临时公路的修建，同时为建厂还修建了临时修配工棚、通水通电等施工准备工作。

建厂准备的第三方面工作是工人宿舍的兴建。和洛阳拖拉机制造厂一样，为保障工厂的顺利建设，首先是解决工人的住宿问题。当时除临时工棚外，正式的职工宿舍从1954年9月2日就开始动工兴建了，第一批工人宿舍是2号街坊内的10幢宿舍楼[①]（在厂区建设开工后的1955年和1956年又陆续建设了1号街坊），从而保障了大量职工的住宿，也为工厂的快速建设提供了后勤保障。至1955年12月，所有准备工作就绪，洛阳矿山机器厂的厂区建设于1955年12月14日正式破土动工。

2）洛阳矿山机器厂的工程设计与建设

（1）工程设计

洛阳矿山机器厂项目作为156项重点工程之一，早在1953年9月4日，中苏签订了第102293号合同，中央计委于1954年3月6日正式批准了文号为54030199的《中华人民共和国国营洛阳矿山机器厂的计划任务书》[②]。根据合同和批准书的相关规定，苏联承担该厂全部的初步设计和技术设计。1954年10月，担负设计任务的苏联专家小组共5人陆续来到洛阳，帮助制定了产品方案、计划任务书，了解工厂主要建筑的设计条件及工厂供应技术条件，并对设计工厂的原始资料收集工作做出了指导。

苏联交付的项目包括第一金工装配车间、综合辅助车间、备料切割车间、落锤车间、冷却塔、压缩空气站、全部管道工程和公路工程。根据中苏两国签订的合同，设计任务由原苏联乌克兰煤矿设计院编制，并初步计划1954~1955年交付设计文件，1956~1957年交付施工图纸，1958年交付完成苏联供应设备，1959年建成，1960年投产[③]。

国内设计与洛阳第一拖拉机制造厂和滚珠轴承厂一样，统一交予北京建设总局、建工部北京工业设计院，由这些单位承担金属结构装备配车间、木工车间、总仓库、厂前区工程及宿舍工程、铸钢车间扩建部分以及锻工热处理和中央试验室等工程的设计任务[④]。

如图5-2-34和图5-2-35所示苏联设计的洛阳矿山机器厂第一期工程示意图和初期施工场地平整的情况。

（2）工厂建设

洛阳矿山机器厂的施工也是按照"先宿舍后厂房"，"先辅助生产车间及服务性建筑、后主要生产车间"的精神进行的。工厂在基本完成施工准备工作后，于1954年9月2日开始

---

① 当代中国重矿机械工业编辑委员会. 1953~1985洛阳矿山机器厂厂史（内部发行）[Z]. 1986：5.
② 当代中国重矿机械工业编辑委员会. 1953~1985洛阳矿山机器厂厂史——大事记[Z]. 1986：551.
③ 中苏第102293号合同[A]. 洛阳矿山机器厂档案馆藏.
④ 洛阳矿山机器厂. 洛阳矿山机器厂志[Z]. 1986：35.

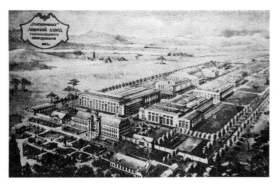

图5-2-34　洛阳矿山机器厂第一期工程示意图　　图5-2-35　洛阳矿山机器厂场地平整工程

组织生活区2号街坊宿舍楼的施工，1955年12月14日厂房正式动工兴建。整个厂房采用机械化、工厂化综合吊装法，同时边土建、边安装、边试生产，因此在工厂正式投产前已经生产出了大量非标准设备和工艺设备。我国与苏联签订的建设合同计划1959年建成，但是因为全厂齐心协力，既节约了投资，又加快了进度，使得整个工程比原计划提前了一年零两个月就完成了。

"像这样一种类型规模的工厂，是不是需要六年才能建成呢？"时任洛阳矿山机器厂厂长的纪登奎提出过这样的疑问，1956年4月20日他给中央亲自起草的报告中写道："当我们对这个新的工作，还没有摸着规律性的时候，谁也没有把握。经过1954年一年多的工作，对设计文件、国内外、厂内外各方面条件，有初步的了解后，才敢提出这样一个问题：这个工厂的建设不需要四年，三年就行了。"第一机械工业部和苏联方面同意了这个建议，建厂进度改为1958年建成，1959年投产①。

厂区土建工程的开工顺序是：1955年12月厂区外围围墙修建，火车专用线敷设，金属结构车间破土动工；1956年4月20日木工车间动工，5月17日综合辅助车间动工，8月11日锻工车间及热处理车间动工，9月20日一金工车间动工，10月23日备料车间动工；1957年3月10日第二金工车间动工，5月21日铸铁车间开工，9月21日落锤车间动工，10月19日废钢处理车间动工，11月14日铸钢车间动工。按照中苏两国的合同，第一期共大小建构筑物59个，全部于1958年10月31日前竣工②（图5-2-36）。

根据工厂的建设进度，1958年10月31日，国家验收委员会鉴定验收，全场建设质量总体为优等。此时共完成建筑面积194083平方米，厂区建筑面积97736平方米，生活区建筑面积96347平方米，敷设厂内铁路专用线路6660米，埋设各种管线22338米。全厂建设不仅在时间上提前了，还在边施工、边试车、边生产的过程中提前生产出不少大型设备，如图5-2-37所

---

① 当代中国重矿机械工业编辑委员会. 1953～1985洛阳矿山机器厂厂史（内部发行）[Z]. 1986：5-6.
② 洛阳矿山机器厂. 洛阳矿山机器厂志——大事记[Z]. 1986：11-27.

洛矿厂北排水沟施工

锻工热处理车间基槽开挖

洛矿厂内铁路专用线敷设

洛矿厂金属结构车间施工

第二金工车间吊装

备料车间吊装主体结构

图5-2-36 洛阳矿山机器厂建设施工情况

示1958年5月试生产出第一台2.5米卷扬机的场景。

1958年11月1日，在洛矿厂前广场举行了庆祝工厂交工验收和开工生产典礼大会，如图5-2-38所示。

1958年后，因产品结构的变化，工厂进行了第一次扩建，在1969年后进行了第二次扩建，包括焊接车间、三金工车间、四金工车间、第一水压机车间和平炉车间、第二水压机车间以及"704"工程，全部基建工程于1977年全部竣工。该企业发展至今成为我国目前最大的矿山机器制造企业和最大的水泥设备制造基地、中南地区热处理及铸锻中心、国家机械行

2.5米卷扬机生产成功

首台多绳卷扬机生产成功，职工与苏联专家合影

图5-2-37 洛阳矿山机器厂2.5米卷扬机前试生产成功

图5-2-38 洛阳矿山机器厂落成

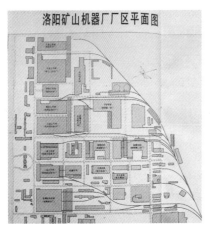

图5-2-39 洛阳矿山机器厂的
规划总平面图

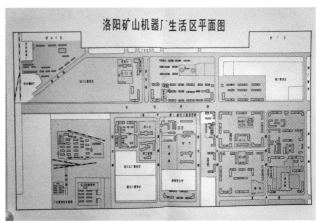

图5-2-40 洛阳矿山机器厂生活区平面图

业低速重载齿轮研制基地,也是国家一级计量企业和国家进口金属材料商检单位。图5-2-39、图5-2-40是其厂区平面图与住宅区平面图。

5.2.5 船舶工业的建设——河南柴油机厂建设

5.2.5.1 河南柴油机厂建厂背景

1)新中国船舶工业生产的背景

1950年5月8日,毛泽东主席致函斯大林,提出为了更快地巩固中国国防,加强中国海军建设,请苏联政府给予经济援助……为建造护航驱逐舰、大型猎潜艇、基地扫雷艇、远航鱼雷快艇、装甲艇等，请许可输入材料、发动机、辅助机器和武器，在中国船厂建造①。

1953年6月4日，中苏两国全权代表在苏联莫斯科正式签订了"六四"②协定，规定在中国船厂建造期间，苏联向中国派遣技术专家给予指导，并接受中国造船人员在苏联工厂进行培训。

2）河南柴油机厂建厂梗概

1955年5月一机部预备筹建一个船用高速柴油机厂，1956年1月筹建工作在山西侯马开展，1957年9月迁至洛阳涧西开始建厂，1958年11月已有部分车间开始进行零部件的生产，至1959年3月3日，第一期工程的大部分工程几近完工开始投产，历时4年。到1962年12月，两台高速柴油机装配完成，质量优良③（表5-2-5）。

河南柴油机厂投资建设生产情况④　　　　　　　　　　　表5-2-5

计划安排投资	占156项目工程投资比例	实际完成投资	"一五"时期完成投资	建设规模	形成生产能力	"一五"时期形成生产力
8000万元	2.31%	11306万元	147万元	—	—	—

河南柴油机厂的建设和发展得到了党和国家领导人的关怀，其生产的柴油机也为我国的海军船舶制造做出了杰出的贡献。

5.2.5.2　河南柴油机厂建厂历史

1）河南柴油机厂的筹建

1956年1月，筹建机构在北京一机部第四机器工业管理局成立，同年6月时任河柴基建副厂长的李增华带领首批基建人员赴山西侯马开始筹建工作，开展征地、古墓勘探、道路、供水、宿舍临时办公设施的建设。至1957年2月，经国家建设委员会对侯马、洛阳、开封等地进行厂址比对，认为洛阳建厂条件较优⑤。同年8月，国家建设委员会以建发区安字第898号文件批示将高速柴油机厂迁至洛阳涧西区，同年11月完成初步的迁厂工作。厂址位于洛阳涧西区中州西路重庆路，与洛阳矿山机器厂南北相对（图5-2-41）。

---

① 《当代中国》丛书编辑委员会. 当代中国的船舶工业[M]. 北京：中国社会科学出版社，1992：40.
② 1953年6月4日，中国政府与苏联政府签署了第一个关于海军装备的正式文件《关于海军交货和关于在建造军舰方面给予中国以技术援助的协定》，习惯上，按签订时间称"六四"协定。
③ 河南柴油机厂. 河南柴油机厂志——大事记[Z]. 1988：13-18.
④ 董志凯，吴江. 新中国工业的奠基石——156项建设研究（1950-2000）[M]. 广州：广东经济出版社，2004：410.
⑤ 当时洛阳涧西已有洛阳矿山机器厂、洛阳拖拉机制造厂和洛阳滚珠轴承厂在建或部分投产，因此在基础建设投资方面较为经济，且交通便利。

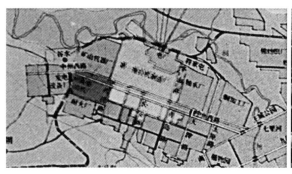

图5-2-41　河南柴油机厂位置及厂区鸟瞰图

2）河南柴油机厂的工程设计与建设

1957年10月,"高速柴油机厂"正式迁入洛阳,并改名"河南柴油机厂"。工厂建设共分为两期建设,第一期工程由苏联设计指导[①],第二期工程由国内自行设计。1958年5月10日,工厂举行开工典礼,32000平方米的主厂房在32个工作日就完成了建筑主体建设,其工具车间、机修车间等生产车间也相继开工。同年11月已有两个辅助车间开工生产工艺装备和非标准设备,至1959年3月已有部分产品零件开始投入生产。1964年第一季度,第一期基建工程完成,共有9个车间、22个科室。当时的产品图纸、技术条件及工艺文件等全套技术资料都是从苏联购买来经过翻译修订完成的,产品经过试制、运转试验,装艇试航,质量合格[②]。

第二期工程是由上海第九设计院负责的,包括新建有色铸造车间10810平方米、第二机械加工组（包括4个车间和相关辅助生活间）共17036平方米,扩建原有生产线,增建仓库组及铁路专用线等工程。第二期工程于1960年冬季开工,至1966年建成（图5-2-42）。

图5-2-42　河南柴油机厂开工典礼

河南柴油机厂位于最西端的洛阳矿山机器厂的南侧对面,其整体规划与建设路北的四大厂略有不同,厂区内也有较为严整的对称布局和规划,但因场地限制,并无厂前广场。内部规划同样分为厂前区和生产区,厂区中央设中央绿化,其南侧和西侧是厂内铁路运输专用线,如图5-2-43所示其内部办公建筑和图5-2-44所示河南柴油机厂厂区规划。

---

① 河南柴油机厂．河南柴油机厂志——大事记[Z]．1988：13-18．1958年5月10日主厂房破土动工,6月,苏联土建专家来厂,同年12月,经一机部审查批准,派407厂孙建业、陈孟敏、刘志鹏、邢纪昌、朱祥云赴苏联列宁格勒800号工厂学习。

② 同上。

 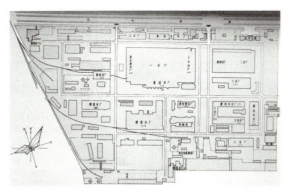

图5-2-43　建厂初期欢送苏联专家拍照中显示的河南柴油机厂办公大楼，于2013年拆除

图5-2-44　河南柴油机厂厂区规划平面图

5.2.6　有色金属工业的建设——洛阳有色金属加工厂建设

5.2.6.1　洛阳有色金属加工厂建厂背景

1）新中国有色金属生产的背景

有色金属是发展国民经济、国防工业、科学技术的基础材料和战略物资。特别是国防现代化的建设方面，对于有色金属的需求更是极其广泛的，包括飞机、雷达、人造卫星以及武器均需要大量的有色金属。

中国有色金属资源十分丰富，也是世界上最早开发的国家，但旧中国有色金属行业的工业建设十分缓慢，特别是在中华人民共和国成立前夕，中国的有色金属行业已沦为以卖矿砂原料为主的半殖民地性质的工业[1]。

在第一个五年计划时期，国家根据"多出铜、早出铝"的建设方针，开始对有色金属工业进行恢复和振兴[2]。首先完成了在河北寿王坟铜矿的开采和选矿工程，建设了安徽铜官山采矿、选矿和冶炼工程，之后在西北建设了白银有色金属公司、西南东川铜矿两个铜生产基地；同时兴建了洛阳有色金属加工厂，进行铜和铜合金的加工，从而奠定了新中国铜冶炼工业的基础。经过"一五"时期的建设，改变了中国有色金属工业体系的落后面貌。洛阳有色金属加工厂就是在这一背景下作为156项重大工程之一落户洛阳的。

2）洛阳有色金属加工厂建厂梗概

洛阳有色金属加工厂，是我国"一五"期间苏联援建的156项重点工程之一。1961年更名为黄河冶炼厂，1972年更名为洛阳铜加工厂，现名中铝洛阳铜业公司。该厂位于洛阳涧西

---

[1] 《当代中国》丛书编委会. 当代中国的基本建设（上）[M]. 北京：中国社会科学出版社，1992：29.
[2] 同上.

区涧河南岸，是涧西工业区的门户，西临洛阳滚珠轴承厂，东临涧河，与西工区以河为界。厂内有陇海铁路和厂内铁路专用线相连，厂前洛潼公路穿过，厂区交通便捷。

洛阳有色金属加工厂于1954年开始筹备，1965年竣工投产，是新中国大型综合性有色金属加工骨干企业之一，也是目前全国最大的铜加工厂，直属中国有色金属总公司领导。洛阳有色金属加工厂投资建设生产情况如表5-2-6所示。

洛阳有色金属加工厂投资建设生产情况[①]　　　表5-2-6

计划安排投资	占156项目工程投资比例	实际完成投资	"一五"时期完成投资	建设规模	形成生产能力	"一五"时期形成生产力
17000万元	8.7%	17550万元	559万元	铜材6万吨	同规模	—

洛阳有色金属加工厂的建设和发展，得到了党和国家部委各级领导的关心，设计和施工也得到了苏联专家的帮助和指导（图5-2-45）。

洛阳有色金属加工厂的建设历程十分曲折。在建厂初期，整个厂区在一片农田上开始建设，各种基建所用的原材料不足，不少是由本厂所办的小型水泥厂和轧钢车间生产提供；劳动力不足，当时正值涧西各厂全面开工建设时期，只能加大人工劳动强度；整个建设过程受到"左倾"错误的影响，曾在1958年脱离实际赶进度；1960年苏联方面撕毁协议撤走专家；而后全国进入经济困难时期，而这些事件的发生都正值洛阳有色金属加工厂的建设时期，因此导致了其建设过程历时十年之久。

图5-2-45　国家部委各级领导在洛铜厂建厂初期视察及苏联驻厂专家

---

① 董志凯，吴江. 新中国工业的奠基石——156项建设研究（1950-2000）[M]. 广州：广东经济出版社，2004：361.

5.2.6.2 洛阳有色金属加工厂建厂历史

1）洛阳有色金属加工厂的筹建

（1）选址

1953年，国家决定在甘肃省兰州市建设"有色金属铜铝锌加工厂"，当时曾在兰州西郊工业区铁路南划拨土地预备建厂。因兰州地区地处西北，风沙大，空气中含砂率高，有碍产品质量，苏联专家建议重新选址。1954年4月，国家计委决定将该厂厂址移到洛阳。当时的洛阳已初步规划为新兴的机械工业城市，洛阳拖拉机制造厂、洛阳滚珠轴承厂和洛阳矿山机器厂已选址洛阳正在筹建，因此将有色金属加工厂建在洛阳可充分利用前期的建设基础，节省开支。同年6月，国家计委正式宣布其在洛阳建厂的通知，并成立建厂筹备处。

重工业部有色金属工业管理局和有色冶金设计总院组成了选址小组到洛阳野外进行勘察，并撰写了《选择洛阳加工厂厂址及资料搜集的工作报告提纲》[①]，提出了四个厂址方案，分别是洛阳金谷园地区、七里河地区、寄家河地区和谷水西地区。选址小组和建厂筹备处对上述四个地区进行了地形、古墓、投资和交通以及对外协作等因素的全面比对，初步选择在寄家河地区较为适宜。

1955年1月，苏联专家工作组[②]来洛阳帮助选址，此时洛阳涧西区的洛阳拖拉机制造厂、洛阳滚珠轴承厂和洛阳矿山机器厂均已确定选址，经过考察和听证后，一致认为寄家河地区有梯田，场地平整土方量大，工厂货物运输要穿越洛潼公路，在专用线建设方面存在诸多不便，而七里河地区靠近城市中心，又靠近已选定的三厂厂址，基础建设可以为国家节约建设资金，遂最终确定了洛阳有色金属加工厂的厂址（图5-2-46）。

图5-2-46　洛阳有色金属加工厂厂址及厂区鸟瞰

---

① 洛阳铜加工厂. 洛阳铜加工厂志[Z]. 1986：11-14.
② 包括苏联有色冶金工业部、国立有色金属加工设计院、总平面及运输设计总工程师卞基柯、运输总工程师西马科夫、管道专家卡尔可夫、电气专家基米特耶夫。

（2）建厂准备

1956年2月，国家建委批准了洛阳有色金属加工厂的初步设计及建设规模，开始在洛阳市市政府的帮助下进行征地工作，从1956年到1960年，全厂共征地2713亩，包括厂区和生活区两部分。其中厂区的自然边界为东至涧河，东北角至王城公园西围墙，西至嵩山路，南至建设路，北至同乐镇丘陵地带。

之后，冶金部勘查总公司武汉分公司对厂区进行了勘查，整体上收集了包括气象、水文、山洪、地震、区域测量、地质构造、地下墓葬等方面的资料。同时对区域内地下古墓进行了铲探，厂区共有古墓4800多个，古井古坑及河床3000多个[①]，均制成卡片绘制分布图，结合施工进行分批挖掘和处理。如图5-2-47所示洛阳有色金属加工厂建厂初期古墓勘探及处理的场景。

作为前期建设准备，筹备组编制了设计基础资料9卷，包括《工程地质及水文地质篇》、《区域概述及气候气象篇》、《总平面及运输篇》、《地形篇》、《动力供应篇》、《供排水篇》、《土建篇》、《建筑材料篇》和《中国设备产品目录》[②]。

2）洛阳有色金属加工厂的工程设计与建设

（1）工程设计

1955年5月18日，我国重工业部代表邱纯甫与苏联有色冶金部代表尼基金，签订了洛阳有色金属加工厂设计工作实行合同，同时将筹建工作编制的9卷设计基础资料提交给苏联。1955年底，苏联莫斯科国立有色金属加工设计院完成了该厂的初步设计。1956年1月，我国重工业部代表夏耘、高杨文、唐南屏、洪戈等与苏联有色冶金部代表杨申、邱勃洛夫、伊万诺夫、法米乔夫在北京共同审核了洛阳有色金属加工厂的初步设计，并签署了审核议定书（国家建委5604159号文）；同年6月，国家建委批准了技术设计。

图5-2-47 洛阳有色金属加工厂厂区古墓铲探及处理

---

① 洛阳铜加工厂. 洛阳铜加工厂志[Z]. 1986：4.
② 洛阳铜加工厂. 洛阳铜加工厂志[Z]. 1986：16.

1957年，苏联方面陆续交付了辅助工程的施工图，1958～1961年陆续交付了主要生产车间的施工图。

洛阳有色金属加工厂的总平面、运输、铜镍和合金加工系统的生产工艺是由苏联莫斯科国立有色金属加工设计院设计的；供电、变配电、厂区照明等电气工程是由莫斯科国立重工业电气设计院列宁格勒分院设计的；铜电解和铝镁合金生产系统及相关辅助和民用工程是由国内的专业设计院设计的；其中铝镁合金生产系统是由北京有色冶金设计院设计的；后期补充修改则由洛阳有色金属加工设计院负责；职工宿舍34号街坊是由河南省建筑设计院设计的；与陇海铁路相接的厂外专用线由铁道部设计总局第四设计院承担；通往洛阳热电厂的厂外热力管道由北京电力设计院设计；其余工程均由洛阳有色金属加工厂自行设计。

（2）工厂建设

该厂总的建设顺序是：先民用工程，后工业建筑；先辅助设施，后生产车间。

1956年6月首先开工建设的是职工住宅34号街坊，包括宿舍、幼儿园、临时食堂和浴池等，以解决职工的食宿等生活问题。1956～1957年，为了方便运输建设材料、设备，开工兴建了厂外和厂区铁路专用线、厂区道路（图5-2-48、图5-2-49）。

洛阳有色金属加工厂的辅助和附属设施大体分为仓库工程、辅助工程和动能工程三大部分。为保证物资的储存，1956～1957年又修建了设备仓库、材料仓库、供应仓库等附属设施。1957～1958年，又先后开工兴建了生产水和循环水泵站、热力管网和热力泵站、充电站，至1959年主体工程开工时，全厂总平面布局已初具规模。

这一时段的主要工程有：①设备仓库。为迎接大型设备进厂，1957年1月洛铜开始兴建设备仓库，共建成砖木混合结构仓库8座，总建筑面积6000平方米。②供应库。苏联设计的总供应库也是此时开工的，共三层（含地下），建筑面积2545平方米，于1958年7月完工。③轧辊仓库。预应力混凝土结构，1020平方米，附设铁路专用线和卸货站台，1959年竣工。④主要的辅助车间。包括综合辅助车间、制箱土修车间等。⑤动能生产设

图5-2-48　1956年洛阳有色金属加工厂
34号街坊住宅动工兴建

图5-2-49　1957年洛阳有色金属加工厂
厂外铁路专用线竣工

混凝土预制构件厂

电缆敷设

循环水泵站施工

轧辊仓库吊装

1957年完工的充电站

综合辅助车间施工

图5-2-50　洛阳有色金属加工厂辅助工程施工

施。包括煤气发生站、保护性气体站、空气压缩机站以及各种动力、热力、电力管道等（图5-2-50）。

该厂主要生产设施共分为三个系统：铜、镍及其合金生产系统、电解铜生产系统和镁铝合金生产系统。主体厂房的建设始于1959年8月，到1965年底全面竣工投产。

铜、镍及其合金生产系统由三个分厂构成，建筑面积分别为2.12万平方米、4.81万平方米和4.1万平方米，全部由苏联设计并提供主要设备，均为预应力钢筋混凝土框架结构。电解铜生产系统由北京有色冶金设计院设计，1958年开始修建，1962年因国家经济困难停建，1972年才恢复建设，直到1979年才全部竣工，总建筑面积2.92万平方米。铝镁合金生产系统也是由北京有色冶金设计院设计的，总建筑面积2.55万平方米，后两者主体结构均为预应力钢筋混凝土框架结构。

洛阳有色金属加工厂的建设历程十分曲折。厂方曾一度改变建设方针，从"遍地开花"[1]改为"一个车间一个车间地集中力量建设"，由"边生产边基建"改为"全厂以基建为主、积极进行生产准备"逐步加快建设速度（图5-2-51）。

1958～1959年间伴随部分民用工程和厂区工程的陆续竣工，由负责工程质量的技术监督科组织进行了相关的竣工验收；1960年，已竣工和部分完工的工程逐渐增多，于是厂里成立

---

[1] 洛阳铜加工厂. 洛阳铜加工厂志[Z]. 1986: 22. 建厂初期，由于原料不足，国家计委制定洛铜"分期建设"、"细水长流"的建设方针，1958年5月后为适应"大跃进"的形式，要求建设"高速度"、"翻一番"，片面追求高指标，致使最终提出了"1960年大干，1961年扫尾"的脱离实际的口号，使得许多工程盲目开工，"遍地开花"，导致战线拉长，施工力量严重不足，当年计划投资1个亿，但实际上土建施工力量才400多人。

铸造车间施工现场

1959年全厂最大工程压延车间开工

压延车间吊装现场

图5-2-51 洛阳有色金属加工厂主体工程施工

了交工验收委员会[①]（包括甲方：代表国家投资的洛铜，乙方：承包工程的施工单位，丙方：工程设计及设计管理部门）负责工程的验收工作；1962年成立验收办公室[②]；至1965年，全厂大部分设备安装调试完毕，并通过无负荷试车，生产部门开始进行有负荷试车和试生产；1965年末，全厂全面竣工投产（图5-2-52）。

洛阳有色金属加工厂是落户洛阳的6个156项目工程的最后一个，又是与最早落户的3个厂（矿山机器厂、轴承厂、拖拉机厂）并排位于涧西区北部的工厂。它的规划和建设与已建成的这3个厂保持了一致，同时，它在空间上与西工区接壤，又是整个涧西工业区建设的门户和起点。

洛阳有色金属加工厂的总平面布局是以苏联原设计为基础，结合后续工程项目的实际情况按生产工艺流程安排的。厂部办公大楼设在厂区的南端，主要生产车间布置在厂区中心地带，成品包装运输等辅助设施设在厂区北部。各生产车间的横向布局按生产工艺流程布置，铜铸锭生产设在中央，铜板带及铜管棒生产置于左右两侧，后期增加的设计项目如铜电解系

---

① 洛阳铜加工厂. 洛阳铜加工厂志[Z]. 1986：39.

② 同上。

1960年四重轧机安装

1500吨挤压机吊装（1961年）

1960年试制出第一根半连续铸锭

1962年宽板轧机试车成功

图5-2-52　洛阳有色金属加工厂主体设备安装试车

统和铝镁合金系统的生产位于厂区西北部。辅助设施如机修车间、煤气发生站、保护性气体站、空压机站、循环水泵站以及油库、原料库等，均根据节省管道减少运输的原则，布置在生产车间附近，且多数位于厂区北部。

厂前区的建设路与中州路之间，按苏联原设计是林木绿化带，用以隔断工厂噪声和粉尘污染，确保生活区的卫生与安静，1966年后为解决住房困难，将已栽种的果树陆续砍伐后建起住宅。

厂外运输以铁路为主，厂区内设铁路专用线直通洛阳西站与陇海铁路相接。厂区专用线为永久性标准铁路，并附有编组站及19条支线，总长9.3公里，火车可以开到各个主要生产车间。厂区内部运输使用汽车和电瓶车，设有封闭式内环路，并有三个出入口与市政建设路相连，交通十分方便。洛阳有色金属加工厂厂区平面图如图5-2-53所示。

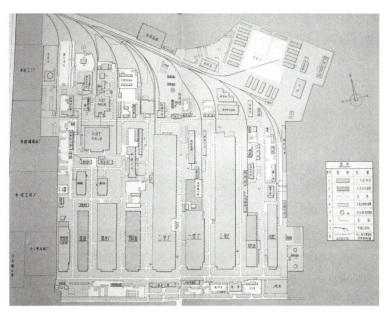

图5-2-53 洛阳有色金属加工厂厂区平面图

5.3 洛阳156项目工业遗产分类构成分析

5.3.1 洛阳156项目工业遗产构成体系框架的构建

洛阳涧西工业区因其特殊的形成背景和规划模式，城市格局和城市肌理表现出高度的计划性和统一性。从东到西的各厂在建设路以北一列排开，每个厂正门口均有同等面积、中轴对称的厂前广场和纪念性雕塑；从北到南，依次对应绿化隔离带、居住区、商业网点、科研教育机构和居住区；相邻功能区块之间分别以贯穿涧西区东西的建设路、中州路、景华路和西苑路分隔，从而形成相对一致的城市断面。

5.3.1.1 基于生产与辅助设施分类的洛阳156项目工业遗产构成

基于生产厂区和附属设施的分类是工业遗产较为常规的分类方法。生产是工业的核心，生产流线、生产工艺及相关设备是生产的核心，因此，研究工业遗产，首先应探究生产厂区内的核心生产以及围绕核心生产而建造的厂房、办公楼、构筑物、运输线、绿化景观等；厂内核心的生产流程与工艺技术、生产管理、企业管理以及企业文化等，又是围绕生产开展的，都应属于生产厂区内。一个厂矿的附属设施主要针对职工的衣食住行展开，一般包括食堂、住宅（单身宿舍和街坊公寓）、商业、子女教育、医疗等，依据《下塔吉尔宪章》这些都是工业遗产的重要组成部分。

伴随156项目洛阳6个重大项目的选址，洛阳城市开始了前所未有的发展，它并未选择北京、西安等城市"单中心、摊大饼"式的发展模式，而是在距离老城8公里以外的涧河以西开辟工业新城，二者之间规划为未来的城市中心区（西工区），从而形成了以中州路为轴，东西绵延15公里，南北宽3公里的带形城市。既避免了对大量地下文物遗存的破坏，同时又充分利用利于工业生产建设的地势和河道优势。老城区作为传统文化区，涧西区是新兴工业区，中间的西工区是行政中心，三区各司其职，分工明确，避免因城市功能聚集造成的交通拥挤和混乱。同时由于南北距离较短，无论是生产还是生活，距离自然生态环境都较近，因而城市的生态恢复力也很好，这就是城市规划史上著名的"洛阳模式"。

洛阳模式中，自涧河以西，自东向西依次布置了洛阳铜加工厂、轴承厂、拖拉机厂、矿山机器厂、柴油机厂及热电厂，采用了"南宅北厂"的格局，自北向南按照工业区、绿化隔离带、居住区、商业区，科研教育区的排列方式建造工业新城，引来大量工业移民，形成了全新的洛阳涧西工业区，如图5-3-1所示。

洛阳有其自身的特点，整个洛阳涧西工业区是因6个156项目工程的选址建设而生的，原有基础建设基本为零，城市是在一片农田上开始建设的，整个规划也是根据6个工厂的选址和建设而陆续完成的。因整个规划建设处于社会主义计划经济阶段，所有的生产和附属设施均依赖于高度的计划，具体来讲，在厂区内每个厂都具有大致相同的功能规划，包括厂前区（广场、塑像、大门）、办公区、生产区、中央景观大道和位于厂区后部的仓储区及铁路运输线；配合生产的还有相应的科研和高等教育机构，负责相关产品的研发、核心技术的科技研发、攻关等；在生活区，包含了十分具有156项目特色的"苏式"住宅街坊、子弟中小学

图5-3-1 洛阳涧西工业区城市空间结构

校、医院、商业网点等。

5.3.1.2 基于物质与非物质层面的洛阳156项目工业遗产构成

此种划分方式来自近年来我国文物保护领域内的物质与非物质文化遗产的区分。在工业遗产领域的研究中同样存在物质与非物质的遗产分类。

洛阳涧西工业区是一个整体，从城市格局到单体建筑，有着深层的和历史的联系，既包括物质层面的，譬如城市形态、城市肌理、历史风貌的建筑、景观等；也包括非物质层面的，如社会联系、工业情感、内在语言、历史记忆等。因此，有必要建立整体的、系统的保护框架（图5-3-2）。

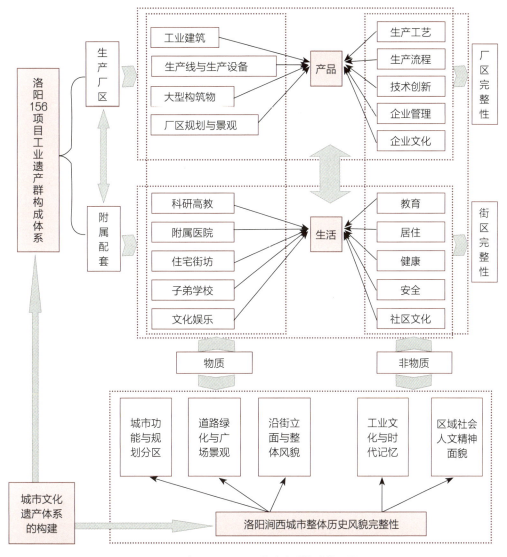

图5-3-2 洛阳156项目工业遗产群构成体系图

1）基于物质层面的洛阳涧西工业区工业遗产整体保护理论框架

首先，应强调的是城市格局和城市肌理，保护与发展建设都应在此约束下进行，明确深层次的城市格局和城市肌理研究要先行，从而为城市发展建设提供既定约束条件。

第二，基于整体性的工业遗产的普查、测绘和记录工作的开展。此项亦与第一项的研究相辅相成，也是保护利用的前提。

第三，洛阳涧西工业区工业遗产"点、线、面"的重点保护。

最大的"面"是涧西工业区的整体风貌，进而是历经时代变迁，大量现存的历史风貌建筑组群，其建筑单体、组群、院落布局是重点，目前大面积的工业厂房、现存较为完整的街坊是构成此项的主体；道路景观遗产不容被忽视，横贯洛阳涧西工业区的四条道路——建设路、中州西路、景华路和西苑路是形成城市带状格局的骨架和基础，连接起各个工厂，其道路、绿化以及沿街立面构成了涧西工业区工业遗产保护的"线"；散落分布在此片区的历史建筑单体、景观广场、雕塑等则如星辰般，是洛阳涧西工业区工业遗产的"点"。

第四，基于类型的分别研究，包括工业建筑（狭义）、能源设施、水利设施、住宅、居住区、广场、道路、棕地等。

第五，基于工业遗产区整体性保护的城市发展规划或法规的建立。

第六，保护与利用模式的研究。

工业遗产与工业遗产保护区的保护是要保护工业遗存的整体性格局、工艺、风貌等，但重在工业遗产的适宜性再利用，要充分发挥工业遗存的价值，避免被动式保护。如何激活城市，使原有社区焕发活力，使之成为居者乐居，旅者愿来，城市建设者珍爱的城市"明珠"，仅仅单纯的保护是做不到的，有赖于文化的策略和适宜性的利用开发，保护与利用模式的研究应先行，才能更好地为决策者提供参照。

2）基于非物质层面的洛阳涧西工业区工业遗产保护理论框架

第一，工业史的研究，包括地区工业的发展史和工业技术史。洛阳工业区是中国"一五"时期苏联援建的"奠定中国现代工业基础"的156项最集中的工业区之一，所涉及的拖拉机制造、柴油机制造、矿上机械的生产、轴承的研发、有色金属的冶炼加工等对新中国的工业发展起着不可或缺的作用，其中涉及的工业技术、工艺、设备等技术史的研究有待挖掘整理。

第二，企业厂史的研究，包括厂史、厂志、企业内部刊物、报纸、成就、人物、大事的记载等。

第三，中苏文化技术交流史的研究。"一五"期间的这些工厂的建设多数是在中苏友好时期苏联援建下建成投产的，诸多的建筑风格、式样源自苏联，甚至是苏联原有图纸的异地复制，厂史、厂志中亦有大量篇幅、照片记载，是中苏文化交流的见证，有着重要的历史意义和文化价值。

第四，工业区社会组成、内在结构的研究。如上所述，新中国成立初期的洛阳是不足以支撑如此众多工厂企业建设生产的人口的，但在短短的1952～1958年6年时间里，洛阳人口从62511人激增到391263人，其重要原因是伴随工业区建立从全国各地大量迁入的工业移民，现在仍然能从道路、市场、餐馆的命名上看到当年移民聚居的情况，诸如青岛路、黔川路、湖北路、安徽路、天津路、上海市场、广州市场、上海大妈饺子等。在相对独立的工业区大量外来移民的长期聚居势必形成新的社会结构、社会语言和内在文化关联，是洛阳涧西工业区工业遗产非物质层面的重要组成部分。

第五，关于目前洛阳涧西工业区工业遗产保护利用的经济性研究和旅游开发、文化产业的研究等。

5.3.2 洛阳156项目工程生产厂区遗产构成与现状分析

5.3.2.1 洛阳156项目工程生产厂区物质遗产构成

1）洛阳156项目工程工业厂区整体规划

（1）厂区规划的特点

"一五"时期落户涧西的这6个156项目工程，借助苏联专家的指导和帮助，在厂区规划上有着鲜明的特色。大致可以总结为以下几点：厂区布局形式上大致成矩形结构，内部路网横平竖直，路面宽阔，有与城市路网相接的出入口；厂区布局在内容上以生产工艺流程和各功能为内在逻辑，总体上分为厂前区和生产区：厂前区布置厂前广场（位于建设路北侧的四个厂均设有厂前广场）、办公大楼、实验大楼、培训机构等建筑，生产区按照生产流程布置整个厂房，并最终流向产品输出的厂内铁路运输专用线；厂区绿化景观出众，各厂均布置有中央景观轴线，有欧洲古典主义的规划痕迹；厂区内密植行道树，因就厂房布置情况设景观小品，美化厂区；厂前有规模宏大的厂前广场，并设有主题雕塑彰显时代精神。

（2）典型实例分析

以洛阳第一拖拉机制造厂的厂区规划详述以上三点。

洛阳第一拖拉机厂在整体规划布局上，其内部路网十分整齐，以中央景观大道为中轴，主体厂房分列两旁（图5-3-3）。厂前设有规模宏大的厂前广场，广场视觉焦点为高大的汉白玉毛主席挥手立像（图5-3-4）。

厂区平面布置分为厂前区和生产区，厂前区布置办公楼、档案、研究机构；生产区的规划有着严格的内在关联，所有生产车间的位置布局是围绕拖拉机生产的工艺流程展开的，核心点是装配车间，即所有的零件、半成品要在装配车间最终组装成为拖拉机。因此，各车间分别设有流水线与上一级产品相连，辅助、工具等用房布置在相关车间周围，最终产品流向

图5-3-3　洛阳第一拖拉机制造厂规划布局分析　　图5-3-4　厂前毛泽东雕像

成品仓库，并通过公路和铁路运输到全国各地。如图5-3-5所示洛阳第一拖拉机制造厂生产区原始规划。

图5-3-5为洛阳第一拖拉机制造厂厂区平面局部，以一台东方红-54履带型拖拉机的生产为例，图中椭圆区域为总装配车间，所有生产配件的车间均围绕其周围布置，工具、机修、模具车间又布置于其他各生产车间周边作为辅助，生产出的成品导向绿色箭头所指的总仓库，并最终通过内部铁路专用线连接陇海铁路，运输到全国各地。

图5-3-6显示厂区道路及绿化情况。

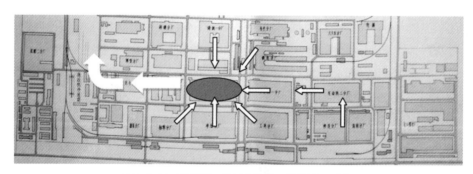

图5-3-5　洛阳第一拖拉机制造厂规划布局分析

图5-3-6　厂区道路及绿化情况

2）洛阳156项目工程工业厂区建筑研究

（1）总体特点

沿建设路以北，规则分布洛阳铜加工厂、洛阳滚珠轴承厂、洛阳第一拖拉机厂和洛阳矿山机械厂四大工厂，内部厂房众多，道路宽阔，绿化丰富，包括办公建筑、科研建筑、厂房及厂区内绿化等，有以下特点：

建筑风格统一：办公建筑多为多层砖混结构，部分科研建筑为三角屋架四坡顶，均中轴对称，面宽大，内廊式，建筑装饰精致，门窗及柱头、柱础线脚丰富；办公楼、厂门顶部多有红旗、五星、齿轮等雕刻装饰，具有明显的苏式风格；厂房外立面至今保留有浮雕式的口号标语，具有强烈的时代感。

厂区规模宏大：洛阳第一拖拉机厂占地面积645.1公顷，相当于隋唐洛阳城的面积；内部道路宽阔，绿化丰富；厂房面积巨大：因建设初期的生产总量计划和流水线设计，多数厂房面积很大，以洛阳第一拖拉机厂为例，其总装配车间最初建设面积28290平方米。

厂房多为钢筋混凝土结构：内部屋架、屋面板、吊车梁也多为钢筋混凝土结构，少量为钢结构。内部地面依生产状况而不同，热加工厂房及有重型运输的厂房地面为粗砂及混凝土地面，机加工厂房为有刻花的铸铁地面。

内在联系紧密：各工厂内部厂房的布置在最初设计时有着生产流程上的先后顺序与关联性，主要生产车间按照产品的生产流程先后布置，辅助生产车间就近布置于其所服务的主要生产厂房周边，最终流向成品仓库和设于厂房北侧的铁路运输站点。

建筑细节装饰丰富：与现今的工业建筑不同的是，这些厂房在建造方面不仅仅满足生产功能，同时在细节和装饰上十分丰富，在当时国力经济较为紧张的条件下十分难能可贵。这些建筑在用材上并无特殊之处，就是常规的混凝土以及砖石、木材，但在建造细节方面却极尽工匠所能，山花、浮雕、檐口、门窗、道牙、地面均有体现（图5-3-7）。

（2）典型实例举例分析

①办公楼

按照厂区的总体规划，厂前广场正对着厂区大门，进入大门后，占据厂前区中轴线中心

洛阳热电厂办公楼

洛阳矿山机器厂厂房

洛阳滚珠轴承厂区带塔楼的厂房

图5-3-7　厂区办公楼、厂房实景

位置的即是各厂的主办公楼。这些办公楼的建筑设计在形式上具有大致统一的特点：即在平面上中轴对称布局、内廊式设计，办公室设在中央走廊南北两侧；立面上总体对称，3~5层砖混结构，立面处理采用古典主义的立面处理法则，横向分5段，突出第一、三、五段，且以最中间一段为装饰重点；纵向分为3段，通过砌筑材料和外墙装饰材料体现，通常越靠地面的越厚重，入口设柱廊，窗下墙、檐口均通过外墙材料进行线脚及图案装饰。

苏联是第一个社会主义国家，它的建设经验对于正在开始大规模建设社会主义社会的中国无疑是极其重要的①。他们为中国提供了诸多社会主义建设的经验。在工业厂区规划、厂前区设计、生产车间工艺以及工厂绿化、工业建筑的艺术风貌等方面均力图体现"社会主义的内容、民族形式"和"社会主义现实主义的创作方法"②。在苏联，所谓"社会主义的内容"就是指关心劳动人民的物质和精神生活，反映社会主义制度的优越性；"民族形式"基本是指俄罗斯以及加盟共和国各民族的古典主义艺术与建筑，因此，这一时期的苏联建筑设计实践均有明显的体现——古典柱廊、低层建筑设塔楼等，另外工业、农业生产活动本身也成为艺术设计的内容和元素。此时期的苏联建筑风格也被称为"斯大林风格建筑"，如图5-3-8所示。

156项目工程大部分由苏联专家帮助设计建设，大批来到中国的苏联专家在中国工程技术人员的辅助下工作。作为156项目工程的哈尔滨量具刃具厂办公楼是由苏联建筑工程部设计总院设计的，充分体现了斯大林建筑风格在中国的移植，如图5-3-9所示。

同样的设计思想也影响着中国的建筑设计师。如1958年由北京工业建筑设计院陶逸钟

图5-3-8　莫斯科国立罗蒙诺索夫大学

图5-3-9　哈尔滨量具刃具厂办公楼

---

① 《人民日报》1953年10月14日社论《为确立正确的设计思想而斗争》中指出："在近代的设计企业中，有两种指导思想，一种是资本主义的设计思想，一种是社会主义的设计思想。以资产阶级思想为指导的设计原则是一切服从于资本家追求个人的最高利润的目的，设计人员受资本家雇佣，为实现资本家的意愿，同时也为提高自己的名望和物质待遇而进行设计。……资产阶级的设计思想是孤立的、短视的、没有国家和集体的概念，又经常是保守落后的。"

② "十月革命"前后，苏联出现了激进的现代艺术运动——构成主义（我们称为结构主义），并蔓延至文艺的各个领域，苏联政府认为这属于敌对的资本主义的艺术，斯大林下令加以整肃，于是提出了这两个口号。以建筑师茹儿托夫斯基为首，掀起了苏联建筑的古典主义的高潮。

等设计的洛阳第一拖拉机厂大门兼办公楼,就是典型代表。它有着苏联古典主义的立面构图,外柱廊、线脚、柱头等,在"民族形式"的表达方面则体现了中国传统建筑的抽象元素,如柱头部分的雀替造型,以石材表现的中国传统木构榫卯穿插等;同时在厂徽的设计上,又充分体现了社会主义工业建设的元素——红旗、五星、党徽、齿轮等,彰显出时代精神。在洛阳矿山机器厂办公楼的设计上同样有着浓厚的苏联设计的痕迹,古典集中式的构图,两侧办公楼的斜面坡屋顶、中央塔楼、首层柱廊等。洛阳有色金属加工厂的办公楼在细节装饰方面融入了中国传统元素,如柱廊柱头部分的仿木构造型,窗下墙的云纹装饰图案等,如图5-3-10所示。

②车间厂房建筑

生产车间是厂区建筑的主体。洛阳156项目工程的厂房规模宏大,一些主要的生产车间动辄建筑面积2~3万平方米,纵深方向可达几百米。内部结构多为钢筋混凝土结构,内部屋架、屋面板、吊车梁也多为钢筋混凝土结构,少量为钢结构。内部地面依生产状况而不同,热加工厂房及有重型运输的厂房地面为粗砂及混凝土地面,机加工厂房为有刻花的铸铁地面。内在联系紧密:各厂矿内部厂房的布置在最初设计时有着生产流程上的先后顺序与关联性,主要生产车间按照产品的生产流程先后布置,辅助生产车间就近布置于其所服务的主要生产厂房周边,最终流向成品仓库和设于厂房北侧的铁路运输站点。

举例来说:洛阳拖拉机制造厂坐落于邙山脚下洛阳涧西工业区北侧厂区规划带内,北邻洛阳热电厂,东邻洛阳滚珠轴承厂,向西临近洛阳矿山机械厂,是"一五"计划期间投

洛阳第一拖拉机制造厂大门
(兼办公楼)

洛阳矿山机器厂办公楼

洛阳有色金属加工厂办公楼

中国第一拖拉机厂厂徽

一拖大门柱廊柱头细部

洛阳有色金属加工厂办公楼细部

图5-3-10　洛阳156项目工程办公楼整体及细部装饰

资建设的我国第一家拖拉机厂，是苏联援建的156项目重点工程之一。1954年2月，毛泽东主席亲自确定厂址，1955年10月破土动工，至1959年11月，第一期建厂工程基本完工投产。我国第一台自行制造的"东方红"牌拖拉机即出产于该厂，从建厂至今已有半个世纪。其厂区规划严整，绿化出色，厂房规划有机统一，建设初期有着明确的生产流程的内在逻辑性；建筑规模宏大坚固，适应性强，虽经历历次生产线改装，至今仍能够满足使用要求。其装配车间，是我国第一条履带式拖拉机的组装生产线的所在，因此，我们选取该厂房作为典型案例。如图5-3-11所示一拖装配车间区位。

装配车间（原名装配一分厂）是进入厂门后沿南北中轴线的西侧第二座厂房，厂房占地面积27600平方米，总建筑面积28290平方米，厂房主体单层9跨联布，为钢筋混凝土排架结构，北半部分厂房屋架下弦结构高9米，南侧结构高6米，高低跨布置。平面按照生产及设备分别有6米×9米、6米×12米及12米×12米扩大柱网，沿厂房纵向设矩形天窗和高低侧窗，内部明亮宽敞。厂房内部南侧为新中国第一条拖拉机总装生产线旧址，内部地面保存有建厂初期特别铸造的印有拖拉机图案的铸铁地砖，内部结构除部分吊车线、生产设备应生产工艺而改变，其余均为建厂初期原物（图5-3-12、图5-3-13）。东侧设3层办公楼，砖混结构，立面清水砖墙砌筑，白色混凝土装饰带，中轴对称，古典构图，正中央有2层挑高的外贴门廊，屋顶中央有装饰性塔楼，具有典型的156项目工程时期"苏式"建筑风格，与南侧文保厂房协调统一。

3）洛阳156项目工程厂区生产线与生产设备

生产线与生产设备及相关技术是工业遗产的独有特点。生产是所有当下物质遗存于特定

图5-3-11 洛阳第一拖拉机厂装配车间区位

图5-3-12 洛阳第一拖拉机制造厂装配车间现状
（装配车间外立面、装配车间内景及铸有履带式拖拉机图案的铸铁地砖）

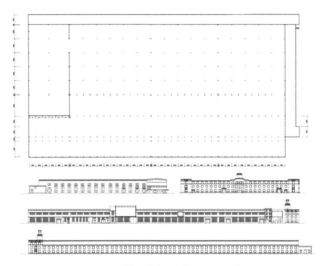

图5-3-13 装配车间测绘平面图、立面图

时代的活动主体，物质遗存是生产的物证，主要包括建厂初期及后续生产过程以及重大的技术改造等事件中发挥重大作用的设备、流水线以及有代表性的产品等。这些工业设备具有独特性和稀缺性，代表了当时生产技术的先进性，如厂房内部仍存有部分曾为"中国第一"的大型机械加工设备，如新中国第一条拖拉机装配生产流水线等。如图5-3-14所示。

4）洛阳156项目工程厂区大型构筑物

各大厂区均有建厂初期规划建设的铁路运输线路，各种气、固、液体的输送管道、传输带、烟囱冷却塔等。之所以将其单另划为一类，是因为：

（1）地标性：这些构筑物地处厂区范围内，但多数形体高大，成为当时城市的制高点，历久则成为人们眼中熟悉与明确的地标。

洛拖生产的拖拉机　　　矿山机器厂的　　　滚珠轴承厂轴承生产线
　　　　　　　　　　　8000吨水压机

图5-3-14　生产线、产品样品及大型设备

（2）纪念性：这些构筑物是当时生产运行流程的必要组成部分，是标定生产流线的纪念物。在公路运输发达、原有生产转型的今天，诸多原有的构筑物失去了设计之初的效用，却带给人极强的时代感和历史记忆。

（3）景观性：在工业美学的背景下，这些废弃的构筑物能够引发人们的历史记忆与情感共鸣，成为具有时代印记的景观基础设施。如图5-3-15所示。

洛拖大型露天拖拉机停放场　　　列车专用线站台　　　厂区内部烟囱管线

列车专用线轨道　　　废旧机车头　　　矿山厂提升机试验塔

图5-3-15　厂区运输线及构筑物

5.3.2.2 洛阳156项目工业生产厂区非物质遗产构成

1）洛阳156项目工业企业生产工艺流程及技术创新

（1）生产工艺流程

生产工艺是指生产某种产品所需要的方法和工艺参数等内容，是工业企业的核心技术能力。工艺流程是指产品生产的过程步骤，是技术、设备和生产组织能力的综合表现形式。

落户洛阳的6个156重点工业项目均属于当时我国国民经济的支柱产业，是新中国工业的长子，代表着国内该行业生产工艺流程的领先水平，整理发掘这些工艺资料对研究现代工业发展及其传承有着重要意义，也是当前非物质工业遗产保护的重点。鉴于洛阳6个156工业项目企业目前仍在生产，且多涉及军工、航空航天和核工业等重要领域，其主要生产工艺尚未解密，这里仅以洛阳铜加工厂为例对其生产流程进行简要梳理。

洛阳铜加工厂主要生产铜镍及其合金产品，主要有三大生产系统、辅助生产部门及相关保障部门。

三个主要生产系统分别为电解铜生产系统、铜加工生产系统、镁材生产系统。

电解铜生产系统即该厂六分厂，依据生产流程可划分为六个生产工段，分别为阳极工段、电解工段、回收工段、硫酸盐工段、阳极泥工段和机修工段，主要生产电解铜、硫酸铜、精硫酸镍、金锭、银锭、硒、砷等产品，可满足铜加工生产系统生产所需的七成电解铜的供应和保障。该分厂自建成投产以来不断改进生产技术、创新生产工艺、改造升级设备，生产能力和技术水平一直处于国内领先低位。

铜加工生产系统，由一、二、三分厂三部分组成，是当时我国规模最大，设备工艺较为先进的铜加工生产基地。一分厂又称熔铸分厂，生产铜、镍及其合金铸锭，下设五个工段：一工段（有芯工频炉）、二工段（无芯中、工频炉）、三工段（机加）、四工段（电、钳）、五工段（工具和筑炉），如图5-3-16所示铣面机列。二工段安装的OKB—597型中频无铁芯感应电炉先后经历三次试车，形成了从石英砂选型、粒度配比、矿化剂选择及筑炉、烤炉等一整套工艺和规范，生产了我国第一根铝青铜半连续铸锭，并完成了我国原子能工业急需的蒙乃尔合金异形铸件的试制任务，可以说该工段见证了我国原子能工业的艰难起步。二分厂即板带分厂，主要生产铜、镍及其合金板带材。下设六个工段，其中开坯工段、板材工段、薄板和带材工段为生产工段；机械工段、电气工段、成品包装工段为辅助工段，如图5-3-17所示热轧机列。该厂研制生产的高强耐腐的高锰铝青铜板材、铁白铜

图5-3-16　扁锭铣面机列

图5-3-17　热轧机列　　　　　　　　　图5-3-18　轧管机列

带材及锰铝白铜板材满足了造船工业的需要；另外其生产的各型铜板、铜带连续四年获得国家级优质品牌，另有8项产品获国家冶金部、河南省优质产品称号。三分厂又称管棒分厂，是生产铜、镍及其合金管、棒型材的分厂，拥有挤制品生产线、大管生产线、中小管生产线和棒材生产线等四条生产线，如图5-3-18所示轧管机列。1962~1965年，在试生产阶段，三分厂仅用了几个月的时间就生产出了海军急需的声呐用铁黄铜椭圆管；而后又研制生产了波导管、冷凝管、挤制异型管等多种铜材，满足了国家重点工程急需，填补了国内铜、镍合金加工材料的多项空白。

镁材生产系统，以生产镁及镁合金板带材为主，是当时我国唯一的镁板材生产基地，下设熔铸、压延和辅助三个工段，27个班组，在镁材需求量小时该生产线可用于生产铝板材。

基于洛阳铜加工厂三大生产系统的梳理，形成该厂主要生产流程，如图5-3-19所示。

（2）工业技术创新

技术创新是工业发展的核心动力，从这个角度上也可以说：企业的技术创新的历史也就是企业的发展史、创业史。有关技术资料和记载描述对我们研究工业企业生产史以及行业

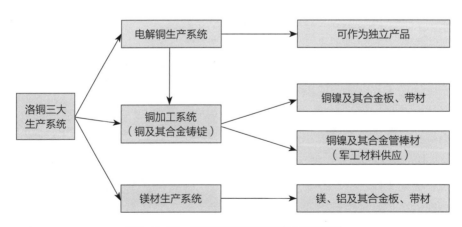

图5-3-19　洛阳铜加工厂主要生产流程图片

发展史非常重要。洛阳铜加工厂是由苏联设计的大型有色金属加工工业，由第六冶金建设公司承建，大部分生产设备由苏联成套供应，还有部分设备是国内企业根据苏联图纸制造。因此，洛阳铜加工厂在生产技术发展和生产设备供应，甚至是生产管理都对苏联具有较强的依赖性，受其制约和钳制。所以，洛阳铜加工厂团结协作、攻坚克难、勇于实践、自主创新的创业史也是其逐步摆脱苏联技术封锁和遏制的技术发展史，对研究该时期156项目重点援建工业的发展具有普遍意义。

1964年10月洛阳铜加工厂大型有芯工频感应电炉按照苏联原设计试车，炉底采用东海石英砂、电炉刚玉、黏土和硼砂的混合物捣制，试车时炉底发生严重漏炉。同年11月在洛阳耐火材料研究所和耐火材料厂的协助下采用洛阳新安县铁门石英砂取代东海石英砂进行试验，并试车成功。这次试验不但攻克了炉衬关，为全面投产铺平了道路，而且找到了优良的筑炉材料，并可就地取材，降低生产成本，诸如此类的技术创新不胜枚举。

2）洛阳156项目工业企业管理

洛阳156项目重点工业企业的发展过程是一个从无到有、从弱变强的过程，其发展大体经历了建设时期、发展时期、"文革"时期和"文革"后的调整时期四个阶段，作为国有大型工业企业其管理模式也不断发展、完善，并逐步形成具有行业特色的管理体系。

这里以洛阳轴承厂为例进行研究梳理。首先我们可以通过洛阳轴承厂行政管理机构的发展变化看到这一点（图5-3-20～图5-3-22）。

洛阳轴承厂的企业管理体制和模式对于研究国有大型工业企业管理具有代表性和普遍

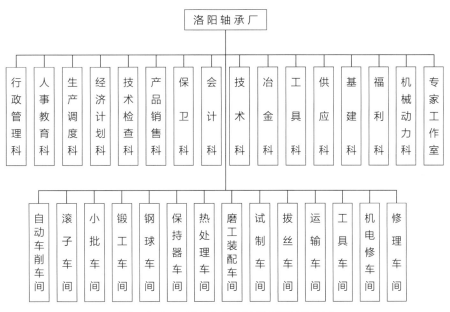

图5-3-20　1958年洛阳轴承厂组织机构图

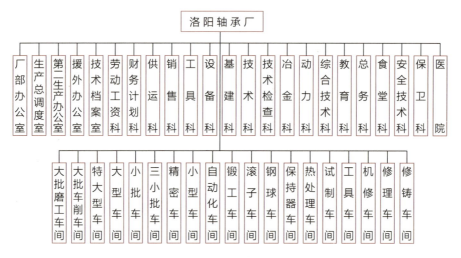

图5-3-21 1966年洛阳轴承厂组织机构图

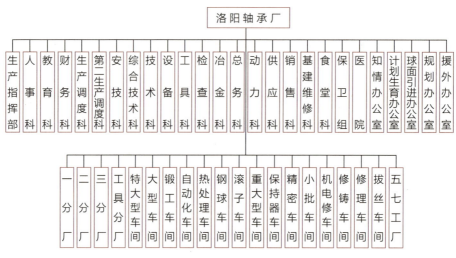

图5-3-22 1976年洛阳轴承厂组织机构图

性。其进行的主要管理活动有计划管理、生产管理、经营管理、财务管理、劳动管理、质量管理、技术管理、设备管理、物资管理、工具管理、安技环保管理、能源管理、运输管理、建筑物管理、班组管理和计划生育工作。

（1）计划管理

洛阳轴承厂的综合计划管理由经济计划科主管，根据国家计划和市场需要制定企业生产目标，组织和协调全部生产经营活动，以取得最好的经济效益。其主要工作：一是建立完整的计划管理体系并做好相关工作。1959年制定《技术经济指标管理办法》、《指标计算试行办法》、《计划编制程序暂行办法》等制度，开展综合平衡工作，基本形成条块结合，较为完整的计划管理体系；1964年实行"集中到厂部，服务到班组"管理体制，改革计划管理程序，简化指标考核办法。对班组考核品种产量、质量、工时、消耗四个指标和安全、设备维修、班组管理三个条件。二是统一管理全厂的统计业务。1963年先后制定了《统计管理工作试行办法》《统计指标计算办法》《定期报表审批》等制度，形成了较完整的统计网。三是编制金属材料、辅助材料、外购工具、外购机电备件、劳务和轴承零件等厂内计划核算价格，保证经营管理工作的需要。四是建立、推行和完善各项、各类人员经济责任制。经济责任制的基本分配模式，根据不同情况和特点分别确定。

（2）生产管理

洛阳轴承厂的生产管理由生产调度科和第二生产调度科（军工处）负责。生产管理包括生产作业计划、生产准备、调度、新品种发展管理、落实文明生产的相关工作，通过三级计划、两级调度网和各种规章制度有效组织、指挥、控制生产。1958年对生产管理进行了大胆探索和试验：一是制定生产计划实行上查、下访、抓紧中间的方法，加强计划的衔接；二是调度工作由单纯依靠调度命令，改为领导分工，跟踪生产，解决薄弱环节；三是发动群众，集体献策修改各种经济指标，重订材料消耗、废品指标，对季末制品盘点、四大件成套、储备定额进行综合分析，形成了三级（厂、车间、工段）管理体制。

洛阳轴承厂的军工生产在专职副厂长领导下，由军工处负责制定生产规模、计划编制、生产准备、调度及统计等工作。在安排生产时坚持"三先三后"原则，即先军后民、先重点后一般、先新产品后老产品。后对相关制度进行完善和补充，正式形成《军工产品生产技术与质量管理条例》和《军工产品生产管理制度》。

（3）经营管理

洛阳轴承厂的经营管理由销售科主管，主要负责市场调查、制定年度生产计划、产品销售、托收贷款、售后服务、出口贸易及成品仓储管理等工作。

1961年该厂经营管理正式制定《成品销售管理办法》，后逐步建立完善各种经济责任制93个，分解经济指标和工作项目3465项。1979年后国家实行计划调节与市场调节相结合的经济控制手段，不再包产包销，洛轴积极响应国家政策，主动作为，迅速丰富营销手段（建立经销网点，长期固定重点协作单位，门市部促进销售，同时开通函电订货，主动发函销售产品），为产品打开了销路，赢得了市场。

洛阳轴承厂对外贸易分为直接出口、直供援外和直供军援三种形式。具体情况可以通过洛轴产品直接出口、援外的部分国家和地区及出口情况统计有所了解。当时的统计情况如图5-3-23所示。

（4）财务管理

洛阳轴承厂的财务工作由财务科负责，主要工作是为工厂的生产、扩大再生产进行资金筹集、调拨、使用、结算和分配。1958~1966年工厂的固定资金和大部分流动资金由国家预算拨款（占70%）或由人民银行贷款（占30%），保证生产，集中管理，统一核算。资金管理贯彻了"鞍钢宪法"，推行齐齐哈尔机车车辆厂管理经验，采取"集中到厂部，服务到

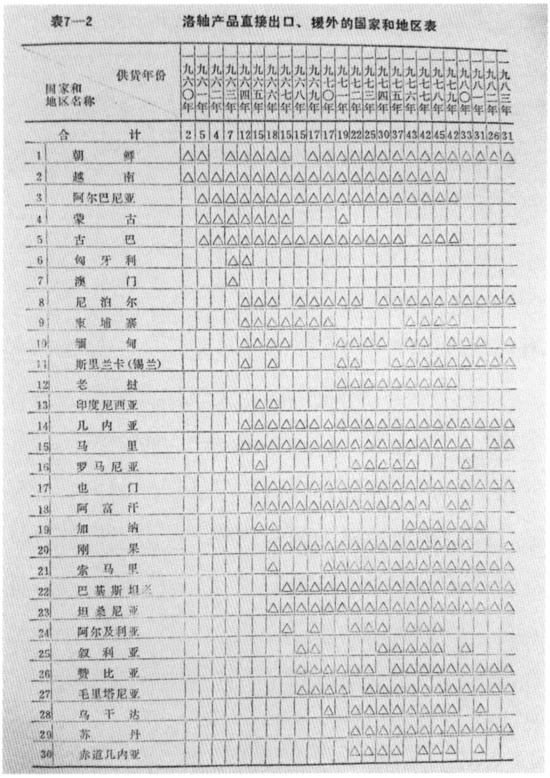

表7—2 洛轴产品直接出口、援外的国家和地区表

	国家和地区名称 \ 供货年份	一九六〇年	一九六一年	一九六二年	一九六三年	一九六四年	一九六五年	一九六六年	一九六七年	一九六八年	一九六九年	一九七〇年	一九七一年	一九七二年	一九七三年	一九七四年	一九七五年	一九七六年	一九七七年	一九七八年	一九七九年	一九八〇年	一九八一年	一九八二年	一九八三年
	合计	2	5	4	7	12	15	18	15	15	17	17	19	22	25	30	37	43	42	45	42	33	31	26	31
1	朝鲜	△	△		△	△	△	△	△		△	△	△	△	△	△	△	△	△	△	△	△	△	△	△
2	越南	△	△	△	△	△	△	△	△	△	△	△	△	△	△	△	△	△	△	△					
3	阿尔巴尼亚		△	△	△	△	△	△	△	△	△	△	△	△	△	△	△	△	△	△	△				
4	蒙古		△	△	△	△	△	△	△				△												
5	古巴		△	△	△	△	△	△	△	△	△	△	△	△	△	△	△		△	△	△				
6	匈牙利				△	△																			
7	澳门				△																				
8	尼泊尔					△	△	△		△	△	△	△	△		△	△	△	△	△	△	△	△	△	△
9	柬埔寨					△	△	△	△	△	△	△						△	△	△	△				
10	缅甸					△	△	△	△				△	△	△	△		△	△		△	△	△		△
11	斯里兰卡(锡兰)					△		△					△	△			△	△	△	△	△	△	△	△	△
12	老挝												△	△	△	△	△	△	△	△	△				
13	印度尼西亚						△	△																	
14	几内亚					△	△	△	△	△	△	△	△	△	△	△	△	△	△	△	△	△	△	△	△
15	马里					△	△	△	△	△	△	△	△	△	△	△	△	△	△	△	△	△		△	△
16	罗马尼亚						△							△	△	△	△	△				△			
17	也门						△	△	△	△	△	△	△	△	△	△	△	△	△	△	△	△	△	△	△
18	阿富汗						△	△	△	△	△	△	△	△	△	△	△	△	△		△	△			
19	加纳						△	△										△	△	△	△	△	△		
20	刚果							△	△	△	△	△	△	△	△	△	△	△	△	△	△	△			△
21	索马里							△				△	△	△	△	△	△	△	△	△	△	△	△	△	△
22	巴基斯坦※								△	△	△	△	△	△	△	△	△	△	△	△	△	△	△	△	△
23	坦桑尼亚							△	△	△	△	△	△	△	△	△	△	△	△	△	△	△	△	△	△
24	阿尔及利亚								△		△			△	△	△		△	△	△					
25	叙利亚									△	△					△	△	△	△	△		△			
26	赞比亚									△	△	△	△	△	△		△	△	△	△	△	△	△	△	△
27	毛里塔尼亚									△	△	△	△		△	△	△	△	△	△	△	△	△	△	△
28	乌干达											△		△	△	△	△	△	△	△	△		△		
29	苏丹													△	△	△	△	△	△	△	△	△	△	△	△
30	赤道几内亚													△	△	△	△		△	△	△		△		

图5-3-23 洛阳轴承厂对外出口情况统计

班组”的形式，其中成本管理主要进行成本编制、成本控制、成本核算。各分厂根据总厂下达的指标和有关业务处室分解的指标编制分厂的预算，报总会计师批准后实施；成本控制实行经济责任制，建立健全成本控制指标体系，在指标分级归口管理的基础上实行全面包、全面保，经济效益与经济利益挂钩；各基本生产分厂（车间）成本核算采用定额法，零件移动实行定额，逐步分项结转；各辅助生产分厂分别实行定单法、简单法；全厂生产费用和产品成本的汇总采用双轨制。

（5）劳动管理

洛阳轴承厂的劳动管理由人事处负责，主要工作有劳动定员、劳动定额、劳动工资奖励、工人调配、劳动组织和统计、职工退休退职、维护劳动纪律、对职工进行教育等工作。

劳动定员采用劳动效率定员、岗位定员、设备定员和按组织机构定员等多种形式，1958～1983年全厂性劳动定员工作进行了三次；劳动定额工作开始由劳资科定额组于1957年制订了《劳动定额管理办法》，各基本生产车间制定了班产定额，辅助车间制定了工时定额，截至1983年厂劳动定额先后修改、调整过12次，定额水平逐年提高；工票管理是企业管理的一项重要的基础工作，在试生产时期，大部分基本生产个人就试行了生产工票，全厂生产工票最多时发展到50多种；劳动工资管理包括职工工资、奖励、考勤、劳动纪律和各种福利津贴等，实施两级管理，人事处设劳动工资科，各分厂、处室均设专职或兼职工资考勤员；工人调配主要任务是新工人的招收分配、退伍军人的接收安置、合理调配劳动力、配合教育部门组织工人技术培训和技术考核等。

（6）质量管理

洛阳轴承厂的全面质量管理工作由企业管理办公室负责。轴承零配件冷加工质量检验和成品验收由质量检验处负责；热加工质量检验、金属材料和主要辅助材料进厂检验由冶金处主管；全厂长度、热学、力学、电学计量分别由质检处、冶金处、能源管理处质检处进行业务归口管理。1958年全厂开始推行自检、互检和检查员专检相结合的“三检制”，并在技术检查科成立质量监督检查机构——“高级抽查组”，专门抽查检查验收轴承成品质量。1959

年开始实行厂、车间和班组定期质量和废品分析制度，所有废品必须集中到车间废品库，由专人负责复检，及时汇总质量信息并抄送各有关部门，作为改进工作的依据，重大质量问题通报全厂或举办废品展览。另外，洛轴还十分重视材料质量管理工作，专门设有材料检查和理化试验小组并制定《进厂材料检查管理发放制度》，负责材料质量进厂验收工作。

（7）技术管理

技术管理工作由技术科负责，主要负责产品设计、工艺管理、产品及工艺试验、科技研究管理、专用机床和非标设计，技术情报与交流以及技术资料和档案管理工作。洛阳轴承厂建立健全了一系列的管理制度，在促进技术创新，跟踪国外发展动态，打造先进的核心技术能力等方面做出了骄人的成绩。

（8）设备管理

洛阳轴承厂的设备管理系统包括设备处、各车间的机动科及机修分厂和修造车间，采用两级管理和两级维修的体制。机修车间负责全厂设备的大修任务、吊车的日常维护和计划修理；修造车间负责工业炉、槽子等非标准设备的修理和设备安装任务。各车间机械动力师工部负责本车间及兼管单位设备的日常维护以及中修以下的计划修理任务。1964年学习齐齐哈尔机车车辆厂企业管理经验，对设备管理制度进行了完善调整（图5-3-24）。但是，在文化大革命时期，设备管理受到严重冲击，设备技术状况严重恶化，据统计当时的设备完好率只有57.4%，严重带病和"趴窝"的设备全厂达1525台。

3）洛阳156项目工业遗产档案

档案资料是工业遗产的重要组成部分。通过企业的内部档案我们可以清晰地了解企业曾经的生产情况和经营状况。档案资料中往往包含重要的历史信息，有待后人和发掘与整理。我们认为工业遗产档案应包含狭义的档案资料、报纸、图书、照片、笔记以及宣传标语、合同、证书、奖状等。它们是承载工业遗产非物质的精神、记忆的物质载体，是弥足珍贵的历史史料。

洛阳6个156项目均属于国有大型企业，拥有完善的企业档案管理结构，特别是涉及苏联援建的相关资料、图纸，不少都是涉密的，需要严密保管，除此之外，各厂还出版了相应的厂史、厂志、内部报纸、书刊等。如洛阳滚珠轴承工厂就曾创办油印版《工地生活》、《前进》、《洛阳轴承》等，洛阳有色金属加工厂也曾创办《洛铜报》，当年不少中央领导的批示、文件也都是珍贵的史料，如图5-3-25、图5-3-26所示。

图5-3-24 洛阳轴承厂各种管理制度与条例

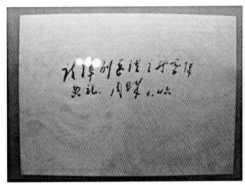

| 洛拖建厂初期周恩来批示 | 洛拖竣工验收鉴定书 | 毛主席批示的洛拖"跃进规划" |

图5-3-25 洛阳第一拖拉机厂相关档案资料

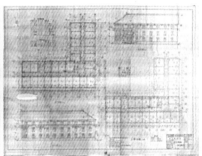

| 洛阳矿山机器厂厂长、总工赴苏联审定初步设计的历史照片 | 洛阳铜加工厂志 | 工人住宅街坊的设计图纸 |

图5-3-26 洛阳156项目各厂相关档案资料

4）洛阳156项目工业企业文化与企业精神

20世纪50年代，正值新中国成立初期，国民经济经历了最初的社会主义改造和调整与充实，在"一五"期间正式开启了工业现代化的大规模建设模式，举国上下万众一心，建设社会主义的热情空前高涨。人们以进入工厂成为一名工人而引以为傲，以工人阶级为主体的建设队伍信心满满，尽管条件艰苦，技术落后，仍保质保量完成了建设任务，在建设初期，洛阳各厂工人在极其艰苦的条件下建设工厂的情形如图5-3-27、图5-3-28所示。

老一辈人不远千里移民至此，曾在这里抛洒热血与汗水，用青春书写新中国工业的崭新篇章，这里承载了一代人在那样艰苦的岁月，在新中国计划经济的体制下，怀着无私奉献的崇高精神的大半个世纪的生活与工作，记载了新中国内地制造业发展的辉煌历史。

企业文化与企业精神是凝聚企业职工工作作风的群体内在意识的总和，它包括工人们的思想意识、价值观念、道德规范、意志追求等，是企业内部全体职工的行为取向。因此，良好的企业文化和企业精神的培养有助于一个企业内部凝聚力、向心力的形成，也就有利于企

图5-3-27 职工采用人工夯实地基　　　　图5-3-28 人工开挖地基搬运土方

业的长远稳定发展，这包括各种形式的活动，如工业文学、诗歌、表演、报告、演出以及技能竞赛、比武等。如毛泽东主席发出"向雷锋同志学习"的号召，各厂党委邀请工程兵政治部"雷锋事迹报告团"作报告，号召职工争当雷锋式工人，教育青年树立共产主义道德品质，争当"五好"青年，助人为乐蔚然成风。又如在全国范围内影响较为广泛的"工业学大庆"，学"铁人语录"等活动，号召全国工业企业"爱国、创业、求实、奉献"；各厂矿争相学习大庆油田的先进经验，大学毛主席著作，大学解放军，大学石油部，争创"五好"企业。良好的作风是企业的"传家宝"，应该一直流传下去，熏陶年青一代，培养职工队伍健康成长。

5.3.3 洛阳156项目工程配套设施遗产构成与现状分析

5.3.3.1 洛阳156项目工程配套科研高教遗产

伴随"一五"时期落户涧西的6个156项目的建成，洛阳涧西区逐步成为我国新兴的以机械制造为主体的工业城市。这些厂多数属于新中国工业的奠基石，是新中国工业的优秀代表，其企业的产品研发、工艺改进、人才培养势必要求有相关的配套资源。在第3章中简要陈述了配合各个厂矿的教育和科研体系：有提供子弟受教育的国家义务教育体系，也有辅助生产的工人、技师的培养学校和各级各类辅导机制，与此同时，大专院校和科研院所的配套和支持必不可少。与洛阳工业区各个企业配套的高校和研究所有：洛阳农机学院（河南科技大学，中国农机、轴承教育中心）；洛阳拖拉机研究所（中国拖拉机研究中心）；洛阳耐火材料研究院（中国耐火材料研究中心）；725研究所（中国船舶材料研究中心）；机械工业部第四设计院（中国农机工厂设计中心）；有色金属设计院（中国有色金属工厂设计中心）；机械工业部第十设计院（中国轴承工厂设计中心）；轴承研究所（中国轴承研究中心）；矿山机械研究院（中国矿山机械研究中心）等，均是国内同行业中最大、最重要的教育、研究和设计单位。这些单位的建设和发展壮大与各大厂矿一起，构成了洛阳涧西工业区发展的主体动力，也为洛阳涧西工业区留下了宝贵的时代印记和建筑遗产（图5-3-29、图5-3-30）。

表5-3-1列出了与洛阳156项目相关的科研院所一览表。

图5-3-29 洛阳涧西科研院所

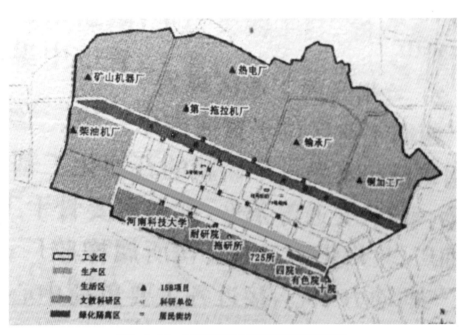

图5-3-30 各科研院所在洛阳涧西的空间分布

与洛阳156项目相关的科研院所一览表　　　　表5-3-1

名称	成立年份	地址	具体情况	业绩与贡献
机械工业部第十设计研究院	1958	西苑路最东段南侧，毗邻牡丹广场，西邻有色院	前身是第一机械工业部第五设计局，1958年5月由北京迁至涧西，成立轴承工厂设计室，1978年更名为机械工业部第十设计研究院，主要承担全国轴承工厂的设计	承担国家轴承工厂的设计以及各类民用建筑设计，为轴承行业采用新工艺、新技术和新设备做出贡献
洛阳有色金属加工设计研究院	1964	西苑路东段南侧，毗邻牡丹广场	承担全国轻有色、重有色和稀有金属及其合金加工企业的设计，具有设计国外先进水平的有色金属加工企业和国内先进水平的大型民用建筑的综合能力，是我国有色金属及其合金加工企业的设计中心	西南铝加工厂、西北铝加工厂、西北铜加工厂、宝鸡有色金属加工厂等厂的设计，东北轻合金加工厂、洛阳铜加工厂等大型企业的技术改造，天津铝合金型材工程等
机械工业部第四设计院	1959	西苑路东段南侧，东临有色院，北临牡丹广场	原名农业机械工业部工厂设计院，是一个多专业综合性工厂勘测设计中心	全国80%中马力拖拉机厂、50%的手扶拖拉机厂、67%的中小马力柴油机厂以及蒙古、阿尔巴尼亚、越南等国家重大援外项目等的设计
洛阳船舶材料研究所（725所）	1961	西苑路21号	1961年始建于北京，1962年迁往大连市，1971年迁来洛阳涧西，隶属中国船舶总公司第七研究院，从事船舶和海洋工程结构以及相关领域使用的新材料的研制、新工艺、防污防腐新技术、材料性能研究、科技情报研究、标准化研究等	研究成果广泛应用于船舶、机电、石油、化工等部门，研究成果部分达到国际、国内先进水平，部分填补国内空白，部分获得国防军工奖励
洛阳拖拉机研究所	1952	西苑路中段南侧	1952年创建于北京，1959年迁至洛阳涧西，属机械工业部农机局领导，是国内拖拉机行业产品技术研发中心和质量检测中心	协助部、局编写拖拉机行业科技发展规划以及技术引进规划，承担拖拉机行业的技术、工艺、材料、测验设备的开发研究、产品设计及试验、测量检验、评定仲裁以及技术咨询、人员培训等工作
洛阳矿山机械研究所	1956	建设路206号，毗邻洛阳矿山机器厂	前身是一机部矿山机械所矿山机械处，1956年成立于北京，1957年合并到机械科学院，1958年迁至沈阳并更名为一机部重型机械研究所，1964年与西安重型机械研究所矿山部分合并成立一机部矿山机械研究所，1965年从沈阳迁入洛阳，1978年改称今名。是全国矿山机械的研究和技术开发以及质量监督检测中心，也是全国矿山机械标准化技术委员会和《矿山机械》杂志编辑部所在地	采掘机械、矿井提升机械、破碎、磨矿、筛分机械、洗选机械、建材机械、工程机械、轧钢机械、起重、榨糖机械等的研究和生产试制，为我国冶金、煤炭、化工、军工等行业做出了巨大的贡献。具有机械硕士研究生授予权
洛阳轴承研究所	1957	七里河吉林路南侧	我国目前较大的轴承专业科技研究中心，主要承担轴承产品的研究、轴承制造工业以及装备的研究、轴承材料技术处理工艺研究、轴承质量控制与测试技术、防锈与润滑等的研究工作	荣获国防科委、国防工办、国家科技、全国科学大会等各类国家科技进步奖，为我国国防尖端技术提供了特殊结构、性能良好的专用轴承

续表

名称	成立年份	地址	具体情况	业绩与贡献
洛阳耐火材料研究所	1964	西苑路南侧，东西毗邻拖研所和河南科技大学	直属冶金工业部领导，是国际标准组织耐火材料物理、化学检验方法国内技术归口单位，冶金部材料质量监督检测中心和省耐火材料工业产品质量监督检测中心站	镁铬质中间色涂料的研制与应用，铂铱合金净化熔铸工艺，耐火绝热板、耐火纤维制品、镁砂、高钒铝土等的研究
洛阳农机学校（河南科技大学）	1958	西苑路中段南侧48号，毗邻耐火材料研究所	初建于1952年，前身是北京汽车拖拉机制造学校，1953年底迁至天津，1956年农业机械制造和拖拉机制造两个专业迁至洛阳建立了洛阳拖拉机学校，1958年在此基础上成立了洛阳工学院，后更名为洛阳农业机械学院，1982年恢复原名，2002年合并扩大成为河南科技大学	建院初期是为机械工业培养工程技术和管理人才的高等院校。在材料科学、轴承、农业机械等专业培养上较为突出。现已成为省内前三的综合性大学

5.3.3.2 洛阳156项目工程住宅街坊建筑遗产

1）洛阳156项目苏式街坊初始建设情况概览

从20世纪50年代开始，洛阳这座城市在苏联老大哥的帮助下，迅速建成投产了6座工业厂区，生活区的建造也是在苏联专家指导下进行的设计。洛阳涧西区的建设就是伴随156项目工程的建设展开的。当时依照"先宿舍、后厂房；先辅助车间及服务性建筑、后主要生产车间"的规划原则，在规划的生活区建设有大量的苏式住宅区，并借由洛阳悠久的历史积淀，取隋唐"里坊"的古意，取名为"街坊"①。

街坊内的建筑与建筑之间呈围合结构布置，形成较为封闭的内院空间。内部辅以绿化，乔灌木搭配，空间节点多设置花坛、凉亭等，景致宜人。其建筑单体风格统一，均是红色清水砖墙，红机瓦三角坡屋顶，层数在2～4层之间，主体结构为砖混结构，三角木屋架，墙身较厚，可达50（厘米）墙，明显与洛阳当地气候不符，是苏联建筑设计标准移植的具体见证。楼面、楼门有装饰性花纹，房顶有檐角，个别街坊建筑楼层铺设了木地板，在20世纪60年代属于造价较高，风格相对华丽的高标准建设。这些建筑因其独具特色的建筑风格，被称为"苏式"建筑，这种风格的建筑多见于20世纪50～60年代全国156项目的建设地，如太原、西安、长春等工业城市，曾是一个时代占据住宅设计领域的主流风格（图5-3-31）。

如今，当我们经过这些工人住宅区的时候，我们端详着那些面目相近、老旧而又略显笨拙的楼群，端详着楼房顶端那一溜溜熏得乌黑的排烟道，仍能体味出苏式建筑的用料实惠、宽大沉稳和向往共产主义的浪漫热情。作为一个时代的纪念，苏式建筑群越来越受到社会各

---

① 洛阳市涧西区志编纂委员会. 洛阳市涧西区志[M]. 北京：海潮出版社，1988：29.

太原享堂路矿机宿舍

西安庆华厂苏式住宅

兰州西固区苏式建筑群

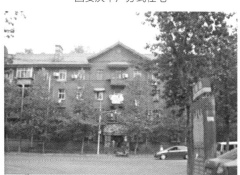
洛阳2号街坊苏式住宅

图5-3-31 各地苏式住宅建筑群

界和学术领域的关注，洛阳作为156项目工业建设的重点新兴城市，存留有大量的该类建筑遗存，应当对此进行深入研究。

2）洛阳156项目苏式街坊典型案例研究

（1）街坊的规划与布局

街坊的建设是和每个厂的总体建设相关的，通常是在建设各厂的主体工业建筑之前先进行职工住宅的建设，以保证建厂工程的后勤。这一阶段的街坊规划，多为围合型内庭院，住宅多为3~4层坡顶砖混结构建筑，容积率较低，庭院内部规划有绿化景观、凉亭等休憩场所，图底关系如5-3-32所示。因其街坊的规划也多半是在苏联专家指导下进行的，对比同时期的苏联住宅小区规划，我们发现其周边围合式的布局十分相似。

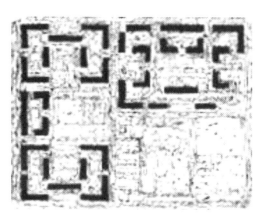

图5-3-32 洛阳10号及11号街坊图底关系

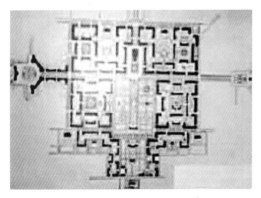

图5-3-33 苏联乌里雅诺夫斯克街坊

如果说苏联乌里雅诺夫斯克街坊是苏联斯大林时期古典主义在住区规划的典型体现①，那么洛阳同时期的街坊规划应是这一规划思想在中国的典型代表（图5-3-33）。

（2）住宅单体的设计与建造

伴随6个156项目工程的建设，洛阳涧西陆续建设完成的有36个街坊共计425栋楼房。初建档次不同，有高档型的居民楼，如按照建工部提供的301号图纸建设的10号街坊，也有较为普通的街坊如1号、2号、34号、36号街坊，还有为职工提供的公寓、宿舍等如5号、6号街坊。街坊内部以中低层（2~4层）建筑为主，建筑密度较低。尽管层数不多，但由于建筑层高较高，且有坡屋顶，建筑总体高度一般在15米左右。如图5-3-34所示涧西现存三种典型街坊实景。

通过测绘、查找当年设计图纸和现场调研发现，每幢建筑均采用单元式布局，有一梯两户、一梯三户和一梯四户等户型。户型设计有明显的苏联特色，单户面积较大，包含客厅（起居室）、卧室、厨房、卫生间和储藏间及外挂小阳台等功能空间。户型设计特点：第一是住宅面积较大，单户面积最大可达80平方米左右；第二是客厅面积最大，占据整个户型面积的一半左右。建成后，厂方发现部分街坊建设标准过高，不得已将部分住宅户型再次分割，如一户分给两家或三家居住，合用厨房卫生间的情况因此产生（图5-3-35）。

1980年以来，这36个街坊大部分已经改造重建，较完整保存20世纪50年代原貌的街坊已经不多。1987年在洛阳市政府领导下，由洛阳市土地规划局等单位编制的《洛阳历史文化名城保护规划》，已经将10号街坊、11号街坊、2号街坊列为保护对象。2011年4月，洛阳涧西工业遗产街被列入中国历史文化名街，156项目时期建造的苏式住宅街坊成为其重要的组成部分。图5-3-36、图5-3-37是部分单体建筑设计图及测绘图。

（3）整体建筑与装饰风格

邹德侬在《中国现代建筑史》一书中总结我国第一个五年计划时期属于"民族形式的主观追求期"，他认为："大约在1953年'一五'计划前后，一些民族形式建筑的设计已经开始，其直接原因是强调学习苏联以及'社会主义内容、民族形式'口号的引入。"②

洛阳的"苏式"建筑群属于外来的民族形式，主要来源于第一个五年计划期间苏联的设

---

① 袁友胜，陈颖. 洛阳"一五"工业住区价值认定[J]. 新西部（理论版），2012（06）. 文中提出：当时社会主义的苏联在与帝国主义、国内外资产阶级斗争的形势下，需要的"有意味的形式"是必须区别于他的对手的，这样，曾经是沙皇俄国采用的古典建筑语言，因其区别于资产阶级对手的现代建筑语言而被发掘，并以"民族传统"的形式出现，在规划中强调平面构图、立体轮廓，讲求轴线、对称、放射路、对景、双周边街坊街景等古典形式主义手法，在住区规划中体现为周边式街坊形式。

② 邹德侬，戴璐，张向炜. 中国现代建筑史[M]. 北京：中国建筑工业出版社，2010：34-39.

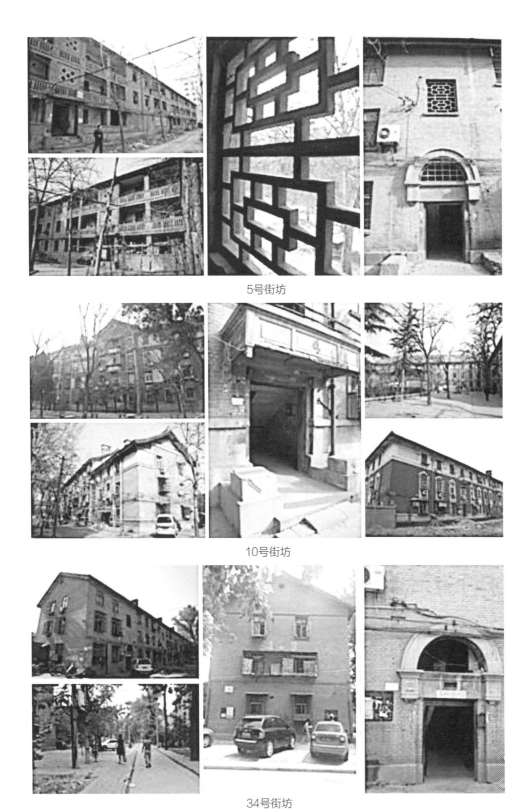

5号街坊

10号街坊

34号街坊

图5-3-34 洛阳涧西现存街坊实景图片

| 5开间单元 | 7开间单元 | 转角单元 |

图5-3-35　洛阳涧西街坊标准住宅单元户型

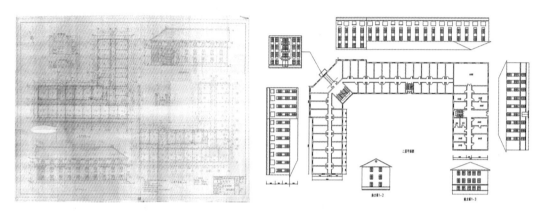

图5-3-36　10号街坊7号单身宿舍单体建筑设计图　　图5-3-37　36号街坊单体建筑测绘图

计或者合作设计，原型是苏联本土的民族形式或地域形式[①]；同时在不断的建设实践中，中国传统民间的建筑形式也在不断地为"民族形式"提供灵感，并体现于建筑实践中。因此，洛阳的苏式街坊融合了中外两种民族形式，并使之和谐共存。图5-3-38所示洛阳苏式街坊建筑混合应用苏联民族形式和中国传统建筑装饰元素。这是10号街坊7号宿舍的一张剖面图，如图可见结构和空间均不是中国传统结构的做法，但在其他的三张细部详图中我们看到，屋脊、搏风板以及局部檐口都使用了中国传统建筑元素，在阳台底沿和柱头的线脚装饰上采用了古典主义的风格（涡卷）和中国传统的莲瓣元素相结合的做法（图5-3-39）。

又如建于1954年的涧西区2号街坊也是洛阳涧西区建设史上开工最早的高档住宅区，它既是中苏合璧特色鲜明的苏式住宅区，也是当时开工最早，建成最早的精品示范工程。在建设过程中，每道工序力争精益求精，为保证质量，每块砖必须能够具备76公斤的承重能力，粉碎的石子也都经清水清洗后才放入搅拌机，清水砖墙的砌筑要求最为考验工人的技术，砖缝宽度被严格控制在1厘米，不合格的均要推倒重砌。

伴随厂里职工的不断增多，曾有一段时间建成的住房面积难以满足厂内职工的居住，于

---

① 邹德侬，戴璐，张向炜. 中国现代建筑史[M]. 北京：中国建筑工业出版社，2010：47.

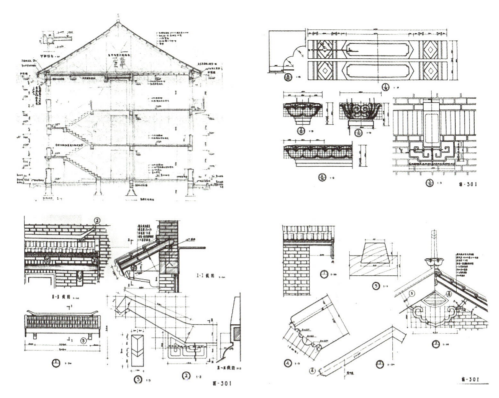

图5-3-38 洛阳苏式街坊建筑中传统建筑装饰元素的应用

图5-3-39 洛阳苏式街坊装饰细节

是这些最初建设标准较高的街坊内,一套房子被分隔成2~3户,大家彼此照应,和睦相处,共用一个厨房、卫生间等,形成了独具特色的邻里关系。这些街坊的建筑不仅仅是一个时代的住宅工程,更承载着一代人艰苦创业,精益求精的时代记忆。这里曾居住过习仲勋、纪登奎、焦裕禄等人[1],是重要的历史见证。如图5-3-40所示2号街坊实景。

---

[1] 习仲勋、纪登奎、焦裕禄等人的故居位于2号街坊4号楼和6号楼内。1953年6月焦裕禄被调到洛阳参加工业建设,在洛阳矿山机器厂担任车间主任、科长,至1962年6月调到尉氏县任县委书记前居住在2号街坊6号楼内。1965年12月时任国务院副总理兼国务院秘书长的习仲勋到洛阳矿山机器厂担任副厂长,厂里将2号街坊4栋3门202室作为习仲勋的住所。

图5-3-40　2号街坊实景

5.3.3.3　洛阳156项目时期工业遗产其他配套设施

1）洛阳156项目时期商业配套构成

在"一五"时期，洛阳一跃成为全国重点工业城市。156项目中有6项集中落户于洛阳涧西，在这片地旷人稀的农田上开始了一个崭新工业城市的建设。伴随各大工厂的开工兴建，十几万人口汇集到洛阳投入到工厂、城市的建设大潮中，立志在一穷二白的土地上描摹出最新最美的社会主义蓝图。到1957年底，洛阳城市人口已从1949年底的6万多人猛增到52.9万人，仅次于当时的上海、北京、广州和武汉。但就当时的实际情况而言，原始地貌一片平坦，原有6万人口的洛阳老城商业网点远在建设地点10公里以外，如何解决突然增长的庞大人口的生活问题成为一个难点，这不是仅仅依靠建设职工宿舍和住宅能够满足的。

1955年，洛阳方面开始谋求国内其他城市的帮助，于是派人前往上海、广州等商业较发达的城市，动员其国有商业企业和私营商户内迁洛阳，支援洛阳正在进行的工业建设大潮。此后的两年间，从上海、广州等地源源不断迁到洛阳诸多商户。例如在洛阳颇负盛名的新源祥棉布店、万氏照相馆（后改名人民照相馆）、上海理发店、大新酒楼、上海旅社等均是从上海迁入洛阳的，三乐食品厂、大利食堂、广州食堂（后来的广州酒家）等是从广州迁到洛阳的。据不完全统计，在1955年和1956年两年约有3500人、17个加工厂、88个商店累计2717名职工随其公司或企业迁到洛阳。图5-3-41正是上海商户搭乘列车支援洛阳的老照片。

洛阳方面在规划上将上海商户集中在位

图5-3-41　在上海火车站台欢送的场景——上海饮食服务业员工奔赴洛阳支援建设

图5-3-42 上海市场今昔对比
（20世纪50年代的上海市场棉布店和今天的上海市场步行街）

图5-3-43 广州市场今昔对比
（最初的广州市场百货商店到今天的广州市场步行街）

于西苑路和中州路之间原704工地所在的大型市场内，并改名为"上海市场"，将从广州迁来的商业企业安排在太原路和景华路交叉口附近，并取名为"广州市场"。自此，两大商业集聚地开始落地生根，至今仍在原地，仍用原名（图5-3-42、图5-3-43）。

2）洛阳156项目工程配套文教卫生设施

（1）教育事业

洛阳涧西区的教育事业起步于6个156项目工程，这些工厂绝大多数职工是因支援6个156项目建设与生产而自全国各地移民而来，洛阳的城市人口因这6个厂而在短期内迅速翻番[1]，一方面是职工的专业、职业教育，需要各厂建设自己的职工培训机构、职业技校、中专、夜大或广播电视大学；另一方面是要解决职工子女的入学教育问题。

工厂的集中布置和居住区的统一规划使得洛阳涧西工业区在教育的布局上也十分密集，

---

[1] 丁一平. 1953~1966工业移民与洛阳城市的社会变迁[D]. 石家庄：河北师范大学，2007.

各厂居住区周边都有各自的附属学校，从幼儿园直至初中，时至今日，这些学校仍在使用，部分已成为区属甚至市属的重点学校，涧西区的义务教育事业也在整个洛阳市名列前茅。各厂原有附属的职业技校、中专也不仅仅为原属厂矿服务，因企业与行业的优势，这些院校早已在全国范围内招生，为全国相关行业的工矿企业输送人才。

（2）医疗卫生

一座城市的产生原因有很多种，洛阳作为新兴工业城市，是在一片麦田上迅速崛起的，这样的一座城市，所有的城市基础设施建设都需要从零开始。医疗卫生事业是伴随各厂建立初期的医疗卫生队开端的，随着时间的推移，不断在人员、设备、医疗条件上壮大和发展，成立了自己厂矿的附属医院，今天部分已达到三甲水平。如图5-3-44所示现已成为洛阳市文物保护单位的洛铜医院。

（3）体育娱乐

伴随各大厂矿的建成和洛阳文教事业的大力发展，文体娱乐事业的发展也十分迅速。各厂纷纷建设自己的体育场馆、俱乐部、影剧院，强健职工体魄，丰富业余生活。如图5-3-45所示部分大型体育场馆及当时文体活动的照片。

3）洛阳156项目时期对外接待建筑

20世纪50年代初，在6个156项目建设期间，300多名苏联专家来到洛阳进行技术指导、从事生产建设。国家考虑到需要为苏联专家提供安逸舒适的生活环境，选址在离厂区较远的安静地段建设苏联专家招待所，由当时的冶金部和一机部投资80万元，按照北京友谊宾馆的建筑图纸进行施工，于1955年12月兴建并定名为"友谊宾馆"，是中苏两国人民友谊的见证。

它位于西苑路东段北侧，毗邻太原路口，占地面积16.8亩，建筑面积9581平方米，5层高，内设酒吧、舞厅、咖啡厅、美容室、按摩室、医务室、电传、汇兑、邮电服务，含客房327间，床位687张，会议室9个，餐厅2个。在20世纪50年代，友谊宾馆的房间设施配备可谓一流——从上海采购的钢丝床、沙发、写字台、大衣柜、地毯应有尽有，卫生间还装有热水

图5-3-44　洛铜医院

图5-3-45　洛矿厂体育场

淋浴和抽水马桶，一年四季都供有热水，是当时功能最为齐全，设施最为齐备的宾馆建筑。

1956年10月1日，友谊宾馆正式开业。原先在各工厂分散食宿的苏联专家统一入住该处。随着各大厂援建工作的深入开展，苏联专家及其家属不断增多。原有服务设施已不能满足接待需要，友谊宾馆又于1958年5月建了3层小楼及俱乐部和游泳池。当时各行各业对友谊宾馆给予特殊照顾，肉类和水果供应再吃紧，只要是友谊宾馆来选购，保证苏联专家身在异乡也能吃到地道的家乡美食。

从1956年到1960年接待苏联专家及其夫人、子女2140人。1960年，所有在华的苏联专家都撤回，友谊宾馆的服务对象开始转向招待内宾——曾被市民称作洛阳的"国宾馆"，先后接待过周恩来、刘少奇、朱德、胡耀邦、胡锦涛等党和国家领导人以及印度前总理尼赫鲁、加拿大前总理特鲁多等国际政要，是洛阳重要的对外接待宾馆。2005年1月，由于老式的古典建筑在防震、防沉降、消防等方面已经不适应要求，承载着洛阳50年沧桑变化的友谊宾馆最终拆迁了，代之以新的24层四星级豪华友谊宾馆（图5-3-46）。

图5-3-46　洛阳友谊宾馆今昔对比

第6章 近代工业建筑核心建造技术的发展①

① 本章执笔者：赖世贤、徐苏斌。

中国工业近代化的过程中，一个相当重要的方面就是工业建筑本身的近代化历程。工业建筑在近代尽管属于新兴的建筑类型，但其在中国出现伊始，并非就是纯现代化、纯西方化的事物。它亦经历了一定的技术发展和演变，其中包括建筑结构技术的转变、建筑构造技术的改变、建筑设备技术的引入、建筑材料技术的进步等。

6.1 制砖工业化与工业建筑用砖技术

6.1.1 建材生产方式的改变——近代制砖工业技术发展

6.1.1.1 传统制砖技术的延续

砖作为建材由来已久，无论中外。中国最早用砖始于墓葬，2004年在周公墓挖掘过程中，发现砖的实物，证明了铺地砖在西周时候已经产生。《诗经·防有鹊巢》（公元前6世纪）"中唐有甓"一句，意即中庭走道用砖铺成，说明至晚在春秋中后期砖已用于奴隶主贵族的重要建筑中。

基于各种原因，尽管并未像西方一样发展出一套以砖石为主要建筑材料的建筑体系，中国的古代制砖技术却同样具有极高的水平。对于传统制砖技术较详细描述的莫过于明宋应星所著《天工开物》一书，书中记载："汲水滋土，人逐数牛错趾踏成稠泥，然后填满于木框之中，铁线弓戛平其面而成坯形"。书中附图详细地描绘了中国古代制砖"制坯-晾晒-烧窑"一系列过程（图6-1-1）。随着文化的交流传播，这套成熟的制砖技术在各地得到广泛使用，并沿用下来。《建筑月刊》于1934年刊登了任职于南京军政部军需署工程处的王壮飞所撰《制砖》一文，1935年又以文章连载的形式刊登了其主编杜彦耿所著《营造学》一文，两文所记当时中国的手工制砖技术，与《天工开物》一书所载差别不大，甚而连所用的工具都极其相似（图6-1-2、图6-1-3）。同样的技术还见于水野信太郎所著《日本炼瓦史の研究》，该书中记载的日本近代制砖技术之手工部分，竟也相差无多。值得一提的是，西方各国在采用机器生产之前的制砖技术，竟也与中国传统技术相差不大（图6-1-4）。谢九香在1918年发表于《妇女杂志》上的《砖瓦》一文，推测该技术为希腊或罗马人向东方学习，并传入丹麦、挪威等国进而盛行于欧洲（图6-1-5）。该推测尚未有明确证据，但日本的制砖技术却是在近代从西方传入，从制作技术相似性来看，也不无可能。

民国初年以前，中国制造砖瓦多沿传上文所述之模式，规模偏小，产量不高。随着近代建筑业的蓬勃发展，对砖等建材需求量猛增，落伍的手工制砖模式已经满足不了整个建筑业的需求。此时又适逢各行业大规模引进机器化生产的时期，近代制砖技术因此发生了巨大的变化，延续了几千年的手工作坊式的砖瓦生产开始走向了工业化生产，而砖瓦行业本身又是

图6-1-1 《天工开物》中所记载的制砖瓦过程

图6-1-2 中国部分地区现存土法制砖过程
（取土-炼泥-制坯-工具）

图6-1-3 《营造学》一文对于中国近代手工制砖技术的介绍

图6-1-4 《日本炼瓦史の研究》中所记载的制砖瓦场景

图6-1-5 欧洲近代制砖过程
（取土-炼泥-制坯-切坯-运送-焙烧）

我国民族工业形成之初的一个重要支柱产业。1934年，《日用百科全书》第十六编中，将砖瓦行业作为一个独立的工业制造部门列出，归之为"物产制造品类"。该分类说明此时的砖瓦生产在国民经济中所占的重要比重。文中提到："中国砖瓦之制造向来均用手工，现今此种手工制品虽仍为境内许多地最重要之建筑料，但近年以仿西式建筑勃兴，机制砖瓦之出产亦呈重要，产品之种类颇多，以青方瓦、红方瓦、青砖、红砖等出产最多。全国砖瓦厂多集中于上海，而南京等地次之。"[①]

机械制砖方式的出现，使得中国近代制砖工业开始进入一个飞速发展的时代，改变了中国传承几千年的建材生产的模式。产量的增加，材料来源的革新，使得近代制砖工业不再局限于某一地域的生产流通，也改变了建材的供应市场。

尽管如此，传统手工制砖的生产方式，仍然在中国近代建筑材料生产中占据极其重要的位置，并一直在中国得以延续和生存。直到建筑技术发达的今日，在中国众多偏远地区，仍然可见这种制砖厂（作坊）。这些制砖厂（作坊）的存在，证明了技术在演进过程中的区域不平衡性，也能够看出传统技术的顽强生命力。

6.1.1.2 制砖技术的机械化

制砖工艺大体分为生坯制造和入窑焙烧两部分，具体流程为：取土→炼泥→制坯→干化→装窑→烧窑→出窑。

传统手工制砖流程为：人工取土→搬运（人力或畜力）→炼泥（养土、人工或畜力踩踏）→制坯（手工制坯成型）→干燥（自然风干或晒干）→装窑（人工装窑）→烧窑（柴火人工控

---

① 黄绍绪. 重编日用百科全书[Z]. 北京：全国图书馆文献缩微中心，2015.

制）→出窑（自然冷却）。

机械制砖的流程为：机器取土→搬运（传送带）→炼泥（挤压机）→制坯（切割机）→干燥（风机烘干）→装窑（隧道窑传送）→烧窑（机器烧煤控制）→出窑（自然冷却）。

如前文所述，传统的手工制砖工艺中，从采集原料取土直至将成品砖搬出砖窑，都是采用人力或者借助畜力，生产效率虽低，却也适应封建社会手工劳作特点。而近代机器化过程，就是使用机器代替原本生产中使用的人力或者畜力，从而提高劳动效率，同时使产品标准化的过程。近代手工制砖转型机器制砖过程中，机器并非在短时间内全过程取代人力和畜力，完成整个生产流程机械化。在转型过程中，首先是某个环节率先采用机器，而后才逐步实现更多技术更替。以下将分述中国近代制砖流程中各环节是如何实现机械化的。

1）原料采集

传统砖坯制作中原料采集过程，一般是在有经验的工匠选好合适的取土田地后，组织人力进行挖掘，然后通过人力拖车（斗车）运送到养料池（炼泥池）里面混炼。采土区离养料池比较远的，或采取畜力代替人力，借助牛或马等拖运。近代早期有个别工厂在厂区内铺设小型铁轨结合畜力拖运原料土。西方国家在1920年左右采用内燃机取代蒸汽机工作，使用机器取土，输送带传送原料土到制作区。而在中国近代化制砖工业中，记载不多，刘树埔在《砖瓦工业之改革问题》一文提到"张弼士氏曾延一德国人在九龙之青山设一砖厂，用机器取山泥以制砖"。至于传送机运泥的记载，李应生在《办理砖瓦业之经过》一文中曾提到其自创的香港建生砖厂用链子托运机以电力带动，将运泥车沿铁轨曳到工厂的做法，但这个记载的时间已经属于近代晚期了。

2）养土炼泥

传统工艺中采集完原料土以后，需要在养料池里对原料土进行充分浸泡，然后再采用人工或畜力踩踏，这个过程称为炼泥，有些地区称为"醒土"，目的是去除原料土中的气泡，使坯土均匀无杂质。在机器制砖过程中，"养土炼泥"过程是在机器中完成的，这就是现今世界砖瓦工业中绝大多数使用的挤出成型工艺，即螺旋挤出成型（图6-1-6）。第一台挤出机是在1800年左右生产的，这台设备主要特征是以活塞（往复运动）的压力装置和螺旋式挤出机的结合为特征的。

湛轩业《中国砖瓦史话》一文中提到，清光绪十二年三月（1886年），清政府修建旅顺海军码头，从德国购进了以蒸汽机为动力的制砖机器设备——制砖机、磨泥机、压砖机等，总价一万两白银，建了三座大小不同的砖窑，用以烧制供应建设旅顺船坞及厂房的砖材。而订购机器之过程甚为曲折，甚而引起当时官员之间（保龄&周馥V.S.德璀琳&善威）的纠纷，同时也是各洋行之间利益的角逐。从采购的设备来看，磨泥机是轮碾原料土的，结合制砖机和压砖机取代一系列的手工制坯的过程，但整个制砖流程的机器生产环节仍然停留在生坯制

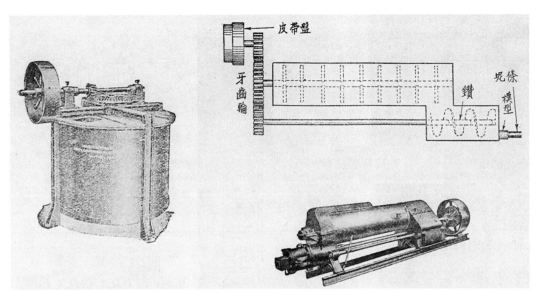

图6-1-6 搅泥机与挤砖机
（左：搅泥机；右：挤砖机）

造阶段。根据当时《工厂法概论》对工厂的界定："凡是适用工厂法的工厂，必须具有左列两种重要条件：一，用汽力电力水力发动机器；二，平时雇佣工人在三十人以上。"[①] 按照此解释，采用蒸汽制砖机满足条件一，而从建窑规模判断，雇工人数必然超过30人，故旅顺所建设的砖厂应是近代的最早采用机器制造砖坯的砖窑厂之一。

1920年，中国开始自制挤出型砖机。1925年，黄炎培任董事长的中华合记铁工厂仿制信大砖瓦厂的日式制砖机，这是我国最早制造烧结砖瓦机械设备的记录。1928年，上海大华铁工厂也开始生产制砖机，从而使机械制砖在国内得以普及。1925年《工商会刊》上刊载了上海新民机械厂关于制砖机器的广告，但这些厂家规模不大，设备也简陋，仅能生产中小型的普通砖机。

3）砖坯制作

传统砖坯制作过程手工方法前文已经提及，机械制坯的过程有干法制坯和湿法制坯两种。干法制坯是将完全干燥或近乎完全干燥的粉状黏土使用机器强力冲压成型，采用的是干式压制砖坯机。而湿法制坯就是利用切割机等装置对挤压机挤压成型出来的泥条进行切割，制成湿坯（图6-1-7）。1854年卡尔·史力克森（Carl Schlicheyse）"塑性坯体的螺旋"专利开始使用，这台挤出机在机口泥条挤出方向上装配了切坯机。这种螺旋式挤出成型机奠定了今天高度成熟的砖瓦工业的基础，第一次使得制砖工业化成为可能。其原理就是实现了养料、炼泥及制坯的一体化（图6-1-8）。为了更进一步提高原料土混炼后的质量，减少土坯中的气泡和空洞，1932年，在黏土技术挤出成型上出现了一项极为重要的技术突破，即在挤

---

① 李秀实. 工厂法概论[J]. 中华季刊, 1933（3）：1.

出机上设置真空室，这一技术提高了各生产工序中产品强度的均匀性。

烧结砖瓦工业的革命实际上是随着蒸汽机的发明开始的，1790～1850年，蒸汽机继续得

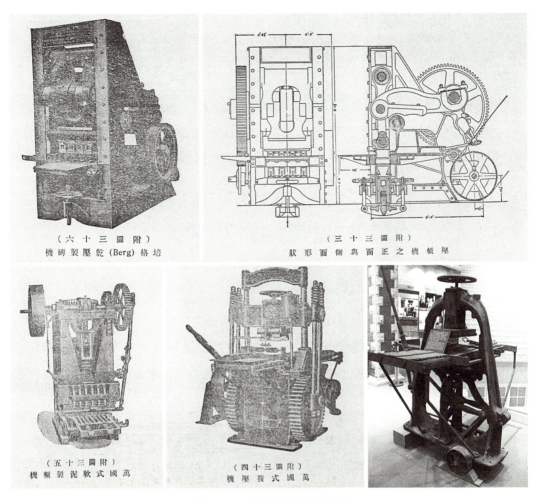

图6-1-7　近代各种机器制砖机

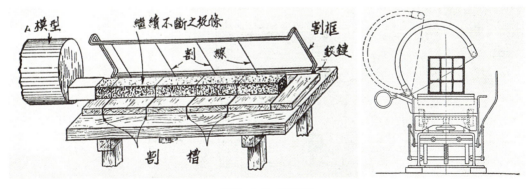

图6-1-8　割砖机

到改进，并使许多过程实现了机械化。这期间，美国人发明了第一台以蒸汽为动力的软塑成型砖机。1859年约翰·克雷温在英国发明以蒸汽为动力的硬泥挤出砖机，用于砖的成型。1860年，美国也开始使用硬泥挤出机。1862年，钱伯斯兄弟公司开始使用一台装有自动切坯机的机器。

对比国外机械制砖技术的使用，中国晚了30多年。洋务运动期间，张之洞在武汉创办汉阳兵工厂，建设量巨大，急需大量砖材，为避免利润外流，自主创设制砖工厂。1889年设汉阳铁厂造砖处，所出砖瓦自用。1891年张之洞创设湖北官砖厂。1892年，该厂从英国购进以蒸汽为动力的机器设备，并建有英式方砖窑9座，火砖窑、圆瓦窑各1座，日产红砖约3万块，红瓦火砖各1000块。这个记载提到的蒸汽动力机器，是在制作砖坯的阶段实现机械化的生产。同样做法见于《上海建筑材料工业志》的记载：清光绪二十三年（1897年）和光绪二十六年（1900年）先后开设的浦东砖瓦厂及瑞和砖瓦厂，首先采用机械生产砖瓦。

机械制砖相比人工制砖无论在效率及成本控制方面，都有着不可比拟的优势，按当时的调查统计，用人工制砖，每人每日可制400块，故每万砖工值20元，若用机制，则每万工值8元足矣。

4）砖坯干燥

砖坯干燥在传统制砖工艺中需要占用大面积场地，因为砖坯是通过太阳曝晒或者在窑棚里进行晾干。这样的做法使得砖坯从成型至达到入窑合适的干湿标准的时间过长，遇到阴雨天气，则往往拖得更长，且由于雨淋浸泡砖坯带来的损失巨大。

中国近代人工干燥方式最早出现在广东。1907年，广东引进法国12门轮窑和机制砖生产线，全线利用锅炉蒸汽发电，并设有干燥室。1918年，比利时、法国合资的义品砖瓦厂设置有间歇式烘干房一组，这是上海最早采用人工干燥的砖瓦厂。1920年，胡厥文先生办的砖瓦厂中华第一窑业工场建有链式人工干燥室约500平方米，这也是我国民族工业中第一家采用人工干燥的砖瓦厂。1931年，上海大中砖瓦厂在建造34门轮窑时，同时配套建设了一座自然通风与利用轮窑余热相结合的瓦坯干燥房，是我国利用砖瓦窑炉余热的先例。热力烘干砖坯虽然能够提高制砖进度，同时降低砖坯的损坏率，但是用燃料烘干需要耗煤，烘干1万块砖就需要耗煤1吨，企业为了追求更多的利润，往往不予采用，而利用轮窑余热进行烘干又需要较高的技术水平（图6-1-9）。

5）入窑焙烧

该工序是烧结砖成品质量控制的关键，故对窑体即焙烧方式的改进一直是制砖工业技术突破的一个重要环节。无论是中国还是西方世界，在对窑体焙烧砖瓦的改进过程当中，基本都经历了从"露天"至"入窑"、从"敞口"到"封闭"、从"直焰"变"横焰"至"倒焰"、从"小型"到"大型"的演变过程。最早成品砖瓦的烧制形式，一般都是在露天焙烧，这种

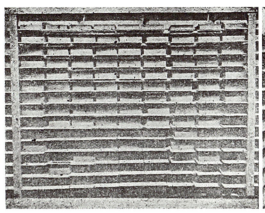

图6-1-9　砖坯烘干房

焙烧方式在各地的记载中很常见，如《漳州市志》提到："……较早也有不筑窑，在旱季露天叠堆，以稻谷壳当燃料而烧成土砖坯。……"更早期的考古挖掘，如中原地区凌家滩考古发掘出来的红烧陶块也是采用此种焙烧方式，宋应星《天工开物》中亦有露天焙烧砖瓦的记载，国外亦然。露天烧制是最原始的一种制砖形式，产品质量低下，产量极低，不可控制因素极多。

随着文明的发展，烧制砖块开始进入真正技术的时代，此时出现了敞口的直焰砖窑。这样的窑具有周边聚火保证窑内温度的窑体，同时有专门运送砖坯的窑门，在装窑完毕后直接封死，作为烧窑输送燃料的通道以及观察窑内温度的看火口。敞口砖窑尽管烧制温度开始可控，但实际上由于是直焰烧制并且窑体未能全封闭，窑室温度不均，下部温度高而上部温度低，很多砖坯烧制过程中直接报废，成品率极低。窑顶不封闭的原因推测有二：其一，前期因为建造技术不够，无法完成窑顶的穹顶合拢技术；其二，在后期大体积的窑体烧制中，即使窑顶封闭技术已经成熟，但因为造价较高，宁可牺牲成品率也不去花大价钱造穹顶。这种窑体在古罗马尤其普遍，中国古代烧制砖瓦也有出现（图6-1-10）。

当上述开敞的直焰窑发展成封闭的窑体的时候，窑体里面火焰的形式一般都是横焰，这种横焰形式，不能彻底解决砖坯的均匀受热等问题，且消耗柴火量大。直至后来发展出来利用气体在过火通道和气孔中流动而产生的倒焰窑的形式，才比较合理地解决了这一问题，使得产品质量和产量都有了较大的保证。横焰窑出现的时间和倒焰窑出现的时间过程之长亦可证明这个技术改进的重要性（图6-1-11）。

窑体大致经历从小型到大型的发展过程。因为技术进步的过程当中，对于产品数量的需求往往起到关键性的作用。起初的土窑焙烧，因为窑体小，自然产量不足。单纯扩大窑体并非易事，背后需要解决诸如窑体封闭、焙烧温度等等复杂的技术问题，从表6-1-1中我们可以大略判断窑体技术对于产量的影响。

古罗马敞口砖窑　　　　　　　　中国北方地区敞口砖窑

图6-1-10　古代砖窑

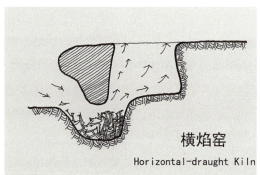
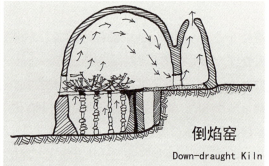

图6-1-11　横焰窑与倒焰窑

各窑体产量比较　　　　　　　　　　　　　　表6-1-1

窑体形式	方窑、吊窑、圆窑、马蹄窑[①]	龙窑[②]	霍夫曼窑[③]	隧道窑
日产量（万块）	0.3~0.4	1~2	2~3	5~40

注：①中国各地土窑名称众多，表中所列是以窑体外形所作的命名，另有所谓梳窑、馒头窑、包子窑等，还有以地名命名的，如天津式窑、湖南式窑、四川式窑等，这里不一一列举。
②有地方称为登窑，台湾又称为目子窑。
③又称为轮窑、走马窑，台湾称为八卦窑，音译不同亦称为哈夫门窑。

6.1.1.3　中国本土窑体的变化

自古代中国掌握烧制砖的工艺后，工匠们为了提高成品砖的质量，一直努力改良烧砖窑体的构造。从一开始的露天烧制，到后来入窑焙烧，出现过各种各样的窑体形式，如方窑、圆窑、吊窑、马蹄窑等，这些土窑在以前的考古发掘中都有过记录，且构造形式也在不断地发生变化，今日中国广大农村，仍可见到此类土窑（图6-1-12、图6-1-13）。

在宋代，改良窑床周围的烟道等设置后，横焰窑向倒焰窑形式过渡，使得燃料的使用效率大大增高。不仅如此，为了提高焙烧砖坯的数量以提高产量，窑室容积也在逐步扩大。在

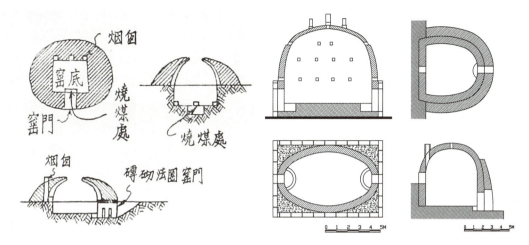

图6-1-12 各种土窑

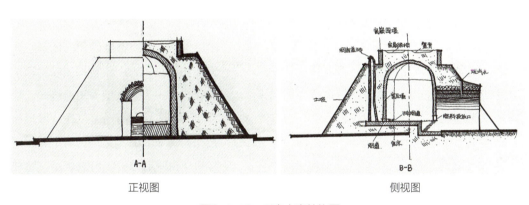

正视图　　　　　　　　　　　　侧视图

图6-1-13 云南土窑结构图

明清时候，对窑室内部的构造做了不少的改进，使窑径基本达到单体窑最大的极限。当然，中国古代烧砖的技术与烧陶技术是紧密不可分割的，特别是整个烧砖窑体技术的发展，一直是和烧瓷窑体的技术互相借鉴，如陶瓷技术中的半连续的龙窑，也应用在烧制砖坯的过程中（图6-1-14）。这种半连续的龙窑，基本已经具备了近代霍夫曼窑的工作原理，同样是以多孔窑连续焙烧，位于低位的窑洞在焙烧过程中将火焰和热气导向高位的窑洞，对尚未烧制的砖坯进行预热，同样也是出于节省燃料等目的。值得一提的是，在装窑的过程当中，装窑师傅还会根据窑体在焙烧的时候温度的高低，在不同的窑洞内装入不同的产品，形成一口窑中多样产品共同焙烧的结果。

6.1.1.4 国外对砖窑焙烧技术的改进

1860年英国艾斯莱（Aynsley）砖瓦机械公司采用一系列单个窑室焙烧并取得该项专利，1841年英国人约瑟夫·吉布斯（Josepf Gibbs）获得一项连续焙烧轮窑专利，该轮窑采用顶

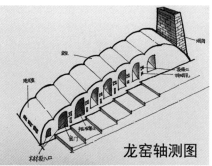

图6-1-14 龙窑

烧式。1849年前后，德国的菲斯滕贝格（Furstenberg）地区的瓦工阿诺尔德（Arnold）建造了一座轮窑，窑室围绕中央烟囱形成圆形。[①]

直至1856年，柏林的建筑师F·霍夫曼（Friedrich Hoffmamm）和阿奥维也纳地方议员里克特（Licht）发明了连续焙烧轮窑，才带来了决定性的突破。1865年霍夫曼窑获得普鲁士专利，1867年在巴黎的国际博览会上获得"最高奖"，在1869年又获得符腾堡和巴伐利亚州的专利。霍夫曼窑原先是圆形，或者接近椭圆形，这种窑体积较小，上面一般不加盖屋顶，在窑门附近会加盖小门或有下沉坑体作为燃烧口，烟囱设在窑体中央，火焰属于横焰式。随后窑体发展变大，接近长的椭圆形，有一个连续的环形窑道，其直段部分为直窑段，弧形部分为弯窑段。窑道内不设横隔墙，四边都设窑门，作为装出砖坯或成品砖之用，两个相邻窑门间的对应区段，称为一个窑室，或叫一个"门"。轮窑的规格就是以若干门数表示，譬如18门轮窑。燃烧口设在窑顶，窑顶上有一排一排的小洞口作为添加燃料用，故上面一般加设窑顶，后来这部分空间变成窑工居住、休息的空间。因为有顶，烟囱设在窑体之外，烟道埋设在地下，火焰属于倒焰式。烧一部火的轮窑，一般为16~22门，两部火的一般为32~40门，三部火的一般为54~60门，规模根据建设情况和产量而定。每个窑室的长度（以门的距离测算）为5米左右，窑道内断面尺寸一般为内高2.8米以下，内宽3~4米（图6-1-15）。这种窑被普遍使用，直到后来隧道窑[②]逐渐代替了轮窑。1859年在欧洲出现的霍夫曼连续焙烧窑，不久也传入美国，并于1871年取得第11534号美国专利，这种窑能适应成型机增加的产量，并较过去的间歇窑节省大量的燃料，这就促使高质量机械挤砖机大量使用。到1870年，普鲁士已有霍夫曼轮窑331座，而在全世界共有这种轮窑639座。不久人们发现，纵长的拱形焙烧道（两端带弯窑）可获得较大的产量和较好的焙烧效果，最初的霍夫曼轮窑就焙废弃不用了。

---

① 湛轩业，傅善忠，梁嘉琪. 中国砖瓦史话[M]. 北京：中国建材工业出版社，2006.
② 隧道窑是由耐火材料、保温材料和建筑材料砌筑而成的，内装有窑车等运载工具，与隧道相似的窑炉，是现代化的连续式烧制的窑炉。

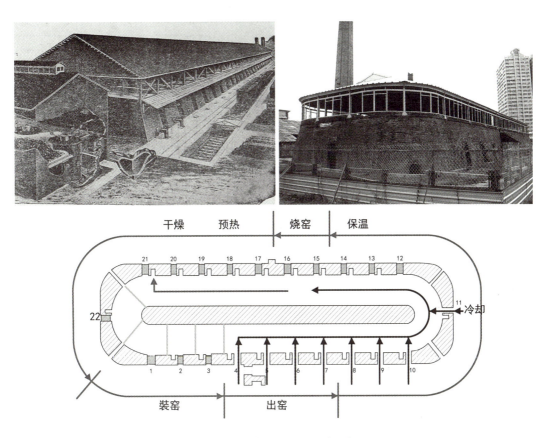

图6-1-15 矩形和圆形霍夫曼窑

6.1.1.5 引入外来焙烧技术后近代窑体的改变

据李海清的研究，1897年，上海浦东砖瓦厂建了一座18门霍夫曼窑，是迄今已知的中国最早的霍夫曼窑，后逐渐传至江苏和其他地区。1933年前后，南京已有宏业、金城、京华3家和天津1家砖瓦厂采用轮窑。上文提到浦东砖瓦厂与瑞和砖瓦厂建有下抽式方形窑和圆形窑，也是采用机器制造砖瓦等产品，但仍未有证据表明是否采用较为先进的烧窑方式，或者是否已经采用了机器进行烘干来取代自然晾干。1912年沪商朱志尧于浦东三林塘创办窑厂，建造德式窑墩，仿制砖瓦，但由于成绩欠佳，不久遂告停止。这里提到的德式窑墩，即德式霍夫曼窑。据当时的调查资料记载，若烧一万块砖，普通土窑需消耗煤约5吨，而采用霍夫曼窑仅需用煤2吨，由此可见其不但大大提高了生产力，同样也更加节能经济，故而将霍夫曼窑的使用作为近代中国制砖工业的重要节点有充分的理由。更先进的隧道窑出现时间不明，但已属于较晚期的事了。

但是技术进步的过程并非呈现单向直线前进的模式，在霍夫曼窑引进以后，中国各地的土窑仍然大量存在，并且因为其更为灵活的生产方式，而一直持久不衰，在今天中国

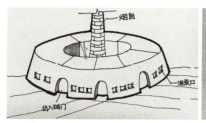  

图6-1-16 台湾圆窑与马家沟砖厂圆形窑

偏远地区的乡下，依然能够见到采用土窑烧制砖。而技术发展的过程中，适应性的技术改良，又显得有趣而独特，如中国某些地区特别是台湾，因为引进的霍夫曼窑建造成本较高，就仿造霍夫曼窑的烧制方式建造了一种处于单体窑和霍夫曼窑之间的窑体——圆窑（图6-1-16）。圆窑体积较小，占地小，拆建较容易，使用木材与煤炭烧砖。又因仿霍夫曼窑的原因，所以焙烧方式与霍夫曼窑类似，主要差别在于火焰燃烧的方式不同。圆窑窑焰是由下方朝上，燃料燃烧热气直接往上窜升，而霍夫曼窑刚好相反。在窑当中需要有巨大的烟囱，用以排烟及热气，所以外观上圆窑无屋顶。其与中国本土的龙窑，在技术的变化上，尽管非常接近更为先进的霍夫曼窑，但实际上仍有一定的区别，但在引入霍夫曼窑前发展出来的窑体和引入后借鉴发展出来的窑体，则呈现出了技术传播过程中相对文化性的一面。

6.1.1.6　其他相关技术

制砖其他环节中的技术改进体现在各个方面。如：此前无论是运送砖坯进凉棚晾晒、烘干，装窑或者焙烧结束后的拆窑、出窑等程序，采用的都是人工用小推车或斗车推送，耗时耗力。而此时已经出现了各种机械的辅助运送设备，如各种运送砖坯的轻便机车、装卸砖瓦的机械等。《海王》杂志1935年《砖瓦装卸机》一文中亦提到，有种新发明的装卸设备仅用二人即可在17分钟之内装卸完19吨的砖瓦（约合标准砖7300块左右），效率极高，但具体是否国内已经使用，文中并未说明。

6.1.1.7　制砖工厂的规划建设

传统手工窑厂雇工人数较少，且工人基本都为附近从事农业生产的农民，所以一般采用的是短工或临时工的形式。农闲时节，砖厂附近农民为了补贴家用就到砖厂来打工，农忙时节则回家务农。加之传统手工劳作对技术要求不高，仅在烧窑阶段需要一定技术含量，即对烧窑温度的控制。这些技术由熟练的烧窑师傅掌握，而这些烧窑师傅往往就是整个窑厂的厂主，这是中国近代手工窑厂的最普遍模式。故而整个窑厂无需进行复杂的平面布置规划，只是按照经验进行的，符合一定要求即可。

首先是场地四周要开阔。平地起窑要求较少，若是山地窑，则必须场地后方比前方高，且坐北朝南。其次地基须结实，以防烧窑时漏火。为了取好意头，一般选在各山头的山嘴上，一来可容易达到以上二点要求，二来在山嘴上意为风水比较好。再者还要有水源，因为工地用水、练土用水、烧火出灰用水、窨窑都用水。最后，自然是要方便运输各种材料和产品。

近代以后，随着厂区规模的扩大，工人人数的增多，机器生产的引进，对于窑厂的规划建设提出了更高的要求。除了前述的一些共性特点外，如何更有效地配置资源，合理安排各种工序，高效地进行生产，便成了近代厂区规划建设的重要课题之一。而之前的公司之创办组织，集资募股，亦是近代制砖工业面临的问题。

在刘树埔《砖瓦工业之改革问题》一文中，基于对小规模的家庭劳作式及大规模公司式工业的对比分析，提出了砖瓦制造公司创办及规划的几个重要问题：（1）公司之组织问题；（2）资本来源问题；（3）原料采掘问题；（4）厂址选择问题；（5）工人来源及生活相关问题；（6）产品销售问题；（7）机器购置问题；（8）干房窑式问题。以上诸问题，涉及面颇广，基本涵盖了砖瓦工业设厂规划的各方面。

首先是公司组织问题。近代工厂、公司的创办，基本的模式就是一个或几个名人发起。发起人作为股东，自然要统揽该厂之事务。然而并非所有发起者都善于经营，而由此导致经营失败的不在少数。虽有将经营业务交由深谙此道的能者，亦不能免于经营者没有独立自主权，大小事务皆须请示这些幕后股权人的尴尬境地，故实则无法发挥其根本作用。所以，公司组织问题是根本制度问题，亦是工厂创办的决定性问题。近代的砖瓦工厂，开始出现了将全厂一切事宜交由厂长兼总技师总理的情况，譬如《大鑫火砖厂概况》一文中明确提到了其厂的组织制度，除厂长外有内外明确的分工：办事处，内分营业、会计两科；事务部，内分总务、会计两科，总务科下又有采购、运输、公务三股；工场，内分模样、和料、制砖、烧砖等工种。这种成熟的公司架构的建立，极大避免了此前公司由于分工不明、经营不善而导致的失败。

值得一提的是，近代制砖工厂对于技术及技师的重视，甚而胜于管理者。如滕泽林在《砖瓦制造厂计划意见书》一文中提到，工厂设厂长一人，掌管全厂事务，月薪拟定百五十元；正副技师各一人，管理制造事宜：正技师月薪拟定二百二十元，副技师月薪拟定百五十元。从这段描述中不难看出，技术人员在厂里的地位颇高。

资金筹集方面，由于此前的家庭式作坊资本微小，并且很多时候必须先预付定金，然后再启动生产，常陷于勉力经营的艰难处境。近代创办的砖瓦工厂，资金充裕者不在少数，因此在改进生产技术、人员培训、职工工资、应对突发事件方面，都能留有余地。

原料选择、厂址选择是厂区规划建设的具体措施问题。在近代许多工厂的规划或者建设意见书中，都提到了原料选择的重要性问题，所以验土探地是厂区建设的首要。厂址的选择一般考虑两点：（1）靠近原料产地；（2）便于对外销售。在这两条原则指导下的近代砖厂建设，其厂址往往靠近水路或者铁路，水运优势毋庸置疑，全国各地无公路铁路运输地区的砖瓦厂，莫不靠着水系流域建设，典型如重庆地区的砖瓦业，十有八九建在长江及嘉陵江上游沿江地带，珠江及香江两岸的砖厂也不在少数。而铁路运输在近代仍属于费用较昂贵一类。上文提到的开滦矿务局的砖厂，其建设不仅有就地取材、利用本产业链中的废料等的优势，还占有了运输上的便利，故而发展甚好。

在设备选择上，因为制砖机价格昂贵，又只适合相应的泥土，选择制砖机器为建厂一大支出。《砖瓦工业改革之问题》一文中提到，有一砖厂因为轻信外国洋行而购置便宜的砖机，试用半年后效果不好，而最终废弃不用。当然，随着中国近代机械工业的兴起，制砖机械的国产化，且质量上有保证以后，国内厂家在购买砖机上有了回旋的余地。

烘干房和窑式的选择，决定了近代制砖厂的产量和生产的连续性是否能够得到保证。在霍夫曼窑传入以后，全国各地迅速推广，因其生产效率高，质量上有保障，为一般土窑所不及。当然对于烘干技术的采用，只有某些大型企业及有实力的制造商才会列入考虑范围。

产品销售问题，首要的即上述提到的便利运输，靠近建材使用地。如近代上海的砖瓦窑业，其砖瓦厂之多，技术之先进，莫不为全国之首，究其主要原因，是近代上海的建筑行业的巨大发展。不仅上海本埠，还带动了周边如浙江嘉善等地砖瓦行业的繁荣。此外，要考虑产品的适用性问题，如刘树墉提到的佛山茉莉沙之沙砖厂，以白沙及石灰制砖，尽管产品质量上佳，但是由于建筑观念等问题，不管是建筑师还是甲方，都不甚喜欢这种白色的砖产品，最终导致了该厂的停办。还有香山石岐之红砖公司，因为制造厂址选择在本地，而主要销售地为香港，当时罢工反英事件经常发生，竟然也成了工厂倒闭的重要原因。

最后一个问题，已经涉及厂区生活配套建设问题。随着工人人数的增加，专业工人的出现，使得近代砖瓦窑厂的经营者们在建设厂房时必须考虑安排这些人员的饮食和居住问题。此时在厂区中开始出现了工人宿舍、食堂等生活辅助设施，这些功能的加入，便引起了厂区总体规划建设中的分区和流线组织问题。一旦厂区规模更大更复杂，则又必然地要有专业技术设计人员的介入。这也是近代厂区建设所经历的必然历程。在工人生活配套建设方面，近代的工厂建设开始关注工人的卫生习惯等问题，譬如对于各种疾病的预防，这是厂区建设理念又一进步。诚然，这或许是经历了切肤之痛而总结的经验，有实例为证：刘树墉自己创办的香港新界的工厂，工人因罹疾病而死者，十居一二人，这部分人中，相比起因水土不服而导致的"十居八九"的数量，亦不能称之为少数。故卫生问题，也是近代砖瓦工厂建设亟需解决的问题之一。

对于上述种种问题，须有一通盘的谋划。此时许多的实业者和建设家，甚至是政府管理人员，以自身经验或者在调研的基础上，提出了各种厂区建设和规划的意见。如滕泽林1928年发布于《广西建设月刊》上的《砖瓦制造工厂计划意见书》一文，提到了建造砖瓦工厂的分期建设问题，建议在砖瓦工厂建设时应该分两期进行，首期采用人力（手工）制造，以便快速生产、适应需要，二期则应考虑机器生产、改良产品、提高效率；首期建筑可用临时建筑，二期建筑则必须详细规划，认真建设。这个关于砖厂的规划建设意见，从

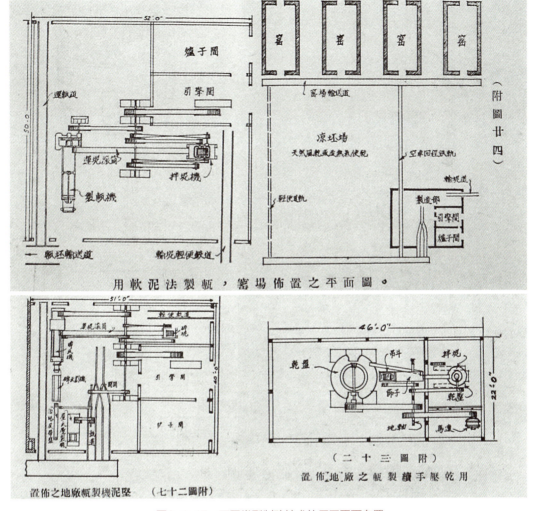

图6-1-17 不同类型制砖技术的厂区平面布置

经济性、实用性方面提到了分期建设临时建筑等问题,并有较明确的砖窑建设平面布置[①](图6-1-17)。1934年杜彦耿在《建筑月刊》上的文章根据砖厂所采用的不同制砖机器和技术,对厂区的总平面布局进行规划建议,反映了近代工厂建设逐步契合生产流程的观念(图6-1-18)。

此时还出现了利用旧工厂改造成砖厂的案例,如1934年广东实业厅工业试验所年刊提出了利用广东士敏土厂机械改制砖厂及洋瓦片厂计划。该厂创办于清末宣统元年,因设备陈

---

① "……惟制造之次序,应分两期进行,第一期人力制造,以能从速出品而济急需。第二期用机器制造,以节省工程,改良品物,而出产多量","(第一期)然其布置大略,拟分职员办公室,研究室,职工寝室,食堂,雨天晾砖厂,做瓦厂,窑厂,燃料置场,厨房牛舍等。……第一次系假建筑,志在急成……故用杉条搭架,盖以棚厂……第二次系正式建筑,……为坚固永久之计,用砖瓦建造。建造时拟在出品后第五个月举行……"
引自:滕泽林. 砖瓦制造工厂计划意见书[J]. 广西建设月刊. 1928,1(3):48-64.

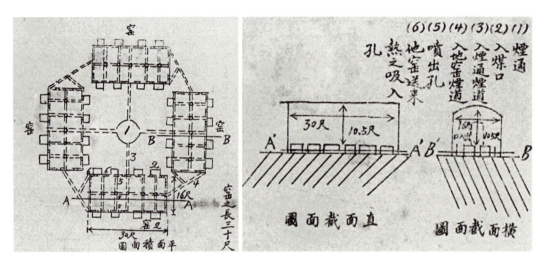

图6-1-18　窑址区的平面布置

旧,无法适应新的混凝土生产方法而停办。作者在对其厂里现有设备、建筑等进行清算和统计后,提出了将其改造为砖瓦生产厂的计划,除详细计算了原有生产力及需添置的设备外,还列出了详尽的经费预算并以后的营运收支等。

6.1.2　建材生产变革的深入——产品类型的变化与质量标准的推行

6.1.2.1　产品及原料的多样化

近代制砖技术进步的又一显著标志即砖瓦种类的增多和原料来源的多样化。

6.1.2.2　产品用途类型的增多

除了传统青砖青瓦以外,不同用途的近代砖瓦种类开始出现。有随着西洋建筑的建造而出现的西洋红砖、红瓦,还有专用于铺路的路砖,各种水泥花砖、缸砖,具有极佳耐火性能的耐火砖,用于减轻墙体自重的空心砖、汽泥砖等。这些专用砖瓦的出现,使中国近代建筑在建设过程中增加了更多可能。另需说明的是,在中国近代对制砖工业的描述中,往往将诸如瓷砖、面砖等归入制砖工业,而1949年后的分类中却是独立的,因此研究中会涉及。以下为按照该时期分类对于部分砖瓦制品的调查。

1）机制红砖红瓦

随着西洋式建筑的流行及建筑标准营造的推广,机制红砖红瓦在市场上变得走俏。机制红砖红瓦除了具有外观上整齐统一的保证外,在质量上也基本优于手工制作的砖瓦。据当时上海租界工部局的压力测试报告（表6-1-2）,一块设备最完善的机制标准砖（9英寸×4英寸×2英寸约为229毫米×101毫米×51毫米,当时称之为3号砖),每平方英寸可承受3400磅(23.4兆帕[①])压力,而同样尺寸的手工砖只能承受大概10兆帕左右的压力。另外由于在手工制作过程中木质砖模的歪闪及摩擦不均带来的销蚀,手工砖成品外观大小不一,尺寸不齐,且厚薄不均,故一时竟人皆弃之。机制普通砖瓦采用的是传统的黄泥作为原料,生产厂家较为出名的有上海的华大、信大等厂家(图6-1-26~图6-1-31)。

近代普通机制砖瓦参数　　　表6-1-2

品名	尺寸(英寸)			每块重量(千克)	每方块数	每方重量(千克)
	长	宽	厚			
三号砖	9	4	2	2.50	1400	3500
二五十	10	5	2	3.00	1200	3800
二寸半	9	4	2	3.25	1120	3640

2)路砖

路砖质地较普通砖坚硬,质量较好的有泰山公司所产的白色路砖,当时为上海公共租界工部局建造公路所用。及至后来开滦矿务局进行仿制,生产出紫色的路砖,同样亦被上海工部局采用。时至今日,这些路砖在开滦和唐山仍然随处可见。烧制路砖的原料为矿泥,众多近代工厂特别是开滦、汉阳这样的公司,大量生产使用这类建材。这也是近代砖瓦制造公司就近取材、生产合适产品的体现(图6-1-19)。

3)花砖

花砖制作先将设计图案制成花格模具,早期花砖色彩较为简单,其面层制作采用颜料与水泥1:2磨碎拌和,后期因为装饰性增强,须以白水泥加入不同颜料调浆,然后注入模具形成面层,再以普通水泥砂浆作为结合层和底层,经加压成型、脱模养护后即为成品。花砖主要用于住宅的地板、浴室和厨房铺地,大小为8英寸(20厘米)见方。作为一种颇有装饰特色的舶来建筑材料,水泥花砖的引进始于华侨回乡建设宅邸等,在我国主要兴于福建和广东两省,肇始于广州和厦门两个开埠城市,在同期开埠城市福州、宁波、上海的建筑中均有见到(图6-1-20)。

1909年广州河南士敏土厂原计划利用本厂的水泥生产花砖,但因引进设备工艺陈旧,花砖投产失败,直到17年后(1926年)广州才有花砖厂投产。国内最先实现花砖国产化的仍然

---

① 今日烧结普通砖的抗压强度分为六级:MU7.5~MU30,该强度处于第四等与第五等之间。

图6-1-19 路砖

图6-1-20 花砖制作

是启新洋灰公司。启新洋灰公司选用自产最高品质的水泥和细磨的颜料配制原料,再用140吨压力机压制生产出中国最早的机制彩色水泥铺地砖,地砖20厘米见方,厚3厘米。当年启新洋灰公司相关资料和广告是这样介绍的:各种新式洋灰花砖,质洁色新,或平面或凸纹,花样极多,难以枚举。况此砖不惟坚固华丽,而且能免火烛之虞,较用木板铺地者远胜,真可谓东亚第一佳品。1915年,启新洋灰公司生产的机制彩色水泥铺地砖与水泥等九项新产品获巴拿马世界博览会金奖。1919年陈森严在鼓浪屿西北的泰康坡买下一块地皮,筹建花砖厂。1921年春,南洲花砖厂(Nan Chou Pattern Brick Works STD.)正式设立投产。1932年《厦门工商业大观》记载,南洲花砖厂"资本十四万元,所有股东皆其家族,经理陈石励,厂址在鼓浪屿泰康坡N字十二号,电话116号,批发处在中山路"。1924年,启新洋灰公司在上海五家码头开办了花砖厂,称为花砖南分厂。同时,在天津唐家口建立花砖北分厂。1933年,启新在北京又建成一家花砖厂,唐山机制彩色水泥铺地砖遍及全国各大中心城市(图6-1-21)。

图6-1-21 花砖产品和花砖广告

4）耐火砖

由于近代工厂生产的特殊性，许多工厂建设中需要用到大量的耐火砖作为建材，修建壁炉、烟囱等。耐火砖的规格一般为9英寸×4½英寸×2½英寸（约229毫米×115毫米×63毫米），起初皆由欧美、日本各国进口，嗣后开滦矿务局烧制成功，行销上海。《上海钢铁工业志》记载，江南制造局炼钢厂一开始所用的耐火材料必须从国外进口，辛亥革命后本地和兴钢厂开始使用由国内民族资本开滦马家沟砖厂生产的耐火缸砖[①]。辛亥革命以后，正是由于清王朝的灭亡，国外耐火材料进口受阻，才使得国内耐火砖的生产有了机会，继而上海的砖瓦公司亦能生产耐火砖，如瑞和、泰山等公司。1925年，泰山砖瓦股份有限公司第二厂开始生产耐火砖，因为质量不高的缘故，只能用在一些轧钢厂的加热炉上。1939年，日商在上海开设上海窑业株式会社，生产釉砖、漏斗砖、水口砖等特殊类型砖瓦，专门供炼钢厂浇注钢锭使用。抗日战争胜利后，又发生内战，致使南北交通中断，原本由北方供应耐火材料的来源受阻。1948年，上海钢铁有限公司第三厂建起容量为300吨的矽砖窑，生产矽砖（耐火砖）供当时的上海3座平炉修炉之用。耐火砖的原料采用耐火的黏土，土中硅含量较高。因为用在一些特殊的部位，在开滦生产的老耐火砖中可以见到中空管状折弯形、五孔扇形、六孔八方形、扁楔形、正楔形、柱状楔形、正梯形、弧形（大小两种）、"T"状镂空长方形、中空顶侧开孔柱形以及特大长方形（477毫米×200毫米×76毫米）等计十几种的规格（图6-1-22）。

---

① "耐火材料是钢铁生产不可缺少的辅助材料之一。清光绪年间，官办江南制造局炼钢厂所用的耐火材料从国外进口。辛亥革命后，和兴钢厂开始使用国内开平煤矿公司生产的耐火砖。"引自：《上海钢铁工业志》编纂委员会编. 上海钢铁工业志[M]. 北京：机械工业出版社，2012.

图6-1-22 耐火砖

5）瓷砖、面砖、缸砖、空心砖等

瓷砖、面砖用瓷土做原料，表面上釉，用于贴面及铺地等，相对美观实用，主要厂家为天津义品公司和启新洋灰公司等；缸砖原料为矸子土，用于铺地，起到防潮防火的作用，启新瓷厂产品销路最佳；空心砖用作高层隔墙等，减轻墙体材料自重，上海义品公司出产最多，上海大中砖瓦厂、苏州砖瓦厂、武汉阜成砖瓦厂在1930年前亦有生产。

成品砖种类增多，丰富了砖建材种类，为建筑设计和施工提供了更多选择余地。这也表明，在中国近代，制砖行业开始针对各种不同的需要研制新式的产品。这些新式产品在适应性、经济性方面，极大程度地超越了原来的手工砖瓦，并接近了当时国外同行业的先进水平，譬如上面所提到的汽泥砖、耐火砖等。中国厂家的产品，已经可以远销世界各地。同时期砖瓦产量剧增，质量亦未曾拉下，各地相应管理机构，就砖瓦规格、质量也曾出台过相关规定，并有具体明确的处罚措施。当然，对于各种空心砖、多孔砖的研制，也没有忽视。早期的厂家一般采取的是聘用外籍工程师来指导，如上海华大砖瓦厂，有些厂家还外派技术人员留学学习，如上海泰山砖瓦公司。这些技术人员回国后，砖厂有技术支撑，往往就敢于补充资本扩大生产（表6-1-3、表6-1-4）。

泰山砖瓦公司砖瓦种类　　　　表6-1-3

规格（英寸）	英文名	英文分类	种类	每千块定价（元）	每百平方米需用额（块）
2½ × 4¼ × 9	Dark shaded	Face bricks	紫面砖	80	—
2½ × 4¼ × 9	Light shaded	Face bricks	白面砖	80	—
1 × 2½ × 9	Dark shaded	Face bricks（thin type）	紫薄面砖	48	500
1 × 2½ × 9	Light shaded	Face bricks（thin type）	白薄面砖	48	500
1 × 2½ × 4¼	Dark shaded	Face bricks（thin type）	紫薄面砖	24	1000

续表

规格（英寸）	英文名	英文分类	种类	每千块定价（元）	每百平方米需用额（块）
1 × 2½ × 4¼	Light shaded	Face bricks（thin type）	白薄面砖	24	1000
4½ × 5 × 9½	—	Paving bricks	路砖	128	280
2½ × 4¼ × 9	—	Fire bricks	火砖	50	—
—	—	Fire clay（per ton）	火泥每吨	—	—
—	—	Red rooting tile	红平瓦	55	135
—	—	Blue rooting tile	青平瓦	45	205
—	—	Ridge tiles	—	102	—

各种砖详细规格表 表6-1-4

产地	尺寸（英寸/厘米）	颜色	备注
大中机窑	12 × 12 × 8/30 × 30 × 20	红色	六孔砖
大中机窑	12 × 12 × 6/30 × 30 × 15	红色	八孔砖
大中机窑	12 × 12 × 4/30 × 30 × 10	红色	四孔砖
大中机窑	9¼ × 12 × 6/23 × 30 × 15	红色	六孔砖
大中机窑	9¼ × 12 × 4½/23 × 30 × 11.3	红色	三孔砖
大中机窑	9¼ × 12 × 3/23 × 30 × 7.5	红色	三孔砖
大中机窑	4¼ × 12 × 9¼/10.6 × 30 × 23	红色	四孔砖
大中机窑	3 × 4½ × 9¼/7.5 × 11.3 × 23	红色	二孔砖
大中机窑	2½ × 4½ × 9¼/5.6 × 11.3 × 23	红色	二孔砖
大中机窑	2 × 4½ × 9¼/5 × 11.3 × 23	红色	二孔砖
大中机窑	2 × 5 × 10/5 × 12.5 × 25	红色	—
大中机窑	2½ × 8½ × 4¼/6.3 × 20.6 × 10.6	红色	—
大中机窑	2 × 9 × 4¾/5 × 22.5 × 10.9	红色	—
义品机窑	9 × 4¾ × 2¼/5 × 22.5 × 10.9	红色	B.P.N
义品机窑	9¼ × 4½ × 3/23 × 11.3 × 7.5	红色	空心砖
义品机窑	9¼ × 9¼ × 4½/23 × 23 × 11.3	红色	空心砖
义品机窑	9¼ × 9¼ × 2½/23 × 23 × 6.3	红色	空心砖
义品机窑	9¼ × 9¼ × 3/23 × 23 × 7.5	红色	空心砖

续表

产地	尺寸（英寸/厘米）	颜色	备注
义品机窑	9¼ × 9¼ × 6/23 × 23 × 15	红色	空心砖
义品机窑	12 × 12 × 4½/30 × 30 × 11.3	红色	空心砖
义品机窑	12 × 12 × 6/30 × 30 × 15	红色	空心砖
义品机窑	12 × 12 × 8/30 × 30 × 20	红色	空心砖
义品机窑	12 × 12 × 10½/30 × 30 × 26.3	红色	空心砖
义品机窑	12 × 12 × 12/30 × 30 × 30	红色	空心砖

6.1.2.3 产品原料来源增多

与产品多样化对应的是，制砖原料来源更为广泛。近代制砖企业为了追逐利润，开始研制利用新型原料制砖瓦，如洋灰、矿渣、煤屑等等。这些原料不仅便于就地取材，对于砖材性能的改良亦起到重要作用，如上文中提到的汽泥砖等，这是利用材料与技术实现的砌体材料减轻自重的重要途径之一。1932年，英商中国汽机制砖公司，利用上海电力公司的煤渣，率先在上海制造煤渣砖，在建材工业中是一个重要发展。

1）煤屑砖

煤屑砖采用煤屑、黏土和石灰烧制而成，也是利用矿物废料，主要用于铺路等。最先生产者仍为开滦矿务局，后来汉阳铁厂也开始制造。北平自来水公司化验室的张曾惠，经两年试验研究利用煤灰制砖，成本较平常的砖便宜3/4～4/5[①]。上海大新公司大楼（上海市第一百货商店）墙体即采用长城机制砖瓦公司的煤屑砖。1949年后有些地区采用化工厂电石车间生产乙炔用的"电污石"制造的砖亦称之为煤屑砖。

2）汽泥砖瓦

这种砖瓦为当时较新式的产品，质地坚硬，但密度小，质量轻，即今天的加气混凝土砖。因外观形似海绵，故得名汽泥砖，主要原料为水泥。该砖用于高层的非承重墙中，减轻对结构体的负荷。制造商是当时的中国汽泥砖瓦公司，因为股东为外国人，技术保密，故该砖制造技术国人当时尚未掌握。

6.1.2.4 规格与质量的标准化

1934年，《工业标准与度量衡》就当时国内建材市场标准混乱而造成的行业的发展情况

---

① 佚名. 煤灰制砖[J]. 渝工，1948（7）.

受阻发表文章,文章称砖、石、瓦、木四种建筑材料均无标准,砖瓦样式参差,木材因缺乏标准而只能大量采用进口木材,石材只求美观不求实用,因此给本国经济带来较大损失,建议参照日本标准制定本国标准(表6-1-5)[①]。

各国通用砖块尺度比较表(厘米) 表6-1-5

国别	长	阔	厚
苏联	25	12	6.5
德国	25	12	6.5
瑞士	25	12	6
奥国(奥地利)	29	14	7.5
英国	22.86	11.43	6.35
法国	22	10.7	4.5
美国	21.9	10.5	6.65

砖瓦产品规格和质量标准的混乱早有成因:首先,近代以前本土的生产工艺和产品就没有统一标准——尽管中国历史上官方也曾规定了一套标准约束砖瓦成品的质量,如《营造法式》和《清式营造则例》等亦有对砖瓦等规格的规定,但由于缺乏有效的管控,加之各地律令的不统一或者政策不到位,特别是近代中国政权割据格局,使得各地出现了五花八门的砖瓦产品规格。各地土窑和手工制作方式的多样,建筑类型的繁杂,也造成了砖瓦非标准的问题。其次,近代机械制作过程中,由于引入的制砖技术和制砖机器等来源不一,技术管理人员也往往来自不同的国家和体系。粗略统计,仅近代早期制砖机的来源,就有法国(广东青州)、英国(上海英商)、美国(苏州砖瓦)、比利时(上海义品)以及众多来自于德国的机器。各国通用砖块的尺寸本就不统一(表6-1-5),这些制砖机械在当时本身也未有固定的标准,更加造成了近代砖瓦制品标准的不一样。最后,由于近代中国在相当长的时间内,未建立起砖瓦行业(同业)机构,亦没有专门的检验检测机构,使得砖瓦制品的质量和标准亦未能通过行业来监测,再加上经济、技术等因素的限制,生产机械砖瓦在近代以前仍属重大的技术问题,形不成自己的产品体系。

---

① "非金属建筑材料之用于普通建筑上,无过于砖、瓦、石、与木之四者。我国砖瓦,本无标准。土窑所制者无论矣,即新式砖瓦厂所出,亦大多品质殊不一致,而式样亦至参差,实于经济者有莫大之损失。至于石料,则大致只取美观,不求实用,诚为缺憾。至于木材,本国出产,本亦不少。但建筑上大都用美、俄、日三国之木料。乃因本国木材,均未经分类之选择,与锯磨之工作,故应用时既不易计算尺寸,复不易得一定之品质与其式样,故虽有其物,而不适于新式事业之需要,不得不弃生产之木材,而用舶来之木材。亟应从事于锯木标准之立定,以便锯木工业之发展。兹就最普通之砖、火砖、空砖、盖瓦、磁瓦、陶管、石材、石片及木料,特介绍日本国定标准以供参考。"引自:实业部工业标准委员会. 工业与标准度量衡[A]. 1934.

据上海工部局公布的一份调查,当时国内所用最普通的砖,长约25厘米,阔12厘米,厚5厘米,合英制10吋,阔5吋,厚2吋,故俗称二五砖块。又有新三号,长8¾英寸,阔4⅛英寸,厚1¾英寸,江浙一带最通用,加上灰缝及双面粉刷后,正好可以砌成5英寸、10英寸或15英寸厚之砖墙。此外尚有老三号(8英寸×4英寸×1½英寸)、三号放砖(8⅞英寸×4¼英寸×1¾英寸)及洪溪砖(9¼英寸×4½英寸×1¾英寸)等种类,亦为市上所采用。

就上海一地来说,通用砖块更有甸S(9英寸×4½英寸×1¾英寸)、善3(8英寸×4英寸×1½英寸)及河85(8½英寸×4英寸×1¾英寸)等,种类繁多,大小不一,尺度与品质愈形杂乱,致使房屋建筑的设计与施工均发生极大困难。杜彦耿在《建筑月刊》上发表的《工程估价》一文,以大中砖瓦厂和义品砖瓦厂为例同样列举了当时众多规格的红砖制品。

上海市公务局有鉴于此,为统一砖块尺度以利建筑工业的发展,并为贯彻政府废止英制推行公制的指示,经过详细的研究后,参考其他各国通用砖块标准,订定上海市砖块的标准尺度为长23厘米,阔11厘米,厚4.5厘米。

同样的做法亦见于各地官方公布的法令中。如:1936年山西省政府发文通令各县按照新定的尺寸规范烧制[①],文中严格规定了砖瓦的规格尺寸和检验标准及处罚措施。1936年广西省为统一砖瓦尺度也制定了奖励和处罚的办法[②]。

这种情况随着砖瓦生产技术的发展和机械化过程的深化,有了更进一步的改变。国际上近代标准化是伴随机器工业发展起来的。1798年,美国E·惠特尼(1765—1825)提出零部件互换性建议,应用于生产,开始了最初的标准化,并迅速扩展到交通运输、工程建设、食品卫生等方面。标准化的内容也进一步扩展,从产品标准化到制造工艺标准化、检测方法标准化,发展到术语、符号等基础标准化,进而是企业生产管理标准化。中国的标准化历程亦跟随着国际标准化历程而进步,特别是当时一些行业公会,如中国工程师学会的成立,在推动工程技术进步方面起到了不可替代的作用。与此同时,其开展的工业材料试验通过科学公正的方法辨明了材料(产品)的优劣,验明了国货的质量,推动进口替代品的生产。

1924年,中国工程师学会在上海举行年会,会上薛次莘提议组织材料试验委员会以试验国产各项材料。同年10月,中国工程师学会材料试验委员会正式成立,凌鸿勋为委员长,委

---

① "规定砖瓦尺寸规范通令限期一律更改……令核定所有各地窑厂烧制砖瓦自八月一日起一律改照新定规范尺寸烧制,旧存砖瓦以本年年内为限暂准出售,自二十六年一月一日起一律一体依versions。电各县县府查各地砖瓦窑多不按照规定制造仰各该县府遵照办法严行取缔。引自:山西省建设厅. 山西省建设厅通令[J]. 山西公报,1936(49):73.

② "一,本省为划一砖瓦尺度以适应实用而免耗费起见特制定本办法;二,省内各县制造砖瓦窑户须到各该管县政府依照广西省工商业登记章程第四条各款之规定报请登记并详列每年出产量及运销地点;三,本省规定执照砖瓦之尺度以市尺计算每砖一块长七寸六分宽三寸七分厚一寸五分,每瓦一块长四寸五分宽五寸五分厚二分,但有特需加大得具理由特准制造;四,各县造砖瓦窑户应于初次开始制造时依照前款规定之尺度制成式样呈送各该管县政府存案备查;五,各砖瓦窑户如不遵照规定之尺度而故造单薄短少之砖瓦取巧渔利,查有实据者除将砖瓦没收外按情节轻重勒令停业或处以十元以上百元以下之罚金……引自:广西省政府. 电各县县府查各地砖瓦窑多不按照规定制造仰各该县府遵照办法严行取缔[N]. 广西省政府公报,1937(177).

员包括著名桥梁专家茅以升等。因为砖和水泥"以其用途广及试验方法较便宜",故而委员会决定从这两样产品入手,并以美国试验材料公会所定的试验方法为根据。

1925年,中国工程师学会材料试验委员会在《工程》杂志上发布第一次试验报告"砖头试验"。该试验分别测量了来自不同砖厂的部分产品,以检验砖瓦抗压、抗挠、吸水率、密度等,得出的结果尚属理想。之后不久,凌鸿勋等又在《工程》上发表《砖头墩子挤压试验:材料试验委员会第二次报告》,公布了各砖厂生产的不同品牌的砖在二至六月的时间里的耐挤压程度,数据全面详细,为建筑行业提供了重要的参考标准。一开始材料生产厂家出于各种原因,不愿将材料送会试验。委员会只能通过自行购料或者私人方面征求,并妥善处理公布试验结果,一方面的原因是材料委员会名气不大,尚未得到社会的信任,另一个方面也表明了彼时生产厂家对产品质量信心不足的状况。为了扩大社会影响,凌鸿勋等人还对杭州雷峰塔的建筑用砖进行了试验,所得结果:"经风霜雨雪千年之侵蚀,而其强度,犹能与时砖相比"。凌鸿勋反省:"时砖之不及古砖,制法之退步,想因制造家冀获厚利,只求工省制速,而于原料之选择,制造缜密,皆不计所致。"无独有偶,1933年香港大学雷曼教授(F. A. Redmond)得到过学生从广州送来的广州古城墙灰砖三块,经过实验室测试,尺寸分别是43.18厘米×17.78厘米×9.65厘米、39.37厘米×20.83厘米×7.62厘米、40.13厘米×21.59厘米×8.13厘米,密度分别是206.4千克/立方米、203.4千克/立方米、186.6千克/立方米,抗压强度18~26兆帕,不论是砖材密度还是抗压强度都比同时期伦敦最佳的红砖要高[①]。

随着材料委员会名气的扩大,企业各界委托其进行试验者开始多了起来。委托方不仅包括材料生产厂家,还有甲方、建筑师事务所等,委托试验的材料清单也不再限于砖和混凝土。上海档案馆现存一份泰山砖瓦公司委托中国工程学会材料试验委员会所做的泰山砖瓦公司面砖的试验记录(表6-1-6),该试验记录明确地记载了试验的过程、方法、标准,同时还解释了为何不用做冻融试验等理由,试验数据显示了国产的面砖在质量上的优越性。

泰山砖瓦公司样品试验参数 表6-1-6

色别	耐压(砖头平放)每方吋磅	吸水量(浸水48小时)百分计
红色	12594	6.71
紫色	17941	2.52
淡黄色	16136	3.45
黄色	10179	6.46
平均	12713	4.78

---

① 转引自:刘珊珊. 中国近代建筑技术发展研究[D]. 北京:清华大学,2015.

产品的标准化是现代技术经济科学体系的一个重要组成部分，实行标准化能简化产品品种，加快产品设计和生产准备过程，保证和提高产品及工程质量。而质量检验标准的出台，使得产品的质量有了可靠的保证，也能够监督企业的生产，提高产品的质量。同时，制砖标准化也为后来墙体的砌筑提供了快速建设和标准设计的可能，而这种标准化的执行，同样是近代建筑营建技术的一个极其重要的标志。

6.1.3　建材生产变革的影响——制砖技术传播与砖瓦产业勃兴

6.1.3.1　制砖技术的传播

1863年，英国人在上海开办了第一家近代大型的建材企业——上海砖瓦锯木厂，以制造建筑材料为主。到1867年，上海砖瓦锯木厂亏折累累，总计亏损10万两，不得不折价出让。这是国内关于近代砖瓦建材厂从开办到倒闭最早的记录之一，尽管没有资料显示，该厂是否采用了新式的制砖技术。而中国自主创办近代机械砖瓦厂的最早记录当属清末关于海军创建旅顺港时的记载。自此，近代机械制砖工业随着中国近代建筑业的发展和国内的时局起起落落。但毫无疑问，机械制砖和新式砖瓦的生产技术，在近代时期迅速传至全国各地。不难看出，这些机械制砖产业的分布与发展，具有几个规律性。

首先，仍然是上海、广州几个开埠较早的省份，率先引进和建立了西方近代较为先进的机械制砖技术。这些省份在开埠建设过程中，不可避免需要解决由于大量房屋建设所需的建材来源问题，特别是近代工厂大量建设所需要面对的大量建材来源的问题。同时还需面对由于西方现代建筑技术传入引起的建材标准化生产等问题，破题的关键就在于迅速建立起一批现代化、机械化、标准化的建材生产工厂。在制砖行业中，这些现代意义上工厂的建立，为城市建设提供了充足的砖瓦建材。数据显示，采用机械制砖技术的工厂，无论是在砖瓦的产量还是在质量上，都明显地优于采用手工生产的本土土窑厂，获得了极大的竞争优势。尽管设厂生产新式砖瓦的人群多样，有洋务运动官员，有外国洋行，有民族资本家，还有华侨华人；设厂目的不一，有的为了避免大量资金外流，有的为了掠夺资源进行资本积累，有的为了振兴民族工商业等。凡此种种，都为中国近代制砖工业的发展起到极大的推进作用。

其次，当时中国的制砖技术水平，在某些地区已经接近或者超过世界发达国家的水平。这一点从开滦矿务局的产品销量和销售地就可以得到验证。当时开滦矿务局生产的缸砖，采用了新式制砖机和砖窑焙烧技术，加之唐山一带所出优质的原料土，故成品质量优越。在产品设计阶段，已经有意识地进行规格、外观和商标上的设计，有部分产品还可以根据实际情况定制，这些举措使得产品在市场上大受欢迎。所产盖面砖、建筑用砖、路砖畅销国内外，当时不仅天津本地租界大量使用，在上海、香港等地亦有众多使用开滦缸砖的建筑实例。据开滦档案馆的档案介绍，该馆尚存有当年天津英法租界楼房、地面、河坝、电车道，上海海关大楼及电车道，香港九龙码头地面等处的照片，照片显示这些建筑当时采用的都是开滦缸砖铺地。另有资料表明，当时的开滦矿务局砖厂，为远东最大的耐火砖厂。

其三，新式砖瓦制造技术的引入，导致传统手工砖瓦制造技术受到极大冲击，破产关闭的土窑厂数量众多。在外来技术的刺激下，有许多窑厂为了适应竞争，主动改进以应对困局，如派人学习技术、引进机器设备、改进本土窑体、修建新式厂房等。众多砖厂一开始往往直接聘用外籍工程师作为技术人员，这是最为直接高效的技术提高方式。然而外籍技术人员工资颇高，也不易聘得。有些窑厂有意识地培养本土技术人员，让这些人跟外籍工程师学习，习成之后再另起炉灶。更有甚者还直接派人到国外学习，这些至少说明近代制砖工业中，对于技术掌握的重视。这种重视也不无道理，因为譬如机器设备的选择、对焙烧方式的改进、甚至新式厂房的修建，都必须依赖技术人员。所以在许多窑厂里，技工的工资甚而大大高于主管的厂长或经理。这阶段技术的改进还普遍体现在焙烧技术的改进上，有关各地砖瓦行业的报道中，出现频率最高的词汇莫过于霍夫曼窑了，这种外来的窑体技术，确实在很大程度上提升了制砖技术的水平，使得大量的砖瓦制造成为可能。

其四，制砖技术在中国的传播，和中国近代建筑技术的传播趋势趋于一致，它们在各地的实验、推广，仍然吻合了近代各城市开放顺序的先后。首先是开埠较早的沿海城市，紧接着由沿海向内陆推开，借助大江大河等水系和先行建设的铁路运行线。这种技术传播有一定自扩散性，当然外部推动因素更是多样，譬如技术人员的流动、战争导致的工厂内迁等等。传播的过程中也曾遭遇传统技术的顽强抵抗，甚而在上百年后的今天，还能在某些地区看见传统技术的存在。当然，经济的不平衡发展，导致了技术的不平衡发展，技术的不平衡发展，又造成了文化等各方面的不平衡发展，这些道理都不言自明。或许值得一提的是，正是这种不平衡，或许为后来的多样建筑文化提供了土壤，或许为传统技术的保存遗留了空间，不一定是坏事。

最后，制砖产业的发展和分布，一定是围绕建筑建设展开。正是建筑业的勃兴，建筑技术的发展，对制砖技术提出了更高的要求，才导致其技术的改进和生产的扩大。近代洋务运动的兴起、"黄金十年"的建设等与各地制砖窑厂增多是息息相关的。而交通和原料的限制，又使得近代制砖行业在分布上呈现出围绕原料产地和销售地集中的局面。

6.1.3.2 制砖工业的分布

1934年商务印书馆出版的《日用百科全书》对全国砖瓦工业做了粗略的统计，其初步的调查中，列出了从晚清到1930年间全国的82家砖厂。调查涉及厂名、厂址、成立年限、资本额度、工人数量、产品类型、产量、总产值等。这82家砖厂在各地具体的分布是：上海地区19家，南京13家，东北地区18家，香港、天津、唐山、汉口、济南、杭州等地共32家。调查所涉及的这些砖瓦厂，仅指各地采用机械制砖的工厂，当然亦包含外商（特别是日资）创办的砖瓦厂，如东北地区的18家砖瓦厂中，11家为日本株式会社创办。从数据来看，这些砖瓦厂已经开始有了一定的数量和规模，当时生产规模最大的工厂年产量已经达到了4000万块砖。

该数据尽管称之为对全国砖瓦工业的调查，但限于当时的社会环境，如交通、战争的影响，很多数据与实际情况仍有一定的差池。为更清晰深入地了解中国近代砖瓦工业的基本情况，研究以上述数据为出发点，结合各地相关记录，对当时中国近代机械制砖工业的大体概况再做进一步的分析。

以下是中国各省市近代有关机械制砖的记录，因为涉及的地区范围过广，数据庞大，研究仅摘录重要地区的记录。

广东（澳门、广州、中山）：广东是开埠较早的省份，传入机器制砖技术和设备比内陆各省早。1886年（清光绪十二年），商人高可宁在澳门青洲设立青洲砖厂，以电力作动力，用机械制砖坯，方窑烧砖。1886年，青洲英坭厂利用自己生产的水泥制造水泥砖，并设有机制耐火砖厂。1907年，广东引进法国12门轮窑和机制砖生产线，全线利用锅炉蒸汽发电，还设有干燥室，年产能力为800万块，这是中国最早引进的轮窑生产线，该线建于广州市河南士敏土厂内。1909年（宣统元年），中山县有蔡姓华侨蔡锦佳在广东中山市沙溪镇石岐砖厂厂址建小轮窑，创办香山机械制砖公司，建16门轮窑一座，砖胚用机械成型，这是中国最早由华侨投资建立的建材企业，也是中山（香山）第一家近代工业[①]。

上海：1897年和1900年先后开设浦东砖瓦厂及瑞和砖瓦厂，首先采用机械生产砖瓦。经过30多年发展，上海共开设机制砖瓦厂9家，1930年生产机制砖1亿块，机制瓦610万张。比利时与法国合资的义品砖瓦厂和大中砖瓦厂大量生产各种空心砖，英商中国汽泥砖瓦公司开发生产汽泥砖（即加气混凝土轻质砖），为上海高层建筑提供轻质墙体材料。1934年，长城砖瓦厂利用工业废渣生产实心和空心煤渣砖。到1937年抗日战争爆发前，上海砖瓦业较为兴盛，最高年产黏土砖瓦2亿块，从事手工制坯农户有3500多户[②]。由于建设的需要，上海一直是中国近代砖瓦建材的主要产地，也是较早成立同业公会的地区（图6-1-23）。

北京：1900年，有位德国资本家在南郊马家堡投资开办泰来窑厂，设有制坯机1台、轮窑1座，是北京地区生产机制普通红砖的开端。1911年，朝廷派员赴长辛店调查安格斯机器砖窑生产蓝瓦情况。窑主为奥地利人，设有土砖窑5座，砖瓦混烧，以瓦为主，每月出瓦5万块。1927年，民族资本家在西郊开办北平窑厂，设有制砖机1台、轮窑1座，年产机制红砖1500万块，并生产黏土空心砖。1936年，全市有砖瓦窑11个，土窑20座，年产手工制青砖约1000万块。日伪统治北平期间为兴建军事设施，新建6座轮窑生产机制红砖。国内商家看到制砖业有利可图，陆续开办20个砖瓦厂，年产量达6000万块[③]。

天津：天津传统的建筑材料砖瓦，采用手工制坯、自然晾干、罐窑焙烧，砖厂基本都在当时的市郊。天津近代开埠后，租界的建设需要大量建材。1905年，法国义品公司和比利时商人在和平区滨江道及河西区创建了3个制砖工厂，以蒸汽作为动力，使用机器制坯，轮窑

---

① 广东省地方史志编纂委员会. 广东省志：建材工业志[M]. 广州：广东人民出版社，2004.
② 上海建筑材料工业志编纂委员会. 上海建筑材料工业志[M]. 上海：上海社会科学出版社，1997.
③ 北京工业志建材志编纂委员会. 北京工业志：建材志[M]. 北京：中国科学技术出版社，1999.

图6-1-23 上海砖瓦协会成立大会照片

焙烧，制砖生产实现了半机械化和连续焙烧。传统的制砖方式得到了改进，近代天津建材工业兴起。1914年，上述法国和比利时商人开办的砖厂转让给天津商人。其后，民族工商业者又先后兴办了4家砖厂。至1937年"七七事变"前，天津有砖瓦厂75家。1937~1945年间，日本占领天津，日商在津开设了8个砖瓦厂，建设了13座轮窑。1945年，日本战败，天津民族工商业者开设的砖厂增加至85家，全年可产砖2.6亿块，瓦0.39亿片[1]。

湖北（武汉）：1889年汉阳铁厂造砖处成立，这是湖北第一个现代机制砖厂。张之洞督鄂时，1891年筹资创办砖瓦厂于黑山河边，名湖北官砖厂，聘请专门技术人员，专烧新式优良的红砖红瓦。随后有德源、裕记、阜成等厂相继成立，机制红砖业务逐渐繁荣。阜成砖厂是德国人开设的，所产砖瓦质量较好，1915年将16门轮窑改为32门，日产红砖达3万余块。1916年，有官砖厂2家，民办厂7家，其厂址多位于汉阳县琴断口一带，公私合营后改称武汉市第一到第八砖瓦厂（图6-1-24）。1936年，汉阳各砖瓦厂共销售砖3000万块，瓦500万块。汉阳砖瓦，连同著名的枪炮等，一起被称为"汉阳造"，销路遍及全国，出售到上海、南京、苏州、常州、郑州、徐州、芜湖等地，江西、湖南、北平等也可见到。裕记砖瓦厂曾于上海设立分部，专销"汉阳瓦"[2]。

---

[1] 天津市地方志编修委员会办公室. 天津通志：工业志：轻工纺织卷[Z]. 2008.
[2] 佚名. 武汉之工商业[J]. 商业月刊, 1937, 2（2）: 23-29.

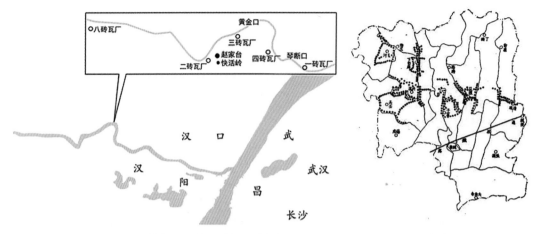

图6-1-24　汉江黄金口-琴断口砖瓦厂分布图　　　图6-1-25　嘉善县窑区分布图

浙江（嘉善）：嘉善制作砖瓦，始于明洪武年间。到清末租界开辟，上海、杭州等地建筑业兴起，对砖瓦的需求突然增加，于是嘉善窑商改良产品，提高自身竞争力。1911年前后，出现有组织采用机器生产的砖窑厂，"1918年，干窑商民潘啸湖等人仿制'洋瓦'（平瓦）成功，筹集股本2万元，创建了陶新机制瓦厂，投产后获利颇丰……"。到1921年，全县成立砖瓦公司达15家，一时百里内烟囱密布，各乡镇商市鼎盛[1]（图6-1-25）。

江苏（南京）：1885年，南京著名史志学家陈作霖、陈诒绂所著《金陵琐志》中记载："乌龙山、西善桥人皆善陶，取江滩之泥，范而烧之，盖屋乘墉，各适其用，谓之窑户。"《南京经济史》："光绪年间，南京乌龙山、西善桥、钟山一带出现了窑户，烧制砖瓦。"说明清末至民初，南京的砖瓦业有了一定的规模。西善桥地区是当时南京砖瓦行业重要的生产基地。民国时期的砖瓦厂，是国民政府定都南京后兴盛起来的。"首都"的建设带动了南京砖瓦业的勃兴，1906年，南京金陵机器火砖厂建立；1914年，朱芝萱在南京办征业机器洋瓦厂。由于南京周边的土窑手工业生产无法满足需求，1931年左右南京中华门及和平门外，开始出现较大规模的机器制坯和利用霍夫曼窑焙烧的砖瓦厂。当时南京的砖瓦业集中在和平门区、笆斗山区、六合卸甲区（江北区）、太平门-光华门区、中华门区。仅中华门区就有100座窑。1931年，中华门的主要砖瓦厂有位于板桥乡的京华机器砖瓦厂和位于西善桥的新建砖瓦厂等[2]。

山东（济南）：民国初年以前，所有制造砖瓦之窑规模狭小，制造砖瓦泥坯全系手工，即沿传古法。1917~1918年，济南三里庄之济新砖瓦股份有限公司集资本15000元，应时制造新式砖瓦。继之起者，有济南商埠迄南岔路街之普利窑厂与济丰窑厂。1916年左右，济南所开窑厂，始有义和东，继有裕顺、大兴两厂，后有济东。济南商埠之西南梁家庄一带空地

---

[1] 唐鸣时. 嘉善的砖瓦[J]. 上海工务，1947（2）：7-15.
[2] 江苏省地方志编纂委员会办公室. 江苏省志：建材工业志[M]. 北京：方志出版社，2002.

栉比红屋烟囱林立者,即济南窑厂集中之区也。其销售地区以济南为中心,沿着胶济铁路向东500里,销往章丘等地,向南往泰安,向北则沿津浦铁路400里至德州等地[①]。

黑龙江(哈尔滨):清末,俄国势力渗透到东北地区,将本国制砖工艺传入黑龙江,由此出现了俄式角窑、轮窑、登窑、铁炮窑等新窑型,开始生产红砖红瓦,但产量并不很大,只见用于兵营、官衙、官舍。东北沦陷后,砖瓦业被分为"家内工业"和"工场工业",前者为散落在各地用传统方法生产青砖的小型作坊,后者即是采用俄式或日式新型砖瓦窑,由大批工人生产砖瓦的制砖工场。当时黑龙江地区砖瓦场有100多个,但大多数为马蹄窑,属手工业作坊,即所谓"家内工业",主要埠镇三、五个不等,业者多系农民,人数不固定。较大规模的制砖业集中在哈尔滨、佳木斯、齐齐哈尔、牡丹江等大中城市,均由日本人把持,从业人员生产旺季达万人左右。哈尔滨市当时有窑业18家,从业人员达2550人。1938年日伪发布法令禁止中国人独立开办窑厂,成立所谓"窑业组合"进行垄断式生产,至此传统青砖逐步被淘汰。窑厂集中于愿乡屯河家沟一带,愿乡屯一带有同兴、义和、大东等机器窑,均于1929~1930年成立,三窑产品平均每日各在5万块左右,在河家沟附近者为旧式窑共82座,十九年(1930年)产额为3400万有奇,共有工人约1400名,资本约10万元(哈洋)左右[②③]。

吉林(长春):长春砖瓦窑共50余家,年产日本砖200万块,中国砖1200万块,共价值约13万元。1907年,吉新机器制砖有限公司为吉林最早的制砖生产企业。1908年,吉林裕康开创吉林机器砖瓦厂,通过逸信洋行征订德国造砖机器[④]。

辽宁(旅顺、沈阳):"……以从前关平方面曾仿西德窑式,但因地质土性不同,成砖并不坚固,新盘(旅顺地名)窑式果能成砖与否,尚难确定。……于新盘设立大小窑厂两座,并将关平所出的缸砖与善威(Mr. Samwer)所烧的泥砖(洋砖)比较。"1903年,日本人松浦如之郎等在营口市建18门轮窑一座,之后又有日本人在辽宁省内各地建砖窑数十座,采用机器生产。1917年,日本在沈阳设立奉天窑业会社,至1926年共有奉天窑业、满洲窑业、小川、共益、浅野等几家影响较大,产量较多的日资砖窑。肇新窑业公司由当时留日归来的杜重远成立于1923年4月,厂址占地60亩。最初建筑为旧式马蹄窑二座,烧制青瓦,1924年秋,添置轮窑18室,烧制红瓦。日本瓦窑五座,仿制日本瓦,洋灰砖瓦机四座,制洋灰砖及洋灰瓦,范围之大出品之良,与启新洋灰公司瓷砖厂齐名[⑤]。

山西:1932年8月至1936年10月统计资料显示:"砖瓦为建筑上之必需品,在晋省中制造,于秦汉以前,已称繁盛,惟晋民守旧,世世相传,迄今仍沿用土窑……共计三百六十一

---

① 赵占元. 济南砖瓦工业调查[J]. 工商半月刊, 1933, 5(19): 41-46.
② 醒华. 哈市砖窑之最近状况[J]. 中东半月刊, 1931, 2(12): 20-27.
③ 佚名. 哈尔滨及长春砖瓦业近年状况[J]. 中国矿业纪要, 1932(4): 224-225.
④ 同上。
⑤ 佚名. 中国砖瓦工业[J]. 工商半月刊, 1931, 3(22): 20-27.

家，分布于八十九县中，以每县所有之窑数论，则潞城独多，计有十五家，大同次之，计有十三家，猗氏更次之，计有十一家，若阳曲、晋城、长子、屯留、壶关、洪洞、临晋、安邑、垣曲、隰县、浑源、朔县、忻县、崞县等十四县，各七家……"①。

陕西（西安）：旧有窑业不多，经营者多为河南籍或山西籍贯人。新式砖瓦出现始于1936年新华砖瓦厂创办。创办人孙仲猷、王季常等，出身军界，因与鄂官窑厂恒泰工程师彭宝业结识，遂与朋友七人，集资建厂，并请彭设计策划，于1935年开始施工，建设有18英尺（约5.5米）高的烟囱及18室的霍夫曼窑各一，1936年又增建霍夫曼窑一座。由汉口购置瓦模机一套、制砖机四套、扁形砖机一套，厂址连同制坯厂90余亩，工人数约80人。咸阳亦有红砖厂一座，其制品亦局部销于咸阳以西一带②。

四川（成都）：民国初，成都的砖瓦生产集中于城东头瓦窑、二瓦窑、三瓦窑一带。这些砖窑沿袭传统做法，人或畜踩泥，手工制坯，以柴草为燃料，土窑焙烧。窑有苏窑、甑子窑、罐罐窑之分。1930年代，成都近代中西式建筑兴起，地方军政要人及营造厂商纷纷投资兴建砖瓦厂。由川军旅长杨尚周等人合资创办的永生砖瓦厂，从上海购买德国制造的压砖机、压瓦机、和泥机及轻便铁轨、斗车等。1935年，华西公司经理金襄七投资创办西南砖瓦厂，厂区面积30多亩，建大窑3座，小窑2座，耐火砖窑2座，后又在肖家河买下复华砖瓦厂和15亩地。1936年，邓华民从德国留学回来，独资创办蜀华砖瓦厂，在东门五桂桥购地150亩，建窑4座，机器设备从武汉购回，包括手摇制砖机2台、手摇平瓦机3台、路砖机3台，并同时聘请3名技工。产品除了供应该公司自己的工程需用外，也对外销售。抗战爆发后，由于军用机场等的建设，以及对炸毁建筑设施和房屋的修复，客观上刺激了成都砖瓦的生产。1940年，华西公司又在头瓦窑兴办华西砖瓦厂，建苏窑2座、甑子窑3座。同年，新华公司为解决承包工程砖瓦用料，新办新华砖瓦厂。1939年统计，城区周围有砖瓦窑户62家，1940年增至74家，到抗日战争结束时发展到120家。抗日战争期间，是成都砖瓦业发展的鼎盛时期③。

重庆：重庆本市及附近建筑物所需之砖瓦，90%由长江及嘉陵江上游沿江百里内之砖瓦厂供给，至于下游较远地方，虽亦出产砖瓦，但因交通不便，运费过昂，销售于本市者甚少。西式砖瓦厂计有华一砖瓦厂、三才砖瓦厂、瑞泰砖瓦厂三家。华一砖瓦厂规模最大，手工制作砖瓦厂为数甚多，就嘉陵江两岸上游一百里内而言，即有70余家。规模稍大者，筑窑三个或四个，小者仅有一个，仅此一带，窑之总数约近300，窑址多设于童家湾、井口场、上沙湾、下沸湾（距重庆50余里）、李家坨（距重庆50余里）、大竹林等地④。

安徽（芜湖、蚌埠、合肥）：安徽最早的机制砖瓦厂建于清光绪年间。1876年中英《烟

---

① 山西省地方志办公室. 民国山西实业志[M]. 太原：山西人民出版社，2012.
② 独清. 西京市砖瓦业调查[J]. 工业月刊，1944，1（2）：15-21.
③ 四川省地方志编纂委员会. 四川省志：建材工业志[M]. 成都：四川科学技术出版社，1999.
④ 徐廷荃. 重庆砖瓦业概况[J]. 国货与实业，1941，1（3）：33-38.

台条约》签订，芜湖成为通商口岸，大量的仓库、货栈、码头开始建设，刺激了对砖瓦建材的需求。1906年，李鸿章之子李经方从英国引进成套的机制砖瓦设备，在四褐山南面的土山上兴建了一个机制砖瓦厂，该厂于1908年建成投产，名曰兴记砖瓦厂。该厂濒临长江，成品砖瓦通过船运到芜湖供应建筑使用。民国时期，安徽合肥、蚌埠等地也相继出现私人窑厂，但产量不稳定。1919~1929年合肥大窑湾、水西门陆续有人建窑烧砖，但时间极短。直至1937年，蚌埠淮河南岸，大铁桥以东开始出现零星私人窑户，至1948年有70余家，但生产极为落后，露天作业、手工拖坯，用柴草烧土窑，产量低、能耗高①。

湖南：1920年以前，湖南砖瓦生产工艺一直沿袭古代做法，即人工取土、人力或畜力练泥、手工制坯、自然干燥、倒焰窑焙烧，生产青砖。1920年以后，上海工信铁工厂制作的手压砖机和江西的围窑烧砖法先后传入湖南，部分制砖企业开始在制坯和焙烧这两个工序上进行工艺与技术改革，同时开始生产红砖②。

福建（厦门、漳州）：福建尽管有福州、厦门两个开埠城市，但机制砖瓦的生产，却迟迟未展开。福州开埠后，洋灰、洋瓦等西方建材纷纷进入，闽侯县新岐、马腾及市郊盖山、新店等地砖瓦窑业发展至56座，制砖（瓦）工棚200余间。1941年，福州沦陷，日本人在台江象园头建"串窑"烧制黏土砖，福州开始有红砖生产，但仍为手工制砖。1920年，爱国华侨陈嘉庚在龙溪县创建机械砖厂，生产机制红砖③。1931年，漳州龙海有砖瓦窑近百家，从业人员1400人。1924年，华侨杜纪真创办福建洋灰砖瓦厂，从德国购进2台制瓦机械，在鼓浪屿开设工场。后来厦门造船厂以德国进口制瓦机仿制，年产水泥瓦30万片，此后创办的振兴砖瓦厂、中南砖瓦厂和国建砖瓦厂均为购买仿制的制瓦机④。

江西：1918年，南昌思明机制砖瓦厂创办，江西的砖瓦制造由手工开始向机械化生产迈进。1930年代，南昌四美机制砖瓦厂创建时从德国购进1台制砖机和1台制瓦机，建成18门轮窑1座，日产砖1.2万块、瓦0.3万片。至1945年，南昌市有机制砖瓦厂10多家，规模较大的有建泰、永安、三星等，青砖年产量可达650万块，另可产大小条砖520万块⑤。

甘肃（玉门）：据《甘肃之工业》记载，1944年兰州地区有私营砖瓦手工窑场50余家，规模最大者资本不足4万元，年产手工青砖50余万块。1946年，国民政府资源委员会玉门油矿长城公司土木科在今玉门市北坪一村东岗西侧建成土窑8座，手工生产青砖，以油矿遗漏原油及炼油厂的渣油、沥青做燃料，生产规模很小，其名为玉门油矿长城公司土木科砖窑股，系当时甘肃唯一的官办砖瓦窑业⑥。

广西（桂林、南宁）：1949年前，广西黏土砖瓦生产工艺技术从挖泥、炼泥、制坯、晒

---

① 安徽省地方志编纂委员会. 安徽省志：建材工业志[C]. 合肥：安徽人民出版社, 1996.
② 湖南省地方志编纂委员会. 湖南省志（第九卷）：工业矿产志：建材工业[C]. 长沙：湖南科学技术出版社, 1993.
③ 福州市地方志编纂委员会. 福州市志[M]. 北京：中国文史出版社, 2017.
④ 厦门地方志编纂委员会. 厦门市志[M]. 北京：方志出版社, 2004.
⑤ 江西省地方志编纂委员. 江西省志：江西省建筑材料工业志[M]. 北京：方志出版社, 2000.
⑥ 甘肃省《建材工业志》编委会. 甘肃省志：第三十四卷：建材工业志[M]. 兰州：甘肃人民出版社, 1993.

干、装窑、烧窑到出窑，全部依靠人畜。1937年，南宁有300多家烧制青砖瓦的土窑作坊，年产青砖480万块左右。1940年，湘桂铁路企业部砖瓦厂在桂林建立，随后桂林砖瓦业逐步兴盛起来，专事制砖瓦的作坊有100多户，月产青砖300万块。不久，砖瓦厂应运而生，计有1家公营和3家民营砖瓦厂。而广西各地城乡，包括南宁则一直到1949年12月解放，仍采用传统的古老方式烧制砖瓦。直至1951年，新建成投产的南宁市砖瓦厂、柳州市窑埠砖厂系采用上海生产的制砖机生产砖坯，其余为手工操作，初步实现半机械化生产[①]。

河南（郑州）：1935年，河南全省有68家砖瓦窑业，全部采用手工生产，年产量250万块。1936年，郑州"同合裕"商号在北郊关虎屯建"大同窑厂"，建设18门轮窑一座，制坯仍是手工制坯，除烧窑工人之外，其余全是临时工。

台湾：台湾在日据之前，所使用的砖瓦大部分来自福建闽南地区。日据后，大量日本人开设的制砖工厂出现。其中较为出名的有台湾炼瓦株式会社圆山工场和松山工场、台中工场、嘉义工场、高雄工场，松山机械炼瓦工场，赤山炼瓦株式会社六甲工场、新兴炼瓦工场等。1925年，台湾各地制砖厂数量为135家，到1938年数量接近翻了一番，已有258家，多数采用机械制砖[②]。

从上述各地有关近代机制砖瓦工厂的记载中，不难发现机制砖瓦工厂在中国各地基本都有分布。大量的机制砖瓦厂，仍然是集中在中国东部沿海城市，从东向西逐渐减少。最先出现机制砖瓦生产的也是在沿海开埠城市，各地实现机械化制砖的时间从清末一直延续到1949年后，时间跨度极长，一方面说明了各地制砖工业发展的不平衡，另一方面也能看出由于受经济及产业模式的影响，各地对于砖瓦的需求量也不一样，许多农业、畜牧业为主的地区，在砖瓦建材需求方面明显不及工业城市。重要砖瓦产地围绕建设活动活跃的地区分布，这些地区又与中国近代工厂的密集分布地区大量重合，这种重合应该有大部分来自工厂建设的需要。

中国的砖瓦制品历来存在这样一个做法：即成品上刻有铭文或图案。这些铭文或图案并非纯装饰作用，而是具有一定的辨识功能，用以区别产品的制造者、经营者或所有者。这些标识随着经济的发展和社会制度的改变，逐渐衍化成了后来的"商标"。中国近代社会处于传统的封建农业社会向近代工业社会转变的节点，彼时的建材工业也正在经历一个由手工劳作、小范围的自产自销模式向机器化大生产、跨区域商品化经营销售模式的转变时期，并伴随着管理制度、营销意识及行业身份意识等的转型。这些转变时期的特点，亦体现在近代砖瓦制品标识的变化上。

---

① 桂林市建筑材料工业总公司. 桂林市建筑工业志[Z]. 桂林：桂林市建筑材料工业总公司，1993.
② 关凯图. 台湾窑业公司之红砖事业概况[J]. 台湾营造界，1947，1（3）：28-30.

6.1.4 近代砖瓦标识演变

6.1.4.1 从"物勒工名"到"商标注册"的产品管理制度演变

1)"物勒工名"制度由来

"物勒工名"做法自古有之。

"商代、西周和春秋时期,贵族常常因某种值得炫耀的事而铸造铜器并在上面勒铭以示纪念。这种青铜器的铸造一般批量小,属于贵族个人或家族所有,铭文的特点或可称之为'物勒主名'。"[①] 春秋中叶以前,手工业生产受控于官府贵族,鲜有商品交换,故器物上刻印的是产品主人姓名,用以昭示所有权。

春秋中叶以后,生产力提高,手工业获得长足进步,商业因此发展迅速,此时出现"物勒工名"制度。《礼记·月令》中记载,孟冬之月,"命工师效功,……物勒工名,以考其诚,功有不当,必行其罪,以穷其情。"这种制度以秦国和三晋的兵器铸造最为成熟完善,规定产品上必须刻有监造者、主造者、制造者名字,形成了层层监管的产品质量保证机制。该时期砖瓦制品出现同样做法,并自此延续(图6-1-26)。这种做法不是一种自觉的权利行为,而是受制于官府(管理部门)的责任追究制度,初衷是为了保证产品质量。

随着商品经济的发展,产品变为商品,此时的工匠们意识到在产品上作标识,可以保障自己的优质成果不被仿冒,而公众亦能赖此辨别物品之优劣,商家(工匠)可获得更大的利益而赢得竞争。这就使得标识具有最初商标的功能,变成了一种宣传手段,也促成了商标的形成。原本无奈的被动之举竟变成了宣传自身产品的有效手段。

图6-1-26 刻有监造者和制造者名字的古砖

---

① 孙英伟. 商标起源考[J]. 知识产权,2011(3):80-86.

2)近代"商标注册"制度兴起

尽管"商标"在中国古代很早就已出现,但真正的商标制度,却是在近代才真正开始形成。中国近代商标的兴起是与资本主义输入一起产生的。中国近代商标注册制度的出现,缘于外国企业为了保护各自商品所谓的合法权,而通过外国使节要求清政府商部建立的。嗣后才有近代本土商标出现,当时较早开埠、经济发达的沿海地区,率先建立了近代工厂,企业为了产品的出口和防止产品被假冒,学习西方工厂在商品包装上印刷自家的商标。19世纪末至20世纪初,这一现象在广东、上海、天津等地已经非常普遍。1904年,清政府制定了《商标注册试办章程》。1923年,北洋政府颁布《商标法》。"商标"的出现有以下几个作用:识别商品来源,保证商品品质,竖立商品声誉,起广告宣传作用,并促进销售。商标成为企业的无形资产,由商标侵权引起的维权活动,也开始出现。

中国近代尤其是近代早期砖瓦制品上面的标识,依稀可见保留以前"物勒工名"这一做法,虽然该制度在民国时期不再像之前那么严苛,但仍具有一定约束性,起到"考其诚,验其实"的作用,譬如有些砖瓦产品的标识仍有"×××监造"字样(图6-1-27)。有些砖瓦专门为某项工程定制,为了强调工程的重要性或者起到纪念作用,会在砖瓦制品表面刻建筑工程名称,类似古代"物勒主名"做法,只不过不像某些器具如鼎一样,刻上主人的名称表明权属并资以炫耀,作为工程材料的砖瓦较多地变成了"物勒'项目'名",譬如建造同泽中学所用的"同泽"砖(图6-1-28)[①],以及于右任、戴季陶、杨虎城等人建设"西北农林专科学校"的"农专"砖(图6-1-29)。另有冯玉祥主豫时期的"中原"砖(图6-1-30),做法与古时"物勒地名"的做法相类,或许是为了标明该砖的产地。某些砖瓦上的标识仅仅为了纪年,而有些标识的作用比较复杂。譬如"江南机器局"砖(图6-1-31)和"汉阳铁厂"砖瓦(图6-1-32),这类砖瓦都是当时的官办工厂为了避免利润外流而自己创办砖瓦厂生产建材,起初是一种自产自销的模式,亦有保证工程质量的意愿在里面。后来随着生产扩大和技术的成熟,亦供应别的地方使用。这种做法是否还保有"物勒工名"制度下对产品的追责理念已不好判断,但却开始具有宣传产品质量、表明产权等意识。

及至后来,近代砖瓦生产由原来手工土法烧制、小规模自产自销向机械制砖、大规模生产、远程销售等转变。专门的砖瓦工厂的成立,加上近代海运、铁路运输等的发展,许多洋行、砖瓦生产公司在异地设立了营销部门和机构,砖瓦成品作为商品大范围流通,砖瓦制品上开始出现了真正意义上的商标。如西京新华砖瓦厂的红瓦上出现了英文的工厂名称,在这片刻有"南京鲁大洋瓦厂造"的红瓦上,不仅有"MANUFACTURER LUTA TILE

---

① 同泽中学是张学良为推行新政、培养人才,投资40万白银所兴建,以"同泽"为校名,取自诗经"岂曰无衣,与子同泽"。

图6-1-27 "民国三年观察朱监督"砖

图6-1-28 "同泽"砖

图6-1-29 "农专"砖

图6-1-30 "中原"砖

图6-1-31 "江南机器局"砖

图6-1-32 汉阳铁厂专用砖瓦

CONKING"[①],甚至还有"青天白日"商标,有些砖瓦上印有生产商的电话号码,活脱脱一副产品的广告。而中国北方近代著名的耐火砖生产企业——开滦矿务局,其名下耐火砖产品的标识变化,以及其商标维权的经过,则恰如其分地体现了上述这一有趣的转变过程。

3)开滦:典型商标案例演变

开滦砖最初是以"CALCO"为标志,这是该公司对外较早的商业标识。由于砖的质量好,在各地出现了仿冒的产品,如1912年在福州就曾出现同式样刻有"CALCO"的砖,1913年又在上海发现同样类似的事件,仿冒者竟然是名气不小的"瑞和砖瓦公司"。事件发生后,开滦矿务局呈请农商部给予保护。同时决定弃用"CALCO"标志,换成"KMA"(开滦矿务局)的新商标,还在砖的上下沿刻有小号字母"SPECIAL"(特等)和"FIRECLAY"(耐火砖)。这算是中国近代较早的商标维权的纠纷,并最终导致原厂家更换商标。始料未及的是,更换商标后并未能杜绝此类现象,反而有愈演愈烈的趋势,不仅是外埠公司仿冒,本地有些小型的砖瓦窑厂,也偷偷在自家生产的砖上印上"KMA"的字样,以次充好。对

---

① 近代不少砖瓦制品上出现的英文地名、厂名的拼写方式,往往都是用威妥玛拼音或者是邮政式拼音,有的甚至采用的是方言读音系统,如"新华"的拼写为"SHING HWA"、"鲁大"拼写为"LUTA"、"汉冶萍"拼写为"HAN YEH PING"。这种拼写方式出现在砖瓦制品上,从某个侧面也反映了当时中西方交流过程中的有趣的文化现象。

此，开滦矿务局进行了搜证等工作，并通过同行协会迫使这些窑厂立据认罪。1930年，开滦向南京政府申报注册商标，由工商部商标局下达商标审定书。同年9月，南京政府商标局下发的第2997号令，准予开滦矿务局申请的"双环"及"KMA"商标正式注册。至新中国成立后，开滦向中央私营企业局申请商标注册，因新条例规定：凡用外国文字作为商标的，不得作为商标申请注册（运销国外或由国外进口的商品不在此限），故"KMA"商标不能注册。开滦用繁体"開灤"二字代替了原来的"KMA"商标，后来又变成简体"开滦"二字，改名马家沟砖厂后，又出现"唐耐"、"马耐"的注册样式。与作为开滦耐火砖代表的"象牌"砖同时期出现的标志还有好几种，也都经过精心设计（图6-1-33）[①]。

6.1.4.2 从"单一文字"到"图文并茂"的商标设计理念演变

商标从出现到盛行，除了本身的社会和经济意义外，对产品本身的外观形象也有一定的提升作用。这种提升又因为产品外观设计理念的引入而变得更明显。中国近代商标的设计，在时代剧变面前呈现出丰富多彩的特点，其改变不仅仅体现在设计表现形式上，诸如字体设计、图形设计、色彩设计的改变，还反映到设计要素的选择等诸多方面的内容。基于诸多限制因素，中国近代砖瓦制品上的标识设计不若其他产品的商标，有着如此众多的表现形式，但仍然独具特色，试将其中一部分分析整理如下。

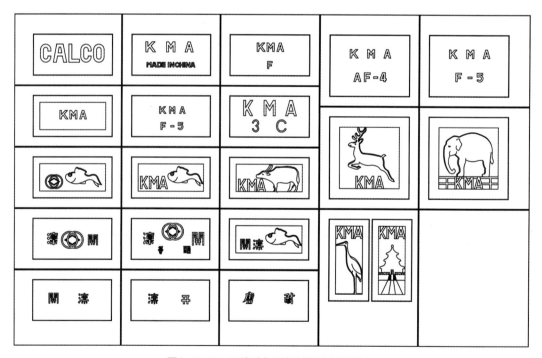

图6-1-33 开滦矿务局各时期砖制品标志

---

① 冀东集藏. 异彩纷呈唐山老砖[EB/OL]. [2014-12-12]. http://blog.sina.com.cn/u/3244032580.

1）汉字及汉字变形

这种标识简练明确，一目了然，但缺少现代商标的设计感，除去在汉字内容选择上的意义外，基本属于最原初、最简单的方式。有些汉字标识是工匠随手所为，配合砖瓦产品的形象，十分拙朴；有些则为名人题字，如前文所提及的"农专"砖，为民国大书法家于右任的手笔，丰腴疏朗独具一格，加之北魏书体又属碑帖一类，同样符合砖瓦制品坚实的外观，已成为当下收藏者的钟爱之物。另有一类汉字标识采用传统书写习惯，借鉴书法、篆刻的形式，经过加工变化而成。这种做法也比较古老，中国自古就有类似的传统，特别是以篆书为主的金石文化，经常出现在如画像砖、画像石等物品上，篆书的形式法则、造型规律，作为砖瓦制品的标识来说，应该是不二之选。

2）数字和英文字母

此时正值西方文化传入，使用拼音字母或者英文单词，具有新潮的意味，同时寄希望国际化的商标能够树立国际化的品牌，打破原来的地域性，建立品牌的广度和高度。标识上的英文字母一般为砖瓦制品公司英文名称或拼音名称的缩写，如"C.S"（振苏），"KMA"（开滦矿务局）等，皆属于此类。由于具有国际化推广的任务，出现"made in china"等字眼，如开滦马家沟砖厂生产的缸砖。这应该是外销砖的最直接有利的证明，这些砖远销到西伯利亚、美国、菲律宾等国家和地区。据某些学者研究，这也是中国最早使用的"MADE IN CHINA"的英文标识，是研究中国近代工业产品对外出口贸易的重要实物资料。这类标识因为英文字母本身笔画少，图面构成比之汉字更为简洁清晰，此外由于字体本身在构成上更容易形成整体，作为刻印的标识性自然更明显。数字和单个英文字母的出现有时是为了表明砖瓦的等级或者型号规格，却正好说明了由于大规模机械生产的兴起，对于产品规格多样化和质量提高所产生的影响。

3）符号与图案图形

中国近代砖瓦制品标识对于符号的使用，绝大部分仍然承袭古代砖瓦中对于传统图案的使用，比如一些带有吉祥、祈福寓意的图案，这类图案更多地出现在手工制作的传统砖瓦上。比起直接使用传统符号，有些标识采用更为抽象的方式，通过对某些现实形象的简化，同时借助夸张、变形等手段提炼，故而此时的标识设计，具有一种从具象到抽象、从传统到现代过渡的特点，也融进了很多西方的观念。对于图案的使用，以圆形居多，前文所述的汉字变形为艺术字的处理方式，也大多偏好圆形的图案，概圆形图案给人以圆润、饱满的感觉，契合中国人圆通、和乐的性格，用作标识又有圆满等寓意，所以其使用率较高。使用较多的还有三角形和星形图案，三角形外观给人以稳固、坚定的感觉，出现较多的三角形标识有异于传统的使用习惯，但恰恰说明了这时西方审美等观念的慢慢渗入。另外，此时社会动荡，民主、自由等观念深入人心，推崇革命解决社会问题的人不在少数，这种风潮同样兴起于商界，因此采用星形、盾形等图案者亦颇具规模。

4）图文并茂（综合）

这是近代砖瓦制品标识中较多见且商品的各类信息较为完整的一种形式。图形、汉字、字母、数字混合使用，相得益彰。图形的识别性明显，一般成为构图中心，多为厂家产品的商标，汉字、字母、数字各有作用：汉字提示生产厂家，英文数字和字母表明产品等级和型号。这样的砖瓦标识，一般在近代晚期出现，商家已经具有较强的商品广告意识，所以在图案图形的设计上比前期更具有艺术性，也引入了更多丰富而有趣的图案，诸如动物形象、著名的建筑物等（图6-1-34）。

上述几种分类，并不能囊括中国近代砖瓦标识的所有特点，随着设计意识的提高和商标保护意识的增强，各砖瓦公司对于产品上的标识也一直在进行改进，推陈出新的原因不仅出于对产品外观形象等的重视，有时候也是出于对仿冒产品的一种应对。值得一提的是，这些标识设计在传承中国文化的基础上，吸取西方现代文化思想，尽管有时候也折中和妥协，却鲜明地展示了从传统的艺术形式向西方现代视觉设计的转变。而社会的转型导致的意识的转型，也直观而清晰地反映在这些砖瓦制品标识的变化上。

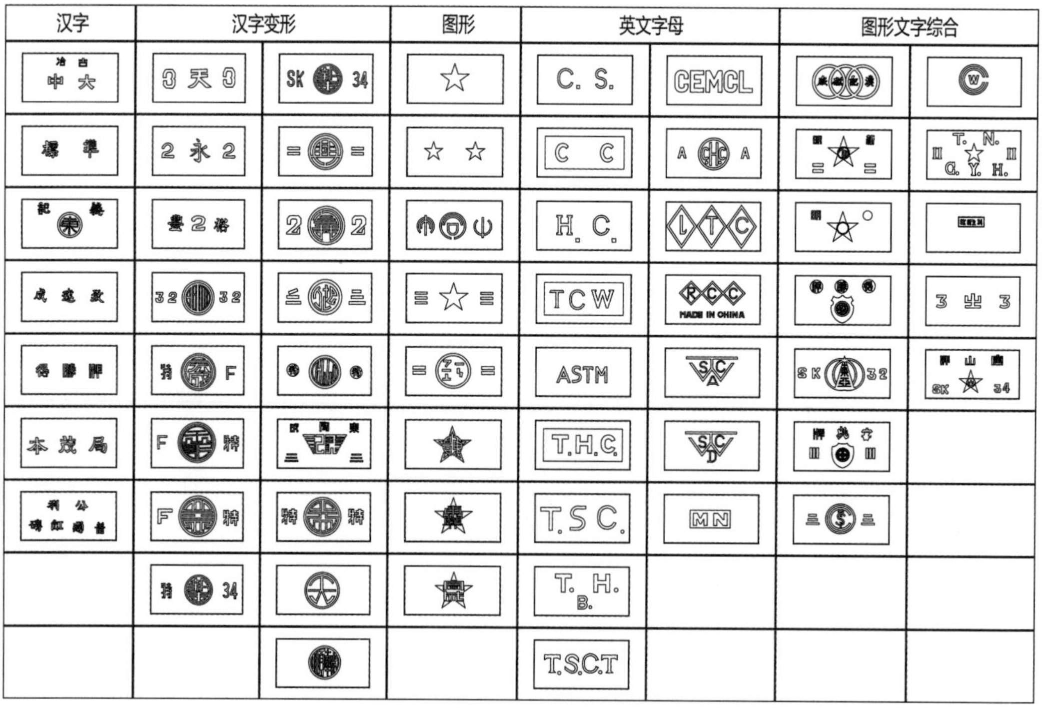

图6-1-34 近代时期部分砖制品标志

6.1.4.3 结语

中国近代砖瓦制品标识初期采用的内容，仍然是深受旧时官匠制度影响，如上文提及的"江南机器局"砖、"汉阳铁厂"专用砖瓦，其生产体制仍然是官府主导的模式，与旧式的官营手工工场的差别仅仅在于引入了机器大生产的物质条件，在经营观念等方面却未有本质上的改变，故而砖瓦制品铭刻标识初衷仍然是对于工匠们必须遵循法规条例的提醒——因其仍然是出于保证质量的目的。嗣后出现的如"开滦"、"振苏"等砖瓦生产厂家，鼓励技术创新，力图增加产品品种，提高产品品质，创出自身品牌，所以其产品本身的标识，开始出现了砖瓦制品品种、等级分类等信息。厂家为控制质量亦设产品检测员等，对工人的成果进行检查，并据此发放酬劳和奖金。尽管监督机制貌似相同，但工人在生产过程中的主体意识增强，积极性被激发，有利于产品质量提高。有些产品标识上的内容，亦是砖瓦经营者或使用者理想和抱负的反映，如"实业"砖、"得胜"砖等。彼时洋货大量涌入，国人喜之，对国货造成极大冲击。为了提高国货质量，防止银钱外流，不管是官方和民间，士大夫阶层还是工匠阶层，都开始提倡"实业兴国"，着力于国货质量的提高。为达到这一目的，中国的砖瓦制造者积极向西方学习，求其法、师其技，向外派遣人员学习技术（例如上海泰山砖瓦公司），聘请洋人作为工厂技师（如上海华大砖瓦厂），并逐步由原来的鄙薄技术转变为推崇技术革新的风气，这种风潮自然也会体现在砖瓦制品的标识上。对于这些砖瓦制品标识的研究，将有助于我们了解当时的社会经济形态、意识形态，而对于这些"标识"的归纳、整理和确定，建立砖瓦制品标识各时期的档案，有助于对近代建筑建造年代等的判断，有助于当下的近代建筑价值认定、保护和修复工作的顺利进行。

6.2 中国近代早期工业建筑厂房木屋架技术发展研究

6.2.1 中西木屋架技术差异——基于力学原理的形式差异

近代随着西洋建筑技术的传入，有别于中国传统木屋架结构体系的西式木屋架传入中国。该类木屋架与中国传统木屋架存在较大差异，有学者[①]概括为"檩式屋架"（purlin roof）与"弦式屋架"（spar roof）之别，具体体现在力学原理、构造形态和施工做法等方面。

（1）力学原理：以中国传统屋架体系为代表的檩屋架形式，不论是穿斗式还是抬梁式，

---

① 张锳绪. 建筑新法[M]. 北京：商务印书馆，1910：21-27.

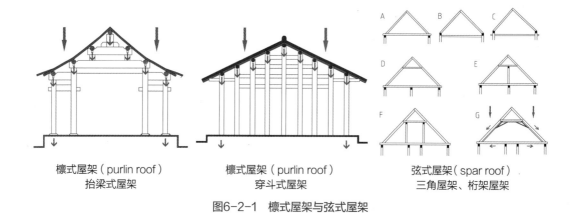

图6-2-1 檩式屋架与弦式屋架

檩条是其主要的结构构件，椽子相对比较次要，其结构特性是以垂直杆件将所承载的重量由上而下传递；而弦屋架即我们所谓的三角形屋架，最主要的持力构件是两根上弦杆，起拉结作用的下弦杆将两根上弦杆联系在一起，与拱结构的受力原理一样，在抵抗侧向力及获得大跨度需求方面更具优势（图6-2-1）。从受力的角度分析，檩屋架结构属于更原始的屋架形式，弦屋架更成熟一些，代表较先进的建筑技术水平。

（2）构造形态：在构造做法上，檩屋架通过渐次收短的横向构件（梁）支撑竖向构件，斗栱等也简支搁置在柱头上，梁头伸入斗栱，交接处做榫卯连接，采用的是同一种材料通过本身的细部变化进行的组合。中国传统檩屋架加工制作方式是适应手工操作的，在木材资源比较充足的时代，其做法多把整块的木料加工成小构件，尽管也曾因为木材短缺而采用小木料拼接成大构件的方式，但仅为应急的权宜之策，始终未形成主流规模。构件断面大小尺寸的确定是通过经验试错等积累得来的，同样具有科学性并符合力学原理。而西方弦式木屋架通过桁架搁置在墙体上，屋架各构件之间尽管也互相咬接，但结合处多借助其他连接构件，如螺栓、铆钉等，弦屋架可以利用较小尺寸的构件通过拼合成为较大构件，满足大跨度等要求。该屋架形式在传入中国之前已有相应的力学原理方面的研究。

（3）施工做法：由于结构和构造关系的不同，两种木屋架体系施工过程亦不尽相同。中国传统檩屋架在施工时基本由木匠独立完成，重要构件现场施工完成较多，施工顺序是从下往上一层一层叠搭上去，同样亦可一层一层地落架下来，涉及大型机械吊装的工序几乎没有。而弦屋架则是一榀一榀地在地面上组装好，而后吊装上去，并通过纵向斜撑和檩条、桁条等组合成整个屋架。因此弦屋架施工程序经常涉及大型屋架的吊装，但其加工技术相对简单，材料的来源更为广泛，利用金属连接件拼装小型构件达到大跨度要求的做法更适合现代化的施工方式。

中国最早使用这种结构体系的建筑类型主要为教堂和工业建筑，这两类建筑均是中国近代早期新出现的，亦是与西方关系最为密切的建筑类型。教堂建筑传入时期更早[①]，关于这类建筑的研究相对较多，遗存不少。教堂建筑属于西方传教士引入，而厂房建筑则是洋务派建设，是一种主动学习的状态。若论西化的直接程度，也不比工业厂房——毕竟其受政治、宗教等观念的干扰太甚，在形式与外观上经常呈现出更为折中和模糊的状态[②]。在陈伯超的研究中，曾将"力学在建筑中的具体应用，钢筋混凝土材料及其技术的引进，建筑设施与设备的近代化，建筑功能的专一性与多样性，工业建筑的出现与发展"[③]等特点归纳为沈阳建筑的近代化特征，这些特征同样亦可作为中国早期建筑近代化的写照，早期中国工业厂房建设体现了这些特征中的大多数。

作为最早使用西式木屋架的建筑类型，尽管近代早期工业厂房遗存实物不多，对于其结构、构造技术发展的考察，可以大致判断当时工业建筑营造技术水准，也能从另一个侧面反映当时整体建筑建造水平，亦折射出彼时社会整体对于新技术及近代化的认识与态度。过往研究中，学者们对于西式木屋架技术的关注并不少见，因为在论述各地区建筑近代化或建筑技术的发展过程中，基本都要面对屋架结构技术改变等问题。这些问题由于各地经济、社会等发展不平衡而呈现出时间上重叠和空间上交错，加之各地区案例研究的散佚状态，经常无法全面而系统地探究其基本的规律和发展趋势。尝试在这些案例的基础上进行分类，并结合当时的技术水平进行分析，或许能够了解西式木屋架在中国近代社会中应用之诸多表现，但需要寻求一个合适的切入方法。而作为当时较为系统而全面地向中国社会介绍西方近代建筑技术的专业书籍——《建筑新法》一书基本反映当时较为先进的建筑技术水平，在此书的基础上按图索骥去寻找书中案例及技术在中国近代早期工业厂房中的应用，尽管有以偏概全之嫌，却能够更具目的性与可实施性，此为研究切入点。

6.2.2 知识的引介与普及——《建筑新法》及书中所载木屋架类型

近代随着中西文化交流的频繁，开始出现一批具有专业技术知识的建筑技术人员，他们或从外国留学归来，受过专业建筑技术培训，或是长期从事工程实践的专业人员，在与外国工程师的合作中积累了丰富的实践经验。为了向当时的国人传授西方近代建筑学理论，并去除建筑建造方面盲目模仿、不得其法的弊端，这些人开始编著和出版建筑技术方面相关的书籍。而这些著作中，成书较早并具有代表性的，当属《建筑新法》（图6-2-2）。

---

① 教堂对于西式木屋架的引入和使用，较之工厂建筑来得更早。在李海清《中国建筑现代转型》一书中，就提及始建于1587年、重建于1828年的澳门圣玫瑰堂（S.Domings Church）的木屋架。这个时间远比中国近代第一个工厂的建立时间来得早。如果以柯拜船坞作为中国第一个工业建筑，其出现时间为1845年。
② 刘妍，董豫赣. 看不见的构架——德语区木构屋架历史研究与案例（讲座记录）[EB/OL]. [2018-05-07]. http://www.treemode.com/theory/culture/206.html.
③ 陈伯超. 沈阳建筑近代化的标志性特征[J]. 建筑师，2011（06）：82-87.

图6-2-2 《建筑新法》书样

《建筑新法》成书于1910年，为张锳绪①所著，并由其学生孙嘉禧绘制插图。全书共两卷，第一卷总论，涉及当时建筑物各部分设计原理及构造做法；第二卷分论，介绍建筑各相关工种，并分建筑类型介绍设计原理及要点。该书第一卷第二章"木工"一节中，详细地介绍了西式木屋架的基本类型、设计原理及相关构造要点②。

书中提到了八种西式木屋架类型，并对每种木屋架名称、适用跨度，各屋架在不同跨度下构件的尺寸、使用木材等都有说明（表6-2-1）。不仅如此，本着"建筑是科学"的观念，作者还借助公式计算、构造详图等，科学严谨地定量说明，涉及不少关于力学的计算。或许是由于当时力学知识的局限或者其见闻问题，对于屋架的分类有些过于繁复甚至出现交叉分类的情况，如"兼用铁活之柁架"应属钢木屋架。以力学知识体系来看，本质上却只有两种或三种——单柱柁架和双柱柁架（即今所指的三角形屋架和梯形屋架）——至多再加一类混合式屋架，其他几类都是根据实际情况而做的变化，如依据屋顶造型需要所做的外部形状的改变。

---

① 张锳绪，字执中，1876年生于天津。1893年入北洋水师学堂，1899年春赴日本留学，入日华学堂。同年秋，升入东京帝国大学，学习工科机械专业，1902年夏毕业，获优等专科文凭，随后在日本工厂实习。1902年冬回国任平江金矿局总工程师。1904年夏任保定师范学堂总斋长兼教习。1905年7月14日经殿试及第，得进士出身，分商部任主事，曾在北京、保定等处监理工程。1910年春，在农工商部高等实业学堂教授建筑工程，同年参与北京资政院工程，著《建筑新法》。

② 该书第3章第5节论述直接与近代工厂（工场）相关，但由于认识等问题实际上只提到了工厂的一些基本的概念，并具体列举了两个英国的工厂建筑的平面布局，而将稍大的篇幅用于介绍工厂烟囱的建设与设计。

《建筑新法》中关于屋架尺寸的介绍　　　　　　　　表6-2-1

屋架名称	适用进深	柁/梁	支柱		大权	小权	横梁
			大双柱	小双柱			
单柱柁架	6.0米（20呎）	22.9×10.2 9×4（吋）	10.2×10.2 4×4（吋）		10.2×10.2 4×4（吋）	10.2×7.6 4×3（吋）	—
	7.5米（25呎）	25.4×12.7 10×5（吋）	12.7×12.7 5×5（吋）		12.7×10.2 5×4（吋）	12.7×7.6 5×3（吋）	—
	9米（30呎）	27.9×15.2 11×6（吋）	15.2×15.2 6×6（吋）		15.2×10.2 6×4（吋）	15.2×7.6 6×3（吋）	—
双柱柁架	10.5米（35呎）	27.9×10.2 11×4（吋）	10.2×10.2 4×4（吋）		12.7×10.2 5×4（吋）	10.2×5.1 4×2（吋）	17.8×10.2 7×4（吋）
	12米（40呎）	30.5×12.7 12×5（吋）	12.7×12.7 5×5（吋）		12.7×12.7 5×5（吋）	12.7×6.4 5×2.5（吋）	17.8×12.7 7×5（吋）
	13.5米（45呎）	33.0×15.2 13×6（吋）	15.2×15.2 6×6（吋）		15.2×12.7 6×5（吋）	12.7×7.6 5×3（吋）	17.8×15.2 7×6（吋）
四支柱柁架	15米（50呎）	33.0×20.3 13×8（吋）	20.3×20.3 8×8（吋）	20.3×10.2 8×4（吋）	20.3×15.2 8×6（吋）	12.7×7.6 5×3（吋）	22.9×15.2 9×6（吋）
	16.5米（55呎）	35.6×22.9 14×9（吋）	22.9×20.3 9×8（吋）	22.9×10.2 9×4（吋）	20.3×17.8 8×7（吋）	14.0×7.6 5.5×3（吋）	25.4×15.2 10×6（吋）
	18米（60呎）	38.1×25.4 15×10（吋）	25.4×20.3 10×8（吋）	25.4×10.2 10×4（吋）	20.3×20.3 8×8（吋）	15.2×7.6 6×3（吋）	27.9×15.2 11×6（吋）

注：凡进深＞18米（60呎）使用兼用铁活柁架，表中除注明尺寸以外，其余单位皆为厘米。

这些屋架类型的应用在国内遗存的近代建筑中都能见到，或者是基于其基本原型的变形（附录附表1），中国近代工厂木屋架使用书中所载前四类者尤多。作为特殊的建筑类型，对于跨度和采光等有特殊需求，西式木屋架正好迎合了此需求。这种屋架用料少、结构力学性能合理、建造速度快，随着当时大量工厂的建设，也迅速得到普及。《建筑新法》成书时间较早，其作用不言而喻，对于普及基本建筑学知识，指导一般的工程建设，起到了重要的推动作用。关于该书及其作者张锳绪的研究，之前如赖德霖、徐苏斌以及李海清三位学者都有过重要成果。近年来又有台湾学者对于日治时期台湾地区西式木屋架的调查研究，并整理日本相关的建筑构造专书，可作为该书的一个重要的比较和参照。如林泽升在其论文中提到坂本雄造著，成书于1908年《建筑学全》一书；田中丰太郎[①]所编，成书于1913年的《和洋建筑工事仕样设计实例（上）》一书；木桧恕一著，成书于1917年的《和洋建筑设计制图》一书，都是该时期日本及台湾地区重要的建筑学专业书籍。这三本书与《建筑新法》成书年代

---

① 中村达太郎，1882年毕业于工部大学（今东京大学）造家学科。成书于1888年时作者任教于帝国大学（今东京大学）。1904年又出版《工业学校建筑教授耀目》，时任东京大学教授，该书为文部省实业学务局委托其编撰。

接近，当然还有诸如中村达太郎编写的《日本建筑词典》等。与上述日文书籍相比，《建筑新法》一书成书时间仍算较早。诚然，张锳绪的建筑学知识亦来自其留学日本东京帝国大学的经历，故而在知识体系方面，与日本同属一脉。关于这点，徐苏斌在其论著《近代中国建筑学的诞生》中有详尽的比较和论述，兹不赘述。值得一提的是，张锳绪在《建筑新法》中对八个类型木屋架的分类和介绍，非常清晰地体现了其师学与传承，这些木屋架的样式在当时的日本教科书中都能找到相对应的原型（仅第五类高顶柁架因本研究资料所限尚未找到匹配样式，以台南地方法院圆顶屋架为接近），特别是书中所绘的插图，从图像本身角度仔细分析，也具有极高的相似度。

随着受众不同和环境改变，张锳绪在书中所述也有相对变化。譬如书中对于计算的各种简化，应该是基于对阅读人群知识构成的考虑，也不排除受中国传统建造思维的影响。此外还包括各种中国本土做法的介绍，以及结合中国国情所做的解释。至1920年左右，中国本土成长的工程师葛尚宣，将自身所学知识与实践经验相结合，编写了《建筑图案》一书，后来唐英、王寿宝于1936年出版《房屋构造学》一书，1935年开始杜彦耿在《建筑月刊》上系统介绍建筑学基本知识。这些著作的出现，较之《建筑新法》已经晚了许多，且唐英的著作在编写体系上与《建筑新法》亦有相同之处。故而《建筑新法》作为近代一部介绍建筑专业知识的著作，在近代建筑史上具有非常重要的研究价值。

6.2.3 名称反映认知——西式木屋架及各构件名称演变

西式木屋架传入中国的确切时间尚有待考证，但有一点能够明确的是，在东亚各国中是较早的，其应用的初始阶段仅是形式的模仿。日本在1850～1870年间开始将西式三角桁架技术导入本国，同样也从模仿开始。直至1877年工部大学造家学科设置后，将拱形及桁架等构造系统的力学原理引入日本，才开始真正理解力学原理等概念。这一点上，中国反而是落后的，或许与中国传统建筑营造体系重实用而轻原理的思维习惯不无关系。日本在其对台湾地区的殖民时期，又将西式木屋架技术进一步引入台湾地区，尽管之前台湾地区已经存在不少采用西式木屋架建筑的房屋，但其真正兴盛是在日本殖民时期。中国的东三省亦出现类似的情况，在早期的西式木屋架的应用中，往往是受当时的俄国建筑的影响，后来的兴盛普及也是在日本的殖民统治时期。

随着对西式木屋架技术研究的深入，以及其在中国各地的广泛应用，西式木屋架不仅仅经历形式和技术方面的演变，也伴随着名称叫法的变化。为便于进一步研究，以张锳绪在《建筑新法》一书中提及的西式木屋架的名称为基础，通过对中国近代几本较有影响力的建筑学书籍如唐英等《建筑构造学》、盛承彦《建筑构造浅析》的比对，结合林泽升《台湾日治时期洋式木屋架构造应用发展之研究》、蔡侑桦《由台湾总督府公文档案探究日治时期西式木屋架构造之发展历程》二文中整理的资料，并以现行建筑学构造书籍的规范称呼，将各种形式的西式木屋架的名称整理成表格以方便进行对照研究（表6-2-2、附录附表2）。

各屋架形式名称对照　　　　　　　　　　　　　　　表6-2-2

《建筑新法》名称	无对应	单柱柁架	双柱柁架	四柱柁架	兼用铁活之柁架	高顶柁架	增高房顶及难得长木时柁架	内部房顶见圆形之柁架	柁上设楼存储物品时之柁架	无对应
日文名称	单式小屋	真束小屋栋束小屋	对束小屋忤束小屋	对束小屋忤束小屋	木铁合成小屋	折上小屋	折上小屋	塔屋屋窗圆顶	腰折小屋	妻小屋
	片流小屋									
台湾地区名称	单斜式屋架	中柱式桁架	偶柱式桁架	偶柱式桁架	无对应	无对应	无对应	无对应	复斜式桁架	戗角式桁架
英文名称	Single pitch roof	King post truss	Queen post truss	Queen post truss	Compound roof truss	Gothic roof	Gothic roof	Tower Dormer window	Mansard roof truss	Square hipped roof truss

从表中可见，在西式木屋架使用全盛时期或者使用较广的地区，其名称叫法多样，对于各种结构构件、构造节点的分类也更为详细。早期的叫法和后期称呼的变化，也能够看出在该过程中，传统观念的逐渐改变：如《建筑新法》一书将屋架称之为"柁架"——"柁"原指的是房架前后两个柱子之间的大横梁，其认识仍然是中国传统建筑体系的思维，因为架在柱子上的这个横木，是主要的受力构件，承受由上部荷载而引起的弯曲变形，与西式的木屋架的整体受力方式具有本质的区别。及至后来称之为"吊架"已大体能够反映其基本的受力特征。吊架为自上将下部吊起，为区别于"支架"的自下而上支撑，这是对受力性能理解后而产生的称呼。

需要特别指出的是"权木"这个构件，其出现基本可以解释为异于中国传统檩式屋架的新屋架体系的出现。概中国传统屋架结构构件中，少有斜向向上的构件——叉手算是例外，但其实际上是一对人字形的支撑，属于加强稳定的附属构件，而权木作为三角形屋架的重要受力构件，其轴心受压，与整个桁架体系共同受力。尽管在应县木塔结构构件中，亦有类似的构件出现，但实际上仍多数属于起到支撑稳固的附属构件，与权木所受的轴力有明显的区别（图6-2-3）。后期材料发展，出现钢木屋架、钢筋混凝土屋架后，承受压力的权木就采用受压性能较好的木头或混凝土，承受拉力的构件"立人"就采用受拉性能较好的钢筋，从外观使用上就很直观地体现了屋架的受力特征。

此外，关于各地区对于木屋架及其构件的名称的研究，或许亦能梳理技术传播途径和技术传承的脉络。从表格中可以看出，在1949年之前的技术体系中，对于三角形木屋架、梯

| 叉手 | 应县木塔支撑构件 | 西式木屋架"杈木" |

图6-2-3 传统木屋架"叉手"与西式木屋架"杈木"

形木屋架的称呼分别为正同柱屋架、副同柱屋架,最长的竖杆称之为中柱、主柱等。这些称谓被台湾地区沿用下来,而大陆地区则在接受了别的技术体系和观念后,彻底改变了称呼,在1954年版的《房屋构造学》一书中已经以三角形屋架、梯形屋架的称呼替代,出现了中竖杆、上弦杆、下弦杆等更具现代性和力学知识的称呼。

6.2.4 需求引发变革——工厂建筑西式木屋架的应用概况

工厂中的厂房和仓库,在传统中国建筑体系中基本无相应的建筑类型,在造型和观念上,可以摆脱中国传统建筑观念的束缚。工厂建筑又以实用和高效为先,现代性的生产流线对其使用空间提出了特殊要求,无论是在跨度上还是在高度上,都必须有足够的保障。故而尽管早期率先使用西式木屋架的建筑类型并不止于厂房建筑(这点上文已提及),但真正大规模大范围使用却集中在厂房及仓库这一类建筑中。

通过对调研所得1860～1949年这一时期的近200栋有明确结构记载的厂房建筑进行分析,可以发现在1900年之前,厂房建筑以砖(石)木结构为主要类型。这种结构体系以砖墙或石墙混合承重,屋顶使用的是木梁板和木屋架,木桁架此时也得到广泛的运用。这种结构形式也是该时期西方常见的工厂建筑结构形式,在当时西方的世界中普遍被采用(图6-2-4)。在第一次工业革命前,尽管钢铁结构已经出现,但并未得到广泛的使用和传播。因为铸铁结

图6-2-4 19世纪末国外工厂建筑结构内景

构的厂房技术还尚未成熟，很多早期建设的厂房虽然在防火性能等方面有一定的优势，但受梁柱断面形式等影响，厂房的结构不够坚固。直至19世纪30年代，英国的伊顿·霍奇金森（Eaton Hodgkinson）发明了带有翼缘的铁梁，铸铁结构才开始广泛传播。

前述曾提及，中国近代工业建筑在1840年左右才开始萌芽并逐步建设。在这一时期，不管是外资工厂还是洋务派创设的官办工厂，建设时候采用的基本都是砖（石）木结构形式的厂房。因为建设者和设计人员大多为非建筑专业人员，为稳妥起见采用技术成熟、习惯常用的主体结构、屋顶结构及装修做法，是早期工业厂房得以建设的保障。如早期机器局所建设的厂房，多为单层的木结构建筑，少数（局部）的办公和辅助用房采用多层建筑。江南机器制造局遗存影像资料显示，包括机器厂在内的大部分厂房，为砖木混合结构的厂房。金陵机器局尽管遗存不多，但通过遗存的建筑仍可以得知当时的主要厂房采用的即是砖墙承重，西式木屋架体系。同样的案例还有遗存至今的福州船政局轮机车间，以及当时大量的图片资料，证明福州船政局早期的厂房形式亦是采用此结构做法。其他机器局早期厂房的建设做法上亦有众多类似地方，不一一展开。

外商投资的工厂情况亦然，1862年英商投资的上海自来火房、1884年建造的上海祥泰木行、1895年建造的老怡和纱厂都采用了砖木混合结构。此外还出现了众多的多层工业建筑，这些多层工业建筑外墙采用砖墙承重，为加强墙体结构的整体性和稳定性，多设置通高墙墩支撑上部木屋架。内部则由木柱承重，通过密肋木梁支撑木楼板。较典型的案例如英商在1865年建设的上海耶松船厂、俄商在1874年建设的湖北阜昌砖茶厂等。

早期民族企业工厂在建设上往往面临资金来源等众多的问题，一般规模不大，厂房也较为简陋，有些早期厂房甚至由小作坊式的民宅等进行改建，因此也多为砖木结构（图6-2-5）。

在上述众多的砖（石）木结构的房屋中，并非所有的都采用西式木屋架结构体系。特别是早期以民宅或者现有建筑改建的厂房中，其屋架结构形式很多采用的是中国式抬梁或者穿斗式木屋架。比较典型的如四川机器局老厂漂洗车间（图6-2-6～图6-2-8）。该建筑其中最大的两间为两进三开间和两进五开间，屋架采用的是传统的穿斗式木框架结构，屋顶有双坡

图6-2-5 刁家酒楼屋架内景

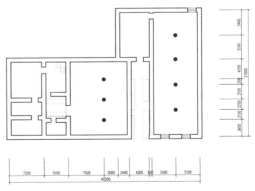

图6-2-6 四川机器局老厂漂洗车间平面图

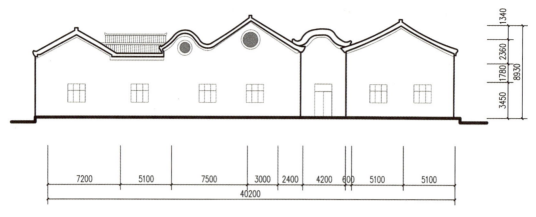

图6-2-7 四川机器局老厂漂洗车间立面图

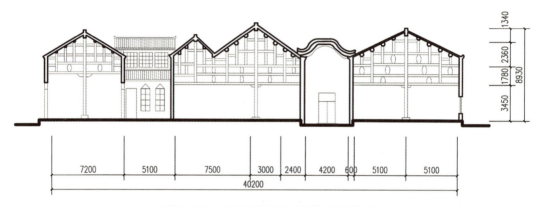

图6-2-8 四川机器局老厂漂洗车间剖面图

硬山顶、卷棚顶以及勾连搭的形式。但这种屋架形式仅占其中很小的一部分，因为尽管其在做法上尽力加大跨度，而实际远远满足不了现代工厂生产工艺对于厂房建筑的空间要求。所以在很短的时间内，就被拥有跨度优势的西式木屋架所取代。

6.2.5 近代早期工业建筑木屋架技术应用

6.2.5.1 洋务运动中的机器制造局及兵工厂

中国近代工业始于军事工业，从第一个兵工厂——安庆内军械所[1]开始，至清末四大兵工厂的建立（江南机器制造局、金陵机器制造局、福建船政局、天津机器局），乃至后来的汉阳铁厂、汉阳兵工厂，各省纷纷设厂制造新式的兵器。这些工厂基本都是当时各省各地区最早出现、最具代表性的西式建筑的案例，具有相当高的技术水准。

---

[1] 安庆内军械所又称"安庆军械所"，一直以来被学界认定为中国第一个军工企业，洋务派创办的第一个工厂，亦有学者持不同意见。

6.2.5.2　江南机器制造局枪子南厂等——技术引入初期的谨慎

江南机器制造局由于机器大部分都从外国购买，聘请的是外国技师，因此大部分的厂房设计任务亦由这些外国人承担。厂房的建设风格同样是中西杂糅，既有中式传统建筑的屋顶等样式，也有西式建筑的壁柱、线脚等元素。建筑大多为单层，砖木结构，外墙用的基本为当地的青砖，内部多采用木屋架、木柱等承重。时过境迁，其下设的七个分厂木工厂、熟铁厂、铸铁厂、机器厂、锅炉厂、枪厂、轮船厂建设的一大批的厂房建筑等均已无存。幸运的是，上海档案馆保存有当时江南机器制造局创办初期部分档案资料，90多卷文书和照片资料。这些详实地记述了江南机器制造局从查勘、购地、建厂直至上海兵工厂结束时的情形，其中不乏当时厂房及建筑的相关照片。几个主要的厂房，如炮厂、枪厂、机器厂不仅有建筑外观照片，还有内部场景及屋架结构、设备机器等的记录。辅助用房如办公大厅、局门、库房等亦有留存，弥足珍贵。

木屋架厂房：从遗存的照片观察，早期江南机器制造局的厂房结构形式以三角形木屋架、砖墙承重者居多。如枪厂、枪厂枪机房、机器正厂、枪子南厂机器房等（图6-2-9）。这些三角形木屋架跨度不大，但构件形式却极为粗大，特别是下弦杆的尺寸（没有详实图纸资料，从旁边参考物件推论）已经超过正常三角木屋架在该跨度下的一般尺寸，其构件断面形式更加接近于正方形，腹杆和斜撑的尺寸也相对较大，对于铸铁连接构件等使用不多，凸显早期木屋架构件的使用特点。每榀木屋架下弦杆中点位置都用一根铸铁柱支撑，柱身为圆形，目测其尺寸不大，应在20厘米以内，柱脚为方形铁片，埋地与地砖齐平。柱头先做一层放大线脚，其上再做方形柱帽，类似西方爱奥尼克柱头的简化。柱子本身细长比偏大，并做收分，非常典雅。这几栋厂房的屋架做法、构架尺寸、支撑铸铁柱等做法，仍然体现了早期三角形木构屋架使用过程中，因对其力学原理等知识了解掌握不足而导致的使用上的小心翼翼。另外，在该时期的厂房中，多使用的是蒸汽作为动力，从屋架上各种皮带及传送轮可以推断出来。对于蒸汽的使用，魏允恭在《江南制造局记》中亦有记载[①]。

钢木屋架钢屋架厂房：使用蒸汽机给厂房木屋架带来的问题是，一方面厂房由于工业生产期望更大的空间，另一方面屋架要能承受蒸汽机皮带及传送轮带来的荷载和振动，这是一个两难的问题，对于厂房屋架的要求极高，这也是为何要改进屋架结构的重要原因。而随着时间推移和技术发展，一些厂房的屋架已经发生了重大的变化，由原来的三角木屋架演变成了适合更大跨度的钢木混合屋架（兼用铁活之屋架）甚至是全钢结构屋架。炮厂每榀屋架支撑在外侧墙体的壁柱上，上弦杆、斜撑采用木头，下弦杆、腹杆采用钢材，极好地利用了材料的力学性能。厂房开间方向有两排铸铁柱子，柱子支撑吊车梁，柱脚和柱帽同样为方形，

---

① "抑臣尤有所陈者，洋机器于耕织、印刷、陶埴诸器皆能制造，有裨民生日用，原不专为军火而设，妙在借水火之力以省人物之劳费，仍不外乎机器，括之牵引轮齿之向推相压，一动而全体俱动。"引自：魏允恭. 江南制造局记（第一卷）[M]. 香港：文海出版社，1904：203.

江南造船厂枪厂

江南造船厂枪厂机房

江南造船厂机器正厂

江南造船厂枪子南厂机器房

图6-2-9 江南机器制造局枪厂屋架等

柱身为正八角形，柱身亦做收分，细长比不若前面所提枪子南厂的铸铁柱，却显得更为粗壮。吊车梁与外墙之间做肋梁上铺实木板，形成夹层走马廊，大面积的外墙窗，使得厂房颇具现代风格。炮厂厂房、枪子南厂机器房的屋架则完全采用钢结构，这几个厂房屋架结构构件纤细，对于受压、受拉杆件性能的区分也已十分清晰，充分显示了对掌握结构体系力学性能后的技术应用自信（图6-2-10）。

其他结构建筑：库房、木料所等大跨度建筑，同样采用的是双坡屋顶的形式，混水砖墙，亦有做木头墙身，墙裙局部粉刷处理的，从其外观和细节推测应为三角形木屋架做法。办公用房如总局大厅、翻译馆、文案处、公务厅、支应处等，由于这些建筑不涉及生产工艺要求，无需大尺度的室内空间，在形式的选择上就比较自由。但由于大部分的使用者为当时的知识分子阶层，在其审美和建筑观念上，仍然受中国传统建筑的影响较大。故这类建筑更多地以中式建筑的面貌出现，如总局大厅及后进的布局和风格即是原汁原味的中国传统木构样式。翻译馆、公务厅稍有变化，但差别不大，只是在一些连廊、披檐等部分做法上采用了铸铁柱子、铁皮屋顶等新的材料做法。比较有意思的是，这类建筑在时代的更迭中，却往往被作为重要的建筑保存下来，如翻译馆一直被保存至今。江南机器制造局的出入口众多，因此厂区大门亦有多个，这些大门在风格样式上极为多样。总局大门采用的是传统的三开间的

江南机器局枪子南厂机器房　　　　　　　江南机器制造局炮厂厂房

图6-2-10　江南制造局钢木屋架钢屋架厂房内景

中式建筑；总局大厅门采用的是钢结构的屋顶，构件精美，类似拱桥结构，上覆瓦楞铁皮屋顶；东大门则是全部青砖砌筑成城墙门的样式，上部有防卫性的垛口，做箭孔和望孔，从局外看似传统城门，从局内看又类似西方的城堡做法（图6-2-11）。

江南制造局库房木料所　　　　　　　　　江南制造局总局大厅

江南制造局东大门　　　　　　　　　　　江南制造局总局门

图6-2-11　江南制造局相关附属建筑

6.2.5.3 金陵机器制造局机器正厂等——技术演进中的突变歧点

1865年，李鸿章由江苏巡抚升任代理两江总督，将其在苏州创建的洋炮局同时迁至南京，以此为基础在聚宝门（今中华门）外扫帚巷东首西天寺的废墟上兴建厂房，开办金陵机器制造局。从时间上看，金陵制造局从始创至建成，时间跨度较大，期间不仅仅有主政官员的更替，连工程技术人员也有更换。

强行对其分期的话，可以认为第一期是李鸿章主持下完成的，而其主要的工程设计和监督人员是英国工程师马格里（Macartney Halliday）。1866年机器正厂竣工，据《上江两县志》（同治）记载，机器正厂共有厂房用屋80余间，建设有铁炉房、气炉房、火炉翻砂厂、翻砂模坑屋等，以及工匠住房、洋楼。1867年又在报恩寺坡下续建厂房。1870年火箭分局设立，1872年于金陵通济门外建立火药局。1879年金陵制造局将乌龙山炮台机器局并入。至此，金陵制造局的规模包括有机器正厂、机器左厂、机器右厂在内的机器厂三家，火箭局、火箭分局、洋药局、水雷局四局，翻砂厂、熟铁厂、炎铜厂、卷铜厂、木作各厂，形成"其熔铸锻炼，无一不需机器"的机器生产流线。

第二期的主政者是刘坤一，此时的工程设计者则换成了黑鲁洋行（S. P. & Hall Co.）的英国技师波列士哥德（G. Bracegridle）。1881年，刘坤一奏请在局内添设一个洋火药局，其理由是为供给江防各炮台及留防各营充足的洋火药。刘通过瑞生洋行（J. J. Buchheister &. Co）转托黑鲁洋行（S. P. Hall &. Co）代购机器，并雇聘该洋行的技师波列士哥德（G. Bracegirale）设计和督造厂房。洋火药局1882年动工，1884年建成。"全厂有高达40~50尺至80尺的烟囱8个，从10匹到25匹马力的机器4台、锅炉6座、抽水机4台。"

现金陵机器制造局旧址（晨光1865科技创意产业园）内保存了一批清朝和民国时期的建筑，如1881年建的炎铜厂、卷铜厂，1883年和1885年五月建的熔铜房，1894年建的木厂大楼和机器大厂等。这些厂房外观具有西洋风格，人字形屋顶，青砖墙体，内部三角形木屋架。较为可惜的是早期的机器正厂（1866年）、机器右厂（1873年）、机器左厂（1878年）及木厂大楼（1894年）已被异地拆迁重建，建厂标牌仍保存在拆迁后的厂房门额上。

机器正厂等：拆迁后的机器正厂等三幢厂房，据资料介绍仍然保留原有屋架等基本的结构和构造样式（图6-2-12）。从现状可以看出，整幢建筑面宽36.60米，进深12.65米，其屋架形式为三角形木屋架（单柱桁架），本身跨度不大，除去两边较厚的墙体（各80厘米），实际跨度也就11米左右。每榀木屋架两端架设在外墙壁柱上，在靠近外墙两端的1/4跨度的位置，加设了两排方形木柱作为支撑，木柱断面约30厘米见方。西侧一层同木柱位置还有两根标有"清光绪四年十月两江机器制造局造"铭文的铸铁柱，圆盘柱帽，柱径约20厘米左右。这种结构体系做法，仍是早期对于三角形木屋架性能不熟悉而做出的"信心不足"的反映，如屋架的样式选择正确，或者构件断面尺寸合理，两端加设的两排支撑木柱纯属多余。同样的情况亦可见于拍摄于19世纪90年代左右的金陵机器局加特林机枪生产车间的老照片

屋架

铸铁柱

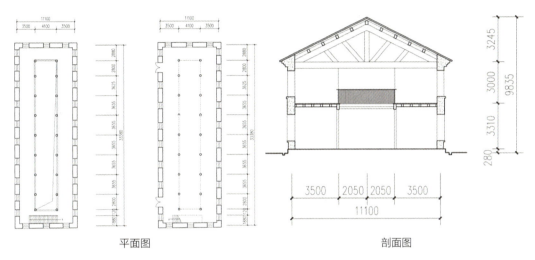
平面图　　　　　　　　　　　剖面图

图6-2-12　金陵制造局正厂

里(《China》：Gorst Harold Edwar)，该车间剖面处理方式与前述江南机器制造局炮厂的剖面处理方式大体一致，但跨度较小，而木屋架底下支撑点甚多，构件多余程度更甚。而炎铜厂、卷铜厂这组建筑的三角形木屋架，除了中竖杆以外，缺少大量的竖杆构件，受力很不合理，导致桁架结构整体性受损。

　　木厂大楼：木厂大楼是1935年迁建的，在异地重建时同时在原有厂房东侧加建了一座二层的厂房。整栋厂房东西向长度约为51.2米，南北进深约为16.5米。其西侧原迁建厂房为单层，建筑屋脊高度约为12.1米，檐口高度约为6.8米，面宽约32.9米，分8个开间。建筑结构砖木混合承重，外墙青砖砌筑，墙体转角墙裙处作转角石的特殊处理。内部木桩承重，柱径约为25厘米，每排3根共7排，东起第一排正中柱子和第三排北侧柱子作减柱处理，故木柱总数为19根。每排柱子间距(一个开间大小)3.9米，同一排柱子间距约3.6米。东侧新扩建的厂房二层，屋脊高度为13.6米，檐口高度为7.8米。建筑平面正方形，开间进深尺寸均为16.5米。屋架采用两个三角形屋架垂直交叉布置，结构受力合理，故而内部不设柱子。

西侧屋架为三角形木屋架，高度约5.3米，跨度为16.5米，屋架跨高比约3∶2。屋架各杆件尺寸大小接近，断面尺寸约25厘米×25厘米，未区分主受力杆件与次受力杆件，对于受拉和受压杆件的理解亦未到位，故除中竖杆外，其余连接上下弦杆的构件均为斜向布置。檩条断面尺寸约为20厘米×20厘米，间距约1.5米。

该建筑的屋架结构除交接部位采用螺栓等铁件外，受拉受压的杆件全部用木料。有研究称是受制于当时钢铁材料的缺乏而导致结构设计上的妥协，并指出是因为本应受拉的铁件被受压性能更好的木材代替才导致屋架不能支持自身重量，而每榀屋架下加设的三根支撑木柱也是出于此原因[①]。但此说法值得再商榷：（1）仅受拉构件做铁杆消耗铁数量不大，况且在同时期建设的厂房中，铁件（铸铁柱子）广泛被使用，若论消耗铁的用量铸铁柱子更大，上文中提到的机器正厂等即是此情况；（2）木材作为拉杆用在此类屋架上与铁件作用相差不大，况且张锳绪提到木屋架类型中的四柱柁架即可达到15～18米的跨度，亦不用有柱支撑或铁杆做拉杆辅助（图6-2-13）。

故推测该屋架如此做法的原因，仍然是对三角形木屋架的受力性能不熟悉导致，与前文提到的机器大厂屋架下加设支撑等做法是相似的。

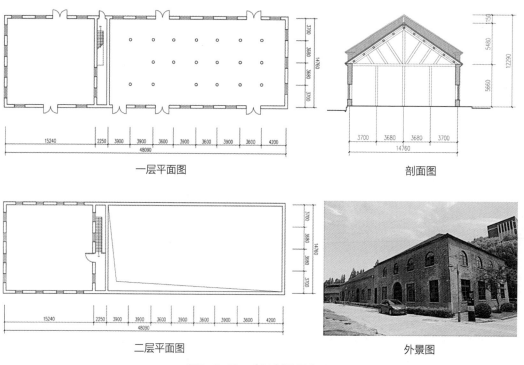

图6-2-13 金陵制造局木厂

---

① 陈亮. 南京近代工业建筑研究[D]. 南京：东南大学，2018：50-52.

机器大厂：需要重点提出来的是机器大厂的木屋架形式。机器大厂为二层砖木混合结构，清水砖墙，四坡顶青瓦屋面，设计时参考了英国工业建筑的样式。建筑面宽47.74米，进深16.14米，檐口高度8.94米，总高度约14.9米，建筑面积约1580平方米。纵墙承重，墙体采用石灰砂浆砌筑青砖，青砖尺寸28厘米×8厘米×3厘米，墙体厚达80厘米。一层跨中采用铸铁实心圆柱承重，柱径14厘米，共12根，铸铁柱子及柱头造型精美而简洁。每根木梁截面为45厘米×45厘米，进口美国花旗松木。二层木地板为30厘米（宽）×8厘米（厚）的实木板材，用料粗大，造型简洁。二层平面中仅在东西两侧屋面正脊与垂脊处各设一根方形铸铁柱子。二层三角形木屋架及一层梁架均采用了铸铁张拉弦结构，这些张拉弦每组由木梁架的木梁和铸铁拉索组合而成，每组拉索分三段，直径约4厘米。拉索端头有圆形拉环，通过一圆形拉环与另一拉索相连。两侧靠墙端以金属构件与木梁相连放置于砖墙上。中段拉索两端以倒十字形铁构件与木梁相连，进一步加强屋架的整体性。这种结构是目前为止国内发现的建筑上使用的唯一实例，这样的张拉弦结构在当时的西方工业建筑中也未曾见过，而是广泛应用于桥梁工程中，机器大厂的屋架结构形式是开创性的，这种尝试显得大胆而极具创新精神，也充分显示了其设计建造者对于屋架结构和力学知识的熟悉程度（图6-2-14）。

波列士哥德（G. Bracegridle）尽管并非科班出身，据考证其在设计机器大厂之前从事的工作为模型制作，曾是天津机器局的一名员工。其通过尝试，将应用于桥梁的张拉弦结构技术移植到建筑上，这也符合近代工业建筑的技术发展特征。正是众多桥梁结构实验的成功，开启了新型结构应用的先例，而再以成熟技术转移到建筑上。较为可惜的是这样的结构出现之后，因为没有相应的推广和挖掘，使得机器大厂的屋架结构成为国内的一个孤例。尽管后来的学者在部分专著中亦有介绍和涉及，如唐英等编著的《房屋构造学》一书，在"木工"一节中提到"架设于跨距较大的木梁，亦可装配铁条，以增其强度，故称为装铁木梁"（图6-2-15），这种结构其实即为张拉弦技术结构的雏形，或许终因技术构造方式复杂等而未见广泛应用。

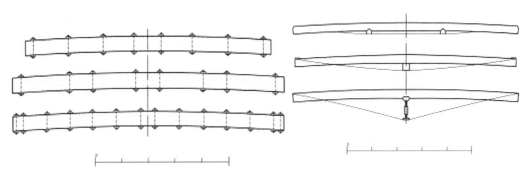

图6-2-14　唐英《房屋构造学》中的"装铁木梁"

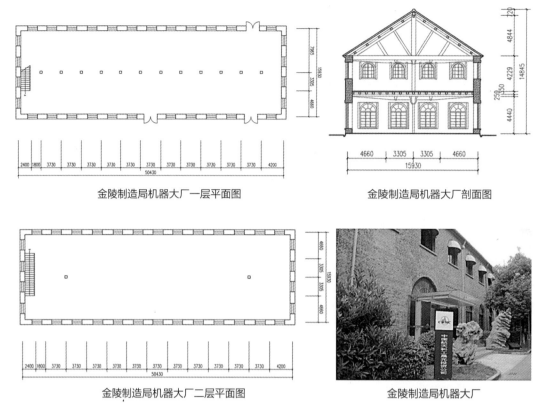

图6-2-15 金陵制造局机器大厂

6.2.5.4 福建船政局、北洋水师大沽船坞轮机车间等——不明就里模仿的尴尬

1）福建船政局轮机车间等

福建船政局是清政府官办的规模最大的造船厂，与江南机器制造局于同一时间成立，创办者为时任闽浙总督左宗棠。尽管规模宏大，厂房众多，但自1866年创办至今，经历了三次大的破坏：第一次为1884年马尾海战法国舰队炮轰船厂，造成船厂重大损失；第二次为抗日战争期间，日军多次轰炸船厂，两次派兵侵占并大肆劫掠；第三次为1945年日军撤退时炸毁船政学堂。故而幸存下来的建筑仅有轮机车间、绘事馆以及一个法式钟楼。

轮机车间：轮机车间始建年代为1867年，按照当时洋监督提供的法国工厂图纸建成。轮机车间在二战期间被炸，原建筑完整平面呈"U"形，开口朝东，被炸部分为南侧的工厂部分。现存建筑平面呈"L"形，分别为一层的工厂部分和二层的绘事馆部分。一层工厂东西长向宽度为61.6米，南北长向宽度为21.3米，双坡屋顶，砖混承重，外墙厚度达60厘米，红砖砌筑，砖柱厚度更大，截面尺寸达到80厘米×80厘米。屋架结构为三角形木屋架，采用泰国红桑木，木屋架两端搁置于外墙砖柱上，砖柱顶部有一道白石砌筑的构造梁，用以承载木屋架的同时也做外墙立面装饰。每榀屋架再用两根铸铁柱子支撑，距离两端墙体各5.5米，每榀屋架间距4米，共有14榀屋架。柱子间做成圆券形式，极具装饰意味，增强了抵抗水平侧推力的作用。该圆券形构件同时可用作车间吊车的轨道。这些铸铁构件上缘分布了11片三角形的加劲板，两侧不受力处开孔，类似桥梁的做法，荷载传递合理，造型上又极其轻巧，充分显示了对此类结构受力性能的理解。这些圆券形构件以螺栓栓接在铸铁柱子上，柱子另一侧同样有铸铁牛腿栓接，上面亦搁置吊车梁，对应位置的外墙砖柱上同样做牛腿构造上置吊车梁。

轮机车间屋架形式初步判断为三角形屋架的变形，或者说是三角形屋架的早期形式，这种做法《建筑新法》一书未提及，屋架跨度19.7米，高度6.1米，高跨比约为1∶3。其木构件尺寸较大，下弦杆尺寸甚至达到了40厘米×27.5厘米，其他杆件尺寸为25厘米×25厘米。檩条断面尺寸为10厘米×20厘米，间距较小，约为90厘米。下弦杆为几个小断面木方拼接，拼接处留出空槽与上弦杆、中竖杆等构件栓接，达到了用小构件的木料拼接成大构件木料的目的。

绘事馆：绘事馆部分为2层，南北长向为32米，东西进深宽度为21.4米，屋顶为四坡顶，檐口高度为13.2米，屋脊高度为19.2米。墙体做法与轮机车间相同，在二楼位置略有收分。一层楼板采用工字钢梁，钢梁跨度20米左右，两端同样搁置在外墙砖柱的白石柱头上，工字梁高46厘米，宽40厘米，每根钢梁距离端头4.5米的位置有铸铁柱子做支撑，钢梁上搁置木檩条，檩条上再搁楼板，檩条尺寸20厘米×16厘米，间距极密，大概在35厘米左右。二层平面同样采用铸铁柱子支撑木屋架，共有六对铁柱，屋架结构更接近中国传统抬梁式木屋架体系，只略做简化变形。绘事馆跨度19.4米，每榀屋架在距两端4.5米的地方同样有两根铁柱子支撑。柱子上同样以牛腿支撑吊车梁，但牛腿的做法有所简化，造型也不如轮机车间部分优美。

绘事馆木屋架构件尺寸较小，为20厘米×20厘米。每榀屋架间距4米，檩条间距88.5厘米。木构件连接方式独特，特别是与下弦杆的连接采用在下弦杆上开槽，其他构件插入后栓接。檩条断面尺寸为10厘米×20厘米，间距约为80厘米。绘事馆的屋架形式十分类似中国的抬梁式屋架做法，但又有所简化。

福建船政局建设参考法国人日意格（Prosper Marie Giquel）等带来的法国厂房图纸，其厂房建筑在修建时是极为谨慎和认真的。最典型的实例就是其地基的处理方式：先在墙体基础底下开挖深约5尺，宽6尺的沟槽，为排地下积水，又在沟槽边开挖深井。沟槽底部密打巨型的木桩，木桩上再填埋碎石垫层，捣碎夯实至木桩顶部。碎石上铺石灰，石灰上再砌筑石条。而其他建设过程中也曾出现过谨小慎微的情况，如当时墙体砌筑时采用的红砖，将近数百万块，全部到厦门（闽南地区）采购，原因很特别，因为法国的厂房外墙采用红砖砌筑，福州地区采用的是青砖，闽南地区用的是红砖。有研究称工程负责人为稳妥起见，不敢使用青砖，殊不知砖墙的砌筑决定成败的关键在于灰浆和砖块的组合方式，而不在砖的颜色——况且，此红砖亦非彼红砖，二者有着较大差别——而轮机车间的木屋架在建设

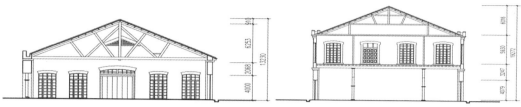

福州船政局轮机车间木屋架剖面图　　　　福建船政局绘事房木屋架剖面图

福建船政局轮机车间木屋架

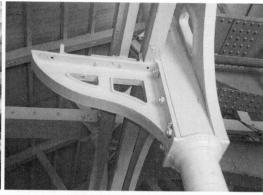
福建船政局轮机车间木屋架局部

图6-2-16　福建船政局轮机车间木屋架

上也有与此相类的情况，比如木构件断面的加大就说明为了安全性而导致的材料浪费的现象（图6-2-16）。

2）北洋水师大沽船坞轮机车间

大沽船坞轮机车间为洋务派兴建的大沽船坞厂房内遗存年代最早的建筑，约建于19世纪80年代（1880年左右）。轮机车间位于大沽船坞范围内中心位置，整体为南北长向，南北长55.6米，东西宽19.8米。建筑采用19世纪下半叶较为常见的砖木混合结构，外部以砖墙砖墩承重，内部以木柱承重并配以木屋架屋顶，分为东西两跨间，每个跨间距9.9米。除内部东北角三开间做隔墙外，其他为开放式大空间。屋顶形式为双坡屋顶，采用矩形天窗，分上下两段，两侧山墙顺应屋顶形式分段，并做成高出屋面的防火山墙。

大沽船坞轮机车间屋架以红松木、黄花松木、美国大纹松作材料，有14榀桁架，每榀桁梁间距3.9米，除南侧第二和第三榀桁架间因做阁楼有变化外，其他各榀桁架均一致。屋架为梯式（Trapezoid）木屋架，砖造方柱（Square），天窗架形式为上凸窗架形（Convex Rectangle）。大沽船坞轮机车间木屋架在天窗出屋面处，两根上弦杆在屋脊不相交，转而用两根水平横杆（双夹杆方式）将两根上弦杆通过铁片和螺栓连接起来，其铁片均从两侧对置，穿以螺杆锚固，下层屋架上弦杆和底层下弦杆在角部直接相接。构造做法方面，梯形木屋架各杆件的连接部位多采用榫卯与铁件加固相结合的连接方式，大沽船坞轮机车间的木屋架现有的连接方式较为多样。下层屋面两侧各有11根木檩条，间距约为78厘米，天窗屋架上有7根木檩条，间距约为85厘米，木檩条上覆约20厘米宽的木望板。据现场结合照片推测分析，木望板应有一层防水油毡，油毡上进行苦背处理，其上再以灰色水泥瓦覆盖。

该屋架跨度约为20米（实际19.8米），跨度之大，同当时的遗存案例比较，实属罕见。但仔细分析发现其实际跨度即一侧墙体至木屋架中点木柱的距离，也就10米以内，类似于两屋架的组合，或者说是组合变形。这种形式上的处理，使得整个厂房内部大空间更显宽敞通透，屋架外观也更为整体一致，形式上更为美观。木屋架杆件断面尺寸，除下层屋架水平上弦杆（140毫米×70毫米，作双夹杆）、斜上弦杆（140毫米×220毫米）、下弦杆（140毫米×280毫米）、上层屋架上弦杆（140毫米×100毫米）、下弦杆（140毫米×140毫米）、中竖杆（140毫米×210毫米）这些杆件外，其他竖杆和斜腹杆的断面尺寸均为140毫米×150毫米，规格统一，但尺寸较同时期的屋架略小（表6-2-3）。

木屋架桁架杆件明细表　　　　　　　　　　表6-2-3

类型	桁架杆长（毫米）	桁架杆宽（厚）（毫米）	桁架杆高（毫米）	体积（立方米）
下弦杆1（下层屋架）	18752	140	285	0.75
下弦杆2（上层屋架）	2430	140	140	0.05
上弦杆1（下层屋架）	7815	140	220	0.24
上弦杆2（下层屋架）	2360	70	140	0.02
上弦杆3（上层屋架）	2264	140	100	0.03
中竖杆	6472	140	200	0.18
腹杆1（下层屋架）	3480	140	150	0.07
腹杆2（下层屋架）	2712	140	150	0.06
腹杆3（下层屋架）	1755	140	150	0.04
腹杆4（下层屋架）	808	140	150	0.02
腹杆5（上层屋架）	572	140	150	0.01
斜撑1（下层屋架）	4380	140	150	0.09
斜撑2（下层屋架）	3255	140	150	0.07
斜撑3（下层屋架）	2514	140	150	0.05
斜撑4（下层屋架）	1955	140	150	0.04
斜撑5（侧天窗位置）	2840	140	150	0.06
斜撑6（上层屋架）	1310	140	150	0.03
斜撑7（纵向斜撑）	6000	70	140	0.06

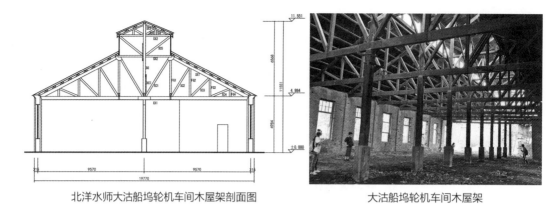

北洋水师大沽船坞轮机车间木屋架剖面图　　　大沽船坞轮机车间木屋架

图6-2-17　大沽船坞轮机车间屋架

在屋架整体稳定性方面，轮机车间每榀屋架间除利用檩条作纵向间联系外，还增加了两个剪刀形斜撑作联系。两个斜撑分别固定于中竖杆上部1/3处以及中竖杆下部靠近下弦杆处，有效地加强了屋架整体性。此外，在几榀屋架的第二腹杆位置，出现了附加的通长铁件拉杆，怀疑是后加杆件。因为实际结构技术中，钢木屋架的结构杆件就是以铁拉杆代替木构拉杆的。因为这种屋架技术中，腹杆基本不受压力，只承受拉力，钢材的受拉性能远远大于木材，故以钢材代替木材在结构上更为合理，且又能减轻屋架本身的重量，故而是一种技术进步（图6-2-17）。

大沽船坞轮机车间与福建船政局轮机车间在建设时出现同样的情况：李鸿章请天津海关税务司英国人德璀琳（Detring Gustav von）帮助建造，他建议采取英国砌墙工艺，用"三合土"作为灰口（灰缝）材料砌墙。承担营建任务的本土营建公司天津四合顺心里没底，怕出质量问题自己遭受损失，迟迟不敢开工[①]。因此，在传统工匠们看来，熟悉的做法和工艺，才是保证工程顺利进行的重要因素，当面对一个不熟悉的屋架体系时，出现一些误判和偏差，应该是学习初期最常见的状态。

6.2.5.5 天津机器局与广东机器局——中国传统建筑设计者的尝试

天津机器局于1867年批准兴建，设有东西二局：海光寺机器局（西局）和天津机器局东局子。广东机器局初始建设的时间稍晚（1873年），但与天津机器局的大规模建设基本处于同一时间。从故宫博物院留存下来的样式雷的图档中，亦证实了二者之间的关系。

季宏在《样式雷与天津近代工业建筑》一文中提到，西局海光寺机器局的设计任务应该是样式雷家族参与的，从1866年奏请建设到1870年初具规模，期间的设计可能是由雷思起和雷廷昌父子完成的。而从故宫博物院发现的样式雷图档《雷廷芳书天津大石沽机器厂房屋丈尺略节》等证实了这一说法，亦有研究明确指出应该是雷廷芳参与了这一北方近代最大的军

---

① 塘沽政协文史委编. 北洋水师大沽船坞[M]. 天津：天津社会科学出版社，2001.

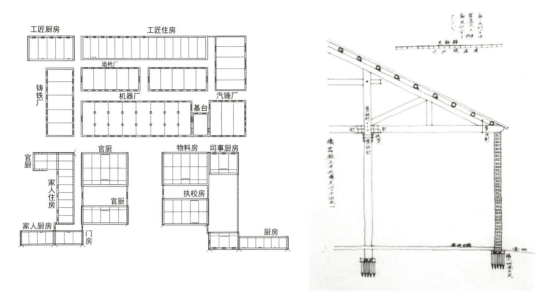

图6-2-18 广东机器局相关技术图纸

工厂的设计与建设。

在这批图档中，编号00004847、00004848、00004849、00004850、00004852的图纸，经研究应该是广东机器局的设计图纸，其中前四张为其地盘布置图，最后一张为厂房（机器厂）的剖面设计图（图6-2-18）。这批珍贵的图档，尽管仍不能全部确定是否是样式雷的作品，但作为当时传统的设计者（工匠）的作品，反映了其对于新式建筑——工厂的认识，应该没有疑义。故而将这些图纸放在一起进行比对研究，具有相当大的意义和价值。而且时过境迁，天津机器局东西二局和广东机器局众多的厂房建筑破坏殆尽，仅存的建筑数量甚少，对于这些图纸的研究更显重要。

天津机器局西局（海光寺机器局）：海光寺火器厂各座地盘丈尺画样-全形（编号00003740）、机器厂铜匠厂等地盘尺寸糙图-全形（编号00004851）、海光寺后天仙圣母殿御书楼等建筑立样图-全形（编号00004320）、海光寺地盘立样糙图-全形（编号00004321）这四张图为天津机器局西局的设计图纸，前两张为地盘图，后两张为立样图。天津机器局图纸在设计过程当中做了较大的布局调整，从地盘图来看，东侧以木工厂等厂房为主的轴线和院落尚未形成，北边的横向的厂房布局亦不够完整。但立样图上已经形成了以海光寺原有建筑为中轴线的东、西、北侧同时发展的完整布局，这一点在前文中已经提及，兹不赘述。尽管如此，两相比对之下，四张图纸中主要的建筑布局已经存在，主要的生产厂房也已在相应的位置予以考虑。

在地盘图中，主要厂房及辅助用房的开间进深以及柱子的高度皆有标注（表6-2-4）。以各图中都有的其开间进深尺寸较大的机器后厂为例，该厂东西向共有18个开间，每个开间为一丈一尺（约合3.696米），进深为四丈七尺（约合15.456米），柱高一丈七尺（约合5.712米）。这些尺寸基本符合当时砖木结构房屋建设时的尺寸规律，进深15米多的厂房跨度不小，但从地盘图可以看出跨中设柱，不论是采用中国传统檩式屋架还是西方的三角形木屋架，这样的跨度都是可以解决的。

海光寺火器厂各建筑尺寸明细　　　　　　　　表6-2-4

建筑名称	间数	面宽	进深	柱高	备注
木工厂	9	一丈一尺	三丈九尺	一丈一尺二	—
电器楼	9	—	—	八尺	—
厢房（东）	10	一丈一尺	二丈四尺	一丈二尺	廊深一丈九尺五寸
洋匠房	一座	三丈二尺	同面宽	一丈四尺	前廊进深一丈　台高二尺
后库房	7	—	—	五尺	亮楼5间
木工O房	1	一丈六尺四	七尺	—	—
机器后厂	18	一丈一尺	四丈七尺	一丈七尺	亮楼14间
装炮子药厂木房	4座	一丈六尺	一丈二尺	八尺二寸	前厢宽五尺六寸　宽七尺　高九尺
披檐	6	一丈一尺	一丈二尺	一丈四尺	—
白药酒房	4	一丈一尺	一丈二尺	八尺二寸	亮楼一间 宽五尺六寸
翻砂厂	7	一丈一尺	三丈九尺	一丈七尺	上亮楼5间
汽炉房	1	一丈六尺	四丈七尺	一丈三尺五	—
更楼	1	八尺五寸	同面宽	七尺	—
风厢房　沙O房	—	一丈一尺	二丈	一丈四尺	—
机器前厂	5	明间一丈二尺四 次间一丈一尺	一丈四尺五寸	一丈一尺五O	—
铜匠厂	5	明间一丈二尺四 次间一丈一尺 尽间一丈一尺	二丈二尺	一丈	—
汽炉房机器房	5	一丈一	二丈	一丈三尺五寸	—
二门	5	一丈一尺五寸	一丈三尺	一丈O	—
各厂司事住房	6	一丈一尺	一丈四尺	八尺	—
小库房	4	一丈一尺	一丈四尺	八尺	—
工匠住房	51	一丈一尺	一丈六尺	九尺	九排

通过机器局西局的立样图可以看出，中式传统建筑设计者在厂房设计方面的改变：如东侧木厂序列中第三进西厢房出现了平屋顶的做法，这种做法较为罕见。二层的厂房也开始出现，如东侧的电器楼和最西侧轴线上的厂房（据地盘图推测为熟铁厂），多层厂房的出现应该是出于机器化集约生产的需要，而非此前讨论的可能是由于建筑用地紧张导致问题，熟铁厂出现了抬高的半地下室的做法。多层厂房的形式对厂房的结构技术提出了更高的要求，特别是生产过程中机器震动等对楼板负荷的影响，是以往单层厂房无需考虑的。厂房建筑双开间的做法不少，已经不再严格讲究对称及当心间等的概念。墙身上侧高窗、屋顶上气窗、老虎窗等做法样式众多，如木工厂第三进院落东厢房采用的就是侧高窗的做法，东侧最后一进采用的是屋顶开老虎窗的做法，后机器厂、烤铜帽厂、后库房、后机器厂及西侧众多用于生产的厂房采用的是双坡屋顶上做高气窗的做法，估计与生产工艺要求的采光等有关，而且西侧的翻砂厂位置，在立样图中呈现了一座连续的类似锯齿形天窗的厂房的形式。这些屋顶结构和剖面构造由于没有更为详实的图纸，无从判断其具体的做法，但较为明确的是，设计者是准备采用抬梁式的屋架形式的，这点从众多屋顶图中可予以清晰地判断（图6-2-19）。

这样的屋顶做法，真实地反映了当时设计者在技术选择上的矛盾，或者是对于新式技术的不理解。特别是在屋顶样式的选择上，还出现了众多不·样的屋顶形制，如后库房屋顶，气窗突起采用的是卷棚顶的形式，而西侧厂房（推测为风箱房）则有四坡顶的盝顶样式的建筑，其他采用的是双坡屋顶。这种矛盾和犹豫同样在立面设计和样式上也有所体现，各种拱券门、柱式大量地出现在中式屋顶的建筑中，厂门采用中式牌坊者有之，采用西式城门的亦有，中西杂糅的现象极其普遍。

这套图纸作为天津机器局西局前期的构思方案，除了本身在地盘图构思和立样图设计上的变化外，与建成后的照片对比，尚有一定的出入。通过对留存的照片的研究，可以发现天津机器局在建成后的确存在着中西建筑样式共存的现象。中央轴线上的行宫为原汁原味的中国传统建筑样式，山门、大殿、御碑亭、御书楼等从南至北展开，建筑为典型北方官式建筑的做法。两侧的工厂建筑多为一层，四坡屋顶和双坡屋顶的做法都有。四坡屋顶上面多做气窗，从透过去可见的结构构件观察，并非中国传统匠师所作的抬梁式屋顶，应该是三角形的

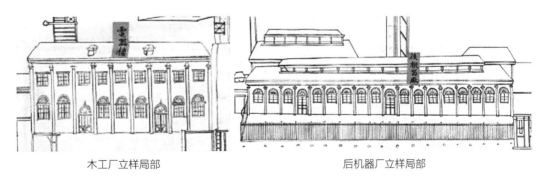

木工厂立样局部　　　　　　　　后机器厂立样局部

图6-2-19　天津海光寺机器局厂房立样局部

木屋顶的做法。这种样式的屋顶做法似极了英国早期工业厂房的做法，故而有理由相信记载的英国人司徒诺为总工程师负责厂房的具体建造和方案细化确实不假。由此亦可看出，具体设计者对于风格样式的理解不同，则最终的建筑形态亦会有相应的差别。

天津机器局东局：从建成时间来看，东局厂区和厂房的建设稍晚于西局。因此其建筑的外观特征更为简洁，建筑多为青砖外墙，双坡屋顶较多，四坡屋顶带气窗的做法已经极为少见。双坡屋顶上气窗的做法也更为成熟，与西局设计图纸所呈现的抬梁式气窗做法相比较，已经简化。东局现仍有厂房遗存，《中国近代建筑总览（天津篇）》中有高咏梅等测绘的一栋厂房建筑图纸。

该厂房采用三角形木屋架，外墙青砖实体砌筑，厚达85厘米。木屋架跨度为14.50米，屋架高4.85米，高跨比H/D=1/3.3左右，上弦杆断面33厘米×15厘米，下弦杆30.5厘米×41厘米，中竖杆30.5厘米×21厘米，其他构件尺寸如图所示。这些构件的断面尺寸相对合理，并且因为加工建造上的需要，有些尺寸开始趋于统一，减少了原来较多的构件规格（图6-2-20）。

广东机器局：1910年，朱恩绂考察广东机器局之枪厂后奏文说，该厂的外观形式还算整齐，然而作为生产性建筑，住宅房屋的比例比厂房更多（这一点从地盘图上亦可看出），厂房的布置也不太科学和适用。在提到厂房具体建筑时更是批评了其由于房屋开窗朝西而引起的夏天厂屋内部高温、潮湿，从而导致大部分的工人因中暑生病等无法工作[①]。从广东机器局存留的图纸和最后建成的照片比对，确实存在着因为厂房长向为东西向等问题。

阅读编号为00004847、00004848、00004849、00004850这几张图纸，发现这些地盘图上不仅对广东机器局大体的布局做了规划，对于各栋建筑亦做了编号，各栋建筑之间的间距明确，并且注明了建筑的开间进深的尺寸，标注了建筑檐口和屋脊的具体高度（表6-2-5），同时还在对应的窗洞开口边和平面图对应的空白处，勾勒了厂房的立面样式，作为前期的设

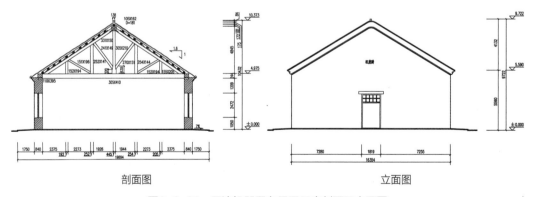

图6-2-20　天津机器局东局子厂房剖面及立面图

---

① 全厂规模，外观尚称齐整，然而住屋多厂房少，布置亦未尽合宜。且枪弹两厂空气不甚流通，窗棂又皆向西，夏间暑气蒸灼，各匠之病不到工者，十之四五。择要修改尚易为功，若长此因循，实于工作、卫生两有妨碍。转自https://bbs.tiexue.net/post_4093573_1.html。

计图纸，已经考虑得相对到位。

在这批珍贵的图档中，编号为00004852《机器厂房侧面大柱立样尺寸图-全形》的图纸，是对于工厂建筑剖面的设计，据尺寸等推测应该为机器厂的剖面图，从其中可以看出老牌、正统中国传统官式建筑设计者对于新式建筑样式的认识。

该厂房总跨度约12米，外墙砖墙厚度24厘米左右，三角形木屋架的高度为3.36米，在屋架两侧1/3跨度位置各有一根支撑的木柱，木柱直径约25厘米，三角形木屋架下弦杆尺寸为22厘米见方，中竖杆尺寸同样是22厘米宽度的木料，另外一个边竖杆尺寸为17厘米见方，斜撑为18.5厘米左右。

广东机器局各厂房建筑具体信息表　　　　　　　　　　　表6-2-5

编号	名称		间数	进深	面宽	檐高	脊高	备注
壹	官厅	第一进	3	一丈六尺	五丈一尺	一丈二尺	一丈六尺七寸半	合院式布局
		甬道	丹陛	院落四周廊道宽三尺				
		第二进	6	三丈六尺	五丈一尺	一丈三尺	二丈二尺七寸半	
贰	官厨房		1	四丈八尺四寸	五丈一尺	—	一丈六尺	带院子
	执役房		4	二丈四尺二寸	五丈一尺	—	一丈六尺	
	办事厅		3	三丈八尺	五丈一尺	一丈二尺	二丈一尺五	
	物料房		6	三丈八尺	五丈一尺	一丈二尺	二丈一尺五	
叁	司事厨房		3	二丈四尺	二丈六尺	八尺	一丈四尺	带院子
肆	汽锤厂		3	三丈八尺	五丈九尺	一丈二尺	二丈一尺五寸	—
伍	造木厂		5	三丈三尺	五丈九尺	一丈二尺	三丈零三寸	
陆	工匠住房		15	二丈六尺	十四丈	八尺	一丈四尺五寸	

此外，这个厂房设计剖面的构造节点还呈现出以下几个现象：（1）两根上弦杆在屋脊位置的节点：两根上弦与屋架中柱直接搭接，上承脊檩，未做任何榫卯或者齿接处理，呈现出与早期原始木构（两根木头做成的支撑）交接的相类似状态。（2）室内两根支撑柱子上穿至屋顶三角屋架上弦杆的位置，两根柱子与三角屋架下弦杆（一层横梁）的交接节点，三角屋架中柱和二层横梁位置的处理，明显具有中国传统穿斗式屋架的结构和细节特点，是传统木屋架结构的影响。下弦杆因木材长度不够而做拼接处理，和西方国家当时成熟的木屋架"接柁法"（张锳绪：进深过大之房舍长柁价贵，且不易得，此际宜用接柁法）相似，接头处的处理并非齿接，而是"榫接+铁曲尺（角铁）+贯铁钉（螺栓）"的"中西混合做法"。同样可见在下弦杆与上弦杆的交接处，采用"榫接+贯铁钉（螺栓）"的做法，基本和西方三角

屋架该处构造一致,仅仅是贯铁钉的打入方式不同,足见其构造方式上的模糊和不确定性。(3)中国传统屋架一般不采用铁钉、螺栓、角铁等金属构件,此时的屋架,开始有了大量的铁曲尺(角铁)、贯铁钉(螺栓)等五金配件,可见当时的西式屋架的一些简便做法已经得到认同。(4)西式木屋架上一般采用的是方形檩条,而该厂房使用圆檩,不管是方檩还是圆檩,都必须解决檩条的固定问题,西式木屋架上弦杆的剖面同样采用的是方木,故而此处一般采用止桁木解决该问题,但中式木屋架没有此番做法。该厂房屋架使用的是一个小的类似铁钉的构件,起到止桁木的作用。(5)基础采用木桩,木桩贯入地基后,上面承受石板,石板上再承柱或墙体,和张锳绪《建筑新法》一书中介绍的木桩基础基本相同。

6.2.5.6　四川机器局——自主设计与外聘设计

四川机器局作为四川第一家兵工厂及第一个机械制造厂,1877年就开始建设,1878年老厂建成投产。该厂为中国人自行设计,自行施工,采用传统抬梁式木结构。丁宝桢在其给光绪帝的奏折中称:"该局营造局房,自制机器,均系仿照西式,共分建大小厂房188间,重垣大柱,覆屋重檐,安设铁炉、烟筒、风箱、气管,取材极富,用工极坚,与内地营造之法不同。又与局外淘河引水,创设水机器,灵活动泼,视洋人专借火力尤为事省功倍。"

四川机器局老厂建筑主要有总办署和漂洗车间等。总办署作为办公建筑采用的是传统的四合院布局。建筑主要西向,中轴对称。入口大门有门房三间,正立面做法为三角形立面山墙。第二进为五开间的倒座,前后各设游廊。进入院子后,两侧各有三开间的厢房,最后一进为五开间主房,合院四周以游廊相连。

老厂漂洗车间由于功能使用有所变化,不再使用传统的四合院布局,但连续排列的房子之间仍然使用天井作为连接和采光。屋架样式为传统的穿斗式屋架,局部为二层。屋顶形式较多,两坡硬山顶、两坡卷棚顶和勾连搭的方式都有,立面是传统江南民居的样式,在山墙顶部开设圆形的高窗以利通风。

1905年,四川总督锡良修建四川机器局新厂,此时的设计和建造者均为德国人,设计者为英国格兰公司的绍尔茨·菲力克(Schultz Felix),另有三个德国人参与监造。所建厂房均采用钢屋架,砖墙承重。其中资料比较详实的为新厂主厂房,1905年兴建,长206.5米,宽19米。该厂房钢屋架两端的第二支点下,各有一根空心铸铁柱支撑,柱顶与钢屋架的下弦用螺栓连接,用于支撑吊车钢梁,屋架跨度达19米。铸铁柱子下部为混凝土柱基,柱子与混凝土基础以螺栓锚固。因为成都此时直至民国时期,均无混凝土生产及金属加工行业,这些材料的出现与建筑建设的监制者相关,部分材料应该为外地运来。

另有新厂生产厂房一座,用红砖砌筑,砖砌基座,砖柱基础,窗台为本地产的红色砂岩。厂房屋架为钢屋架,采用三角形的气窗,内部的柱子形式较为独特,用螺栓锚固铸铁构件,类似今天常见的高压电线杆形式。1908年,时任四川总督赵尔丰在机器局老厂基础上改建炮弹厂,新厂生产厂房的建设时间据学者研究应与炮弹厂相同。其中记载有砖墙做法,此时青砖红砖混砌，反映了本土材料与外来新式材料在使用上的"抗衡"①。

另有四川机器局白药厂，建设时间约为1906年，厂址位于高攀桥附近，至今完好保存了众多当时建设的厂房、办公建筑。以其中最为典型的编号为A4的厂房（现为四川创视达建筑装饰设计有限公司）为例，建造时间1902年，建筑面积507平方米，层高4.2米。青砖砌筑外墙，青砖尺寸较大，砖拱券窗、砖拱当中置拱心石、红色砂岩窗台的做法与新厂厂房做法相同。屋架为三角形木屋架，跨度为10米左

图6-2-21 四川机器局白药厂木屋架

右，屋架各构件尺寸断面基本一致，构件粗大，构件交接方式简单，部分采用辅助铁构件，螺栓做法、蚂蟥钉都有采用，止桁木用的是梯形断面构件，该屋架做法更具早期三角形木屋架的做法特征（图6-2-21）。

6.2.5.7 汉阳铁厂、汉阳兵工厂厂房及其他——应用普及和类型扩展

1890年时任湖广总督张之洞选定大别山北作为汉阳钢铁厂的厂址，创建武昌铁政局。汉阳铁厂由英国工程师约翰森（E. P. Johnson）总设计，同时聘请英国工程师亨利·贺伯生（Henry Hobson）作为施工安装总监工。1891年铁厂动工，至1893年建成6个大厂、4个小厂。6个大厂厂房为大跨钢屋架结构钢制的梁柱，铁瓦屋面，"它是中国最早出现的钢结构厂房"，4个小厂仍为砖木混合结构。1891年张之洞筹建湖北枪炮厂，1892年枪炮厂动工，1903改名汉阳兵工厂。汉阳兵工厂的设计师是德国人，全部厂房皆为砖木结构，铁瓦屋面。

此外，诸如山东机器局、兰州机器局、奉天机器局、吉林机器局等基本已无建筑遗存或已经过改建和翻修，不复当年之面貌，仅有部分照片可以窥见其当时的技术特色。如兰州机器局，通过1917年在萃英门贡院的旧址图，可以发现其厂屋形式多为两坡屋顶带气窗的西式建筑，惟入口门房及刚进厂区处围合院子的四座建筑为中式做法，同样围合成院落空间。兰州织呢局厂房车间内部高敞，木柱木梁，青砖铺地。奉天机器局为大量的中式建筑做法，雕刻精美，如门楼、牌坊等，部分建筑同时加入许多西式细部，风格独特。银元厂作为生产用房，外观简洁，双坡屋顶，砖砌外墙，从众多砖砌的壁柱和壁柱上的构件推测，内部应该为木结构的屋架。吉林机器局于1929年由吉林督军张作相翻修过，因此内部木屋架技术成熟。

---

① "炮弹厂开间每间高一丈六尺，宽一丈零八寸，深三丈四尺，每间砖堂青色""两边砖柱两楞起包角线，中用灰填，羊肝色。"引自：成都市建筑志编纂委员会编. 成都市建筑志[M]. 北京：中国建筑工业出版社，1994.

如现存2号仓库屋架跨度极大，为典型三角形木屋架形式。屋架各部分构件断面尺寸较小，断面为矩形，受拉杆件采用双夹杆的形式，更是大大降低了木料的断面尺寸，亦说明其时对于木屋架受力原理已经理解。砖墙支撑木屋架两端的位置设挑出的悬臂木梁与木屋架下弦杆通过第一根竖杆的螺栓连接，以此获得更大的跨度（图6-2-22）。

1887年，奕譞《请准建津沽铁路折》从海防需要出发上奏朝廷，建议将唐芦铁路经大沽延伸至天津。1888年3月，该铁路延伸修建到塘沽，新河和塘沽站建成。塘沽南站于同年建成，1907年重修。其主体站房建筑年代尚待确认，从其屋架形式判断，属于较早期的屋架形式。其木屋架采用两种形式：一种为建筑面宽方向两端部采用的三角形屋架（单柱柁架），另一种为其他部分采用的三角形屋架，该三角形屋架形式奇特，既有单柱柁架的外观，又类似更简单的比如二坡屋架（人字屋架）的做法，同时在下半部还采用了钢筋代替木柱的悬吊式做法。该做法《建筑新法》一书中未见记载，若强行归类，可归为兼用铁活之柁架。该屋架做法与1907年北京陆军部衙署主楼的做法类似。

汉阳兵工厂某厂房木屋架

兰州机器局厂房

奉天机器局正大门

吉林机器局屋架内景

图6-2-22 汉阳兵工厂等图片

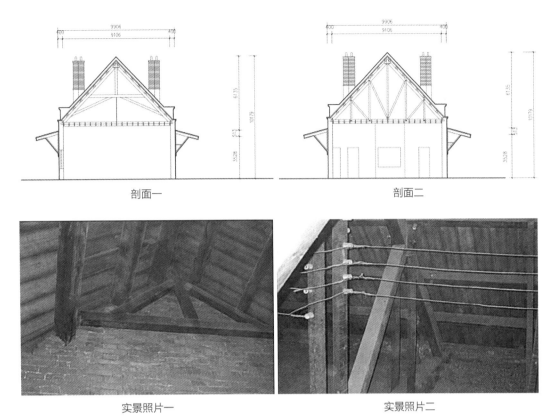

图6-2-23 塘沽南站木屋架

站房两屋架的跨度分别为9.4米、8.9米,为三角形木屋架适宜跨度。屋架木构件尺寸主梁厚14厘米×15.5厘米,其他木构件尺寸也偏小,远小于《建筑新法》一书所提构件尺寸大小,两桁架间距为2.45米、2.56米,檩条间距为68厘米、82厘米。木构件之间的连接方式与大沽船坞轮机车间做法相同(图6-2-23)。

在洋务派兴建的机器局中,早期的厂房建筑多以木屋架结构为主,及至后来随着技术的发展,开始出现钢木混合结构的屋架,最终演变成全钢屋架结构,这种变化与国内工业建筑甚至其他类型的建筑相比都处在领先的水平。

6.2.5.8 民族工业发展下的工业建筑

在某种意义上,所谓民族工业亦包含了洋务运动时期的官办企业,为了加以区别,本书特指由民营资本创办的企业。这些由民族资本家兴建的工厂建筑,尽管同样有一定的技术水准,但在与上述同时期建设的军工企业比较中,无论是从技术引进还是技术创新角度来看,往往处在落后的地位。从建设时间来看,这些民族资本企业出现的时间较晚,对于屋架技术等的理解在此时已经开始成熟。

1）南通大生纱厂清花车间等——一脉相承的技术做法

提及民族工业的代表就不得不论及南通的大生纱厂，该厂由著名实业家张謇于1895年创办，后来以此厂为母体，先后衍生兴办了一系列企事业，包括油脂厂、冶铁厂等，成为中国近代民族工业的典范。该厂1896年开始购地建厂，1898年在南通唐家闸动工，次年建成投产。该厂现存清花车间、原棉仓库等建厂初期建设的建筑。这些早期的厂房，同样代表了该时期民族资本工厂建设的较高水准。

大生纱厂清花车间：南通大生纱厂清花车间建于1898年，现位于大生集团公司内。该厂房由英国人汤姆氏设计，上海曹协顺营造厂承建，是南通现存最早的近代工业建筑，1898年12月建成。清花车间四周墙壁采用混水砖墙，屋顶采用常见的锯齿形天窗采光，故木屋架形式亦为常见的单坡屋顶的做法，然而这种常见的木屋架形式在《建筑新法》一书中未介绍（分类），《建筑构造浅析》等后期的著作有详细篇幅介绍。在日本和台湾地区的构造书中，将其称之为"锯形小屋"，认为其是由"片流小屋"组合而成的构造形式。该屋架做法大量应用于需要稳定光源的工厂中，如纺纱厂一类的建筑。两个锯齿状屋顶交接处设木柱支撑，木柱上方下圆，造型优美，过渡处自然抹脚，且上下分别施以不同颜色的漆。木柱间距约4米，柱径20厘米，柱脚做铸铁柱础保护，基础埋入地面部分采用方形石础，起到进一步防止木构柱础受潮腐烂的作用。锯齿形屋架底部下弦杆尺寸约为20厘米×8厘米，断面尺寸较小，其他构件同样因为断面尺寸小而显得纤细，开始显示出对于屋架和材料力学性能的把握。尤其对比南通博物内复原的清花车间案例，可以发现其柱头位置的处理方式并未使用托木，亦未采用蚂蟥钉等辅助铁件，或许从另一方面可以说明，当时木屋架底部用柱子支撑的情况属于普遍现象，而柱头以托木承托屋架的形式应该也是一种常用的技术手段，这些特征成为南通（唐闸）地区的早期砖木厂房建设的基本特征，反映出技术引入初期典型案例的影响和示范作用（图6-2-24）。

图6-2-24　南通大生纱厂清花车间木屋架等

原棉仓库1：原棉仓库1长向九开间，进深方向由砖墙分隔成三开间，屋架均采用三角木屋架形式。中部开间跨度大，但木屋架构件尺寸已经非常纤细，断面最大的下弦杆尺寸不超过20厘米×8厘米，且已经开始采用两端木材在下弦杆底部拼接的做法。由大型材通长过渡到小型材的拼接，是木屋架发展的一个技术进步。构件之间用螺栓和"凵"铁件辅助连接，两榀木屋架之间开始出现抵抗倾覆和加强联系的杆件，设置于底部下弦杆的上表面。厂房两侧由于跨度小直接搁置在砖墙壁柱上，中间隔墙设垫木，两侧突出砖墙50厘米左右，有效地减少了屋架的跨距。屋面四坡顶，采用半屋架，侧坡顶部做三角形采光窗（图6-2-25）。

原棉仓库2：原棉仓库2木屋架跨距与仓库1大体相等，因此在构件断面尺寸上相差无几。但该屋架显示了更为合理的力学形式，如三角形屋架中受拉构件（竖杆）使用钢筋，而受压构件斜撑使用木材。下弦杆以两木梁拼接，交界处位于屋架中部，以托木及螺栓固定。三角形桁架中部以柱支撑，柱子断面16厘米×16厘米。屋架搁置在两侧外墙青砖壁柱上，壁柱上头做混凝土垫块，垫块上加设托木。相邻两榀木屋架除底部纵向联系杆外，间隔一个开间又加设斜向补强杆件，这种构造上构件的增加，显示了对三角形木屋架整体性的理解。长向最边跨做45°半屋架处理形成四坡屋顶，侧坡顶部开天窗（图6-2-26）。

油脂厂7号、8号厂房：1902年左右创办的油脂厂，主要利用棉籽进行榨油。现有编号7号、8号二座厂房，结构做法为砖木混合结构，木屋架具有一定的特色。

7号厂房长向为西北方向，13个开间，每个开间宽约3.6米，中间以隔墙（横墙）分成北向6开间，南向7开间。木屋架为梯形木屋架，两端搁置在外部砖墙上。屋架搁置处设置一圈薄木做成的圈梁，木屋架底部再多设两皮木砖。梯形木屋架跨距为17.1米，下弦杆采用拼接，除下弦杆尺寸较大（约20厘米×20厘米），其他杆件尺寸都小，杆件之间榫接辅以螺栓、铁件。相邻桁架下弦杆以联系杆件加强，端跨联系杆直接顶住山墙。下弦杆中部设托木，托木底下木柱支撑，柱子断面约20厘米见方（图6-2-27）。

8号厂房长向与07号厂房垂直，两者紧邻以围墙联系，其长向同样为13个开间，每个开

图6-2-25 南通大生纱厂原棉仓库1屋架

图6-2-26 南通大生纱厂原棉仓库2屋架

间宽约3.6米，中间亦以横墙分隔。该厂房采用三角形木屋架，跨距为16.8米，下弦杆拼接，处理方式与7号厂房相同。该厂房无论是支撑的木柱，还是三角形屋架杆件尺寸都较7号厂房大，木柱断面25厘米见方，下弦杆25厘米×20厘米左右，应该是早于7号厂房建设。木屋架搁置于外墙壁柱上，壁柱上头做混凝土垫块（图6-2-27）。

两厂房屋顶第2、4、6、8、10、12开间处设高起的气窗。

资生冶铁厂：1905年创办的资生冶铁厂，主要为大生纱厂等制造机器配件及民用铁锅、农业机具等。该厂房长向东北向，总长约40.6米，共11开间，开间宽3.6米。厂房进深方向中部升起做上凸窗架式天窗。因此中部空间极为高耸，柱子高度亦相对较高，两侧中间6根柱子断面为方形（22厘米），其他柱子均为圆形。该木屋架形式较为独特，分上下两层。上部为三角形屋架，屋架两端与柱头相接，屋架跨距约9米。推测是出于受力等原因，又在底下加了一通长的下弦杆，两平行下弦杆以竖杆和斜撑联系。屋架杆件极细，两侧低坡屋顶以半屋架形式承托屋面板，屋架跨距为5.4米。该屋架在第4、8开间以斜档作为联系杆件进行补强（图6-2-28）。

大达公电机碾米公司：大达公电机碾米公司始建于1912年，是利用纱厂富裕电力建设的。该建筑面宽12开间，长41.8米，进深12米，共二层高10.7米。现存有部分近代特点的木屋架体系、楼板、楼梯等构件，是唐闸地区近代工业建筑的代表。建筑外墙采用红砖青砖混合砌筑，装饰较为繁琐。前面主体建筑跨度为11.5米，一层楼板为典型的密肋木梁上部铺设木板，二层屋架为梯形木屋架结构，梯形木屋架下弦杆断面尺寸较大，梁高达到40厘米，其他杆件尺寸均较小，宽度仅为18厘米见方，椽子直径多为16厘米左右，间距为110厘米。后部小空间跨距4.5米有余，故采用较为简单的三角形木屋架（图6-2-29）。

大生纱厂这一系列厂房建筑，建成年代相近，基本集中于1895～1905年这十年间（除碾米厂外），因此在技术水平上相对接近，各厂房间未出现大的变化和革新。材料选用上也基本相同，用的都是当时产于美国的红松，甚至在构造做法上也一脉相承，如三角形木屋架下弦杆的拼接方式、托木的设置、气窗的做法等。尽管如此，技术进步的痕迹依旧明显，杆件断面的减小、适应力学性能的材料选择及做法等，无不体现出木屋架使用技术的不断发展。

2）杭州通益公纱厂厂房——技术发展的迂回

杭州通益公纱厂旧址始建于1896年，翌年竣工。该木屋架的形式与上述大生纱厂清花车间的形式一样，采用的是纱厂常用的锯齿形屋架。屋架基本跨度不大，在每个天沟排水位置有木柱支撑，柱头和柱脚由铸铁构件连接，式样较为精美，有时为了减少跨度，柱头还做成类似树杈状。通益公纱厂木屋架大量使用了钢木组合形式，将竖杆换成钢筋，但构件做法较为粗糙，部分钢筋并未完全受拉，整体力学结构不太合理。此外，在每榀屋架之间，加了众多的增加整体稳定性的构件。这些构件的出现一定程度上显示了对于木屋架抗震等性能的理解，是木屋架发展的重要例证（图6-2-30）。

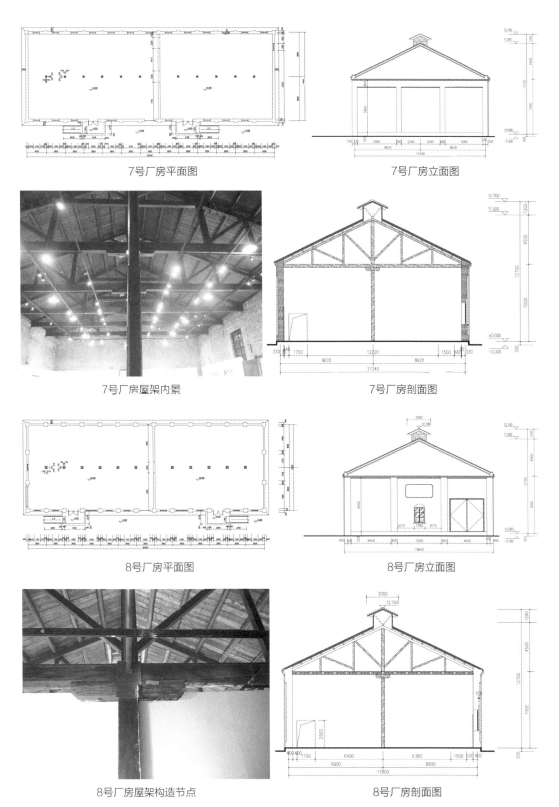

图6-2-27 油脂厂7号、8号厂房相关图纸

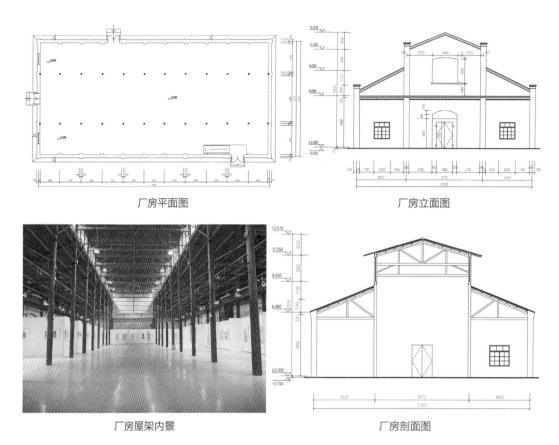

图6-2-28 资生冶铁厂相关图纸

图6-2-29 大达公电机碾米公司

图6-2-30 杭州通益公纱厂厂房屋架

3）无锡振新纱厂锅炉房——不同形式的并置

无锡振新纱厂由荣宗敬等发起,筹建于1905年8月。1906年动工,同年12月试车。锅炉房占地700米^2,高13米,2层砖木结构,烟囱高28米,均建于1906年。屋架采用三角形木屋架结构,室内共有5榀,跨度近15米,屋架高度4米多,高跨比较大。有意思的是,靠楼梯一侧的两榀木屋架,下层采用的是《建筑新法》中提到的单柱柁架,而另一侧三榀木屋架,采用的是双柱柁架。木屋架构件尺寸断面较小,采用榫卯和螺栓两种固定方式。此时木屋架的使用技术应该已经较为成熟,但这种对于屋架形式的混用现象,说明技术在运用中仍极具随意性(图6-2-31)。

4）芜湖明远电灯公司发电房——滞后时代的应用

创办于1908年的明远电灯公司,是安徽近代最早创办的发电企业,虽然为民办,但仍然早于官办的安徽省电灯厂(1909年创办于安徽)。该公司的两座发电厂房分别建设于1908年和1926年,1908年建设的发电房是安徽首例混凝土厂房,据徐震[①]研究,该厂房为芜湖本地工匠绘图建造。而1926年建设的第二座发电房为该公司1925年增容设备后所建,作为安徽首座钢筋混凝土框架结构厂房,其设计与设备安装均采用德国西门子洋行的技术,主要负责人为工程师罗史、门鲁、培路等。

发电房总建筑面积约580平方米,一层(局部带夹层)面积为380平方米。平面呈长方形,东西短向单跨,跨度为15米左右,南北长向6个开间。由于工艺流程等原因,平面布局采用不等跨的结构布置。结构主体为框架结构,外围护砖墙。结构柱和围合墙体关系比较特别,乍看以为是后期做的结构加固,东侧柱子外凸露于外墙,西侧柱子内凸露出内墙,两侧柱子约高10米,顶端以钢筋混凝土圈梁联结并作为吊车梁,东西山墙各有砖作壁柱,主入口设于西侧山墙面。墙体为三七厚砖墙,唯东侧墙体较厚,达到70厘米。圈梁上继续砌筑砖

---

① 徐震. 安徽近代明远电灯公司工业建筑[J]. 建筑与文化,2015(11):124-125.

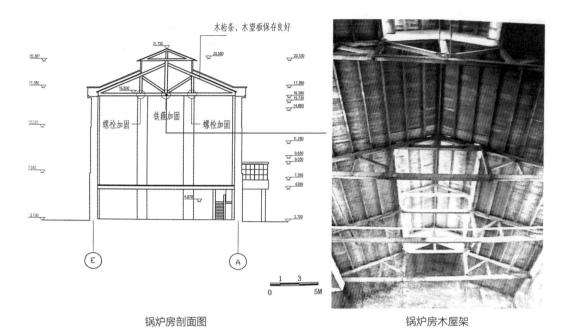

锅炉房剖面图　　　　　　　　　　　锅炉房木屋架

图6-2-31　无锡振新纱厂锅炉房屋架

墙,同样为370毫米厚砖墙。屋顶形式为三角形木屋架,属于最简单的梯形木屋架,木屋架跨度16米,高度约5米,高跨比为3∶10。屋架材料为进口美国花旗松,屋面做瓦楞铁皮。

上述几个民族工业的工厂遗存案例,从其木屋架技术的使用上来看,不论是最早建造时间、技术设计水准,都无法与洋务派兴建的军工厂房相媲美,毕竟集国家和地方财力、人才于一身的清末军工企业,建设本身就存在着一种高规格的品质,体现着一种权力在建筑类型和技术方面的转化。民族工业发展下的工业建筑,更多从自身的经济性、实用性出发,背后折射出民族工业在该时代的活力与创造性。

结语

从洋务运动初期(1865年)到民国初期(1915年),从南方开埠城市到北方近代著名工业城市,从沿海到内地,本研究列举的木屋架形式具有典型性,亦具有一定时间上的跨度。尽管从某种意义上说,案例选择仍带有一定局限性,但也能反映中国早期西式木屋架的建造和发展水平。

初期的木屋架建造技术,往往由外国人主导,包括最早的教堂建筑。这些木屋架,经常由外国技师(甚至是不懂技术的传教士)依据既往经验建造,而施工者又经常为本地工匠。本地工匠根深蒂固的知识体系,往往带入建造中,而指导者因为对结构知识、力学知识不谙熟等原因,效仿的仅是形式,经常出现"鲁斤燕削"的情况。这样一来,一

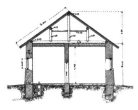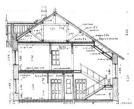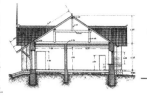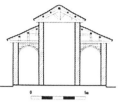

中东铁路几个站房屋架剖面　　　　　　　　石泉县天主教堂屋架

图6-2-32　中西木屋架样式并置

类"非中非洋"、"不古不今"的木屋架就被建造出来，或者出现中西两种样式并置的情况（图6-2-32）。嗣后，有些建筑开始依据西式图纸建造，亦开始出现具有专业知识的建设人员，如上述福建船政局轮机车间，就是依据当时的洋人监督日意格、德克碑（D'Aiguebelle）带来的法国厂房图纸建造的。大沽船坞轮机车间是由李鸿章请天津海关税务司英国人德璀琳帮助建造的，此时施工方为本地营造厂。而益新面粉厂重建制粉大楼也聘请了"美国的土木工程师和英国的工程师"。其他如湖北汉阳炼铁厂的设计工作聘请英国人担任，设计图纸从洋厂寄来。这种情况反映了技术传播初期的基本特点，抄袭和模仿是最主要的，有时候甚至就是原样的拷贝和重复。

这一阶段尽管技术上仍不太自信，但开始表现出一定的专业水准。这种专业性体现为木屋架技术中较为重点关注的几项技术的发展，如结构形式选择与跨距的对应关系开始合理，构件断面大小与屋架跨距的关系比例开始合理，辅助性构件逐渐增加，各构件结合关系趋于合理与精致。同样以福建船政局轮机车间的构造节点为例，螺栓采用热熔固定的形式，铸铁梁架节点极为精致，堪称当时最先进的工艺技术。这是当时木屋架采用的基本连接构造形式，及至后来才发展成螺栓栓接等各种构造形式。从各种铁件的使用，可以看出由传统榫卯结构开始过渡到螺栓连接的西式构造。在塘沽南站主站房等建筑中，已经开始出现了用铁吊杆代替木结构中的受拉木杆件的做法，这种做法在20世纪30年代的厂房建筑中大量使用，并一直沿用到现在，体现了对木屋架力学结构知识等的理解和掌握。当然，由于木材的紧张，开始使用接长木结构等形式，也让木屋架构造进一步得到发展。

西式木屋架技术的引入，还改变了中国近代对木屋架整体的力学认识。中国传统木屋架体系是一种以"加法"为基础的简单力学体系，而西式木屋架体系是以"减法"为基础的复杂力学体系。这种改变是中国近代建筑史上的一个飞跃，它让中国近代建筑开始走向科学和理性，并呈现出近代化特征。

最为关键的一点是，西式木屋架的引入，实现了建筑物在跨度上的突破，满足了工业生产对于室内大空间的需求，解决了近代早期工业建筑在营建方面的关键技术问题。

通过上述对木屋架典型案例的分析，可以管窥当时作为新式技术之一的西方建筑技术在进入中国后的状态，也印证了技术的转移与传播绝不是一个简单的经济学或工程学的过程，而是一项系统化的技术工程与社会工程。正如技术文化论所认为的，技术转移与变革最容易的是器物层，西式木屋架技术在早期厂房中的应用，正是技术"产品"跨越国界的体现。尽管在技术传播初期，抄袭和模仿仍然是最主要的，有时候甚至就是原样拷贝和重复，但这种简单移植嫁接却使得外来（新式）技术迅速地进入，而不是由传统技术体系中发展出来，避免了冗长的孕育过程（表6-2-6、表6-2-7）。

《建筑新法》中所载木屋架类型及应用实例　　　　表6-2-6

屋架名称	《建筑新法》书中图例	现存案例（建筑名称：建设地点，建设年代）
单柱柁架		中原证券交易所：南京，1865
双柱柁架		广州俱乐部大礼堂：广州，1865
四柱柁架		益新面粉公司制粉楼：芜湖，1916
兼用铁活之柁架		通益公纱厂厂房：杭州，1930～1940

续表

屋架名称	《建筑新法》书中图例	现存案例（建筑名称：建设地点，建设年代）
高顶柁架	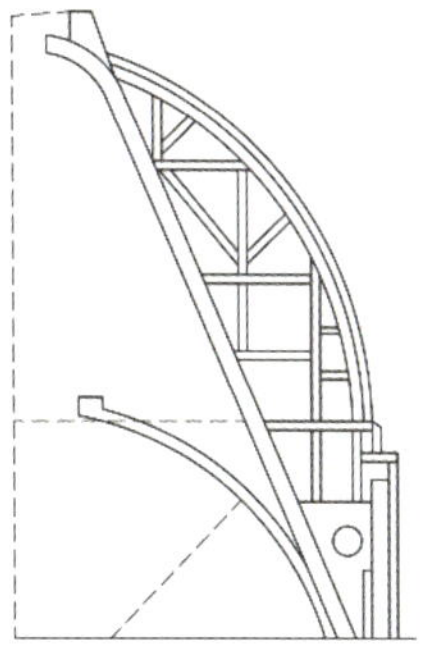	 南沟沿救主堂采光亭：北京，1907
增高房顶及难得长木时柁架	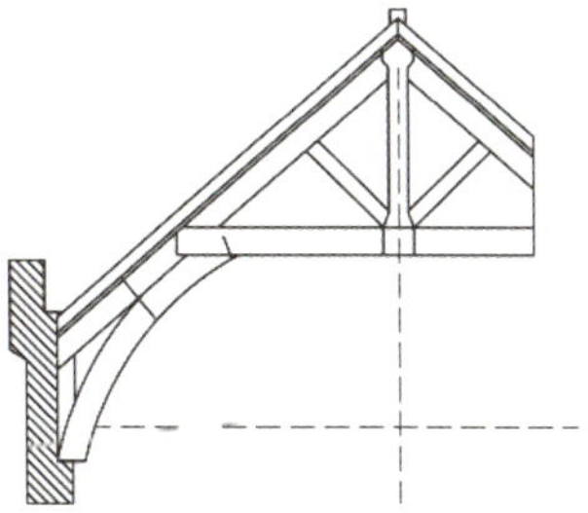	 南沟沿救主堂：北京，1907
内部房顶见圆形之柁架	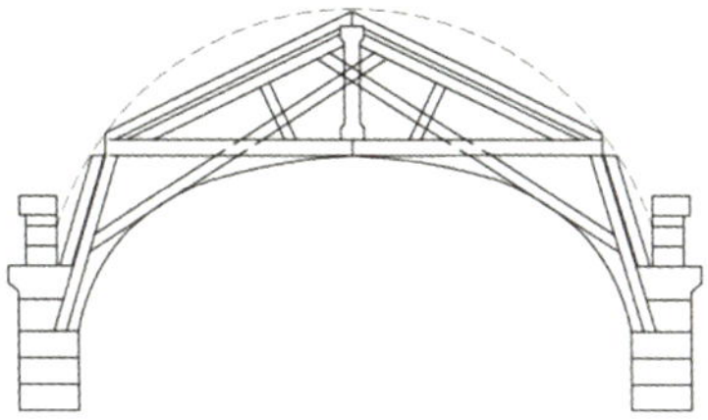	 宝兴机器面粉厂：蚌埠，1928
柁上设楼存储物品时之柁架	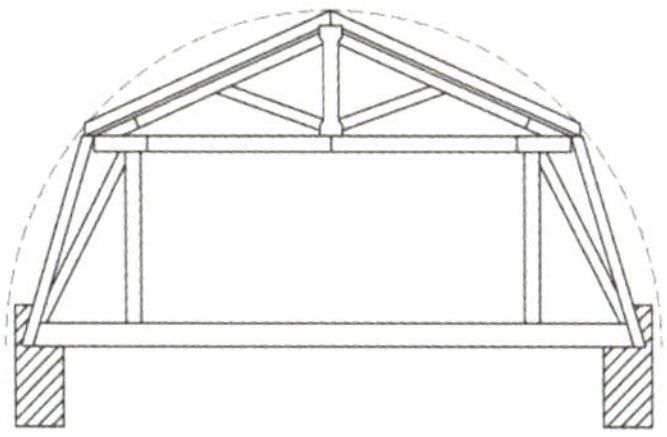	 天津原美国兵营食堂：天津，1910

第6章 近代工业建筑核心建造技术的发展

表6-2-7 西式木屋架各构件名称

构件名称	桁架上部的斜木	桁架下面的横木	桁架中的竖杆	桁架中最长竖杆	桁架中的斜杆	桁架之间的联系斜杆	腹杆连接之处	桁架间纵向联系用于铺望板	处于屋脊处的檩条	椽子上的木条用于铺木望板	屋面板	上弦杆与木檩条的加固构件	两节点间的距离	固定用的螺栓	固定两木杆的U形铁件	固定两木杆的鞍形铁件	其他构件
建筑构造	上弦杆	下弦杆	腹杆	中竖杆	斜撑	—	节点	檩条	—	椽子	望板	扒木	—	螺栓	—	—	—
《建筑新法》	大杈	柁梁	立人	大立人	小杈	—	—	—	—	—	—	—	—	螺栓	—	—	—
《房屋构造学》(1936)	上桁木	下桁木	竖木	中柱	斜撑	—	—	楣梁、皮梁	栋梁	—	—	—	—	—	—	—	—
《房屋构造学》(1954)	上弦	下弦	腹杆	—	斜撑	纵向斜撑	节点	檩条、桁条	—	椽子	—	三角木	节跨当	螺栓、铁华丝	弯铁板	扒钉	—
日文名称 真束小屋	合掌、上合掌	陆梁	束、吊束	真束、栋束	方丈	筋违	—	母屋、鼻母屋	栋木	—	—	—	—	吊束	—	鎹	敷桁
日文名称 对束小屋	上合掌 妻·隅合掌	—	—	对束、夫妇束 隅真束、南瓜束	—	—	—	—	—	—	—	—	—	—	—	—	—
中国台湾地区称谓	主椽、人字梁	系梁、水平大梁	悬柱、吊杆、边同柱	中柱、主柱、中同柱 偶柱、副同柱	—	—	—	桁条	脊枋木	榱木	裹板、野地板	止桁木	—	螺栓	—	蚂蟥钉	檐横梁
英文名称	Principal rafter	Tie beam	Hanging post	King post	Angle brace	—	—	Purlin	Ridge piece	Common rafter	Roof board	Cleat	—	Bolt	—	—	—

6.3 中国近代水泥工业发展及中国近代著名水泥企业生产技术发展

6.3.1 从落后到超越——中国近代水泥工业发展

水泥，由于最先从英国进口，时人称之为"英泥"或"英坭"，近代中国北方地区称之为"洋灰"，南方大部分地区则根据其外文发音"cement"直译"细棉土"或"士敏土"。作为一种外来建筑材料，水泥在中国的应用时间并不算太长，或者说其真正大规模、广泛性地应用是在近代以后。尽管研究表明，在早期进入中国的传教士兴建的教堂中，就曾经用到过水泥，但真正大规模地使用仍然是在1910年以后，特别是20世纪20~30年代，大量钢筋混凝土房屋的出现开启了混凝土建设的时代。从前述章节对于工厂调查的数据显示，中国近代大量的钢筋混凝土厂房，同样是这个时代的产物。事实证明，中国近代工业的产生与发展促进了近代建筑业的兴起，近代建筑业的崛起和发展又是以近代水泥工业为基础展开的。但不得不承认，只有在近代以后，中国才真正建起了自己的水泥工业。

1947年，奚正修在《中华民国水泥工业同业公会年刊》以《我国水泥工业之过去现在与将来》一文详述了中国近代水泥工业从初创到抗日战争爆发期间的发展历程，并提出了这一历程中的三个分期：初创期（1877~1918年）——自启新洋灰公司之设立到欧战告终，这段时间国人自办水泥工厂不多，产量较少，大部分市场为洋货所独占，尽管如此，却足以开启了国人对投资水泥工业的兴趣；发展期（1918~1931年）——以中国水泥厂及广州西村水泥厂创立为标志，该时期尽管内战频仍，但水泥工业已初具规模；勃兴期（1931~1937年）——尽管"九·一八"事变后，东北的水泥市场全部被日本掠夺，加之中苏恢复建交，俄国水泥大量输入，导致国产水泥立足困难。但是在各方努力下，如国家予以政策保护，提高进口水泥的关税，限制了外国的水泥进口，再加之战争引起水泥供应的剧增等因素，西北水泥厂、江南水泥厂、四川水泥厂等各大水泥厂纷纷成立[①]。该分期在时间跨度上略显短暂，而且在统计数据上也有缺漏，如未将澳门、香港等地的水泥企业纳入其考查的范围，而且作者考查的仅仅是1949年之前的一段时间，还不包括中华人民共和国成立后我国水泥工业的发展情况，却为我们提供了近代早期中国水泥工业在发展过程中的一些珍贵的资料。

1949年后，亦有专家将我国水泥工业与国外水泥技术发展进行对比，分为"跟随、追赶、超越引领"三阶段，这样的阶段划分略显粗放。另外亦有将1949年后近70载的水泥工业发展划分成7个阶段[②]：（1）1949年后的恢复和初步发展阶段（1949~1957年）；（2）"大跃

---

① 奚正修. 我国水泥工业之过去现在与将来[Z]//中华民国水泥工业同业公会年刊. 上海：中华民国水泥工业同业公会，1947.
② 王燕谋，等. 中国水泥发展史（第二版）[M]. 北京：中国建材工业出版社，2017.

进"的起落和经济调整阶段（1958～1965年）；（3）"三线"建设与"文革"曲折前进阶段（1966～1978年）；（4）水泥工业蓬勃发展阶段（1985～1995年）；（5）水泥工业结构调整部署阶段（1996～2000年）；（6）新型干法生产高速发展阶段（2001～2009年）；（7）向水泥强国迈进阶段（2010以后）。

从上述资料对于中国近代水泥工业发展两个不同时期的划分，可以看出中国近代社会在水泥生产技术方面从学习引进时的落后紧跟再到自主研发后超越领先的过程。这个发展过程中，包含了产品的进口与自主生产、设备的购买与自主研发、人员的引进与自主培养等多方面因素。本研究将重点落在1840～1949年这一时间段内，以这一阶段中国近代水泥工业的发展入手，去考察中国近代工业建筑营建的关键技术——水泥工业发展带来的钢筋混凝土技术的应用。

与中国近代工业的建立与发展一样，中国水泥工业的发展离不开中国近代史上国内外各种政治事件的影响，换句话说，中国水泥工业各个时期发展与当时的国内外政治、经济局势有千丝万缕的联系。1840年鸦片战争迫使中国开放口岸，西方各国向中国输入商品、开办工厂、开采矿业，其中也包括水泥的进口和水泥工厂的创办。正是由于意识到西方的经济掠夺和出于自强目的，洋务派以"自强"、"求富"为旗号兴办各种新式军事工业和民用工业。这些工业建设都离不开水泥，从而引发洋务派创办水泥工厂，中国民族水泥工业开始起步。由于地缘及运输成本的关系，日本水泥资本随着侵略势力入侵中国，日资水泥企业曾遍布东北，日本水泥充斥中国市场。第一次世界大战开始后，西方列强放松了对中国的控制，加之政府政策鼓励和有识之士的努力，国内建筑行业蓬勃发展，中国水泥工业同样取得长足进步。随着抗日战争爆发，中国水泥工业遭到严重破坏，尽管在敌后有些因战争和经济建设需要而建的水泥企业，却改变不了水泥工业停滞不前甚至倒退的困局。新中国成立后，国家利用计划经济的优势，建设了一大批国有水泥企业，这时期的水泥工业取得了长远的发展。进入改革开放时代，中国现代化的水泥企业纷纷诞生，并且走向了真正高科技自主创新。

从《我国水泥工业之过去现在与将来》一文得知，在抗战爆发之前，中国近代水泥工业的发展，尽管遭遇过各种困难，仍然发展迅速，成绩优异，具体体现在两方面：其一，水泥总产量增加，不仅能够自给自足，还外销其他国家。根据统计数据，1936年全国水泥生产的数量总计为102000吨，启新洋灰公司的马牌水泥远销南洋群岛，在当时国内民族工业中可谓一面旗帜。其二，水泥质量提高，在与外国水泥比较当中不落下风。据上海工部局的化验结果，当时国产著名水泥品牌的质量，在水泥细度、硬度、凝结时间、抗压强度等方面，已经超越英国标准。上海水泥公司为此还拟定中国水泥标准规范草案。本节即以这几方面入手聚焦中国近代水泥工业的发展。

6.3.1.1　工业建筑持续大量建设保障——中国近代水泥产量提升

中国最初的水泥全部依靠进口，尽管1886年第一个水泥厂已在澳门创办，但直至1911年辛亥革命爆发，中国的水泥进口仍呈逐年增长的态势。依据有明确记载的数据来看，从1905

年的553581担到1910年的1973548担，进口数量翻了近3倍。此时进口水泥主要来源为日本和中国香港地区，这与建筑材料运输成本有极大的关系，由日本进口的水泥数量呈逐年递增趋势，也反映了当时日本正逐渐地以产品输出的方式占领中国的市场（附录附表4）。

该时期为中国水泥工业创始起步期，中国自主建设的水泥厂从无到有，先后成立了三家大型的水泥生产企业：1889年唐山启新洋灰公司，1908年广州河南士敏土厂，1909年湖北大冶水泥厂。这三家企业均为政府提倡和支持下兴起，至1911年三家企业水泥年总产量为10万吨左右，与当年的水泥年进口总量（200万担左右）基本已经持平[①]，尽管产量仍不大，但国产水泥企业在经验不足、资金不济、设备落伍等困难之下，能够在外商统治的国内市场为中国水泥工业的发展打开一个缺口，无疑具有里程碑式意义，起到了很好的示范作用。

从1911年起至1918年，由于欧战爆发，西方各国疲于战争和战后建设，放松对中国市场的控制，年进口水泥数量降到了1910年总量的一半不到，并且一直停滞在该数量上。辛亥革命后建设对于水泥需求日增，国内水泥价格飞涨。尽管该阶段并未建设影响较大的水泥企业，仅有日本在台湾地区建立的浅野洋灰株式会社高雄工厂和接收的原德国在青岛开设的山东洋灰公司，但正是这样的市场需求和技术积累为下一阶段中国水泥工业发展打下了基础，中国的水泥工业乃呈蓬勃气象。

1919年欧战结束，进口水泥的数量又开始回升，1919年进口数量较1918年翻了一番。此后至1933年，年进口水泥的数量基本呈上扬态势，尽管其中亦有起落，1932年进口水泥数量达到了367万担，为1949年以前最高值。至抗战爆发前，该时期国内工业和贸易迅速发展，建筑业勃兴，工厂、住宅、商业大楼等不断兴建。数据显示，该时期内兴建的工厂数量亦是中国近代最多的。以上海为例，仅1919年即新建工厂28家，1920年51家。1919年国内仅有水泥企业5家[②]，年产水泥5.1万吨（30万桶），而国内水泥年需求量为34万吨（200多万桶），缺口相当大（约170万桶）。

这一阶段，中国新创办的近代水泥企业数量较多。1920年上海华商水泥公司，1921年江苏中国水泥公司、山东致敬水泥公司，1929年广州西村士敏土厂，1934年西北洋灰厂，1935年江南水泥厂，1936年四川水泥厂等6家中资企业陆续创办。日本在华企业有"小野田"鞍山工厂（1934年）、泉头工厂（1935年），"浅野（小野田）"哈尔滨工厂（1934年），"磐城"辽阳工厂（1933年）、本溪工厂（1936年）等5家。此时全国水泥产量不仅实现了自给自足，还可以外销。如1936年全国水泥生产数量计为1020000吨（合600万桶。该统计数据不含日本企业的生产数量），而当时全国水泥的需求量仅为850000吨（合500万桶），每年可余100万桶水泥输出。从1936年的水泥进口数量来看，与之前1932年的367020吨相比，已经下降至仅34949吨，还不到其十分之一。这一阶段是中国近代社会少有的短暂平稳期，也是建设黄金

---

① 一担水泥约100市斤，即50公斤（0.05吨），一桶170公斤。
② 除唐山启新洋灰公司、广州河南士敏土厂、湖北大冶水泥厂外，尚有日资水泥厂2家，为大连小野田水泥会社大连支社和青岛山东洋灰公司。

时期,中国的水泥工业受当时政策、经济的影响和刺激,迅猛发展,生产能力得到提升,成为民族工业较为突出的一脉。

自1937年抗战爆发至1949年中华人民共和国成立,这一期间尽管成立(重组)的水泥厂家众多(有据可查者近25家),但这些水泥厂的规模和影响力远不如之前创办的厂家,其中有近一半为日本水泥资本在中国投资建设。这些日本企业挤占中国市场,控制了东北和华北市场,1943~1945年间日本14个水泥厂年生产水泥246万吨,占当时中国总体生产能力的57%,成为当时中国水泥工业非常重要的组成。而反观国内民族资本等创办的水泥厂,却因为遭到日军侵占和破坏,生产无法进行,或者被迫迁移建厂,或者直接停产。新建水泥厂也因为技术水平落后,或者资金、原料无以为继而产量低下。总体而言,由于水泥生产企业增加,整体技术水平提高,从抗战爆发到新中国成立前中国水泥整体产量仍然处于提升态势。尽管战争期间建设量下降,但这一期间水泥生产仍为当时的敌后建设和生产发展提供了重要保障,而日本在中国的投资是为其进一步掠夺财富和战争做准备,必然也需要大量的水泥生产。

中国近代水泥工业的发展一直在蹒跚中前进,从国内自身纵向发展来看,似乎较之清末有长足进步,但与邻国日本相比,却有不小差距(表6-3-1)。除去在中国和其他国家的生产企业,仅就日本国内企业而言,1930年其国内水泥生产能力就已经达到4526800吨,由于1936年缺乏数据,以1935年全年生产能力来看,其8856800吨的生产能力几乎是中国当时国内水泥生产能力的8.6倍有余,可见二者差距之大。当然这种差距是随着国际形势的改变而改变的,1945年,中国国内水泥生产总量达到432万吨(含日本在华企业的246万吨),民族资本企业等生产总量达186万吨,而日本国内由于战争等影响,剧降至300万吨。此时中国境内水泥产量已然超过了日本国内水泥的总产量。

1930~1945年日本水泥逐年产量及销量统计表(吨) 表6-3-1

年份	国内生产能力	波特兰水泥实产数量	其他水泥实产数量	实产总额	国内用量	输出用量	剩余数量
1930	4526800	3190387	100000	3290387	2826305	456949	1243346
1931	4898300	3113279	100000	3253279	2583781	450432	1864087
1932	5232900	3212683	100000	3312340	2722063	394444	2116393
1933	6106200	4132307	142000	4274307	3452081	386339	2167780
1934	7602500	4214827	186000	4400827	3402115	311623	3878762
1935	8856800	5124002	268000	5392002	3477647	507953	4871200
1936	—	4448300	—	—	3901600	544100	—
1937	—	4933400	—	—	4443800	482400	—

续表

年份	国内生产能力	波特兰水泥实产数量	其他水泥实产数量	实产总额	国内用量	输出用量	剩余数量
1938	—	4396800	—		3975200	386700	—
1939	—	2509500	—		2284900	245000	—
1940	7603000	4401601	1600778	6002379	4933618	973233	1696149
1941	7603000	4546078	1282381	5828459	4900273	692349	2010378
1942	6502000	3173807	1182216	4356023	4039485	168380	2294135
1943	4928000	2179719	1587947	3767666	3606231	126023	1195746
1944	4490000	1925152	1034534	2959686	3150450	31530	1308020
1945	3000000	743183	267536	1011219	979336	—	—

6.3.1.2 国际水泥生产技术提升——窑体变革

自近代水泥发明起，水泥生产技术随着社会生产力发展不断进步、成熟和完善。其工序有三个步骤，即生料制备、熟料煅烧、水泥制成：首先按一定比例将原料进行配比，先经粉磨制成生料；再在窑内煅烧成熟料；最后通过粉磨制成水泥，即通常所说的"两磨一烧"。在这个过程中，用于煅烧熟料的窑体是生产的核心设备，窑体技术的发展代表了水泥生产技术的进步。国际上水泥生产技术先后经历了瓶窑—仓窑—立窑—干法回转窑—湿法回转窑—新型干法回转窑几个明显的发展阶段，最终发展成现代的预分解窑新型干法生产技术（图6-3-1）。

1）瓶窑

1824年，英国利兹城泥水匠阿斯普丁（J.Aspdin）获得波特兰水泥专利。其所用煅烧设备形状像瓶子，因而得名瓶窑（Bottle Kiln）。瓶窑煅烧技术是参考煅烧石灰技术改进的，与砖窑煅烧砖块亦有类似之处：原料与燃料逐层依次堆叠，燃料烧尽且料块冷却后出窑。由于窑体内部温度不均匀，成品料块会有欠烧、过烧与正烧三种。燃料利用率和成品率极低，不太经济。

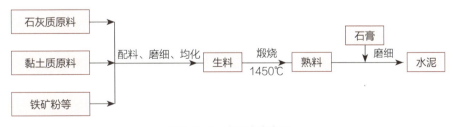

图6-3-1 水泥生产步骤

2）仓窑

1872年，英国水泥专家约翰逊（I. C. Johnson 又译强生）发现现代水泥生产的基本参数，包括波特兰水泥的化学成分和烧成的温度。同时其对瓶窑进行改进，由多个瓶窑和一个横向长仓组成仓窑。长仓用于原料预热与烘干，瓶窑用于原料烧成。该技术将水泥生产过程分解成干燥、预烧和烧成的过程，这个技术构思与中国古代烧砖（瓷）做法极其相似，且仓窑剖面与龙窑剖面也相似，都是出于节省燃料并提高成品率的目的。仓窑作为第一代水泥生产窑体于19世纪后期在欧洲得到广泛应用。

3）立窑

1884年，德国狄兹赫（Dietzsch）发明立窑。原料煅烧在立窑内沿垂直方向进行，区别于仓窑的横向水平作业方式。此外立窑还在煅烧过程中多了一个冷却室，可以对料块进行冷却，操作更为简便，通风效率与热效率较之仓窑更优。立窑传入丹麦后，丹麦人史柯佛（Schoefer）对立窑进行了多次改进，使得料块和燃料可以利用本身重力下落，经烧成和冷却后卸出。此后，英国人在立窑上采用机械通风。1913年前后，德国人在立窑上开始采用移动式炉篦子（Movable Grate）使熟料自动卸出，同时进一步改善通风。

4）干法回转窑

采用回转窑烧制水泥的构思来自英国工程师柯兰顿（Cramton），但经过试验未成功。另外两位英国人改进回转窑系统，试验依旧失败。1895年，美国工程师亨利（Hurry）和化验师西蒙（Seaman）在前人基础上设计出自己的回转窑系统，经过试验终于成功。回转窑系统包括三个旋转筒，第一个筒体承担干燥、预热、烧成的功能，第二个和第三个筒体则用作熟料初冷和终冷。回转窑试验成功后，从美国传入欧洲和亚洲各国，其后不断通过技术改进，比如减少筒体数量，增加筒体长度，扩大筒体直径等进行优化。1897年德国人贝赫门（I. A. Bachman）发明余热锅炉窑，利用窑尾排出的废气进行发电，降低能耗。1928年，德国人立雷帕（Lellep）与德国水泥机械公司伯力鸠斯（Polysius）合作制造出干法回转窑（Lepol立波尔立窑），立波尔立窑是干法回转窑的高级版，在世界各国都得到应用，直到1960年以后才被新窑型取代。

5）湿法回转窑

1912年，丹麦史密斯（F. L. Smith）水泥机械公司研制出湿法回转窑生产水泥的新方法。该法采用白垩土和其他辅助原料制成水泥生料浆，用它取代干生料粉在回转窑上进行煅烧。湿法回转窑按其发展又有普通湿法回转窑、料浆蒸发机湿法窑、湿法长窑等。湿法回转窑与干法立波尔窑存在的时间跨度相近，各有优缺点，因二者对于能源的利用不同，故而在能源较丰富的国家如苏联和美国，主要采用湿法回转窑；在能源较为缺乏的国家，则更青睐于立波尔窑。湿法回转窑同样在1960年以后被新型窑体取代。

6）新型干法回转窑

1932年，伏杰尔·彦琴森（M. Vogel-Jorgensen）向捷克斯洛伐克共和国专利办公室（Patent Office）提出四级旋风筒悬浮预热器的专利申请，该专利由于各种技术问题未能应用于生产。后经德国工程师穆勒（F. Muller）对专利内容作了多处改进，洪堡公司（KHD）制造出世界上第一台四级旋风悬浮预热器SP（Suspension Preheater）。这种窑体结合了湿法长窑和立波尔窑的优点，熟料质量达到湿法制造的水平，能耗又比立波尔窑低，因此在20世纪50年代末到70年代初期广泛应用，特别是在能源缺乏的国家更受欢迎。

预分解窑技术指的是将碳酸盐分解过程从窑内移到窑外的煅烧技术。这种技术关键在悬浮预热器和回转窑之间增设一个分解炉或利用窑尾烟室管道，在其中加入30%~60%的燃料，使燃料的燃烧放热过程与生料的吸热分解过程同时在悬浮态或流化态下极其迅速地进行，生料在入回转窑之前基本上完成碳酸盐的分解反应，因而窑系统的煅烧效率大幅度提高。20世纪50年代初期德国洪堡公司（KHD）研究成功悬浮预热窑。1971年，日本石川岛播磨重工业公司在洪堡窑的基础上首创水泥预分解窑NSP。该窑型在20世纪末成为最先进的水泥烧成设备（表6-3-2）。

国际水泥生产技术窑型发展简明表　　　　表6-3-2

发展阶段	雏形		成熟	
	时间	窑型	时间	窑型
仓窑	1824	瓶窑	1872	仓窑
立窑	1884	普通立窑	20世纪20年代	机械立窑

续表

发展阶段	雏形		成熟	
	时间	窑型	时间	窑型
干法回转窑	1895	干法中空回转窑	1928	立波尔窑
湿法回转窑	1912	普通湿法回转窑	20世纪30年代	湿法长窑
新型干法回转窑	1951	悬浮预热窑	1971	预分解窑

6.3.1.3 后发外生优势——中国近代水泥生产技术发展

中国第一个水泥工厂澳门青州英坭厂建于1886年，距离立窑技术发明不久（1884年），欧洲各国此时正致力于研究和推广立窑生产技术。作为后发外生型的国家，自然而然地引入了当时最为先进的生产技术工艺。因此中国水泥生产技术的发展，如果也以窑体技术的发展为坐标，则经历了由"立窑—干法回转窑—湿法回转窑—预分解窑新型干法"四个主要技术阶段，直接跳过了初期的瓶窑和仓窑技术的发展期。

1）立窑

中国近代最早的水泥企业，多采用立窑进行生产，当时的立窑又称"直式窑"（也称竖窑）。其投资成本较低，工艺相对落后，产量低。中国第一个水泥厂澳门青州英坭厂引进的就是德国立窑工艺生产线，唐山启新洋灰公司一开始也是采用立窑生产工艺，同样采用立窑生产工艺的还有广东士敏土厂。三家水泥厂的立窑工艺生产线从德国购进并非巧合，唐山启新洋灰公司创办人唐廷枢是广东香山人，他曾经前往澳门考察青州英坭厂，并利用青州英坭厂为唐山启新洋灰公司试烧原料；广东士敏土厂开工建设时聘请过香港青州英坭厂的化验师和机械师作为技术指导。

立窑分为普通立窑和机械立窑两种，普通立窑是人工加料人工卸料或机械加料、人工卸料；机械立窑是机械加料、机械卸料。普通立窑只能间歇性生产，如1918年德国人在山东青岛创办的山东洋灰公司，而机械立窑是连续操作的，它的产量质量及劳动生产率都比普通立窑高。机械立窑盛行于德国，后又传播到世界其他国家。1936年致敬洋灰股份有限公司通过天津礼和洋行从德国克房伯公司引进一条机械立窑设备，建成Φ2.5米×10米德制机械式立窑。1938年山西北部大同市口泉地区的蒙疆洋灰公司口泉洋灰厂，系日本磐城"士敏土"株式会社在华分支。主机设备为Φ2.5米×10米超福氏立式烧成窑，全套设备由德国供货，带盘式自动喂料装置，天津礼和洋行协办，这是中国境内第一座机械立窑水泥厂[①]。

抗战爆发后，由于各种条件所限，中国在敌后根据地发展出一批使用立窑技术的小型水泥企业。1939年，昆明水泥厂王涛等人设计出一台Φ2.5米×12米钢筒体立窑，于1940年点火试烧，这是我国自行设计的第一条立窑生产线，后来又增设了Φ2.5米×12米钢筋混凝土筒体立窑一台和不同尺寸的砖砌筑立窑四座。昆明水泥厂是国产普通立窑和土立窑的发祥地，也是中国水泥史上最早采用国产设备建设窑厂的，因此具有里程碑式的意义。

在敌后与昆明水泥厂同样采用立窑生产工艺的还有江西水泥厂、嘉华水泥厂、甘肃水泥厂、湖南水泥厂、陕西水泥厂、贵州水泥厂等6家，这些厂家因为战争的关系，资金、技术缺乏，不得不采用投资少、上马快的立窑技术。直至1949年后，立窑仍在中国大量使用。现存大部分的立窑（竖窑）都是在1995年以前设计并投入使用的。

2）干法回转窑

回转窑（旋转窑）生产工艺有干法和湿法之分，干法回转窑有四代窑型，除干法长窑外，其他三种中国近代水泥生产公司都曾采用过。

作为中国境内最早的水泥工厂，启新洋灰股份有限公司在经历了立窑生产技术落后、产品质量低下的教训后，于1907年花重金向丹麦史密斯公司（F. L. Smith）购买2台Φ2.1米×30米干法回转窑，以及生料磨等其他设备，1908年正式投产，开创了中国近代利用回转窑生产水泥的历史。此后又在1911年、1920年向史密斯公司分别购置2台Φ2.4米×45米、1台Φ2.7米×60米、1台Φ3米×60米干法中空回转窑。这是通过窑体升级改进水泥生产技术的典型范例。

与启新洋灰股份有限公司不同，湖北水泥厂在创办时，直接采用干法回转窑生产技术。该厂通过德商瑞记洋行购买香港九龙一家停办水泥厂的全套水泥生产设备，含Φ2.1米×35米干法回转窑2台、Φ1.8米×7.8米磨机4台、烘干罐2台；另有轧石机、磨煤机、蒸汽

---

① 在王燕谋等编著的《中国水泥发展史》一书中将该机械立窑设备定义为中国境内第一条机械立窑水泥生产线。据资料显示，致敬洋灰股份有限公司1936年就引进过同样的机械立窑设备，但在该书中却提到致敬洋灰公司所引进的是普通立窑。

机、发电机、装包机、物料输送机、车床、刨床等配套设备。因干法回转窑技术此时已经趋于成熟，在欧美各国作为一项新技术被迅速推广，故而投产比较顺利。

1935年创办的西北洋灰厂，采用的是日本产的Φ2.3米×38.1米干法回转窑生产线，1936年又购入一条Φ2.7/2.3米×41.1米干法回转窑生产线，其他设备则分别来自日本大阪粟本铁工所和三菱公司。与中国近代其他民族企业不同，该公司成为第一家购买日本设备的民营水泥生产企业。

1941年创办的天祥实业股份有限公司水泥厂，拥有两台自造的小型干法回转窑，机件比较完善，极少修理；1947年创办的建亚水泥厂，拥有Φ2.85米×60米干法回转窑一座。

日本在华的水泥企业，除了从德国接手的山东洋灰公司与山西的蒙疆洋灰公司口泉工厂采用立窑外，其余均采用干法回转窑工艺。这种明显的技术工艺特点与日本国内采用生产工艺特点是一致的，主要是因为干法回转窑在生产过程中，对于能源的利用率较高，对于德国、日本这样能源较为紧张的国家而言，这种工艺特点比较能接受。这是技术引进过程中主动选择的结果，而对于中国的东北地区而言，却是被动接受的结果。因为东北寒冷的气候条件，使得日本企业愿意继续利用这样的生产工艺。此外，在这些企业的创办过程中，很多机械设备是从日本国内拆过来的，这些设备在日本国内使用年限已经很长，属于老旧淘汰设备。如华北洋灰股份有限公司，其工厂设备是从日本浅野洋灰株式会社深川第一工厂拆来的旧机器，包括干法中空旋转窑四台，Φ2.4米×39.1米及Φ2.13米×7.31米生料磨两台，Φ2.13米×8.50米水泥磨1台，Φ2.2米×12米水泥磨1台等。"磐城"本溪工厂分厂、"浅野"锦州工厂、台湾地区高雄、苏澳、竹东等厂用的都是从日本拆来的旧设备。

作为干法回转窑较成熟工艺代表的立波尔窑，同样在日本创办的企业中得到应用。1938年"浅野"（小野田）牡丹江工厂建设一条立波尔窑生产线，规格为Φ4米×42米，这是中国近代最早建设的立波尔窑生产线。1941年，"小野田"小屯工厂同样采用立波尔窑技术，窑体规格与牡丹江工厂一样。立波尔窑技术产生于德国，后来传到日本，日本则借由对中国的侵略又将该技术传入中国。技术传入后，对中国东北地区影响极大，在很长一段时间内，东北水泥企业一直使用干法回转窑技术。

3）湿法回转窑

湿法回转窑技术适用于湿原料（图6-3-2），在20世纪中叶曾盛极一时，成为一些能源丰富的国家在水泥生产上采用的技术。湿法回转窑产生于1912年，1920年代中国新创办的水泥厂也大多采用这种生产设备。

1920年，华商上海水泥股份有限公司向德国勃利鸠斯（G.Polysius）公司订购生产线，此为中国第一条湿法回转窑生产线。该生产线日产水泥1200桶，包括两台Φ2.3/2.8米×54米（一说Φ2.3/3.4米×56米）湿法回转窑、Φ2米×11米生料磨和水泥磨各一台。1923年，中国水泥公司同样选用德国产Φ2.25米×46米湿法回转窑生产线。1926年夏天，该公司兼并了尚在建设的无锡水泥厂，把两条德国造Φ2.85米×60米湿法回转窑生产线运抵龙潭安装，1935

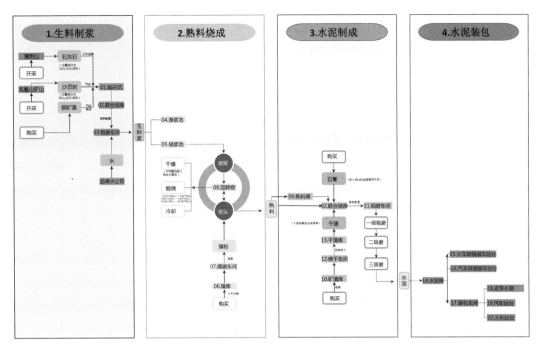

图6-3-2 "湿法"水泥生产工艺完整流程图

年又增买一条德国Φ3米×46米湿法回转窑生产线。1928年广东西村混凝土厂建设,该厂采用从丹麦史密斯公司引进的湿法回转窑设备,1933、1936年两年又再度购买了两条Φ2米×80米回转窑生产线。同样购买史密斯公司湿法回转窑生产线的还有1935年创办的江南水泥股份有限公司、1936年创办的四川水泥股份有限公司。江南水泥股份有限公司的电气设备、开山设备、吊车由德国禅臣洋行(SieMssen&Co.)、英商怡和洋行(Jardine Matheson)提供,是除日本之外亚洲最先进的设备,1947年购进史密斯美国分公司Φ3.5/2.6/2.9米×134米湿法回转窑生产设备。

1939创办的"华新"华中水泥厂(原华记湖北水泥厂改组)同样采用湿法回转窑工艺。1945年创办的"华新"大冶水泥厂,其设备技术的先进性和规模,在当时中国甚至亚洲都是数一数二的。该厂订购了美国爱丽丝(Allis-ChalMers Manufacturing Co.)两台Φ3.5米×145米湿法回转窑,该回转窑单台水泥日产量为600吨,是当时国内最大的回转窑,也是当时世界上最大型的回转窑之一;同时还订购了带水力分离器闭路循环的Φ2.74米×3.96米湿法生料磨两台,这种生料制备系统当时在我国是首次使用,在世界上也是先进设备,其特点是耗电较低;还订购了带选粉机闭路循环的Φ2.74米×3.96米的水泥磨四台,这种水泥磨比开路循环的水泥磨耗电节省15%。

4)预分解窑新型干法

在新时期,社会主义市场经济催生出一大批以预分解窑新型干法为标志的新一代水泥企业。预分解窑新型干法是当代最先进的、可持续发展的水泥生产方法。1965年，山西太原水泥厂建成了Φ3.0米×45米立筒预热器窑生产线。1969年，杭州水泥厂建成Φ4.0米×60米旋风预热器窑。这种技术产生年代基本都是在1949年以后，在此不再展开描述。

5）窑体技术的国产化

水泥回转窑工艺衡量的一个标准是其最大的直径和窑体的长度，如最初的回转窑具有最大直径D=2米、长度L=20米（Φ2米×20米），径长比为1∶10，日产量在30～50吨左右。嗣后，随着世界工业发展和技术进步，回转窑窑体日趋大型化，标志在于窑本身规格增大和单机日产量提高。中国近代水泥企业在引进国外的技术过程中，同样逐步地引进更为大型的窑体和更先进的设备。

中国水泥生产技术发展进步的另一标志就是设备的国产化生产过程，其中仍然以窑体设备制造的国产化为其主要衡量标准。中国水泥史上设备国产化的进程中有4个里程碑：昆明水泥厂（后改名云南水泥有限公司）是采用国产设备建设立窑厂的里程碑；湘乡水泥厂（后改名韶峰水泥集团有限公司）是国产设备建设湿法回转窑厂的里程碑；江西水泥厂（后改名江西万年青水泥股份有限公司）是国产设备建设日产2000吨熟料预分解窑新型干法厂的里程碑；安徽海螺集团有限责任公司是国产设备建设日产5000吨熟料预分解窑新型干法厂的里程碑[①]。正是由于国产设备的不断改进，中国水泥工业才真正走向现代化并跟上国际的脚步甚至是领先于世界，也开始逐步向某些第三世界国家输出本国的技术（图6-3-3）。

6.3.1.4　中国近代著名水泥企业

中国近代水泥工业发展过程中，产生过众多有影响力的企业，本节选举其中典型者予以介绍，并整理其他有记载的企业信息（附录附表5）以供参照。中国近代水泥工业的分布，基本与前述近代机械制砖工业的规律相似，当然也有自己的特点。

1）澳门青州英坭厂（香港青州英坭厂）——中国第一家水泥厂

1886年5月11日，中国广东香山县士绅余瑞云与英国商人香港律师艾云斯（Greasy Ewens）合资25万元（余出资10万元），由执掌澳门及葡属帝汶两地之总督汤马士（Thomas de Sousa Rosa）颁发牌照，在湾仔河道靠近澳门一侧，时辖于广东香山县位于澳门境内的青州岛建设青州英坭厂。此为中国第一个水泥厂，也是第一个中外合资的水泥企业。

澳门青州英坭厂当时引进的是德国立窑生产线，采用青州当地河泥和广东英德县的石灰石做原料，生产"翡翠牌"水泥，主要销售市场为澳门和广东（图6-3-4）[②]。澳门第一条水

---

① 王燕谋，等. 中国水泥发展史（第二版）[M]. 北京：中国建材工业出版社，2017.
② 周醉天，韩长凯. 中国水泥史话（1）[J]. 水泥技术，2011（1）.

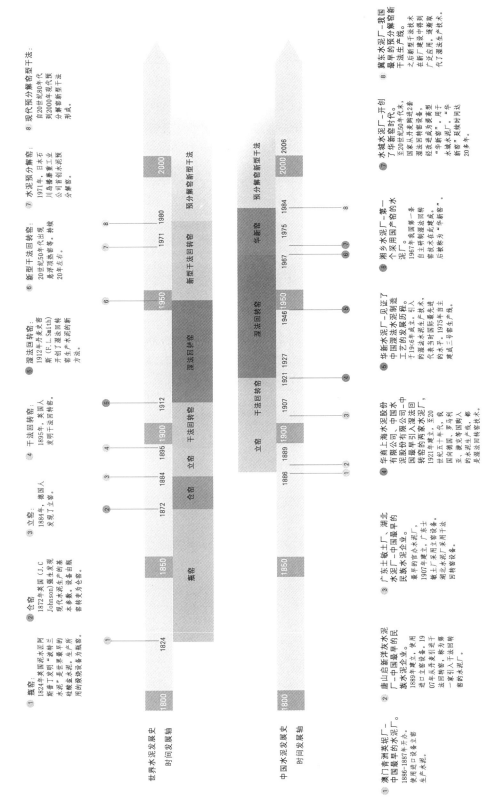

图6-3-3 西方与中国水泥生产工艺发展历史对比示意图

第6章 近代工业建筑核心建造技术的发展

泥马路伯多禄局长街（1917年建成）所用的就是该厂产品。

1898年，香港九龙红磡海边开设了香港青州英坭厂，与澳门青州英坭厂均属于青州英坭公司（图6-3-5）[①]。至1908年，香港青州英坭厂的厂房面积达100万平方英尺，月产量8000吨，已远远超过澳门青州英坭厂的每月2000吨的产量。该厂在深水湾区还有一个用于制砖和下水管的工厂。该厂生产的水泥质量，被认为已经与英国和欧洲大陆所产的水泥质量不相上下。产品细度和抗拉力极好，在新的填海工程中用到很多。原料中的黏土来自珠江三角洲，石灰石则来自广州，利用帆船等运到水泥厂。

直至1930年粤系军阀陈济棠主政广东，其为了发展广东的实业，下令禁止英德矿石出口，同时限制澳门水泥进口，终于导致澳门青州英坭厂原料来源短缺和销售市场丧失的窘境，产销无以为继，于1936年被迫停产关闭，但香港青州英坭厂则继续经营。

图6-3-4　摄于1920年的澳门青州英坭厂

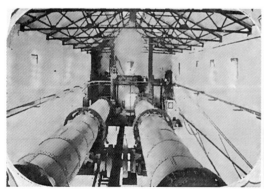

图6-3-5　建于1898年的香港青州英坭厂

---

① 在Arnold Wright, H. A. Cartwright. Twentieth Century Impressions of Hongkong, Shanghai, And Other Treaty Ports Of China[M]. London: Lloyd's Greater Britain Publishing Company, LTD, 1908. 一书中有《The Green Island Cement Company》一文提到，澳门青州英坭厂创建应该是1890年，而香港青州英坭厂的建设时间为1899年，时间出入挺大，但推测后者时间上应该有误。

之前众多研究认为，唐山细棉土厂为中国第一个水泥厂。但就目前资料来看，唐山细棉土厂创办明显晚于澳门青州英坭厂，而且这二者之间还存在着一定的联系，比如唐山细棉土厂的创建者唐廷枢为广东香山人，其家乡就是当时青州英坭厂所在地。唐廷枢利用回乡的机会考察了青州英坭厂，并利用该厂的原料等与拟建新厂的原料等作比较。此外，唐山细棉土厂创办时的股份，有一部分来自广东香山县的士绅。尽管后来青州英坭厂所在地于1898年被葡萄牙殖民者占领，但仍应视为中国近代第一个水泥工厂。

2）境内首家重要水泥厂——唐山细棉土厂（唐山洋灰公司、启新洋灰公司、启新水泥厂）

洋务运动中，洋务派兴办工厂、开采矿产、修建铁路等一系列重大的工程建设项目都需要大量水泥供应，遂兴起自主创办水泥厂的计划。洋务重臣李鸿章于是派祖籍广东香山的著名实业家、洋务派干将唐廷枢赴澳门考察和购买水泥。

1886年唐廷枢前往澳门考察澳门青州英坭厂。他找人化验青州水泥厂原料，得出用唐山的灰石与香山的泥制成产品质量比澳门青州水泥厂产品更好的结论。1888年，唐廷枢又将唐山、英德的灰石和澳门、香山的泥寄往英国化验，得出的结论同样为唐山灰石与香山泥制成的细棉土质量好，与英国产品相比也不逊色。1889年，李鸿章令唐廷枢于直隶唐山滦县开平镇开办唐山细棉土厂，此为中国第二个水泥厂。唐山细棉土厂由三方出资合股创办，这三方分别是北洋军械所各局、开平矿务局以及广东香山县的士绅。

1890年唐山细棉土厂开始购置机器设备并于1892年建成投产（图6-3-6），黏土采用的是唐廷枢送验的广东香山泥，由于开平矿务局本身产煤，燃料就由其供应。作为官办企业，产品首先供应军械所等官用，剩余部分方售卖民用。唐山细棉土厂采用的是立窑生产，窑体工艺及设备落后，原料由于是长途运输，生产成本太高，所产水泥质量较差，甚至不如当地石灰。1893年因亏损不得不停产并宣告关闭。

直至1900年，入主唐山细棉土厂的周学熙聘用德籍工程师汉斯·昆德为总技师，任命开平矿务局技师李希明为经理，情况才大有改观。汉斯·昆德以唐山附近的唐坊、唐山大城山的黏土和石灰石替代原本的原料，并将样品寄往德国化验，试验结果证明原料质地优良。1904年，唐山细棉土厂当时生产的"双狮"牌水泥，在美国圣路易赛会上获得头等奖，翌年又在意大利赛会上获得优等奖。

1906年，唐山细棉土厂更名为唐山洋灰公司，后又更名为启新洋灰公司。该厂出产的水泥为中国早期最有影响的水泥，采用商标改为"龙马背太极"（龙马负太极），后又改为马牌。1908年该厂采用丹麦史密斯公司先进的回转窑（卧式旋转钢窑）、球磨机（钢磨）等设备代替原来立窑等落后设备，安装完成并投产，开创了我国利用回转窑生产水泥的历史。该回转窑长30米，直径2.1米，日产水泥700桶（每桶170千克），年产24万桶。1910~1921年间，该厂四次扩建，形成了甲、乙、丙、丁四厂，共有员工近5000人，股东3000余户，日产

图6-3-6 唐山细棉土厂

水泥4700桶,在天津、上海、沈阳、汉口设立了四个总批发所,水泥行销全国。

启新洋灰股份有限公司是中国境内第一个水泥生产企业,也是第一个采用回转窑工艺的企业,在中国近代水泥生产史上具有重要的意义。

3)广东士敏土厂

1907年,广东士敏土厂开始筹办,这是继澳门青州英坭厂和唐山细棉土厂(唐山启新洋灰公司)之后中国第三个水泥厂,也是当时中国南方产量最大、规模最大的水泥厂,后因孙中山先生1917~1925年两次在此领导革命改为孙中山大元帅府(图6-3-7)。

广东士敏土厂在查抄贪官周东生的田产草芳甸上建厂,用飞鼠岩矿石做原料。时任两广总督岑春煊募得资金120万银元,购买德国克虏伯鲁森工厂出品的日产500桶的生产设备,1907年开工建设,先后聘请了礼和洋行的德国工程师赛仁、克里希和香港青州英坭厂的机械师李国赛作技术指导。

1909年设备安装完毕,投入试生产,水泥商标为"威凤祥麟"牌。广东士敏土厂建成后,试生产效果并不理想,每天只能生产3~6桶。厂方就雇佣香港青州英坭厂的熟练工人进行操作,产量有所提高,达到每天100桶。厂方又聘请了香港青州英坭厂化验室施絅裳担任广东士敏土厂的化验师,对工厂的生产设备进行了全面的考察,提出了一系列技术措施,如改造立窑的通风设备,可见此时广东士敏土厂采用的还是比较落后的立窑生产技术。

图6-3-7 广东士敏土厂

广东士敏土厂是完全官办的，与澳门青洲英坭厂（私营、中外合资）和唐山细棉土厂（三方合营）不同，这是我国最早的国有水泥企业。1918年，澳洲华侨蔡兴、蔡昌兄弟在广州市闹市区珠江北岸上投资兴建当时广州最大的百货公司——大新百货，为12层的钢筋混凝土建筑，其采用的就是广东士敏土厂生产的水泥。广东士敏土厂建于广州河南芳草园，又称"河南士敏土厂"。1928年春，修建粤汉铁路急需大量水泥，河南士敏土厂由于设备落后等原因无法满足需求，故另设新厂。厂址定在广州西村狮头岗，又称"西村混凝土厂"。该厂采用的是从丹麦史密斯公司引进的湿法回转窑设备。1933年、1936年西村混凝土厂又扩建了两条回转窑生产线，广东建设厅将两厂合并，而原广东士敏土厂（河南士敏土厂）立窑被拆除，作为分厂仅仅负责烧土。该厂包装分为桶装、麻袋包装和纸袋包装，其产品试验参数在与国外其他品牌混凝土比较中，也并未落后，甚至在某些方面更胜一筹（表6-3-3）。

广东西村士敏土厂产品与洋货物理性质比较　　　　表6-3-3

名称	幼度		凝结		拉力					
					净士敏土			一土三砂		
	170号筛	72号筛	初结	终结	1天	7天	28天	3天	7天	28天
1946年（复产后）	6.8	0.5	1小时30分	2小时40分	417	718	777	412	438	520
1937年（抗战前）	7.2	0.3	2小时	3小时44分	399	685	750	380	430	500
HERCULES 美国	5.4	0.3	1小时40分	3小时02分	385	718	750	400	420	517
CALUVERAS	4.2	0.5	1小时35分	2小时55分	370	600	620	330	370	435
KANDOS 澳洲三角牌	6.5	0.4	1小时35分	2小时40分	320	545	600	300	350	400

备注：幼度=细度为剩余渣率（%），初结=初凝，终结=终凝，拉力单位每平方英寸磅计。

4)中国水泥股份有限公司

1921年,中国水泥股份有限公司成立。在厂址选择上,以取材便利、运输便捷、接近市场为原则设厂于江苏龙潭。1923年正式开工生产,选用德国产Φ2.25米×46米湿法回转窑生产线。由于该厂投产时间比华商水泥公司早,所以成为中国最早使用湿法回转工艺的企业。1926年夏天,中国水泥公司兼并了正在建设的无锡水泥厂,把尚未安装的两条德国生产线运抵龙潭的工厂安装投产。这是两条德国造Φ2.85米×60米的湿法回转窑生产线,建成投产后,水泥产量达到日产510吨。

1928年以后,南京成为中国合法政府首都所在地,同时也成为中国水泥公司"泰山牌"水泥的销售腹地,泰山牌水泥逐渐占领了南京四分之三的市场份额。1935年,中国水泥公司又从德国买了一条Φ3米×46米湿法回转窑生产线,该生产线建成投产,使公司日产量达到715吨,一举成为当时中国民族水泥企业第二大厂(图6-3-8)。

1947年《中国水泥工业年刊》中《中国水泥股份有限公司概况》一文写道:"至本厂全部机械,如水管锅炉引擎发电机等,为英国拔柏葛厂,暨德国纳格尔厂,并亨卜德厂出品。全部机械设备,虽无特异之处,但本厂旋窑部所有烘干机,自装置以来,非特节省燃料,增加产量甚大,且品质方面,更臻优越,诚堪庆幸。"[①]可见该厂设备基本为国外进口,在当时尚属先进。

5)其他著名企业

除上述几家水泥企业以外,其他诸如华商上海股份有限公司、江南水泥股份有限公司,"华新"华中、昆明、大冶水泥厂,在中国近代水泥工业发展史上同样扮演着非常重要的角色。其中,华商上海水泥股份有限公司在1936年曾经根据中国当时水泥行业的状况,拟定了中国水泥标准规范的草案。尽管该草案因为抗战爆发而未获政府颁行,但对于产品质量规范的重视和提出,仍然反映了近代建筑业观念的发展。该厂产品占据了上海大部分市场,同时销往江、浙、皖等大商埠。因为华商上海水泥股份有限公司的崛起,还曾引起中国近代水泥界"马"、"象"、"龙"几个品牌之间的销售竞争(图6-3-9)。

尽管抗日战争期间包括后来建设的水泥厂规模都较小,但作为这期间中国水泥的支柱企业,"华新"昆明水泥厂等却为战争胜利与敌后的建设发挥了重要作用。在战争艰难的条件下,这些水泥厂通过对国外窑体和设备技术的学习和研究,自力更生创造了中国自己的立窑生产技术。这种结合国情设计的窑体在很长一段时间里作为我国水泥生产的主力,甚至20世纪末在部分偏远地区还曾见到。而抗战临近结束时筹办的大冶水泥厂,其回转窑为当时国内最大的回转窑,包括生料制备系统和水泥磨等都是当时亚洲最先进的,其年产50万吨的能

---

① 中华民国水泥工业同业公会. 中华民国水泥工业同业公会年刊[Z]. 上海:中华民国水泥工业同业公会,1947.

图6-3-8 中国水泥股份有限公司

澳门青州英坭厂"翡翠牌"

启新洋灰股份有限公司"龙马负太极"

中国水泥股份有限公司"泰山牌"

华商上海水泥股份有限公司"象牌"

华记湖北水泥厂"塔牌"

"小野田"株式会社"龙牌"

图6-3-9 中国近代水泥品牌

力，甚至为日本国内浅野、小野田、磐城等众多公司所不及。

而作为在中国土地上的日资企业，浅野、小野田、磐城等公司，以其稳定的产量、低廉的价格控制了中国东北市场，甚而通过不断的降价挤压国产水泥的生存空间。以1943～1945年为例，日本在华水泥企业产量就占中国国内水泥产量的57%，成为中国近代水泥工业不得不提及的一个重要组成。这些企业在创建时是以经济掠夺为目的，而且厂内设备大多为拆除日本国内旧有设备，有些设备使用年限甚至已经超过25年。但不得不承认，这些企业同样为中国近代水泥工业发展带来了新的技术。

6.3.1.5 曲折前进及多样技术来源

通过对中国近代水泥工业技术发展状况的初步梳理，不难发现，中国近代水泥工业及其生产技术，并非一如想象中落后，也有着自身的荣光，建设的曲折也难免。水泥工业发展早期，由于技术和专业人才缺乏，各企业往往都是直接向国外著名水泥设备厂商（较著名的如丹麦的F. L. Smidth公司和德国的Krupp、Polysius、Humbolt、Miag等公司）直接订购设备。由于引入的设备都是当时最为先进的技术，故而花费相对巨大，但直接的好处就是在生产技术上不落伍于国际先进水平（购买废弃技术设备者例外）。所以在中国近代水泥生产上，国内众多企业虽然起步晚，但水泥产品的质量却能够媲美国外产品，甚而有过之而无不及，这些产品的技术参数之优良，从一份当时广东西村士敏土厂寄往欧美各国的水泥产品化验结果就可以得到印证（附录附表6）

这种技术和设备引进方式虽然直接，却存在着种种隐患：譬如先进设备引入后由于缺乏专业技术人员，无法直接应用于生产，倘若连技术人员一同聘请，整个生产技术的命脉就直接受制于外人，这往往是官营或民族资本企业等不愿看到的。早期就有众多水泥生产公司由于聘请外方技术人员不当，造成较大损失。典型案例如广东士敏土厂在创办时期聘请的德国技师赛仁（英文原名不详）和克利希（英文原名不详），一个是在建设过程中与业主翻脸，一个是不谙水泥技术设备的假专家，造成该厂三个月试产过程中每天只能出5～6桶熟料的窘境。同样的情况还出现在山东致敬洋灰股份有限公司聘请的德国技师上，该厂建成初期聘请的两位技师皆不是水泥技术人员，导致一直无法开工生产。

有些厂家通过更换外国技术人员，如启新洋灰公司聘请德国人昆德（Halbes Jahrhundert）为总技师，鲍楼布克（英文原名不详）和马赫（英文原名不详）担任烧窑工，确保了生产顺利进行。广东士敏土厂则重新聘请香港青州英坭厂的施绸裳，并雇佣香港厂的熟练窑工，才解决了生产问题。正是由于有了这样的经验教训或迫于形势，部分水泥生产企业开始培养自己的专业技术人员，或者直接聘请具有专业背景的国内专家，才真正开始了自主研发和生产的阶段。1932年，启新股东陈范有力主聘请他在天津北洋大学的师弟、刚从德国留学回国的年轻水泥专家王涛出任总工程师，这是中国水泥企业第一个国产工程师。在王涛主持下，"启新"首次在国内采用纸袋包装，大大降低了包装成本；王涛从德国购进高温炉、显微镜、颗粒分析仪、高压渗透仪等仪器设备，建立起当时国内最先进的实验室，使产品技术、工艺、配方都有创新和提高。经过试验分析和加强管理，解决了洋技师没有解决的水泥速凝结块问题，大幅度提高了马牌水泥质量。在钱塘江大桥建设过程中，王涛对波特兰水泥熟料化学成分进行调整，研制出一种能耐海水侵蚀的水泥，为中国人自己设计制造的钱塘江大桥解决桥墩受海水侵蚀的难题。及至后来，启新洋灰公司等的产品，质量甚至已经超过了同类外来产品，远销包括菲律宾在内的南洋诸国[①]。

设备和技术人员从何引进，同样会决定产业的技术特征。中国近代水泥工业，大部分的技术来源于德国和丹麦，这是因为当时购买的设备主要来自这两个国家的缘故，而这两个国家的水泥设备生产技术也引领着当时世界水泥设备市场。另一个重要技术引进来自于日本在华企业的建设，这些设备和技术从日本传入，源头却在德国。尽管技术来源地一样，但因为技术传播途径不同，同样导致了最后技术特点的不一致。中国本土技术的发展尽管只占一小部分，但这部分却是中国本土内部成长起来的，具有顽强的生命力。这种技术多样性，让中国近代水泥工业技术发展不致于单一，而是呈现出互相促进的状态。

中国近代水泥工业的发展，除与水泥产业本身生产技术水平等有着密不可分的联系，更多地受制于时局影响，包括水泥原料采集、运输、原动力供应，甚至是包装材料购买等，均与当时局势息息相关。由于战争影响而造成原料供应不足、运输中断、生产受影响，乃至包装材料也受到影响。中华民国水泥工业同业公会年刊中曾经多次提到水泥包装材料不足问题，甚而需要行会出面协调，可见时事动荡造成的影响有多大。而关于政府政策和经济的扶持，如对外口水泥的限制，对于本土水泥产品的减税，同样决定着中国近代水泥工业发展的命脉。

6.3.2 中国近代混凝土工业建筑技术发展

自19世纪中叶开始，混凝土在近50年时间里逐渐取代其他材料成为现代建筑主要材料，20世纪更是被称为"混凝土的世纪"。尽管如此，混凝土仍然是在与钢筋结合以后，形成了更为理想的既能抗压又能抗拉的复合结构，才真正实现了跨越性大发展。从这点来看，对中国近代钢筋混凝土结构技术的讨论，需要论及水泥和钢材的技术发展，因为三者息息相关，这也是本研究花费大量篇幅去论述水泥工业及水泥生产技术的原因，关于中国钢材及钢铁生产的研究前人论述较为详尽，故不予以展开。对于中国近代工业建筑营建关键技术发展影响最大的莫过于钢筋混凝土技术在工业建筑上的应用与发展。20世纪第一个十年后，钢筋混凝土结构开始在中国近代厂房的建设中占据主要位置，并在1920年以后特别是"黄金十年"的建设中达到高峰。这与当时世界上工业建筑结构的发展趋势基本一致，该

---

① 王燕谋，等. 中国水泥发展史（第二版）[M]. 北京：中国建材工业出版社，2017.

阶段西方工业建筑同样是以钢筋混凝土结构技术为典型。此时该技术被引进中国,作为一种全新外来的建筑结构技术,其建造特点非常契合当时工业建筑建造所期望的安全、卫生等要求,因此迅速被视为先进技术推广使用。当然,此时对于钢筋混凝土结构的使用并非局限于工业建筑,因而对于钢筋混凝土工业建筑技术发展的研究,亦可以直观地定位这一时期中国建筑技术的发展水平。

6.3.2.1 西方近代钢筋混凝土技术发展及其在工业建筑中的应用

在近代钢筋混凝土技术发展上,西方世界一直处于领先地位,也正是由于英法等国对于钢筋混凝土技术的不断探索和创新,才有了近代以来钢筋混凝土技术的飞速发展。因此,整理与钢筋混凝土结构技术相关的发展历史,比对近代中国在此方面的技术应用,可以清晰地看到二者之间技术发展的差距。与钢筋混凝土技术相关的几个时间节点如表6-3-4所示。

从表中不难看出,从真正具有现代意义的建筑材料波特兰水泥发明,到钢筋混凝土技术大量使用和成熟,用了100多年时间。在这期间,正好是近代工业迅猛发展时期,此时大量近代厂房建成使用。而从钢筋混凝土在建筑上的使用情况来看,最早使用钢筋混凝土结构的是桥梁,随后是工业建筑,再后来才被推广至其他建筑类型,这也从另一个侧面反映了钢筋混凝土结构的发展和工业建筑营建技术进步的不可分割的关系。

混凝土(钢筋混凝土)技术关键节点一览表 表6-3-4

年份	专利内容/技术突破点	专利持有人/发明者/设计师	属地
1824年	发明波特兰水泥	约瑟夫·阿斯普丁(Joseph Aspdin)	英国
1835年	在肯特郡设计建造第一座全混凝土房屋	约翰·巴斯雷·怀特(John Bazley White)	英国
1844年	发明铁梁承托混凝土板系统	亨利·福克斯(Henry Fox)	英国
1848年	世界上第一艘钢筋混凝土船	让·路易·郎伯(Jean Louis Lambot)	法国
1849年	发明钢筋混凝土	约瑟夫·莫尼埃(Joseph Monier)	法国
1854年	加劲混凝土	威廉·威尔金森(William Wilkinson)	英国
1855年	铁、木外包混凝土建造方式	弗朗索瓦·凯依涅(Francois Coignet)	法国
1861年	水泥花盆:梁、板、管道、拱桥	约瑟夫·莫尼埃(Joseph Monier)	法国
1965年	最早的钢筋混凝土建筑	威廉·威尔金森(William Wilkinson)	英国
1867年	线网加固混凝土构造	约瑟夫·莫尼埃(Joseph Monier)	法国
1873年	现存最早的钢筋混凝土建筑	威廉·沃德(William E Ward)	美国
1875年	预制装配式混凝土低层住宅系统"房屋建造的改进方法"(Improve Method Of the Construction of Building)	威廉·亨利·拉赛尔斯(William Henry Lascelles)	英国

续表

年份	专利内容/技术突破点	专利持有人/发明者/设计师	属地
1877年	结构用混凝土	约瑟夫·莫尼埃（Joseph Monier）	法国
1878年	钢铁与混凝土组合形成建筑材料	撒迪厄斯·海亚特（Thaddeus Hyatt）	美国
1884年	莫尼埃构造标准工法	怀斯（Wayss）	德国
1886年	提出预应力钢筋混凝土概念	杰克逊（P. H. Jackson）	美国
1887年	钢筋混凝土板计算理论	科伦（M. Koenen）	德国
1892年	钢筋混凝土梁柱体系	弗朗索瓦·埃纳比克（Francois Hennebique）和拿破仑·勒·布兰（Napoleon Le Brun）	法国
1892年	混凝土梁的剪切增强配筋方法	弗朗索瓦·埃纳比克（Francois Hennebique）	法国
1896年	混凝土强度理论	菲莱特（Feret）	法国
1898年	英国第一座多层钢筋混凝土结构厂房	弗朗索瓦·埃纳比克（Francois Hennebique）和拿破仑·勒·布兰（Napoleon Le Brun）	法国
1901年	世界上第一座三跨钢筋混凝土桥梁	罗伯特·麦尔雷亚特（Robert Maillart）	瑞典
1902年	T形梁地板和柱结合的混凝土框架	欧内斯特·莱斯利·兰寨姆（Ernest Leslie Ransome）	英国
1902年	从柱子开始放射加强的平楼板系统	奥兰德·W·诺克斯（Orland W Norcross）	美国
1903年	第一座混凝土框架的住宅	奥古斯特·佩雷（Auguste Perret）	法国
1905年	平楼板—扩大蘑菇状柱头	特纳（Turner）	美国
1910年	世界上第一座钢筋混凝土无梁楼盖的建筑	罗伯特·麦尔雷亚特（Robert Maillart）	瑞典
1918年	计算混凝土强度的水灰比理论	艾布拉姆（Duff Abrams）	美国
1927年	无粘结预应力筋	费柏（R. Farber）	德国
1935年	木质素磺酸盐为主要成分的"普苏里"（POZZOlith）减水剂	斯可瑞普求（E. W. Scripture）	美国
1941年	GFRP筋混凝土结构	杰克逊（P. H. Jackson）	美国

在论述钢筋混凝土结构发展的过程当中，有一点不能绕过，就是莫尼埃体系和埃纳比克体系的发展，这是迄今为止现代钢筋混凝土建筑两套主要建造体系，分别以其发明者约瑟夫·莫尼埃（Joseph Monier）和弗朗索瓦·埃纳比克（Francois Hennebique）的姓氏来命名[①]。莫尼埃体系是以混凝土为主体发展，从材料本身性能出发，强调以较小的厚度取得较大

---

① 尽管此前有研究认为（冷天，2016），凯依涅式体系（Coignet）也是与这两种体系并列的一种钢筋混凝土体系，但实际上凯依涅式虽然首先发现了混凝土的工艺，也在一些简单的结构上予以应用，但应该说这种体系仅仅是钢筋混凝土结构的雏形。

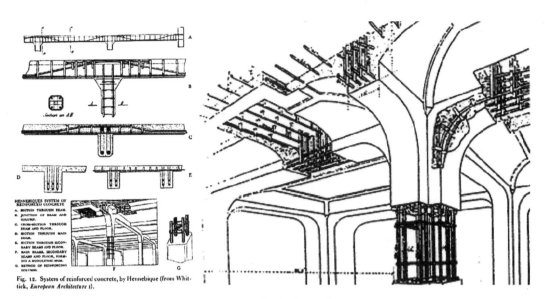

图6-3-10　莫尼埃体系示意图

的跨度，强调单形体结构（比如壳体），无梁体系、薄壳结构都是这一体系的发展（图6-3-10）；埃纳比克体系则从钢铁结构发展而来，它有效发展了结构的连接工艺，混凝土仅是填充材料，后充当承受压力的部分，该体系的结构多数是由柱子、主次梁结构组成。

两种结构系统因为理念不一样，关注主体材料不一样，发展和应用的结果也不一样。相比较而言，埃纳比克体系的应用范围更为广泛。1854年，威廉·威尔金森（William Wilkinson）首次将钢筋混凝土作为一种复合结构的概念提出。他认为在现浇混凝土内埋入端头打成环结的煤矿钢缆，或者用绳索将端头向外拉伸并向不同方向扭转，就能保证在混凝土承压状态下钢缆不会被拉出，从而区别于以往简单地将金属制品放置于混凝土里的做法。这种结构原理后来被埃纳比克—勒布兰公司（Hennebique & Le Brun）开发应用，变成了一种钢筋加固系统，该系统应用在1898年英国第一座多层钢筋混凝土结构厂房图尔昆纺织厂中（the Spinning Mill at Tourcoing）。与以往不同的是，这种结构先用于厂房，而后才出现在桥梁上，即1901年修建的新福里斯特（New Forest）乔登河谷（Chewton Glen）大桥。

同样是英国的工程师欧内斯特·莱斯利·兰塞姆（Emest Leslie Ransome）将钢筋混凝土技术带到美国，并且在工程上积极推广这项技术，同时也根据需要进行了改进。1893年，他将当时最先进的钢筋混凝土技术应用到位于美国加利福尼亚的太平洋海岸硼砂公司精炼厂的厂房上，1902年他用"T"形梁地板和柱相结合形成混凝土框架，并申请专利，这项结构体系专利日后成为工业建筑的主要结构方式。1903年，其设计的美国比福利的联合制鞋机器公司厂房（the United Shoe Manufacturing Company's Factory）仍然采用了钢筋混凝土结构。

另一种结构体系同样也由于工业建筑对大跨度和承载力的不断需求而向前发展，并且形态愈发多样。奥兰德·W·诺克斯（Orland W Norcross）的专利从经济角度出发，去除了连接柱子之间的梁。特纳（Turner）设计了扩大的蘑菇状柱头，他在直角和对角柱子之间使用四层加固的钢筋，通过省略梁降低楼板的高度。1910年，瑞士著名工程师罗伯特·麦尔雷亚特（Robert Maillart）建造苏黎世城的仓库，这座仓库是世界上第一座钢筋混凝土无梁楼盖建筑。1922年，德国一间光学工厂由于试验工作对于大跨度的需求，建造了一个由混凝土和钢材结合起来的半球形屋顶，成为钢筋混凝土壳体结构应用于工厂的实例[①]。

到20世纪初，很多新建的工业建筑都采用了钢筋混凝土框架结构。这种结构技术开始成为一种标准建造技术，被许多建筑师采用。著名的工业建筑设计师阿尔伯特·康（Albert Kahn）在其早期的工业建筑设计生涯中，也是这一建造体系的"拥趸"。在1905年为美国底特律设计的帕卡德（Packard）汽车制造公司就采用了钢筋混凝土框架结构，厂房跨度达到32英尺，实现了大跨度的内部空间，减少了内部支撑，从而为灵活布置机床和设备提供了空间，也进一步增强了建筑的防火性能。阿尔伯特·康的另一个贡献就是解决了厂房的采光问题，1906年在皮尔斯汽车工厂设计中，创造性地运用了锯齿形的天窗，这种屋顶采光的形式改变了以往车间拥挤、阴暗的环境，使得大多数的生产操作都能够进行，为大规模厂房的建设和平面流水线作业提供了可能。

然而，阿尔伯特·康对于近代工业建筑的贡献不仅仅止于此，更具意义的是他开创了一种新的建筑实践：1895年他创立了自己的事务所，在他的团队里，尤里乌斯·康（Julius Kahn）研制开发了一种钢筋混凝土体系，即后来被奉为经典的"康氏桁架式钢筋"（图6-3-11）。关于康氏钢筋混凝土技术体系的优点和独特之处，冷天在其《尘封的先驱——康氏钢筋混凝土技术的南京实践》一文中已经予以详细的阐述，这里不再展开。

到1907年，康氏体系不仅应用在超过1500栋的美国建筑和90栋的英国建筑上，在世界其

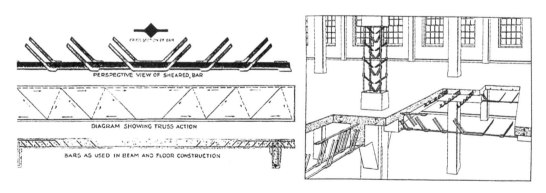

图6-3-11　康氏桁架式钢筋

---

① 陈卓. 中国近代工业建筑历史演进研究（1840~1949）[D]. 上海：同济大学，2008：68-72.

他地方也得到了推广。与上述两种钢筋混凝土体系相比，从更本质的力学和结构体系的关系分析，莫尼埃体系是空间力学，埃纳比克体系分解了空间力学成为平面力学，而康氏体系是复合结构在平面力学中的应用，是对钢筋的一种创造性的应用。它侧重于组合结构与工业化预制，是现代组合与预制工业化的雏形，解决了当时钢筋强度不足的问题，将梁、板中的水平钢筋转变成45°斜向受力筋。

进入20世纪30年代以后，工业和民用建筑应用钢筋混凝土技术的水平迅猛发展，技术提高的速度不断加快，一批新型混凝土材料的问世也使得工业厂房的面貌得到了极大的改善。

6.3.2.2 "过渡型"的结构——钢骨混凝土结构的引入与应用

在钢筋混凝土结构正式成熟之前，曾经出现过短暂"过渡型"结构体系，或者称之为钢筋混凝土结构体系的"前阶段"。工程师们利用铸铁柱子替代原有砖（石）柱子，铸铁梁、钢梁、钢骨混凝土梁、钢筋混凝土梁替代木梁。这种新型"混合型"的结构体系，形成了一种典型结构体系即钢骨混凝土结构体系。

现代钢骨混凝土结构中的钢骨是具有刚度和承载力、并配置于混凝土构件中的钢构件，采用钢板材或型材焊接拼制而成，也可直接采用轧制钢型材。根据《钢骨混凝土结构技术规范YB9082》定义："配置钢骨、并按规定配置柔性钢筋的混凝土构件，有钢骨混凝土柱、钢骨混凝土梁、钢骨混凝土剪力墙和钢骨混凝土筒体等结构构件。"采用这种钢骨混凝土构件（简称SRC）的结构就是钢骨混凝土结构。因为当下大部分采用的是型钢，称为型钢混凝土结构，过去也称劲性钢筋混凝土结构。

上述这种结构与19世纪末传入中国的钢骨混凝土[①]结构不同，这种钢骨混凝土结构的做法实质上是一种混合结构体系，它主要以（砖或石）墙体承重，而在楼面位置采用工字钢密肋或钢轨密肋作支撑，替代传统砖木结构中木制的大梁或密肋梁，其构造做法见图6-3-12。

第一种做法采用工字钢密肋排布，间距在1.5米左右，工字钢之间用拱形（波形）铁板，既起模板作用又能做肋间支撑，铁板上浇筑混凝土，混凝土上再铺设木龙骨做架空木地板面层或其他铺地面层；第二种做法同样采用工字钢密肋，工字钢之间以轻质的砖起平拱，如图采用的是空心砖，再浇筑混凝土，上面同样因需要铺设各种面层；第三种做法工字钢密肋之间起砖拱，砖拱上浇筑混凝土，混凝土之上做面层；第四种做法是结构大梁采用3～4条工字钢并排，外包混凝土，上面再铺设工字钢密肋，同样需要浇筑混凝土，混凝土上做其他面层。

[①] 必须说明的是，20世纪初期中国工程界所称的钢骨混凝土结构，即现在的钢筋混凝土结构，与本节提到的钢骨混凝土结构不同。在日本近代建筑中，亦有"铁结构"与"铁骨结构"两种称呼。前者是使用了铸铁柱子或者铸铁屋架的砖铁混合结构，与本节中钢骨混凝土结构做法类似。

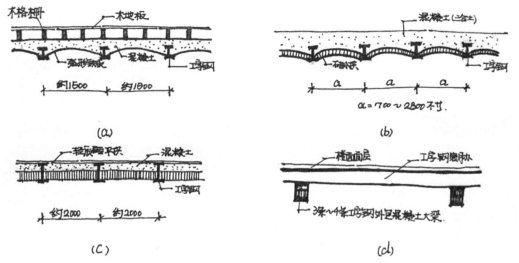

钢骨混凝土楼板四种构造做法

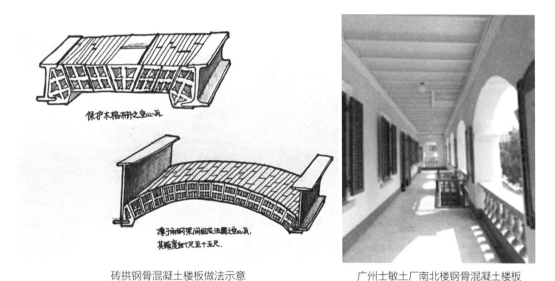

砖拱钢骨混凝土楼板做法示意　　　　广州士敏土厂南北楼钢骨混凝土楼板

图6-3-12　钢骨混凝土楼板构造做法及实例图片

这四种构造做法前三种较为类似，实质上是一种混合结构的楼板形式，不管是采用波形钢板还是用砖拱，其本质就是钢板或砖既作为结构支撑，又作为上层混凝土模板，省掉了一道拆模的施工工序，同时混凝土楼板和砖拱、钢板结合又有较好的防火作用。在钢筋混凝土结构问世之前，这应该是一种较为先进的做法。第四种做法和之前介绍的钢骨混凝土做法较为接近。不管采用何种构造方式，钢骨混凝土楼板结构用钢量大，造价较高，因此存在时间也很短暂，实际应用案例很少，仅有几个建筑案例采用了这种典型做法（表6-3-5）。在这些案例中，除第三种构造做法鲜见外，其他三种做法皆可找到与之相关的实例。

近代使用钢骨混凝土构造典型建筑实例　　　　　　　　　　　表6-3-5

建设年份	建筑名称	构造做法
1862年	台湾淡水英国领事馆官邸底层回廊	第一种（图6-3-12a）
1881年	广州沙面南街48号太古洋行旧址	第一种（图6-3-12a）
1890年	镇江原英国领事馆	第二种（图6-3-12b）
1895年	上海南京路外国菜场教练房俱乐部	—
1899年	上海华俄道胜银行大楼	第四种（图6-3-12d）
1902年	武汉汉口英商兴办的和记蛋厂	—
1903年	武汉汉口大智门火车站	—
1905年	青岛德国"俾斯麦兵营"和"提督公署"	第二种（图6-3-12b）
1906年	广州沙面大街59号原英商亚细亚火油公司	第一种（图6-3-12a）
1906年	广州士敏土厂南北楼（现孙中山大元帅府）	—
1909年	广东咨议局	—
1914年	广州环球百货的先施有限公司广州分行	—
1905年前后	中东铁路众多的站房	第二种多（图6-3-12b）
1928年	开滦矿务局秦皇岛电厂	第二种（图6-3-12b）

　　1862年建设的淡水英国领事馆建材主要购自厦门，部分也购自英国及其他地区，1877年竣工后由于气候潮湿等原因，于1889年整体修缮并增建二楼，底层回廊的钢骨波形板混凝土结构正是此次修缮中完成的，设计师是英国工务局上海事务所的建筑技师威廉·克罗斯曼（William Crossman）及罗伯特·H·博伊斯（Robert H Boyce）。1881年建设的沙面南街太古洋行，型钢间距400毫米，拱高150毫米，是广州早期采用该结构的实例，应该也是中国较早的使用钢骨混凝土结构的建筑实例。这两座建筑采用的都是上述构造做法中的第一种。

　　有记载较早建设的工业建筑案例是英商和记蛋厂。该厂厂房1902年兴建，由长泰兴公司和汉协盛营造厂施工，楼高4层，底层水泥砂浆粉刷，上部清水砖墙，顶层屋顶为钢屋架，楼板结构为钢骨混凝土结构。由于该建筑在2006年已经被整体拆除，从拆除现场的照片推测，应该属于上述的第四种屋顶构造。据当时的《武汉晚报》报道，和记蛋厂被称为"最难拆的建筑"，大量钢骨混凝土的使用使这座建筑坚固无比。

　　砖（石）木钢骨混合结构和砖石钢骨混凝土混合结构试图解决以往木制梁板在跨度方面的局限。砖（石）木钢骨混合结构楼板以木结构（木梁）为主体，以型钢（工字钢）为辅，两端支撑在外部的砖墙或石墙上，梁上再做木密肋，其上铺板。也有直接以工字钢支撑于承重墙，形成工字钢密肋梁，上面再铺设木板的做法，以增加楼面的承载能力，如1906年建成的广东士敏土厂南北楼（图6-3-12）。

建于1928年的开滦矿务局秦皇岛电厂，是建成时间比较晚的钢骨混凝土工业建筑。厂房外观为砖墙承重，立面巴洛克建筑样式，使用当时开滦缸砖。厂房内部锥形混凝土柱础，钢柱承重，钢柱由螺栓和铁脚与柱础相交。上部做扩大柱头，柱头上承并排组合的三根工字钢梁，承托砖拱和混凝土板的同样是工字钢梁，墙体底部敷设琉璃墙裙和地砖（图6-3-13）。

这两种结构的继续发展，就是钢筋混凝土混合结构，钢筋混凝土混合结构仍然依靠外部砖（石）墙承重，在一些关键部位采用钢筋混凝土结构，比如楼板、楼梯、基础和圈梁等，主要的表现还是在楼板位置的变化：一类是圈梁采用钢筋混凝土，楼面仍设置木头的密肋梁，梁上再铺设木楼板；另一类是彻底采用钢筋混凝土梁和楼板——直到这个时候，技术再进步或者构造再改进，才真正实现钢筋混凝土结构的使用。

图6-3-13 开滦矿务局秦皇岛电厂

6.3.2.3 中国近代钢筋混凝土结构工业建筑的技术应用

1）实践、理论与规范——中国近代建筑钢筋混凝土技术的发展

过往研究中，曾经对近代外来技术特别是结构技术的发展进行过时间上的划分：1840年至20世纪初是中国成规模引进砖（石）木结构的阶段，主要以大跨度木屋架体系为代表；20世纪初至20世纪20年代，该阶段从过渡型的钢骨混凝土结构发展至钢筋混凝土结构；20世纪20年代到1949年，又体现为两条线索，即框架结构、高层结构、大跨结构的引入和简易建筑技术的发展。其中钢筋混凝土结构基本成为中国近代后期建筑结构的主流，并一直延续到今天的建设中。

钢筋混凝土结构技术真正在中国的使用应该是在20世纪初年，距离威廉·威尔金森（William Wilkinson）设计的世界上第一座钢筋混凝土建筑建设年代过了近40年。目前尚不能确定中国第一座钢筋混凝土混合结构的建筑具体是哪一座。谢少明细致地论证了岭南大学马丁堂是中国第一幢钢筋混凝土结构建筑。该建筑1905年由美国纽约斯道顿事务所设计，最初的结构方案为砖石钢骨混凝土混合结构，最后的实施中却采用钢筋混凝土混合结构[①]。郭伟杰（Jeffrey W. Cody）的研究认为1905年治平洋行的美国建筑师伯捷（Charles S. Paget）和澳大利亚建筑师帕内（Arthur W. Purnell）在瑞记洋行的设计中，伯捷采用了康氏钢筋混凝土结构，该楼被《商埠志》描述为"华南地区第一栋真正意义上的钢筋混凝土结构建筑，地板、楼板、梁柱、隔离墙等结构都采用康式钢筋混凝土，并且取得了非常满意的效果"[②]。在彭长歆的研究中，这两栋建筑都于1905年完成设计，且有证据表明伯捷与帕内同时都参与了这两栋建筑的设计任务。

位于沙面北街29号、31号原广州英国牛奶公司雪厂，又称HK牛奶公司制冰厂，是现存沙面近代建筑中唯一的一座厂房，分成前后两部分。前座为办公住宅，采用外砖承重墙、内部钢筋混凝土框架结构；后座为厂房，钢筋混凝土框架。厂房分东西两个车间，中间隔一个天井。东车间现状加建多层，当时的吊车牛腿还在。东车间后部有一钢筋混凝土螺旋楼梯可直上车间天台。现下部楼梯已拆，但上部旋梯仍在。车间天台现还保存天台房子和屋顶水池。在陈卓的研究中，认为该办公大楼竣工于1902年[③]，李传义和欧捷的研究将该厂房的建筑时间确定为1883年[④⑤]，如果数据准确，则不得不承认，中国第一座钢筋混凝土建筑建成时间应该提前，并且也进一步印证，中国近代工业建筑是最先使用该结构的建筑类型。

但诚如彭长歆在研究中提出来的，争论哪座应用钢筋混凝土结构建筑首先建成其实意义

---

① 谢少明. 岭南大学马丁堂研究[J]. 华中建筑，1988（03）：98-99.
② 彭长歆. 20世纪初澳大利亚建筑师帕内在广州[J]. 新建筑，2009（06）：68-72.
③ 陈卓. 中国近代工业建筑历史演进研究（1840～1949）[D]. 上海：同济大学，2008：68-72.
④ 欧捷. 广州沙面近代建筑群研究[D]. 广州：华南理工大学，2002：209.
⑤ 李传义. 广州沙面近代建筑群分类保护研究[C]. 中国近代建筑史国际研讨会，2000：295-310.

不大。但通过这些研究至少可以明确的是，中国第一座钢筋混凝土建筑的房屋产生于广州，大抵设计（建造）时间是在1905年前后。这之后，大量钢筋混凝土结构的房屋开始出现，如1908年上海第一座钢筋混凝土框架结构的建筑德律风公司大楼建成。根据《建筑师》杂志整理的一份《中国近代以来建筑结构技术演进表》可以看出，自20世纪初中国开始出现钢筋混凝土结构建筑以后，在短短十多年时间里，钢筋混凝土结构体系就在中国盛行起来，并在20世纪20～30年代达到了建设高峰。这期间建设的著名案例有1908年建造的上海电话公司，采用钢筋混凝土框架结构，高度6层，建筑设计为新瑞和洋行，结构设计为协泰洋行，施工单位为姚新记营造厂。随着结构技术的进一步发展，高层的钢筋混凝土结构房屋，诸如峻岭寄庐公寓，也开始出现。该建筑高度19层，钢筋混凝土框架主跨5.8米，公和洋行设计，新荪记营造厂承建，建于1935年。这些建筑的出现，标志了钢筋混凝土结构技术的成熟。

该阶段建筑技术的发展，不仅体现在实践应用上的进步，同时还伴随着相关理论的发展。国内较早出现的与钢筋混凝土有关的文章大体是在1905年左右，如《北华捷报》等介绍的关于国外钢筋混凝土使用的文章[1]。1916年，华南圭发表《房屋工程之铁筋混凝土》，较早引介了关于钢筋混凝土的相关知识，文中亦提到了钢筋混凝土结构钢筋的用法，其中包括莫尼埃体系和埃纳比克体系的做法以及凯伊涅等的做法[2]。1917年，他又系统地介绍了钢筋混凝土的用法，并于1918年发表《钢筋混凝土》一文。华南圭还于1924年自己搞了一个开创性的钢筋混凝土作品——北京电厂公司一个54米高的烟囱，为当时平津地区最高的烟囱[3]。随后众多有关混凝土建筑技术的著作被引进和出版，1935年赵福灵著《钢筋混凝土学》，1936年陈兆坤著《实用钢骨混凝土房屋计划指南》，1937年顾在埏翻译法国人L·马尔菲泰（L·Malphettes）著《实用钢筋混凝土建筑法》，1944年张嘉荪编写《简明钢骨混凝土术》等，这些专著流传较广。还有相当一部分英文、日文甚至是俄文原版著作也在此时大量出现在中国，各专业期刊杂志上的文章更是不胜枚举，如较早时期（1926）彭禹谟和胡振业在《工程旬刊》上分别发表的一系列文章《钢筋混凝土建筑工程用板之设计》、《钢筋混凝土设计标准条例》等。《中国建筑》、《建筑月刊》、《工程》等一系列建筑相关专业期刊的创设和出版，专业工程师协会的会议论文等，也推动了混凝土建筑理论的普及。

这些文章和著作除介绍混凝土等材料的相关知识外，大部分的文章集中在对于钢筋混凝土结构的受力分析和计算方法的研究上，这也体现了该时期中国近代建筑转型的重要特征。除此之外，阐述钢筋混凝土结构设计方法、对于国外钢筋混凝土设计规范的引介和评述以及如何在国内运用的思考，对于推动国内钢筋混凝土设计施工等规范的制定起到了重要的作用，如1935年陈宏铎发表的《英国伦敦市钢骨混凝土新章评述》一文。这些文章中还包括对国内具体工程实例的分析和总结，包括设计者本人对于工程实施过程中的体悟。如上海市政

---

[1] N. Reinforced Concrete[N]. The North-China Daily News（1864～1951），1906-5-17：10.
[2] 华南圭. 房屋工程之铁筋混凝土[J]. 中国工程师学会会报，1917，4（3/4）：69-79.
[3] 华新民. 我国建筑工程教育的先驱之一——华南圭[J]. 建筑创作，2009（04）：192-199.

府工程设计者徐鑫堂所著"上海市政府新屋水泥钢骨设计"刊载于《中国建筑》，介绍了该工程钢筋混凝土桁架及结构基础设计等方面的问题，包括工程经济性、结构性等方面内容。这样的文章对于当时尚处于钢筋混凝土结构体系初期探索阶段的中国工程界来说，具有极其现实的意义：它从理论与实践结合的层面对结构原理在现实中的运用进行了阐述，这种总结与思考更具说服力，利于新结构和技术的宣传与推广，同时也为后续的建设和研究提供了经验和依据。

技术的发展还包括技术的标准化和技术规范的出台。在中国近代社会中，很多时候是技术和实践的发展催生了相关的技术规范和管理规范的出台。前文曾提及，制砖技术和水泥生产技术的发展，使得原本混乱、处于一片空白的行业，不得不寻求和制定相应的行业标准和规范，来指导和约束该行业生产、销售、建设的有序进行。在面对混凝土这一新材料和钢筋混凝土结构这一新型结构技术时，面临同样的情况。1906年，上海德律风公司建设钢筋混凝土公司大楼，申请营建许可证时却遇到了没有相关规章可循的情况。这样的情况使得工部局董事会虽然发给了建筑许可证，但却声明该建筑安全问题不在工部局承认的责任范围。尽管上海公共租界颁发于1900年的《中式建筑规则》和1903年的《西式建筑规则》中有涵盖建筑材料的内容，在五个附录中提及了混凝土拌合的方法、规定的荷载和根据等，但属于较为粗浅层面的一种约束。诚然，这样类型建筑的标准章程，在当时的欧美国家亦尚处于研究之中。但随着钢筋混凝土越来越多地应用在建筑上，制定相关的标准和规范，并督促建设方等严格执行已经迫在眉睫。直到20世纪10年代中期，更专业及针对性的建筑规则出现。上海工部局《钢筋混凝土规则》、《钢结构规则》正是在此情况下专门制定的。其中工部局《钢筋混凝土规则》（王进翻译）含11节144条[①]，内容涉及钢筋混凝土梁的直径、厚度，墙和柱的承重荷载，水泥中的骨料级配，弯矩的计算数据等多方面的内容，对于施工测试标准、质量标准也有详细规定。

这个规则的制定，基本是和国外的同步，起草者是工部局工程师和建筑师，参考了英国伦敦当时的规范。到了20世纪30年代，工部局又针对上述两个规则中与原有普通建筑规则中的关于建筑墙体和基础的部分合并，于1936年颁布了《建筑物基础、墙体、钢筋混凝土和钢结构规则》，这是针对当时钢筋混凝土高层建筑等做出的调整和修订。其他如1919年《广州市工务局取缔建筑章程》，1932年《广州市修正取缔建筑章程》，1936年《建筑规则》，这些规则对建筑申照程序、建筑结构、建筑材料等都有规定，建筑防火、钢筋混凝土建筑、钢铁工程等进入法规。比较矛盾的是，由于各地自行制定标准，执行标准的机构也不同，在这一时间内，关于钢筋混凝土技术的规范众多，如前面所提上海公共租界规范、广州市规范外，还可以找到诸如上海市规范、杭州市规范、汉口规范等。

在政府开始重视工业的标准化问题，并开始收集、学习国外现有标准，着力制定符合中

---

① 上海公共租界房屋建筑章程[J]. 王进, 译. 中国建筑, 1934（1）: 71-77.

国国情标准这一过程中，许多民间学术团体如中国工程师协会起到了很好的协助作用，例如其早期设立的"建筑条例起草委员会"就是为了解决建筑行业标准化问题。1934年中国工程师协会编订了《钢质构造规范》与《钢筋混凝土规范》，另外其所属材料试验所对于建筑材料质量标准的制定也起到了重要推动作用。1942年材料试验委员会曾举行两次大会，就金属材料、水泥及建筑材料等5项分组厘定试验标准草案。

2）近代钢筋混凝土工业建筑结构类型

相较于其他类型建筑，工业建筑因为对技术的要求更高，对大跨度、开敞空间的需求更为迫切，而钢筋混凝土结构的优良性能又恰好契合这一需求，因此这种结构形式很快被广泛应用到工业建筑中，成为近代工业建筑营建的关键性技术，尤其是在沿海通商口岸和沿江流域的大城市，诸如上海、广州、天津、南京、武汉等。在钢筋混凝土厂房结构技术的发展上，亦有几个重要的时间节点。

（1）混合结构技术

混合结构技术一般指的是砖混结构，砖墙承重，梁板采用混凝土结构，应用于中国近代工业建筑的时间属于较早的。除广州英国牛奶公司雪厂办公楼和厂房外，同时期工业建筑采用砖混结构的还有1883年上海杨树浦水厂，作为上海第一栋混凝土结构的建筑，众多文献提及的是其滤水池使用混凝土结构，这是建筑附属设备，主体建筑结构如何不清楚；1896年上海怡和纱厂空压站和仓库，屋顶为锯齿状钢筋混凝土结构，从当时施工现场的照片可以看出其典型的混凝土楼板的做法；唐山启新洋灰公司细棉土厂建造于1906年的窑房、存料仓库和洋灰栈房等，这些建筑为6~9米单跨或连跨的单层混合结构厂房；1907年商务印书馆上海印刷厂的主厂房，因为屋面荷载等原因，也采用了钢筋混凝土楼板的混合结构，该建筑为4层平屋顶；1916年，上海亚细亚火油公司建造的钢筋混凝土结构的办公楼，已经达到了7层，这是砖混结构工业建筑高层的实例（图6-3-14）。

图6-3-14 怡和纱厂厂房现场施工场景（左）与亚细亚火油公司办公楼（右）

还有更为复杂"混合"的工业建筑。一般是将两种结构体系应用于同一建筑当中，常见的做法是部分采用砖柱，部分采用钢筋混凝土柱的"同层混合结构"，或者底部采用钢筋混凝土柱，上部采用木柱和钢柱的"上下混合结构"，典型的案例就是上文所提及的武汉英商和记蛋厂，底层采用的是钢骨混凝土结构体系，而最顶层采用的是钢结构体系。因为采用不同的结构、不同的材料，建筑整体性略有欠缺，这种做法与今天的违章搭盖类似，当然亦不排除是因为建筑不同部分在不同时间建设的缘故。

（2）钢筋混凝土框架结构（图6-3-15）

钢筋混凝土框架结构厂房出现时间约在1910年以后，在20世纪20～30年代得到了普遍发展。著名的建筑如通和洋行设计的上海福新面粉公司主厂房，1912～1913年建成，该建筑为6层钢筋混凝土框架结构。1919年建造的天津永利碱厂主厂房，南北楼分别为蒸吸厂房和碳化厂房。蒸吸厂房高47米、11层，碳化厂房高32米、8层，蒸吸厂房被称为当时东亚第一高楼，因地势低洼，基础采用梁板式基础。

这时候的框架结构厂房，常用柱距4.8～6.5米，偶用更大跨度的7～7.4米柱距。框架结构体系一开始还没有形成主次梁概念，主梁和次梁并不能够明显区分，建筑次梁尺寸基本和主梁相同，有的甚至采用单向框架结构体系。框架结构体系又分为双向框架结构体系和单向框架结构体系——从结构整体性要求来看，双向框架结构体系是合理的。单向框架结构体系

福新面粉公司主厂房

永利碱厂主厂房

通棉二厂双向混凝土楼盖

上海国棉九厂井字形楼盖

图6-3-15 近代钢筋混凝土框架结构建筑

只有横向或者纵向一个方向的框架，其结构的单向抗侧向推力刚度不够，反映了当时设计师（结构师）对于结构整体抗力认识的局限。不仅如此，即便是双向框架结构，亦存在着在主次受力梁方向认识的问题，仍然是对结构受力认识不到位所致。直至后来区分出主梁和次梁，实现了结构认识上的进步。有的更进一步地发展出井字形楼盖体系，又进一步扩大了柱距，形成了更为宽敞的厂房内部空间，典型实例如1934年竣工的上海蜜蜂绒线厂仓库。顶层的框架结构已经区分出主次梁，并形成了十字形屋盖结构，柱间距扩大，采光通风效果极好，也是当时优秀的厂房建筑。

内框架结构体系的特点一般是外部砖墙承重，内部采用钢筋混凝土柱子，这种结构体系在早期厂房建筑中较为常见，特别是因为中国传统建筑经常也采用外部砖墙承重，内部木柱梁架体系的缘故，这种结构类似性使得内框架结构厂房建筑得到认同，如安徽芜湖明远电灯公司的厂房，采用的就是这种结构体系。但由于内外采用不同材料，在抗震性能上有所欠缺，建筑外墙会由于地震的破坏先倒塌，整体结构因此也会遭到破坏。

（3）钢筋混凝土无梁楼盖结构（图6-3-16）

钢筋混凝土无梁楼盖是一种不设梁的双向受力板柱结构，楼板直接支承在柱上，楼面荷载直接通过柱子传至基础的板柱结构体系。这种结构传力简捷，而且增大了楼层净空。由于没有主梁和次梁，钢筋混凝土板直接支承在柱上，因而楼板厚度较大，一般又分为有柱帽无梁楼盖和无柱帽无梁楼盖。无梁楼盖体系在现代结构计算上一般亦有划分暗梁和板带，即"类框架结构"，但实际概念是莫尼埃体系的概念。无梁楼盖结构体系对于工厂、仓库、书库等建筑非常适用，与现浇板柱结构相比，现浇无梁楼盖体系虽然柱帽和板带配筋复杂，但其他部分配筋相对简单，因而施工进程快，加之钢筋得到有效配置，故而整体来说更为经济便捷。1910年世界上第一栋钢筋混凝土无梁楼盖结构建筑于瑞士建造完成，翌年（1911年）在上海就出现了中国第一栋无梁楼盖建筑——上海新怡和纱厂麻袋车间。该建筑四层，结构技术紧随国际工业建筑技术的步伐。采用该结构体系建造的还有1917年英美烟草公司成品

四行仓库　　　　　　　　　　　　　原上海工部局宰牲场

图6-3-16　钢筋混凝土无梁楼盖结构建筑

图6-3-17　上海民生码头筒仓

仓库，1921年5层高的上海南洋烟草公司厂房，1931～1934年邬达克设计的上海啤酒厂灌装楼，1932年上海交通银行光二分库，1933年竣工的四行仓库。1933年由工部局出资兴建，英国著名设计师巴尔弗斯设计的原上海工部局宰牲场，1934年普伦设计马海洋行承建的上海蜜蜂绒线厂仓库（底下几层）同样采用该结构体系。无梁楼盖结构在工业建筑中的应用尤其是在上海地区非常广泛，盛行时间为1928～1937年。其他地区工业建筑中采用混凝土无梁楼盖者亦不在少数，如1920年天津怡和纱厂厂房等。

（4）其他钢筋混凝土结构厂房

钢筋混凝土结构厂房除上述几种形式以外，随着技术的发展，各种新的结构形式如钢筋混凝土排架结构，钢筋混凝土剪力墙结构形式也出现过，前者出现的时间一般为1949年以后的工厂建筑中，1949年前仅见于记录的是纶昌纱厂丝厂发电间，采用的是钢筋混凝土双铰门架与双铰拱架[①]，但未见实物等其他资料，后者则主要是用在面粉筒仓一类的特殊建筑中，这里不展开论述（图6-3-17）。

6.3.2.4　中国近代钢筋混凝土工业建筑营建实例

1）上海怡和纱厂厂房等

上海是中国最重要的工业城市。20世纪30年代，上海工厂数量占全国一半以上，其工业建筑的建设技术水平反映了中国最先进的建筑技术发展趋势。上海第一栋混凝土结构的房屋是1883年所建的杨树浦水厂。英商上海自来水公司的滤水池在建造中使用了混凝土结构。1895年上海工部局电气处发电厂的烟囱，建筑高度39米，采用了混凝土和砖砌筑，翌年建成的工部局市政厅采用钢筋混凝土浇筑楼板。1911年，上海日华纱厂首次采用了钢筋混凝土结构的锯齿式屋顶，其后各种新结构形式陆续出现，包括混凝土框架、半门架、拱形屋架、双铰门架等[②]。上海钢筋混凝土结构的厂房初见于20世纪初期，至20世纪30年代达到高峰。上

---

① 聂波. 上海近代工业建筑的保护与再生研究（1880～1940）[D]. 上海：同济大学，2008：15.
② 薛顺生，娄承浩. 老上海工业旧址遗迹[M]. 上海：同济大学出版社，2004.

文提到的1913年建成的6层福新面粉厂主车间,为国内首见的高层工业建筑,20世纪20年代开始出现钢筋混凝土无梁楼盖厂房。

上海老怡和纱厂是英国怡和洋行(Jardine Matheson and Co.)于1895年在中国创办的棉纺织厂(图6-3-18)。其厂址在现杨树浦路680号,占地189亩,使用当时英国国内最新的850匹马力发动机,备有铁工车间及各种机器维修所需要的全部机件。从一张1950年对于整厂建筑物及地产的估价书可以看出其厂区建筑的建设情况(附录附表7)。

按该表,该厂房屋共59项,包含厂房、栈房、机器维修栈等主要车间建筑等,还有诸如炉子间、职工宿舍、浴室、厕所、哺乳室等生产辅助用房,同时含围墙等构筑物在内。该表清晰地注明了建筑的建设年代和结构形式。厂内房屋建设年代1892~1948年,主要的房屋建设年代都在1892年,这些房屋的结构形式为砖木水泥结构(即最早的砖木混合结构)。至1911年左右建设的房屋,则大多为钢骨水泥结构,后期建设的厂房亦有钢结构和其他结构,但数量少。现在遗留的厂房原为两层,采用瓦楞铁皮锯齿状屋顶,屋面为三跨人字形屋顶,中间气窗升起。20世纪70年代其内部结构已经发生改变,仅仅保留外皮,变成了外墙砖墙壁柱承重,内部为钢筋混凝土柱子内框架,上置排架结构屋顶。废纺车间为

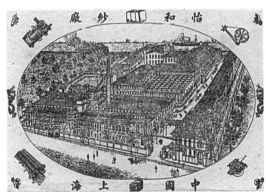
手绘鸟瞰全图

主厂房侧面

主厂房正面

废纺车间

空压站及仓库

图6-3-18 怡和纱厂

双层钢筋混凝土结构，清水红砖外墙带壁柱。空压站及仓库采用钢筋混凝土结构，锯齿形屋顶，长条竖向窗。还有一栋英国大班住宅，乡村式别墅风格，四坡屋顶带外廊。

同样创办于该时期（1896年）的阜丰面粉厂，以及后来兴建的福新面粉各厂厂房，以钢筋混凝土结构建设的居多，且不少已经是高层钢筋混凝土结构。如1929年阜丰将厂基址扩大至70亩，另造8层钢筋混凝土水泥机房一座，1933年仿效欧美建筑钢筋水泥混凝土圆筒麦仓38座，其中大仓24座，小仓14座。福新面粉厂规模更大，1913年开设福新第一面粉厂，厂址位于闸北光复路。1913年所建仓库为2层砖木结构，清水青砖间杂红砖外墙，主厂房则为6层钢筋混凝土结构建筑，长25.6米（84英尺），宽14.63米（48英尺），高23.77米（78英尺），屋顶有蓄水池，为较早的高层混凝土结构工业建筑。二厂建于1914年，四厂建于1920年，八厂建于1921年，三个厂并列成一排，东西长达1300多尺（430多米），占地56亩。二厂车间高8层，典型现代风格建筑；八厂车间高6层，立面中间突出一个钟楼，稍具装饰风格；四厂则为4层四坡屋顶建筑，为购进当时的中兴面粉厂改建。三厂位于小沙渡浜北，原为兴华旧址。三厂全厂面积共30余亩，厂屋占地密度大概为20%。厂前为公事房，东西两侧为栈房，后为机器房，楼长54.8米（180英尺），高23.77米（78英尺），阔15.24米（50英尺），钢筋混凝土结构。福新五厂在汉口。1917年租营华兴面粉厂，改称福新六厂，1929年建5层钢筋混凝土房一座。1918年建福新七厂8层钢筋混凝土房屋一座（图6-3-19）。

同属荣氏的著名公司还有申新纺织厂（图6-3-20）。申新纺织厂一厂至九厂，分布于无锡、上海、常州、汉口等地。这些企业的厂房建筑尽管因建设时间及地区不同有一定的差异，但大多数仍为钢筋混凝土结构的多层厂房建筑。申新一厂创办于1915年，位于上海西部白利南路周家桥，以单层厂房居多，典型纺织工业厂房外观样式，锯齿状单坡屋顶，钢筋混凝土结构。1917年，荣宗敬出资收购日本经营的日信纱厂，改名申新二厂。申新三厂位于无锡西门外梁清溪两岸，东南为纱厂，东北为布厂，西岸为公事房、职员宿舍等。全厂占地92.6亩，1920年破土动工，所建纱厂两层，占地12400多平方米，布厂一层，占地8500多平方米，均为钢筋混凝土结构，由上海营造厂承建。纱厂设备先进，有通风、吸风设备，电灯、消防救火机、升降机等一应俱全。抗战胜利后，1946年在办公楼、电厂之西堆放杂物的场地上开始筹建纺纱新工场。新工厂1948年建成，两层厂房，占地8500多平方米。1921年，在汉口福新面粉五厂的旁边，申新四厂开始建设，1933年申新四厂除了钢筋混凝土结构的清花车间外，其余全部厂房均毁于火灾。重建后的申新四厂厂房全部采用钢筋混凝土结构，不仅改善了采光和通风的条件，也增加了防火的性能。申新第五纺织厂创办于1914年，原为德大纱厂，后来被收购。五厂位于上海东区华德路高郎桥塊，占地七亩八分四厘有奇，分南北两厂。两厂皆为钢筋混凝土结构。同时期租办常州纱厂，改名为申新六厂。申新七厂原名瑞记纱厂，由德商创办于1896年，位于杨树浦路36号。1929年为生产细支棉纱兴建申新八厂。1931年，杨树浦三鑫纱厂（统称洋布局）全部机器和房屋悉由荣氏购入，改为申新纺织第九厂。该厂建筑大多为钢筋混凝土多层厂房。此外，申新还在宝鸡等地设有分厂。

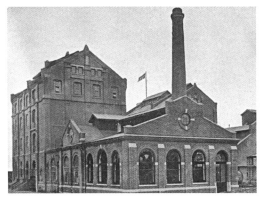
阜丰面粉厂

福新一厂

福新二厂

福新四厂

福新八厂

福新三厂

福新六厂

福新七厂

福新五厂（汉口）

图6-3-19 阜丰面粉厂与福新面粉各厂

第6章 近代工业建筑核心建造技术的发展

申新一厂鸟瞰图

申新三厂电厂

申新四厂

申新五厂

申新七厂

申新九厂

图6-3-20 申新纺织厂

2）广州五仙门发电厂厂房等

彭长歆的研究认为，"在美国本土的建筑师还在采用砖石钢骨混凝土结构进行设计时，更为科学合理的钢筋混凝土技术已经在广州出现，从技术应用的时间来看，近代岭南乃至中国与世界先进国家是基本同步的"，这是从广州所处的岭南地区在建筑技术上的应用时间予以评价。1905年左右，钢筋混凝土结构技术在广州的一大批教会学校中广泛应用。1921年在广州和汕头等地工务局颁布的规范（建筑章程）中，有了明确对于"钢筋混凝土"的技术规定，而由于经济繁荣和政治稳定，城市建设在该时期也飞速发展，这种局面于新技术的应用和推广是相当有利的。此外，由于本地建材生产的保证，即广州河南士敏土厂、广州西村士敏土厂在水泥生产方面的巨大作用，同样推动了钢筋混凝土结构技术的普及。

典型案例如广州五仙门电厂，20世纪初建成5层钢筋混凝土结构的西洋风格的大楼。该建筑由澳大利亚建筑师帕内（Arthur William Purnell）和伯捷（Bo Jie）设计，现存建筑商业和办公部分为钢筋混凝土结构与钢结构混合，而厂房内部采用的是钢构梁柱体系和钢筋混凝土剪力墙结构，沿江骑楼部分则是钢筋混凝土砖石混合结构。部分广州工业建筑在建时采用了当时国内先进的技术和材料，如1927~1934年建成的太古仓码头仓库，现存一号到七号仓库，一号仓库是钢筋混凝土结构，其一层楼板为无梁楼盖，二层三层楼盖则是肋梁楼盖，层高较高。二号至七号仓库是双跨的排架结构，单跨跨度15米左右，层高6米，部分使用三角形钢结构桁架体系和钢柱。原协同和机器厂的生产车间，内部使用德国钢筋搭建，屋顶则是木梁砖瓦，保存至今。经勘测，车间长34米，宽33.6米，高约10米；车间正门口呈圆拱形，拱形门上方刻有"1922"字样（图6-3-21）。广州西村发电厂、广州发电厂等众多20世纪30年代建设的工厂，同样采用的是钢筋混凝土结构建筑。

五仙门电厂历史照片与遗存建筑

太古仓码头仓库　　　　　　　　　协同和机器厂生产车间

图6-3-21　广州近代钢筋混凝土结构工业建筑典型案例

3）天津怡和纱厂厂房等

天津作为近代重要工业城市之一，早期官办工业厂房建筑仍以中国传统的木架结构与砖木混合结构的平房为主，民族工业则大量采用砖木混合结构厂房。20世纪以后，工业厂房才向新结构发展。较为著名的有1919年动工，1921年建成的永利碱厂主要厂房，这是两座9～10层的钢筋混凝土框架结构梁板式基础建筑，被誉为东亚第一高楼。此外作为中国近代重要的轻工业基地，天津1916～1922年先后建成华新、裕源、恒源、北洋、裕大、宝成等6大纱厂以及裕大纱厂的纺织车间，多数采用了跨度为6～10m的钢筋混凝土连跨屋盖结构，最大车间面积达1.6万平方米。

典型的钢筋混凝土建筑为怡和洋行在天津的仓库。1920年在英租界修建怡和洋行大楼，总建筑面积2861平方米。除了这座大楼外，还在办公楼后面沿海河建设了仓库，仓库组成的院落建筑面积约10000平方米（现"6号院"创意产业艺术园），院落周边围绕着5座独立四层楼仓库，各楼之间以楼梯连通。该楼设计者为Cook & Anderson Architects & Surveyors。从当年遗留下来的设计图纸（平面图一张，剖面图一张，立面图一张，外墙细部一个）可以看出，该建筑平面柱网规则，尺寸约为5.7米×5.4米。仓库为三层带地下室，采用钢筋混凝土框架结构体系，独立基础，柱子为八边形混凝土柱，地下层柱子直径70厘米左右，外墙柱子直径更大，约为76厘米，每层依次缩小，柱帽放大，无梁楼板，楼板厚18厘米。顶层楼板结构找坡，厚度也变小。立面风格简洁，仅屋顶山花处有部分装饰，比例优美。此外，建筑楼层还都挂有载重负荷安全警示牌，显示楼板最大负荷为1.7兆帕（图6-3-22）。该设计图纸展示了当时对于混凝土建筑技术的掌握程度，同时也进一步印证了在设计过程中建筑师对于经济、美观等多方面的考虑。

4）南京、武汉各地钢筋混凝土结构厂房等

作为国民政府首都的南京，在工业建筑上较大规模地使用钢筋混凝土结构开始于1915年。和记蛋厂因扩建厂房，率先建成的建筑为篮筐车间，该建筑为四层，其基础、承重柱、梁架、楼面和屋面等均用钢筋混凝土现浇。基础埋深约2.5米，采用9根木桩做基础，上面承台支撑混凝土柱子，混凝土柱子之间以梯形的截面梁相互联系，主梁之间另设两根次梁，这种做法增加了基础强度和整体性，对于长江边的软地基适应性强，体现了新型结构的优势。因作为仓储建筑的缘故，楼板梁数量较多，增加了其承载力。在材料做法上，部分屋面使用了煤渣混凝土，这种混凝土为轻质松散混凝土材料，一般用于保温隔热，可见当时的混凝土技术已经开始向更加专业方向发展。该建筑在做法上，对于基础和荷载的估计过于保守，应该仍是结构设计技术和观念所导致。随后，该厂多处钢筋混凝土结构厂房建成，并且在建设过程中对于钢筋混凝土的技术使用臻于成熟，比如过长建筑平面的断缝设置、增建过程中对新老建筑结构的考虑等。

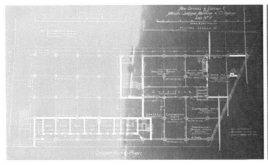
怡和洋行仓库手绘平面蓝图

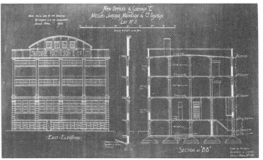
怡和洋行仓库手绘立面、剖面蓝图

怡和纱厂初建时候历史照片

楼层载重负荷安全警示牌

图6-3-22 怡和洋行及仓库

中国水泥厂等建设的一些单层工业建筑也采用了钢筋混凝土结构，代表性的为1927年建成的1～2号回转窑厂房。该厂房因工艺生产要求，长约70米，跨度为15米，外墙采用5米模数的钢筋混凝土框架柱，屋顶则用三角形钢屋架覆盖铁皮屋面[①]。较为可惜的是，像和记蛋厂厂房关于混凝土结构这样的技术处理，在南京并未完成大面积、大范围的传播，与前面所提及的金陵机器局的张拉弦屋架一样，仅仅作为特殊案例出现，也是技术在传播过程中的缺憾。在成为国民政府的首都以后，政府着力推进工业建筑的建设，钢筋混凝土结构由此得到了普及。

作为中国近代另一工业重镇的武汉，在开埠以后得到了快速发展，初始时期的工业多为外国资本所建，处于汉口沿江租界内，此时的建筑结构形式以砖木混合结构或砖混结构居多。1861～1911年，武汉三镇共建成各类有记载的近代建筑103处，其中工厂26处，仅少数为钢筋混凝土结构形式，规模也都比较小。1914～1937年，这期间兴办的工厂由于新材料和新技术的引进，大多为钢筋混凝土结构，规模较之以前大得多，出现了五层及五层以上的工业建筑。较典型的例子如隆茂打包厂（1916年，5层）、亚细亚火油公司（1924年，5层）、新泰砖茶厂（1924年，5层）、日清轮船公司（1928年，5层带地下室）等。1905年始建的位

---

① 陈亮. 南京近代工业建筑研究（1880～1940）[D]. 南京：东南大学，2018.

于青岛路的平和打包厂，算是规模稍大的钢筋混凝土结构工业建筑。该建筑现址上共有大楼5栋，1905年建成2栋、1918年建成1栋、1933年建成1栋并增补部分、1949年建成1栋、2009年增添了3部竖向电梯。该建筑历经了115年的时间，其建筑特色同样经历了钢筋混凝土技术发展的不同时期，极具代表性。

平和打包厂1905年建成2栋钢筋混凝土结构仓库，东侧一栋内部使用空间无柱子，这些结构柱落在隔墙内部或贴外墙设置，砖外墙承重。柱网单方向受力明显，主要为沿南北方向的主梁承重，梁间距较小，仅为2.3米左右。西侧一栋为典型内框架结构，柱网双向设置。1918年建设的厂房同样为内框架结构，柱网较为规则合理，1933年建设的两栋厂房开始采用整体框架结构，柱网跨度等设置更为清楚，只是柱子截面偏大，1949年建设的厂房同样采用外墙承重的框架结构，但柱子断面尺寸已经相当小。该建筑反映了各时期工业建筑建设的特点，立面风格也有所体现（图6-3-23）。

此外，内陆城市如安徽，最早采用钢筋混凝土建筑的工程始于20世纪初期，据芜湖城乡建设志记载，建于1906年的安徽明远电厂基础采用混凝土砌筑，由法国西门子洋行工程师罗史·门鲁、培路（原英文不详）等人设计安装，该厂房具体案例已在上述章节中介绍。蚌埠城乡建设志同样记载，1909年11月建设的津浦铁路淮河铁路大桥工程，使用钢筋混凝土9620立方米，耗费水泥1.06万桶，钢材2500吨。1920年（民国9年），五行仓库采用钢筋混凝土结构。

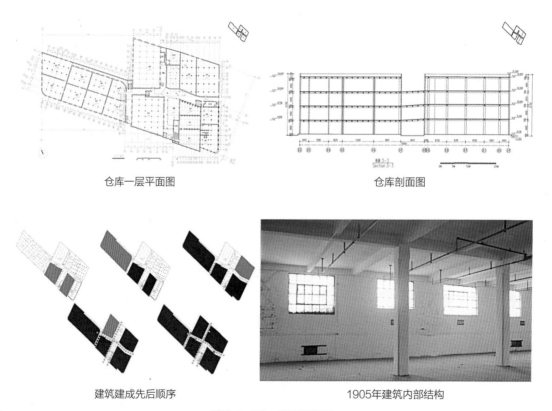

仓库一层平面图　　　　　　仓库剖面图

建筑建成先后顺序　　　　　1905年建筑内部结构

图6-3-23　平和打包厂

6.3.2.5 近代钢筋混凝土工业建筑营建技术特征

1) 近代钢筋混凝土工业建筑结构技术特征

中国近代钢筋混凝土工业建筑的建设处于钢筋混凝土建筑技术引入的初期,同样也是国际上对钢筋混凝土建筑技术探索的起步阶段,建筑技术和设计思想上的不成熟在所难免,以今天的技术理论来看,中国近代钢筋混凝土工业建筑存在着众多的结构上的问题:超筋或少筋、混凝土强度偏低、混凝土容易开裂等问题,这些问题不一而足。在其设计上,同样经历了比如设计方法改变、设计参数选择不统一、结构承载力选择偏小等问题。

(1)结构设计方法演变

钢筋混凝土结构设计应用始于20世纪初期,其设计方法经历了容许应力法——破坏阶段设计法——极限状态设计法——概率极限状态设计法的演变过程。20世纪以前,钢筋混凝土结构本身的计算理论尚未形成,故而设计上沿用或者说是借用了材料力学的容许应力计算方法,以胡克定律的弹性力学理论形成了容许应力设计理论。20世纪30年代末,开始采用按破损阶段计算构件破坏承载力的方法,20世纪50年代出现按极限状态设计方法,奠定了现代钢筋混凝土结构的设计计算理论。"二战"以后,设计计算理论过渡到以概率论为基础的极限状态设计方法。20世纪90年代后,开始采用或者积极发展性能化设计方法和理论。结构设计方法的改变,使得以往的定性分析向定量分析改进,逐渐去掉了以往确定安全系数主要靠经验、缺乏可靠度概念或者说未能给出可靠度的定义和计算方法的局面[1]。

(2)结构多样性原因

前述章节在论及中国近代钢筋混凝土建筑结构发展曾提及其结构呈现多样性的特征,包括从一开始的混合结构体系发展至后期的钢筋混凝土框架结构,框架结构中的内框架、无梁楼盖结构,这种结构多样性的原因与当时社会政策环境及专业技术人员、施工队伍等皆息息相关。

不同的建筑规范:建筑规范是由政府授权机构所提出的建筑物安全、质量、功能等方面的最低要求,这些要求以文件的方式存在就形成了建筑规范,如建筑防火规范等。结构设计方面,亦需遵照一定的设计规范。仅《钢筋混凝土学》一书提到的设计规范就有:上海市规范、上海公共租界规范、汉口市规范、南京市规范和杭州市规范,这五个规范对于楼面荷载取值都有自己的明确规定,而其他各大城市,亦有自己各自的取值规定。同样,在对材料强度和容许应力等取值上,参考的规范有通常规范、美国钢筋混凝土联合委员会规范、上海公共租界规范、汉口市规范等。这些不同的规范存在,一方面是因为中国近代钢筋混凝土结构技术刚刚引进,尚未成熟和完善,参考别国的规范做法不失为一种快速而保险的手段,哪怕这样的规范或许并不适合当时的国情;另一方面,近代中国幅员辽阔,经常处于各种势力角

---

[1] 许先宝. 江浙地区民国钢筋混凝土建筑的构造设计方法和结构设计方法研究[D]. 南京:东南大学,2017.

逐和控制之下，国家法律和集中的管理部门尚且不够健全，遑论行业规范的制定和统一。这种情况一直延续至20世纪20年代以后，政府开始重视工业标准化等问题，着手对各国的标准进行比较，制定符合中国工业发展水平的统一标准。比如1934年8月，中国工程师协会"鉴于国内各项工程每无一定标准"，决定编订各种工程规范，首先编订的就是《钢质构造规范》和《钢筋混凝土规范》两种。

不同的技术派别：中国近代的混凝土技术体系，是由外国引进的，在对技术引进的过程当中，由于技术人员的背景不同，其所受教育体系亦不一样，而这种技术背景的不一样，往往就使得引入的技术有了明显区别。除了中国本身留洋的技术人员，钢筋混凝土技术的推动主要由英国、德国或者是日本建筑师来完成，与之产生技术竞争的，有澳大利亚和美国的建筑师们。就如之前所提及的莫尼埃体系或者埃纳比克体系一样，这两种结构体系分别出现在中国也是因为技术竞争的缘故。在对于技术推广的过程当中，采取自己熟悉和可控的技术体系，是技术人员的首选。典型如慎昌洋行在中国的建筑实践，其在华工程部将钢筋混凝土、钢结构等新技术视为业务开展的核心，成立之初即用钢筋混凝土技术进行设计和建造。该部在中国最早的工业项目——天津宝成纱厂，采用钢筋混凝土框架结构。结构形式为单向肋梁楼板，主梁之间设单向密肋梁承托上部荷载，构造体系清晰。慎昌洋行在众多的设计和施工过程中，完全采用的是美国的建筑设计标准。

不同的营造厂：不同的营造施工队伍，对于结构多样性来说，是不得不论及的因素。承揽工程的施工队伍，技术水平参差不一，接受教育的背景亦五花八门。中国近代工厂建筑大多由中国本土营造厂承建。这些营造厂经营组织方式不一，管理力量和技术力量也有差别。有些营造厂是由本土的作坊成长起来，带有很多本土建筑体系中根深蒂固的建造观念，这种观念能成为解决本土实际问题的助力，也可以成为技术创新和引入的阻碍，这样的不确定因素，在众多工程实践当中是客观存在的。本土建筑观念亦因为地域因素，也会呈现不一样的结果。另外有部分工业建筑，因为技术保密或者其他原因，由外国承包商承建，譬如满铁众多的工程由日本事务所承建，日耳曼德国啤酒厂由F·H·施密特公司承建，有些工程虽然是中国本土营造公司承建，但监造者却为外籍工程师，如当时财政部印刷局主工房大楼承建方是北京华胜建筑公司，而监造师是美籍工厂监造技师汉德森。这种情况下，施工技术标准和方式的不同导致的结构多样性情况大量存在。

2）近代钢筋混凝土工业建筑构造特征

近代钢筋混凝土工业建筑的构造形式与当代钢筋混凝土建筑的构造形式，因为技术水平、功能要求、习惯做法等原因，存在一定的区别。在张锳绪的《建筑新法》一书中，已经开始对房屋构造做法进行分类，这种分类的方式一直延续到今天，即习惯性地将整座建筑分为基础、楼地面、墙体、屋顶、门窗、楼梯六个部分。在对近代厂房建筑典型构造的论述中，为了方便论述也采用此种分类方式，并且因为同处一个时代，许多构造做法是一致

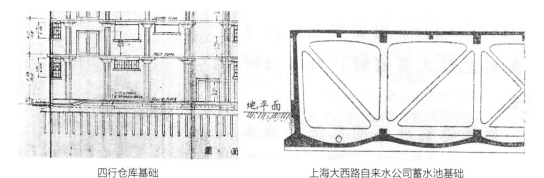

| 四行仓库基础 | 上海大西路自来水公司蓄水池基础 |

图6-3-24 浮筏式基础及箱型基础

的,故在对近代钢筋混凝土工业建筑队构造研究中,也参考其他建筑类型的构造做法进行论述,但主要以特殊做法展开论述。

（1）基础做法

近代建筑基础类型发展已经较为完善,和现代建筑接近。由于认识的原因,存在尺寸大小和具体细节上的不同,如设计上偏于保守而经常见到的构件尺寸断面偏大的做法。基础的形式,一般视建筑上部荷载和地基情况而定,近代工业建筑多因为上部楼层不高,荷载不大,在基础处理上相对较为简单,若以构造形式论按当时的文献记载有：分离基础（独立基础）、联合基础（条形基础）、浮筏基础（满堂基础）等[①]。

工业建筑多为一二层建筑,荷载不大,一般采用独立基础做法。遇到有特殊情况,比如地基承载力差或者上部荷载差别较大时采用条形基础。如上部荷载较大,可采用浮筏式基础,如四行仓库基础形式就是结合桩承台的浮筏式基础形式。而为了获得基础以下的空间,又有箱型基础等出现,上海大西路自来水公司蓄水池采用的就是这种基础形式（图6-3-24）,后来演变成现在的整体地下室。

当时比较有特色的做法较多采用木桩基,这种基础在中国已有上千年的使用历史,公元前214年修建的水利工程灵渠的大坝基础用的就是木桩,1934年由我国自行设计和建造的首座现代大桥钱塘江大桥也采用木桩。木桩基础靠人力使用石锤夯击进行施工,桩长在4~6米左右,众多厂房搭人字架用重锤打木桩。近代木桩较多使用进口洋松,木桩形状为圆形或楔形。由于木材在水中经长时间浸泡后,坚韧度比钢筋混凝土还要好,因此一般构造做法是在地下水位以下用木桩,地下水位以上用混凝土桩,即混合桩,木头长度不够可用特制的钢环进行连接。这种做法在近代厂房中并不少见,如上文提及湖北、上海等长江沿岸城市在建设众多码头工厂时,因为地基松软等原因,就采用木桩基础者居多,上海煤气公司在西藏路所建之贮气箱,就是采用接合木桩的形式,很多高层建筑基础亦采用此做法（图6-3-25）。

---

① 秦元澄. 上海建筑基础之研究[J]. 中国工程学会会刊, 1937, 12（2）: 174-187.

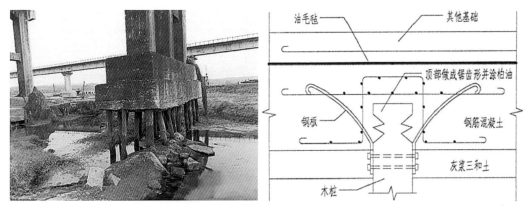

图6-3-25　木桩顶部和其他基础连接方式

在基础处理上，上海沪南码头仓库有一定的特色。该建筑5层高，总高18.6米，钢筋混凝土结构，建于1935年。仓库因基地临江地质松，不能承受过重荷载，而建筑本身堆货较多，总量可达5000余吨。所以采用18.29米和21.34米长的圆木做桩，桩木之上使用钢筋混凝土建造地下梁，桩木承台连在一起，保持均匀沉降。这种传统工艺和现代工艺的结合做法，完美再现了近代建筑转型时期的特点，该工艺做法在造价、实用性和可持久度上与现代桩基的做法相比并不逊色。

过去的经验做法在近代工业建筑营建过程中，因为时间、技术、经济等因素而大量使用，有些尽管仍然存在不足，但也证明了当时工程师和工匠们探索的价值。这种探索并非灵光一现的自由发挥，而是在长期建设过程中传统经验面临新情况时的再生创造。

（2）楼地面

楼地面的构造做法取决于建筑的使用功能。近代工业建筑发端时期，很多做法仍显粗糙和简陋。如当时众多的机器局，从遗存的资料观察，地面较少处理，有些仍然采用原始凹凸不平的土质地面，四川机器局遗留的照片中非常清楚地看到了车间中简单处理的地面。有更进一步做法即将原来地面碾平，上面加铺一层土后铺煤渣，铺煤渣时需碾压密实。后来的工业建筑由于特殊的工艺需求，对防尘、防火、洁净等的需求增加，发展出各种饰面做法，如铁厂有采用泥地或煤屑铺地的。有些构造做法沿用至今，比如水泥赶光混凝土地板构造；但有些做法却因为材料、技术的发展而逐渐被淘汰，特别是对于防火要求较高的工厂建筑来说，木构梁架、木格栅楼板等，在合适的替代技术产生以后，就极少使用。从现存部分工业建筑的楼地板做法来看，楼地面做法用木板、砖、沥青、混凝土者都有，其结构层、垫层、面层的厚度尺寸都偏大，很多水刷石、水磨石工艺面层，施工工艺较高，至今使用起来仍满足要求，且极其美观而具有时代特色。表6-3-6是凌鸿勋关于各种工厂适用地面的建议。

各种工厂地面构造做法　　　　　　　　　　　　　表6-3-6

生产功能	适用构造
韧炼室	砖铺地或生铁板铺地面
熔炉室	倒放槽铁铺地面或生铁板铺地面
打铁场	泥地面或煤屑地面
车厂	三合土地面
金工厂	炼制木块或木板铺地面
电力锅炉室	水泥三合土地面或砖铺地面
精致仪器制造室或化学以外之研究室	地沥青地面
办公室及绘图室	坚木板地面搁于枕木嵌入三合土地基
厕所及洗涤室	水泥三合土地面

（3）墙体

厂房建筑墙体做法有砖砌墙体、混凝土墙体、木板墙和用于临时建筑的瓦楞铁板墙。具体的构造做法与一般建筑无特殊性区别。因为墙体的稳定性和墙体的高厚比的关系较为密切，所以墙体厚度的设计成为当时建筑设计很重要的一项指标。1901年颁布的《中式房屋法规》和1903年颁布的《西式房屋法规》这两部民国时期重要的建筑规范对建筑的墙体厚度有严格的规定。从这些规定的数据来看，具有较高的保险系数，另一方面实砌砖墙体内也用到钢丝网等加强墙体强度的措施，比如每五皮砖需有一道钢丝网拉结且墙伸入楼板。

（4）屋顶

此时开始出现了新型的防水材料，再加上钢筋混凝土结构技术的发展，也进一步加强了屋面的防水功能，这些因素促使平屋顶的出现成为可能。相较于坡屋顶，平屋顶在防水构造上有着天然的不足：平置的屋面板不利于迅速排除雨水，而积水又进一步带来材料腐蚀而渗水的风险。钢筋混凝土楼板结构本身自防水功能已经足够，再加上防水油毡、松香柏油等粘合剂的使用，极大解决了屋面的防水问题。平屋顶的出现亦实现了屋顶上人的可能，上人屋面增加了屋面的使用功能，也进一步丰富了建筑的外观形式，成为现代建筑的一个典型特征。但这种外观形式也对其他构造提出了要求，比如上人女儿墙、屋面保护层、屋面隔热、架空屋面等。钢筋混凝土屋面还具有天然的比原本工厂建筑屋顶（铁皮屋顶、木屋顶）等更好的防酸腐蚀的性能，因此工厂建筑选择该类屋顶形式居多，唯其屋顶自身荷载较重，此时又出现煤屑混合的做法，减轻荷载的同时亦能够缓解混凝土平屋顶传热好所导致的厂房内部温度升高的问题。可以说，建筑材料、建造技术的进步丰富了建筑的使用功能和形式，这些功能和形式又反过来促进了建筑材料、建筑构造等技术的进步。

（5）门窗

门窗的做法与现代的差异性不大。早期的工厂建筑本身在气密性方面的要求不太高，因为当时产品生产精度等大部分略为粗糙，各种空气净化设备、湿度温度调节设备尚未问世或者未被应用于厂房建筑中，故而门窗多为木制门窗，后期也有大量的钢窗等使用，这两种窗户做法保温和气密性稍显欠缺。但此时玻璃生产工艺得到改进，玻璃大量应用成为门窗面积增大、厂房内部采光得以改善的重要促进因素。门窗构造有一点与传统建筑不一样的是，由于开口的增大许多门窗洞口需要做过梁构造，而钢筋混凝土过梁成为继砖砌过梁、石质过梁、木质过梁之后又一解决墙体因开洞过大带来问题的合适构造方式。

（6）楼梯

钢筋混凝土构造楼梯的出现，带来了楼梯做法的多样化，同时也使得有些楼梯的外观形式更具观赏性和美感，如悬臂式楼梯等就因为材料的进步而显得更为轻盈而通透。但因为使用尺度和习惯上的问题，楼梯构造做法规范和现行的做法仍有很多不一致的地方。

附录

(赖世贤制表)

附表1

《建筑新法》中所载木屋架类型

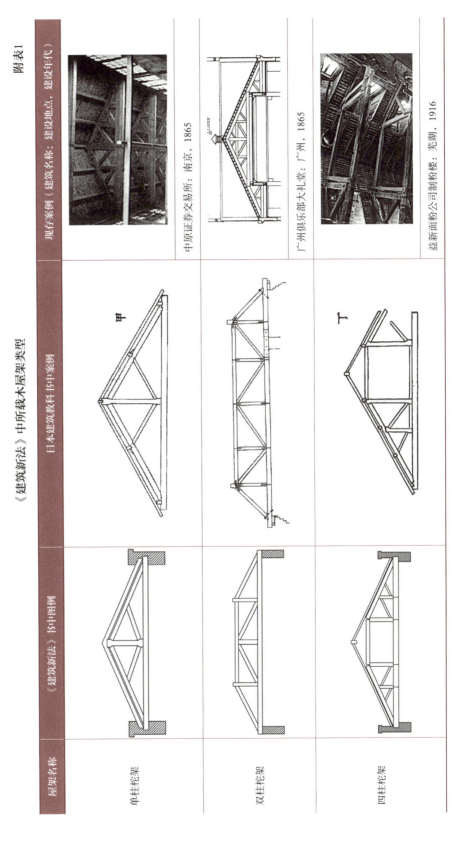

屋架名称	《建筑新法》书中图例	日本建筑教科书中案例	现存案例(建筑名称:建设地点、建设年代)
单柱桁架		甲	中原证券交易所:南京,1865
双柱桁架			广州俱乐部大礼堂:广州,1865
四柱桁架		丁	益新面粉公司制粉楼:芜湖,1916

续表

屋架名称	《建筑新法》书中图例	日本建筑教科书中案例	现存案例（建筑名称：建设地点，建设年代）
兼用铁活之桁架			通益公纱厂厂房：杭州，1930~1940
高顶桁架			南沟沿救主堂采光亭：北京，1907
增高房顶及难得长木时桁架			南沟沿救主堂：北京，1907

续表

屋架名称	《建筑新法》书中图例	日本建筑教科书中案例	现存案例（建筑名称：建设地点，建设年代）
内部房顶见圆形之桁架			宝兴机器面粉厂：蚌埠，1928
桁上设楼存储物品时之桁架			天津原美国兵营食堂：天津，1910

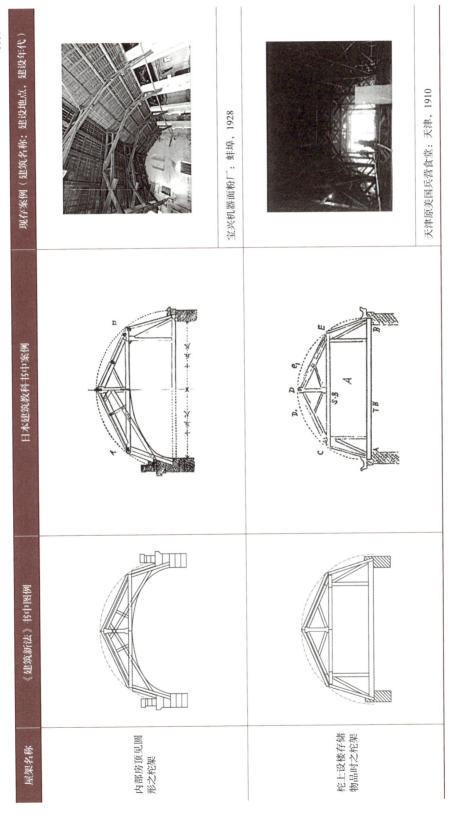

附录

附表2

中国近代砖瓦产品

品名	二号立旋砖	特别优旋砖	一号火砖	一号优旋砖	小旋砖	三号红砖	○筒砖	○道砖	电○○砖	B3乙砖	茶色瓷瓦	石灰
商标	得腾牌	得腾牌	得腾牌	得腾牌	得腾牌	得腾牌	得腾牌	得腾牌	得腾牌	得腾牌	—	—
厂名	唐山德盛窑业厂	唐山德盛窑业厂	唐山德盛窑业厂	唐山德盛窑业厂	唐山德盛窑业厂	唐山德盛窑业厂	唐山德盛窑业厂	唐山德盛窑业厂	唐山德盛窑业厂	唐山德盛窑业厂	○宏瓷瓦工厂	盛德灰厂

品名	石灰磁土	洋火花砖	洋火方砖	瓦烟筒	B3甲砖	B16甲砖	B14甲砖	F6砖	F7砖	A砖	B10甲砖	素瓷瓦
商标	—	马牌	马牌	—	得腾牌	得腾牌	得腾牌	得腾牌	得腾牌	得腾牌	得腾牌	—
厂名	原产○邑县	—	—	唐山启新洋灰有限公司工厂	唐山德盛窑业厂	唐山德盛窑业厂	唐山德盛窑业厂	唐山德盛窑业厂	唐山德盛窑业厂	唐山德盛窑业厂	唐山德盛窑业厂	—

品名	一号茶色瓷瓦	异形耐火砖	四寸双釉○缸三○	八寸双釉○缸管子	六寸双釉○缸管子	四寸双釉○缸管子	六寸双釉缸管	四寸双釉缸管	六寸十字管	五寸三○	B10乙砖	红方光面砖
商标	—	明星	明星	明星	明星	明星	得腾牌	得腾牌	得腾牌	得腾牌	得腾牌	得腾牌
厂名	○宏瓷瓦工厂	唐山新明窑业厂	唐山新明窑业厂	唐山新明窑业厂	唐山新明窑业厂	唐山新明窑业厂	唐山德盛窑业厂	唐山德盛窑业厂	唐山德盛窑业厂	唐山德盛窑业厂	唐山德盛窑业厂	唐山德盛窑业厂

品名	红大方十字砖	红小方十字砖	白小方十字砖	带眼缸盖砖	带中眼缸盖砖	大缸盖砖	小缸盖砖	特别火砖	烤瓶嘴砖	1783砖	—	—
商标	得腾牌	得腾牌	得腾牌	得腾牌	得腾牌	得腾牌	得腾牌	得腾牌	得腾牌	得腾牌	—	—
厂名	唐山德盛窑业厂	唐山德盛窑业厂	唐山德盛窑业厂	唐山德盛窑业厂	唐山德盛窑业厂	唐山德盛窑业厂	唐山德盛窑业厂	唐山德盛窑业厂	唐山德盛窑业厂	唐山德盛窑业厂	—	—

来源:《国货年刊》1934年。

1904～1948年中国水泥进出口数量统计表（担） 附表3

年份	进口总量	日本	中国香港	越南	中国澳门	朝鲜	出口总量
1904		19511	214438				
1905	553581	40024	450203				
1906	913309	41490	574175				
1907	1592147	105062	576362				
1908	1411194	305036	632448				
1909	1855232	362638	867412				
1910	1973548	669998	675926				
1911	779531	272638	370029				
1912	489156	134003	226472				220060
1913	618019	305177	137596	76314	25715		396435
1914	901263	337994	314104	88951	40956		471882
1915	701119	190393	327594	29434	92871		518278
1916	826878	374126	199963	14423	152403		239328
1917	705734	306060	254412	33683	51561		394684
1918	862320	591114	117637	11060	98380	5255	503091
1919	1515189	1056255	150883	109665	151152	5021	170132
1920	1751845	684356	252569	322527	284358	220958	173792
1921	2533918	972468	470176	422287	344969	269517	1159546
1922	3180223	1162574					6793
1923	2655274	844405					267481
1924	1787944	371036					407740
1925	1761099	642191					397036
1926	2416948	1597690					464420
1927	1915533	873728					502563
1928	2280509	543565					1047632

续表

年份	进口总量	日本	中国香港	越南	中国澳门	朝鲜	出口总量
1929	2832957	755155					1064885
1930	3044839	942314					1009085
1931	3288773	653966	1948906	123927	303523	48768	444084
1932	3670201	289900	1405191	1157746	303513	121853	328623
1933	2278701	452360	510148	588622	211620		
1934	984233	335056	127423	376540	23866		4081
1935	683207	282932					
1936	349498	152420					22624
1937	254158	101634					
1938	626599	463383					16385
1939	674436	494170					136964
1940	443790	278766					23540
1941	540803	394775					8011
1942	17282	14990					101679
1943	15212						40430
1944							
1945							
1946	459196	800					
1947	141147	1349					
1948	990496	651					379544

数据来源：
（1）吕骥蒙. 中国水泥的过去现在及将来[J]. 建筑月刊，1934，2（11-12）：64-67.
（2）王燕谋，等. 中国水泥发展史（第二版）[M]. 北京：中国建材工业出版社，2017.
（3）郑云霞. 近代广东官办水泥企业研究[D]. 广州：暨南大学，2013.
注：该表格根据上述资料整理，表中空缺处为数据不全或明显谬误数据。

附录

附表4

1886～1949年中国各大水泥厂信息表

序号	企业名称	资产性质	技术类型	开办时期	主要设备状况	年生产能力（万吨）	出品商标	厂址
1	澳门青洲英坭厂（香港）	中外合资	普通立窑	1886	引进德国立窑生产线	12	翡翠牌	澳门青州
2	启新洋灰股份有限公司（启新）	中资民营	干法回转窑	1889	1908年该厂采用丹麦史密斯公司先进的回转窑（卧式旋转钢窑）、球磨机（钢磨）等设备代替原来立窑落后的设备，安装完成并投产，开创了我国利用回转窑生产水泥的历史。该回转窑为Φ2.1米×30米干法干密窑。1911年扩建从史密斯公司购置2套Φ2.4米×45米干法中空回转窑。1920年又向史密斯公司购买Φ2.7米×63米和Φ3米×60米中空干法回转窑各一套	30	马牌	河北唐山
3	湖北水泥厂（华记湖北水泥厂）（启新）	中资民营	干法回转窑	1907	购买香港九龙一家停办水泥厂的200吨/天全套水泥生产机器设备。Φ2.1米×35米干法回转窑2台、Φ1.8米×7.8米磨机4台、烘干罐2台；另有机石机、磨煤机、蒸汽机、发电机、装包机，输送机、车床、刨床等配套设备，设计能力为水泥200吨/天。厂内设有轧石、原料烘干、生料窑、旋窑、煤磨、水泥磨、装包、电气等部门和引擎房、锅炉房及修理间，共11个生产部门	7	宝塔牌	湖北武汉
4	广东士敏土厂（河南）	中资官办	普通立窑	1905	购买德国伯鲁森工厂出品的日产500桶的生产设备，1907年开工建设，后并入广西西村士敏土厂	3.4	威凤祥麟狮球	广东广州
	广东士敏土厂（西村）	中资官营	湿法回转窑	1928	"西村混凝土厂"，该厂采用丹麦史密斯公司引进的是湿法回转窑设备。1933年西村混凝土厂又扩建了两条Φ2米×80米回转窑生产线	20	五羊牌	广东广州

389

续表

序号	企业名称	资产性质	技术类型	开办时期	主要设备状况	年生产能力（万吨）	出品商标	厂址
5	华商上海水泥股份有限公司	中资民营	湿法回转窑	1920	生产线向德国勃利鸿斯（G.Polysius）公司订购，为中国第一条湿法回转窑生产线。该生产线日产水泥1200桶，包括两台Φ2.3/2.8米×54米（一说Φ2.3/3.4米×56米）湿法回转窑，Φ2米×11米的生料磨和水泥磨各一台	12	象牌	上海龙华
6	致敬洋灰股份有限公司	中资民营	普通立窑	1921	1936年年初，公司引进一套立窑设备，从德国兑房伯公司通过天津礼和洋行。同年8月，完成了引进立窑设备的安装，建成Φ2.5米×10米的德制机械式立窑	0.36	车头牌	山东济南
7	中国水泥公司	中资民营	湿法回转窑	1923	1923年正式开始开工生产，日产水泥500桶，选用德国产Φ2.25米×46米湿法回转窑生产线。1926年夏天，中国水泥公司兼并了正在建设的无锡水泥厂，把两条来自德国造的Φ2.85米×60米的湿法回转窑生产线运抵中国水泥在龙潭的工厂，安装投产后，水泥产量达到日产510吨。1935年，中国水泥公司又从德国买了一条Φ3米×46米的湿法回转窑生产线	27	泰山牌	江苏句容
8	西北洋灰厂	中资民营	干法回转窑	1935	共有设备52台，分别来自日本的大阪栗本铁工所和三菱。拥有一条日产Φ2.3米×38.1米的干法回转窑生产线，1936年继续订购一条Φ2.7/2.3米×41.1米的干法回转窑生产线	7.2	狮头牌	山西太原

续表

序号	企业名称	资产性质	技术类型	开办时期	主要设备状况	年生产能力（万吨）	出品商标	厂址
9	江南水泥股份有限公司	中资民营	湿法回转窑	1935	购买丹麦史密斯公司的设备，该公司亦调整设计产量。水泥厂其他设备、开山设备和吊车等由德国禅臣洋行（Siemssen&Co.）、英商怡和洋行（Jardine Matheson）提供。当时江南水泥厂的设备是除日本之外亚洲最先进的。1947年向史密斯美国分公司购买Φ3.5/2.6/2.9米×134米湿法回转窑生产线设备	27	金轮牌	上海栖霞山
10	四川水泥股份有限公司	中资民营	湿法回转窑	1936	丹麦史密斯公司（F.L.Smidth Co.）的机械，Φ2.3/2.7米×82.4米的湿法回转窑生产线，年产水泥4.5万吨，同时电气设备购自德国米亚格厂（MIAG）	5.4	川牌	四川重庆
11	"华新" 华中水泥厂	中资民营	湿法回转窑	1939	大部分设备为华记湖北水泥厂拆迁而来。一条Φ2.5米×35米旋窑	2.5	宝塔牌	湖南辰溪
12	"华新" 昆明水泥厂	中资民营	普通立窑	1939	设计出一台Φ2.5米×10米（《华新水泥股份有限公司概况》一文记载为Φ2.5米×12米）的钢筒体立窑。同时利用原来成全厂的工艺设计。设计完成后，王涛利用原来的业务关系，向丹麦史密斯公司订购Φ1.45米×2.8米水泥磨机一台，在上海定做钢筒体立窑一座。1942年增设自行设计和4座不同尺寸的砖砌立窑，安装重庆制造的Φ1.39米×2.84米水泥磨2台	1.2	龙门牌	云南昆明

续表

序号	企业名称	资产性质	技术类型	开办时期	主要设备状况	年生产能力（万吨）	出品商标	厂址
13	"华新"大冶水泥厂	中资民营	湿法回转窑	1945	订购了爱丽丝（Allis-Chalmers Manufacturing Co.）两台Φ3.5米×145米湿法回转窑，该回转窑单台水泥日产量为600吨，是当时国内最大型的回转窑，也是当时世界上最大型的回转窑之一；同时还订购了带水力分离器闭路循环的Φ2.74米×3.96米湿法生料磨两台，这种生料制备系统当时在我国是首次使用，在世界上也是先进设备，其特点是足耗电较低；还订购了带选机闭路循环的Φ2.74米×3.96米的水泥磨四台，这种水泥磨比开路循环的水泥磨节省电15%。这条生产线，年产水泥达到50万吨，其技术的先进性和规模在当时的中国甚至亚洲都是数一数二的	50	堡垒牌	湖北大冶
14	江西水泥厂	中资民营	普通立窑	1941	江西省水泥厂是第一个全厂设备国产化的水泥厂	0.5	—	江西吉安
15	贵州水泥厂	中资民营	普通立窑	1941	1947年，该厂收购江西天河水泥厂磨机2部，以及一切附件，并向上海和重庆各地订购电力设备，添建立窑等3座	0.28	金钢牌	贵州贵阳
16	嘉华水泥厂	中资民营	普通立窑	1941	所有机器全部国产。该厂有立窑3座，日产熟料50吨，管磨机4部	0.9	山牌	四川乐山
17	甘肃水泥厂	中资民营	普通立窑	1941	该厂共有直窑（立窑）3座，300马力的蒸汽动力作业机3部	0.3	甘字牌	甘肃兰州
18	湖南水泥厂	中资民营	普通立窑	1941	—	0.25	—	湖南零陵
19	陕西水泥厂	中资民营	普通立窑	1941	—	0.25	—	陕西白水
20	天祥实业股份有限公司水泥厂	中资民营	干法回转窑	1941	2台小型干法回转窑，该厂旋窑设备全部自造，机件较为完善，极少修理	2.16	前门牌 洋房牌	上海

续表

序号	企业名称	资产性质	技术类型	开办时期	主要设备状况	年生产能力（万吨）	出品商标	厂址
21	苏州白水泥厂	中资民营	—	1946	有1台Φ0.93/1.18米×20.86米干法中空回转窑	0.4	—	江苏苏州
22	顺昌水泥厂	中资民营	—	1947	生产白水泥	1.5	骆驼牌	上海
23	建亚水泥厂	中资民营	干法回转窑	1947	聘请留日窑业专家沈学灏为厂长，前华新水泥工程公司工程师眺嵊佩为总工程师，改良原有装置，并自行设计及装置燃煤设备。该厂有Φ2.85米×60米旋窑一座及其他相关设备。	0.84	龙凤牌	上海
24	山东洋灰公司	德国日伪	普通立窑	1918	—	1.5	—	山东青岛
25	"小野田"大连工厂	日伪	干法回转窑	1907	建设了两台Φ2米×30米干法中空回转窑，以及生料磨、水泥磨等配套设施，于1909年竣工投产。1922年第一次扩建，增设一条Φ3/2.5米×60米带余热锅炉的干法回转窑生产线。1928年又扩建增设一条Φ3米×60米带余热锅炉的干法回转窑生产线	25	龙牌	辽宁大连
26	"小野田"鞍山工厂	日伪	干法回转窑	1934	—	13	龙牌	辽宁鞍山
27	"小野田"泉头工厂	日伪	干法回转窑	1935	—	16	龙牌	辽宁昌图
28	"浅野"（小野田）哈尔滨工厂	日伪	干法回转窑	1934	装备一条Φ3.5米×60米干法中空回转窑生产线。1943年后归关东州小野田洋灰制造株式会社管理	10	—	黑龙江哈尔滨
29	"浅野"（小野田）牡丹江工厂	日伪	立波尔窑	1938	建设一条立波尔窑生产线，回转窑为Φ4米×42米，为我国最早建成的立波尔窑生产线。1943年后归关东州小野田洋灰制造株式会社管理	15	—	黑龙江牡丹江
30	"浅野"（小野田）庙岭工厂	日伪	干法回转窑	1938	1943年后归关东州小野田洋灰制造株式会社管理	9	—	吉林汪清

续表

序号	企业名称	资产性质	技术类型	开办时期	主要设备状况	年生产能力（万吨）	出品商标	厂址
31	"小野田" 小屯工厂	日伪	立波尔窑	1941	回转窑为Φ4米×42米，炉篦子加热机尺寸为3.27米×21.5米	15	虎头牌	辽宁辽阳
32	蒙疆洋灰公司口泉洋灰厂	日伪	机械立窑	1938 1940	在大同的口泉镇建成一家立窑水泥厂，采用德国制造Φ2.5米×10米机械装釉料的钢筒体立窑，带有盘式自动喂料装置，年产水泥3万吨	3	—	山西大同
33	华北洋灰股份有限公司	日伪	干法回转窑	1939	工厂设备是从日本浅野洋灰株式会社深川第一工厂拆来的旧机器，琉璃河厂有干法中空旋转窑4台，规格Φ2.4米×39.1米，Φ2.13米×7.31米生料磨2台，Φ2.13米×8.50米水泥磨1台。锦西厂旋转窑2台，规格分别为Φ2.743米×60.959米及Φ3.048米×60.959米	16 17	长城牌	河北北平 辽宁锦西
34	"磐城" 辽阳工厂	日伪	干法回转窑	1933	—	13	虎头牌	辽宁辽阳
35	"磐城" 本溪工厂	日伪	干法回转窑	1936	1936年装备一条Φ3.5米×60米干法中空回转窑生产线，1938年扩建一条Φ3.7/3.3米×70米干法中空回转窑生产线	20	虎头牌	辽宁本溪
36	"磐城" 本溪工厂分厂	日伪	干法回转窑	1940	设备是从日本富田工厂和富山工厂拆来的旧设备，1942年建成2条Φ3.7/3.3米×70米干法中空回转窑生产线	17	虎头牌	辽宁本溪
37	"磐城" 安东工厂	日伪	干法回转窑	1940	—	18	—	辽宁安东
38	"浅野" 吉林工厂	日伪	干法回转窑	1938	拥有2条干法中空回转窑生产线	25	—	吉林吉林
39	"浅野" 锦州工厂	日伪	干法回转窑	1939	从日本拆来的旧设备建设2条干法中空回转窑生产线	20	—	辽宁锦州
40	"浅野" 抚顺工厂	日伪	干法回转窑	1944	收购抚顺洋灰株式会社的2条中空回转窑干法生产线。有2条中空回转窑干法生产线	30	—	辽宁抚顺

续表

序号	企业名称	资产性质	技术类型	开办时期	主要设备状况	年生产能力（万吨）	出品商标	厂址
41	台湾水泥有限公司 1946	高雄	干法回转窑	1915	开始建Φ2.74米×54.86米干法中空回转窑生产线一条，1929年建Φ3.15米/3.45米干法中空回转窑生产线，1938年建Φ3.8.3/3.2米×76.9米干法中空回转窑生产的。这些机器和设备都是从日本拆来的，生产效率极低	19.1	品字牌	台湾高雄
		苏澳	日伪		1940	采用从日本拆来的旧设备建设产量为12.5吨和15.0吨的干法中空回转窑生产线		品字牌	台湾宜兰
		竹东			1940	拆运的是日本南方洋灰株式会社高滨工场一条立波尔窑生产线		品字牌	台湾新竹

注：（1）"华新"指华新水泥股份有限公司。
（2）"小野田"指关东洲小野田洋灰制造株式会社。
（3）"磐城"指"满洲"磐城洋灰株式会社。
（4）"浅野"指"满洲"浅野洋灰株式会社。
（5）年生产能力按生产规模最大时候统计。

资料来源：（1）吕骥蒙. 中国水泥的过去现在及将来[J]. 建筑月刊, 1934, 2 (11-12): 64-67.
（2）王燕谋，等. 中国水泥发展史（第二版）[M]. 北京：中国建材工业出版社, 2017.
（3）中华民国水泥工业同业公会. 中华民国水泥工业同业公会年刊[Z]. 上海：中华民国水泥工业同业公会, 1947.

附表5

西村士敏土厂产品试验成绩表

实验地点		英国	德国	美国	丹麦	丹麦	广州	广州	备考
试验机关		Harry Stanget Engineet	国立材料试验处	Robert Hunt Engineet	F.L. Smiath	F.L. Smiath	公务局	西村士敏土厂	—
试验日期		1933年1月24日	1933年2月28日	1933年2月28日	1933年4月3日	1933年4月3日	1933年2月1日	1932年11月18日	—
标准法		1931年英国规定	德国规定	美国ASTM	德国规定	1931年英国规定	广州公务局规定	1931年英国规定	—
幼度	试法	170 72	4900 900	200	4900	170 72	—	170 72	种类用筛
	结果	2.1 0.2	3.4 0.1	8.0	4.7	3.8	未试	6.9 0.2	剩余渣滓%
凝结	试法	Vicat	—	Vicat	—	Vicat	—	Vicat	—
	初结	2小时10分钟	3小时	—	2小时45分钟	2小时	未试	2小时4分	—
	终结	3小时25分	4小时25分	4小时50分	4小时45分	3小时50分	未试	3小时52分	—
固性	试法	Le Chatelier	浸水28日	Le Chatelier	Le Chatelier	Le Chatelier	—	Le Chatelier	—
	结果	0.5毫米	无裂痕	甚佳	2.0毫米	2.0毫米	未试	0.3毫米	—
和水量	净土	21.5	—	24.0	—	—	23.2	23.0	%
	一土三砂	7.9	8.0	10.5	8.0	7.4	8.1	8.3	%
净土敏土拉力	一天	未试	未试	未试	未试	未试	327磅	441磅	—
	三天	未试	未试	未试	未试	未试	未试	634磅	—
	七天	未试	未试	未试	未试	未试	825磅	664磅	—

续表

实验地点		英国	德国	美国	丹麦	丹麦	广州	广州	备考
	标准砂	英国砂	德国砂	Ohra 美国砂	德国砂	英国砂	广州砂	英国砂	—
三王士敏土砂拉力	三天	555	—	—	—	499	—	450	lbs/Sq.in（每平方英吋磅计）
		—	30.8	—	299	—	—	—	kg/cm²（每平方厘米公斤计）
	七天	647	—	403	—	527	287	446	lbs/Sq.in（每平方英吋磅计）
		—	33.6	—	333	—	—	—	kg/cm²（每平方厘米公斤计）
	廿八天	—	340	500	423	528	330	—	lbs/Sq.in（每平方英吋磅计）
士敏土压力	三天	—	371	—	329	—	—	—	kg/cm²（每平方厘米公斤计）
	七天	—	475	—	443	—	—	—	kg/cm²（每平方厘米公斤计）
	廿八天	—	595	—	638	—	—	—	kg/cm²（每平方厘米公斤计）

资料来源：作者根据刘鞠可《广东土敏土厂三年来之制造概括》等整理。

杨树浦路670号老怡和纱厂总底盘图

附表6

序号	房屋名称及种类	建成年份	建筑结构	建筑面积（平方尺）	共有层数	耐用年	实际使用年数	尚可使用年数
1	毛线部及精毛纺厂房（west）	1892	砖木水泥	69625	2	45	59	10
2	毛线部及精毛纺厂房（east）	1892	砖木水泥	69625	2	45	59	10
3	废织部厂房	1892	砖木水泥	32291	1	45	59	10
4	废纺跑马车部厂房	1892	砖木水泥	21793	1及2	45	59	10
5	精毛纺及毛整理染厂房	1892	砖木水泥	46950	2	45	59	5
6	机房	1892	砖木水泥	62800	1	45	59	10
7	不全机器○机	1892	砖木水泥	41150	2	45	59	5
8	炉子门	1892	砖木水泥	2610	1	45	59	10
9	绳子○	1892	砖木水泥	1000	1	45	59	5
10	炉子门	1892	砖木水泥	7742	1	45	59	10
11	铁烟囱	1921	铁	1只	—	40	30	
12	帮浦门	1892	砖木水泥	2864	1	45	59	10
13	机房	1915	钢骨水泥结构	20115	3	55	36	19
14	机房	1915	钢骨水泥结构	14916	3	55	36	19
15	机房	1915	钢骨水泥结构	25101	3	55	36	19
16	机房及精毛纺厂房	1915	钢骨水泥结构	24528	3	55	36	19
17	车务间及托儿所	1892	砖木水泥	8540	2	50	59	15
18	铁匠电气毛筑精毛纺厂房	1933	钢骨水泥砖	36048	3	55	18	37
19	废织染缸间	1938	钢骨水泥砖	15240	3	55	13	42
20	绳子○	1892	砖木水泥	2600	1	45	59	10
21	引擎间	1892	砖木水泥	5775	1	45	59	5
22	水培	1911	钢骨水泥	—	1只	55	40	15
23	浆缸间厂房	1948	砖木	7425	1	35	3	32
24	废织部厂房	1913	钢骨水泥砖	19024	1	55	38	17
25	废纺部厂房	1923	钢骨水泥砖	26850	2	55	28	27
26	帮浦间	1950	砖木水泥	892	1	45	1	44
27	机房	1892	砖木水泥	18410	3	45	59	10
28	机房	1916	砖木水泥	1040	1	45	35	10
29	机房	1921	砖木	1240	1	35	30	5

续表

序号	房屋名称及种类	建成年份	建筑结构	建筑面积（平方尺）	共有层数	耐用年	实际使用年数	尚可使用年数
30	厕所	1938	砖木水泥	600	3	45	13	32
31	警卫宿舍	1901	砖木	320	1	35	40	10
32	厕所及过桥	1906	钢骨水泥砖木	2只	—	55	45	10
33	休养所	1915	钢骨水泥砖	12760	4	80	36	44
34	宿舍	1892	砖木水泥	2840	2	50	59	10
35	宿舍	1892	砖木水泥	4300	2	50	59	10
36	方棚间	1920	钢骨水泥砖	2304	2	55	31	24
37	住宅	1931	砖木水泥	4844	2	50	20	30
38	扶梯间	1911	钢骨水泥砖	2275	2	55	40	15
39	水泥扶梯二乘	1915	钢骨水泥	—	3	55	36	19
40	水泥扶梯二乘	1933	钢骨水泥	—	3	55	18	37
41	扶梯间	1911	钢骨水泥砖	2580	3	55	40	15
42	过桥及扶梯	1933	钢骨水泥木	1乘	—	55	18	37
43	过桥及扶梯	1916	钢骨水泥	1乘	—	55	35	20
44	方棚间	1938	钢骨水泥砖	506	2	55	13	42
45	厂房	1916	砖木水泥	5700	2	45	35	10
46	空棚	1936	砖木	247	1	35	15	20
47	女工浴室	1948	砖木	707	1	35	3	32
48	男工浴室	1948	砖木	850	1	35	3	32
49	哺乳室及门房间	1937	砖木	540	1	35	14	21
50	过道	1921	钢骨水泥木	1233	1	55	30	25
51	打铁间等	1931	钢骨水泥砖	2418	2	55	20	35
52	宿舍	1934	砖木	370	1	35	17	18
53	厨房	1941	砖木	450	1	35	10	25
54	门房间	1921	砖木	356	1	35	30	5
55	门房间	1921	砖木	294	1	35	30	5
56	合作社	1948	砖木	400	1	35	3	32
57	铁大门	—	铁	4樘	—	30	20	10
58	木大门	—	木，铁	8樘	—	20	15	5
59	砖围墙	—	砖	160丈	—	40	30	10
60	铁花栅篱笆	—	铁	28丈	—	30	20	10

注：表中单位（只、乘、樘）为原资料，为表明其数量此表中予以原样保留。

图表来源

编号	名称	资料来源
图1-1-1	1958~2014年主题有关"中国近代建筑"的论文篇数统计	中国知网
图1-1-2	第一至第六次中国近代建筑史研讨会论文集收入论文统计	李海清. 中国建筑现代转型[M]. 南京：东南大学出版社，2004.
图2-2-1	1860年前后的海光寺	http://www.022tj.net/bbs 2010/12/01
图2-2-2	天津机器局二局的选址	星球地图出版社. 天津地图集[M]. 北京：星球地球出版社，2009.
图2-2-3	天津海光寺行宫及机器局地盘样（绘制时间约1866~1868年）	改绘自：华夏建筑意匠的传世绝响——清代样式雷建筑图档展[A]. 原藏中国国家图书馆.（档案号：书00004851）
图2-2-4	天津海光寺行宫及机器局分区	同上
图2-2-5	1907年大沽铁工分厂	改绘自：工艺总局编. 直隶工艺志初编[M]. 天津：清光绪间北洋官报铅印本.
图2-2-6	海光寺行宫部分修缮及加建分析	改绘自：华夏建筑意匠的传世绝响——清代样式雷建筑图档展[A]. 原藏中国国家图书馆.（档案号：书00004851）
图2-2-7	天津海光寺行宫及机器局立样图（绘制时间约1866~1868年）	同上（档案号：书00004320）
图2-2-8	机器局建成后的海光寺（时间约为1870年）	天津博物馆. 中华百年看天津[M]. 天津：天津古籍出版社，2008.
图2-2-9	放置于钟楼的海光寺大钟	同上
图2-2-10	中海海晏堂主楼大木立样	张复合. 中国近代建筑研究与保护（三）[M]. 北京：清华大学出版社，2004.
图2-2-11	天津机器局东局子生产车间剖面	周祖奭，张复合，村松伸，等. 中国近代建筑总览·天津篇[M]. 东京：中国近代建筑史研究会，日本亚细亚近代建筑史研究会，1989.
图2-2-12	海光寺外景	http://www.022tj.net/bbs 2012/12/01
图2-2-13	地图上反映出海光寺被日军占领作为兵营	星球地图出版社. 天津地图集[M]. 北京：星球地图出版社，2009.
图2-2-14	1902年被日军占领的重新规划的原海光寺机器局用地	张利民提供
图2-3-1	广东机器局的选址	改绘自：广东省城内外全图（附南河）[A]. 广东省立中山图书馆藏，1907.

续表

编号	名称	资料来源
图2-3-2	广东机器局地盘图	改绘自：华夏建筑意匠的传世绝响——清代样式雷建筑图档展[A]. 原藏中国国家图书馆．（档案号：书00004848）
图2-3-3	广东机器局立样图	同上（档案号：00004852）
图2-3-4	天津机器局西局平面布局	同上（档案号：【国】150-010）
图3-1-1	长壁采煤法平面、立面图	查尔斯·辛格，等．技术史·第四卷：工业革命（约1750年至约1850年）[M]．上海：科技教育出版社，2004.
图3-1-2	涉及的各种类型管道的三视图	开滦煤矿档案2462[A]．总矿师年报．开滦煤矿档案馆藏，1920-1921.
图3-1-3	赵各庄用于撒沙充填方法采煤铺设的管道平面图	同上
图3-1-4	赵各庄用于撒沙充填方法采煤中储沙室和混合室的纵剖面图	同上
图3-1-5	赵各庄用于撒沙充填方法采煤中储沙室和混合室的横剖面图	同上
图3-1-6	圆盘式截煤机	查尔斯·辛格，等．技术史·第四卷：工业革命（约1750年至约1850年）[M]．上海：科技教育出版社，2004.
图3-1-7	截链式截煤机	同上
图3-1-8	截杆式截煤机A	同上
图3-1-9	截杆式截煤机B	同上
图3-1-10	中兴煤矿引进的截煤机结构图	《中国近代煤矿史》编写组．中国近代煤矿史[M]．北京：煤炭工业出版社，1990.
图3-1-11	林西矿第三洗煤厂洗选干燥流程图	开滦煤矿档案2462[A]．总矿师年报．开滦煤矿档案馆藏，1920-1921.
图3-1-12	开滦中央发电厂厂区平面图	开滦矿务局史志办公室．开滦煤矿志·第一卷[M]．北京：新华出版社，1992.
图3-1-13	林西电厂	开滦博物馆
图3-1-14	1935年开滦矿务局发电厂总图	开滦煤矿档案712（4-2）
图3-1-15	1935年开滦矿务局各矿区间高压线分配总图	同上
图3-1-16	1935年开滦矿务局林西矿蒸汽管道图A	同上
图3-1-17	1935年开滦矿务局林西矿蒸汽管道图B	同上
图3-1-18	大约1820年，畜力绞盘图	查尔斯·辛格，等．技术史·第四卷：工业革命（约1750年至约1850年）[M]．上海：科技教育出版社，2004.
图3-1-19	1880年左右用于煤矿的蒸汽提升机	同上
图3-1-20	1914年赵各庄2号井83尺高铁质井架	开滦煤矿档案2451[A]．总矿师年报．开滦煤矿档案馆藏，1914-1915.

续表

编号	名称	资料来源
图3-1-21	唐山矿1号井井架	开滦煤矿档案2451[A]. 总矿师年报. 开滦煤矿档案馆藏, 1914-1915.
图3-1-22	1878年引进的大维式抽水机	http://tieba.baidu.com/p/2547356097 2021/2/22
图3-1-23	1813年的火石钢磨机	查尔斯·辛格, 等. 技术史·第四卷: 工业革命（约1750年至约1850年）[M]. 上海: 科技教育出版社, 2004.
图3-1-24	1816年的戴维式矿灯	同上
图3-1-25	1816年斯蒂芬森的安全灯	同上
图3-1-26	由英国设计师设计的开滦矿早期手推车模型	开滦博物馆
图3-2-1	关内外铁路路线	肯德. 中国铁路发展史[M]. 李抱宏, 等, 译. 北京: 中国铁道出版社, 1958.
图3-2-2	唐山煤矿早期技师（右前推测是薄内）	Peter C. Imperial railways of North China[M]. Beijing: Xinhua Publishing House, 2013.
图3-2-3	金达的家谱	根据Hanashiro R S. Thomas William kinder and the Japanese Imperial mint,1868-1875[M]. 1999. 绘制
图3-2-4	金达	小野田滋提供
图3-2-5	金达与中国火箭号机车	William Barclay Parsons. An American Engineer in China[M]. Cambridge: Cambridge University Press, 1900.
图3-2-6	关内外铁路总局	Peter C. Imperial railways of North China[M]. Beijing: Xinhua Publishing House, 2013.
图3-2-7	唐山机车厂规划图	同上
图3-2-8	唐山机车厂机器房	同上
图3-2-9	山海关造桥厂	ENGINEERING[J], London, 1898.5.13.
图3-2-10	滦河铁桥	小川一真. 北清事変写真帖[M]. 东京: 小川写真製版所, 1902.
图3-2-11	唐山铁道学院远望	ENGINEERING[J], London, 1909.6.18.
图3-2-12	唐山铁道学院	同上
图3-2-13	唐山铁道学院化学实验室	同上
图3-2-14	开平矿务局总工程师金达和日本妻子玛丽	Peter C. Imperial railways of North China[M]. Beijing: Xinhua Publishing House, 2013.
图3-2-15	开平矿务局总工程师金达的住所	同上
图3-2-16	大村鍋太郎（1871—1944）	日本交通协会. 铁道先人录[M]. 日本停车场株式会社, 1972.
图3-2-17	汉沽铁桥	鉄道時報·第8巻·清国関内外鉄路（7）[J]. 1906.
图4-1-1	裕元纱厂	刘增光. 天津纺织老照片[M]. 天津: 天津古籍出版社, 2012.

续表

编号	名称	资料来源
图4-1-2	恒源纱厂	刘增光. 天津纺织老照片[M]. 天津：天津古籍出版社，2012.
图4-1-3	宝成纱厂	同上
图4-1-4	北洋纱厂	同上
图4-1-5	华新纱厂	同上
图4-1-6	裕大纱厂	同上
图4-1-7	东亚毛纺厂	同上
图4-1-8	仁立毛纺厂	同上
图4-1-9	天津机器局西局	来新夏. 天津近代史[M]. 天津：南开大学出版社，1987.
图4-1-10	天津机器局东局	航鹰. 近代中国看天津：百项中国第一[M]. 天津：天津人民出版社，2007.
图4-1-11	户部造币总厂头门	张俊英. 造币总厂[M]. 天津：天津教育出版社，2010.
图4-1-12	度支部造币津厂	航鹰. 近代中国看天津：百项中国第一[M]. 天津：天津人民出版社，2007.
图4-1-13	永利碱厂	塘沽文物局提供
图4-1-14	永利碱厂蒸吸厂房	同上
图4-1-15	北美万国博览会奖证	同上
图4-1-16	比国工商博览会奖证	同上
图4-1-17	久大精盐厂	同上
图4-2-1	金华桥	李全喜. 天津的桥[M]. 天津：天津教育出版社，2008.
图4-2-2	金钢桥（1903）	同上
图4-2-3	金钢桥开启（1925）	同上
图4-2-4	老龙头桥	同上
图4-2-5	金汤桥	同上
图4-2-6	万国桥	同上
图4-2-7	大红桥（1888）	同上
图4-2-8	大红桥（1937）	同上
图4-2-9	滦河铁桥	航鹰. 近代中国看天津：百项中国第一[M]. 天津：天津人民出版社，2007.
图4-2-10	塘沽南站	徐苏斌提供
图4-2-11	北洋铁路图（1904年）	首都图书馆
图4-2-12	天津站	皮特·柯睿思. 关内外铁路[M]. 北京：新华出版社，2013.

图表来源

续表

编号	名称	资料来源
图4-2-13	天津北站	皮特·柯睿思. 关内外铁路[M]. 北京：新华出版社，2013.
图4-2-14	天津西站	同上
图4-4-1	芥园水厂滤水的方法	中华全国工业协会青岛分会. 工业月刊[J]. 青岛：中国全国工业协会青岛分会，1947，4（9）.
图4-4-3	清末最早的环城电车	航鹰. 近代中国看天津：百项中国第一[M]. 天津：天津人民出版社，2007.
图4-4-4	法租界发电厂	天津市历史博物馆，等. 近代天津图志[M]. 天津：天津古籍出版社，1992.
图4-4-5	英租界发电厂	同上
图4-4-6	日租界电厂	同上
图4-4-7	电车电灯公司发电厂	同上
图4-4-8	天津电报总局	航鹰. 近代中国看天津：百项中国第一[M]. 天津：天津人民出版社，2007.
图4-4-9	大龙邮票（1878年）	刘广平. 中国海关文物集萃[M]. 北京：中国海关出版社，2007.
图5-1-1	清末洛阳街市图景	洛阳鼓楼：http://v.tieba.com/p/2305101922 2021/2/25 河南府洛阳文庙：http://m.sohu.com/a/124050387_570484 2021/2/25 洛阳街景：http://www.luoyangshi.org/thread-6530-1-1.html 2021/2/25 洛阳城隍庙：http://www.010lm.com/c/051410314352020.html 2021/2/25
图5-1-2	1956年洛阳第一期城市总体规划图	洛阳市规划局
图5-1-3	涧西工业区功能分区示意	孙跃杰根据谷歌地图改绘
图5-1-4	1956年规划洛阳市及涧西区道路分布	洛阳市规划局
图5-1-5	20世纪80年代涧西区主干道路照片	洛阳市涧西区志编纂委员会. 洛阳涧西区志[M]. 北京：海潮出版社，1985.
图5-1-6	涧西工业厂区的整体风貌	洛阳城市建设档案馆
图5-1-7	涧西区"苏式"住宅街坊风貌	洛阳市涧西区志编纂委员会. 洛阳涧西区志[M]. 北京：海潮出版社，1985.
图5-1-8	涧西区道路广场与厂区绿化风貌	洛阳市地方志编纂委员会：洛阳市志[M]. 郑州：中州古籍出版社，1985.
图5-2-1	1955年西工电厂一角	洛阳热电厂厂部提供
图5-2-2	1957年西工电厂解散时职工合影	同上
图5-2-3	洛阳热电厂原始地貌图	《洛阳热电厂志》编纂委员会. 洛阳热电厂志[M]. 内部发行，1986.
图5-2-4	洛阳热电厂地形测绘与地质勘探	同上
图5-2-5	洛阳热电厂所在位置	同上

续表

编号	名称	资料来源
图5-2-6	洛阳热电厂厂区规划平面	《洛阳热电厂志》编纂委员会. 洛阳热电厂志[M]. 内部发行, 1986.
图5-2-7	洛阳热电厂第一期工程施工图景	洛阳热电厂厂部提供
图5-2-8	热电厂厂区扩建建设	同上
图5-2-9	1960年代的洛阳热电厂	《洛阳热电厂志》编纂委员会. 洛阳热电厂志[M]. 内部发行, 1986.
图5-2-11	洛阳轴承厂位置图及厂区鸟瞰	洛阳轴承厂厂办提供
图5-2-12	洛阳轴承厂厂区平面图	《洛阳轴承厂志》编纂委员会. 洛阳轴承厂志[M]. 内部发行, 1986.
图5-2-13	洛阳轴承厂原始地貌图	洛阳轴承厂厂办提供
图5-2-14	洛阳轴承厂建厂初期测量、古墓勘探及处理工作	同上
图5-2-15	洛阳轴承厂建厂初期铁路、桥梁和供电的建设	同上
图5-2-16	洛阳轴承厂建设初期施工情况	《洛阳轴承厂志》编纂委员会. 洛阳轴承厂志[M]. 内部发行, 1986.
图5-2-17	洛阳轴承厂建厂开工典礼	同上
图5-2-18	我国传统农具木犁	翻拍自洛阳农耕博物馆
图5-2-19	民国时期上海关于拖拉机的宣传画	同上
图5-2-20	洛阳第一拖拉机制造厂厂址及厂区鸟瞰	洛阳拖拉机厂厂部提供
图5-2-21	国家计委以（53）计基第25号批文批准洛阳拖拉机制造厂生产德特-东方红-54型拖拉机	翻拍自洛阳农耕博物馆
图5-2-22	苏联方面帮助拖厂设计的史料	《洛阳第一拖拉机厂志》编纂委员会. 洛阳第一拖拉机厂志[M]. 内部发行, 1986.
图5-2-23	拖厂铁路编组站	同上
图5-2-24	洛阳拖拉机厂开工奠基及破土动工照片	洛阳第一拖拉机厂厂部提供
图5-2-25	洛阳拖拉机制造厂厂房建设施工情况	《洛阳第一拖拉机厂志》编纂委员会. 洛阳第一拖拉机厂志[M]. 内部发行, 1986.
图5-2-26	洛阳拖拉机制造厂落成投产	同上
图5-2-27	洛阳拖拉机制造厂的规划总平面布局	同上
图5-2-28	拖厂生活区总平面	同上
图5-2-29	湖北黄石大冶铁矿曾用的矿山机械	洛阳矿山机器厂志总编室. 洛阳矿山机器厂志[M]. 洛阳: 洛阳矿山机器厂, 内部发行, 1986.
图5-2-30	洛阳矿山机器厂生产的我国第一台2.5米卷扬机	同上

续表

编号	名称	资料来源
图5-2-31	洛阳矿山机器厂原始地貌	洛阳矿山机器厂志总编室. 洛阳矿山机器厂志[M]. 洛阳：洛阳矿山机器厂，内部发行，1986.
图5-2-32	洛阳矿山机器厂地形冬季勘察	同上
图5-2-33	洛阳矿山机器厂古墓处理工棚	同上
图5-2-34	洛阳矿山机器厂第一期工程示意图	同上
图5-2-35	洛阳矿山机器厂场地平整工程	同上
图5-2-36	洛阳矿山机器厂建设施工情况	同上
图5-2-37	洛阳矿山机器厂2.5米卷扬机前试生产成功	同上
图5-2-38	洛阳矿山机器厂落成	同上
图5-2-39	洛阳矿山机器厂的规划总平面图	同上
图5-2-40	洛阳矿山机器厂生活区平面图	同上
图5-2-41	河南柴油机厂位置及厂区鸟瞰图	《河南柴油机厂志》编纂委员会. 河南柴油机厂志[M]. 内部发行，1986.
图5-2-42	河南柴油机厂开工典礼	同上
图5-2-43	建厂初期欢送苏联专家拍照中显示的河南柴油机厂办公大楼，于2013年拆除	同上
图5-2-44	河南柴油机厂厂区规划平面图	同上
图5-2-45	国家部委各级领导在洛铜厂建厂初期视察及苏联驻厂专家	《洛阳铜加工厂志》编纂委员会. 洛阳铜加工厂志[M]. 内部发行，1986.
图5-2-46	洛阳有色金属加工厂厂址及厂区鸟瞰	同上
图5-2-47	洛阳有色金属加工厂厂区古墓铲探及处理	同上
图5-2-48	1956年洛阳有色金属加工厂34号街坊住宅动工兴建	同上
图5-2-49	1957年洛阳有色金属加工厂厂外铁路专用线竣工	同上
图5-2-50	洛阳有色金属加工厂辅助工程施工	同上
图5-2-51	洛阳有色金属加工厂主体工程施工	同上
图5-2-52	洛阳有色金属加工厂主体设备安装试车	同上
图5-2-53	洛阳有色金属加工厂厂区平面图	同上
图5-3-8	莫斯科国立罗蒙诺索夫大学	http://baike.sogou.com/v70462264.htm 2021/2/25
图5-3-9	哈尔滨量具刃具厂办公楼	http://pic.sogou.com/d?query 2021/2/25

续表

编号	名称	资料来源
图5-3-10	洛阳156项目工程办公楼整体及细部装饰	洛阳矿山机器厂办公楼：洛阳矿山机器厂志总编室. 洛阳矿山机器厂志[M]. 洛阳：洛阳矿山机器厂志总编室，1986.
图5-3-16	扁锭铣面机列	《洛阳铜加工厂志》编纂委员会. 洛阳铜加工厂志[M]. 内部发行，1986.
图5-3-17	热轧机列	同上
图5-3-18	轧管机列	同上
图5-3-20	1958年洛阳轴承厂组织机构图	《洛阳轴承厂志》编纂委员会. 洛阳轴承厂志[M]. 内部发行，1986.
图5-3-21	1966年洛阳轴承厂组织机构图	同上
图5-3-22	1976年洛阳轴承厂组织机构图	同上
图5-3-23	洛阳轴承厂对外出口情况统计	同上
图5-3-24	洛阳轴承厂各种管理制度与条例	同上
图5-3-25	洛阳第一拖拉机厂相关档案资料	翻拍自洛阳农耕博物馆
图5-3-26	洛阳156项目各厂相关档案资料	左图：洛阳矿山机器厂志总编室. 洛阳矿山机器厂志[M]. 洛阳：洛阳矿山机器厂，1986. 中图：《洛阳铜加工厂志》编纂委员会. 洛阳铜加工厂志[M]. 内部发行，1986. 右图：洛阳拖拉机厂档案室提供
图5-3-27	职工采用人工夯实地基	《洛阳第一拖拉机厂志》编纂委员会. 洛阳第一拖拉机厂志[M]. 内部发行，1986.
图5-3-28	人工开挖地基搬运土方	同上
图5-3-30	各科研院所在洛阳涧西的空间分布	王兴平，石峰，赵立元. 中国近现代产业空间规划设计史[M]. 南京：东南大学出版社，2014.
图5-3-31	各地苏式住宅建筑群	太原享堂路矿机宿舍：http://zgcf.oeeeee.com/album/201211/28/690.html 2021/2/25 兰州西固苏式住宅群：http://www.lzbs.com.cn/xwpl/gz/2005-04/25/content_340057.htm 2021/2/25 西安庆华厂：https://www.sohu.com/a/324452729_1 2021/2/25
图5-3-32	洛阳10号及11号街坊图底关系	袁友胜，陈颖. 洛阳"一五"工业住区价值认定[J]. 新西部（理论版），2012（06）.
图5-3-33	苏联乌里雅诺夫斯克街坊	克拉夫秋克. 苏联城市建设与建筑艺术（第一册）[M]. 北京：建筑工程出版社，1955.
图5-3-35	洛阳涧西街坊标准住宅单元户型	袁友胜，陈颖. 洛阳"一五"工业住区价值认定[J]. 新西部（理论版），2012（06）.

续表

编号	名称	资料来源
图5-3-36	10号街坊7号单身宿舍单体建筑设计图	洛阳市文物局提供
图5-3-37	36号街坊单体建筑测绘图	作者及其学生宋丽萍、冯宣超测绘
图5-3-38	洛阳苏式街坊建筑中传统建筑装饰元素的应用	洛阳市文物局
图5-3-41	在上海火车站台欢送的场景——上海饮食服务业员工奔赴洛阳支援建设	https://www.shobserver.com/wx/detail.do?id=3550 2021/2/25
图5-3-42	上海市场今昔对比	http://image.baidu.com/search/detail?ct=503316480&z=0&ipn=d&word 2020/2/23
图5-3-43	广州市场今昔对比	http://image.baidu.com/search/detail?ct=503316480&z=0&ipn=d&word 2020/2/23
图5-3-46	洛阳友谊宾馆今昔对比	https://image.baidu.com/search/index?tn=baiduimage&ipn=r&ct=201326592&cl=2&lm=-1&st=-1&fm=result&fr=&sf=1&fmq=1601024010136_R&pv=&ic=&nc=1&z=&hd=&latest=&copyright=&se=1&showtab=0&fb=0&width=&height=&face=0&istype=2&ie=utf-8&sid=&word=%E6%B4%9B%E9%98%B3%E5%8F%8B%E8%B0%8A%E5%AE%BE%E9%A6%86%E4%BB%8A%E6%98%94%E5%AF%B9%E6%AF%94 2020/2/23
图6-1-1	《天工开物》中所记载的制砖瓦过程	宋应星. 天工开物[M]. 北京：中国画报出版社，2018.
图6-1-3	《营造学》一文对于中国近代手工制砖技术的介绍	杜彦耿. 营造学[J]. 建筑月刊，1935，3（4）.
图6-1-4	《日本炼瓦史の研究》中所记载的制砖瓦场景	周宜颖. 台湾霍夫曼窑之研究[D]. 台南：成功大学，2005.
图6-1-5	欧洲近代制砖过程（取土-炼泥-制坯-切坯-运送-焙烧）	谢九香. 砖瓦[J]. 妇女杂志，1918，4（10）.
图6-1-6	搅泥机与挤砖机	杜彦耿. 营造学[J]. 建筑月刊，1935，3（4）.
图6-1-7	近代各种机器制砖机	前五图：杜彦耿. 营造学[J]. 建筑月刊，1935，3（4）. 第六图赖世贤拍摄于厦门陈嘉庚纪念馆
图6-1-8	割砖机	杜彦耿. 营造学[J]. 建筑月刊，1935，3（4）.
图6-1-9	砖坯烘干房	同上
图6-1-10	古代砖窑	古罗马敞口砖窑：http://www.360doc.com/content/16/0914/22/20757802_590845662.shtml 2020/2/23
		中国北方地区敞口砖窑：http://blog.sina.com.cn/s/blog_ecfc193a0101dlz4.html 2020/2/23
图6-1-11	横焰窑与倒焰窑	改绘自http://www.360doc.com/content/16/0914/22/20757802_590845662.shtml 2020/2/23
图6-1-12	各种土窑	王壮飞. 制砖[J].《建筑月刊》，1934，2（10）.
图6-1-13	云南土窑结构图	改绘自：刘吉俊，杜红霞，武娅楠，等. 浅析土窑及其生产工艺的传承与保护[J]. 云南省大学生创新性实验计划，2011.

续表

编号	名称	资料来源
图6-1-14	龙窑	作者改绘自： 左：陈拔土. 裕益灰沙砖厂考察记[J]. 化学期刊, 1932（1）. 右：沈怡文. 台湾传统瓦窑烧制程序之研究[D]. 台湾：中原大学, 2004.
图6-1-15	矩形和圆形霍夫曼窑	杜彦耿. 营造学[J]. 建筑月刊, 1935, 3（4）.
图6-1-16	台湾圆窑与马家沟砖厂圆形窑	赵洪鑫提供唐山马家沟砖厂圆窑图片
图6-1-17	不同类型制砖技术的厂区平面布置	杜彦耿. 营造学[J]. 建筑月刊, 1935（3-4）. 杜彦耿. 营造学[J]. 建筑月刊, 1935（3-5）.
图6-1-18	窑址区的平面布置	刘树埔. 砖瓦工业之改革问题[J]. 自然科学, 1928, 1（4）.
图6-1-19	路砖	赵洪鑫提供
图6-1-20	花砖制作	https://tv.sohu.com/v/dXMvMjQ5ODU0MzgyLzkxNzk4MjQyLnNodG1s.html 2020/2/23
图6-1-21	花砖产品和花砖广告	花砖产品：https://tv.sohu.com/v/dXMvMjQ5ODU0MzgyLzkxNzk4MjQyLnNodG1s.html 2020/2/23 花砖广告：http://book.kongfz.com/24852/2565321574/ 2020/2/23
图6-1-22	耐火砖	https://tangshan.baixing.com/shoucang/a791374660.html 2020/2/23
图6-1-23	上海砖瓦协会成立大会照片	上海档案馆，档案号：Q412-1-1
图6-1-24	汉江黄金口-琴断口砖瓦厂分布图	http://blog.sina.com.cn/s/blog_558aa9c00102x8cs.html 2020/2/24
图6-1-25	嘉善县窑区分布图	唐鸣时. 嘉善的砖瓦[J]. 上海工务, 1947（2）.
图6-1-26	刻有监造者和制造者名字的古砖	http://www.gucn.com/ 2020/4/30
图6-1-27	"民国三年观察朱监督"砖	http://www.c10710.com/ 2020/4/30
图6-1-28	"同泽"砖	http://www.cang.com/ 2020/4/30
图6-1-29	"农专"砖	http://www.sssc.cn 2020/4/30
图6-1-30	"中原"砖	http://www.sssc.cn 2020/4/30
图6-1-31	"江南机器局"砖	http://blog.sina.com.cn/s/blog_5fc3f5ab0101b0ch.html 2020/4/30
图6-1-32	汉阳铁厂专用砖瓦	http://www.bbs.cnhan.com 2020/4/30
图6-1-33	开滦矿务局各时期砖制品标志	http://www.7788.com
图6-1-34	近代时期部分砖制品标志	http://www.7788.com
图6-2-1	檩式屋架与弦式屋架	檩式屋架改绘自：http://img2.imgtn.bdimg.com/it/u=2271675821,3508983091&fm=27&gp=0.jpg 2018/4/28 弦式屋架改绘自：杨柯. 三角形豪式木屋架构造研究——以莫干山蚕种场蚕室屋架为例[D]. 南京：南京大学, 2015.

图表来源

续表

编号	名称	资料来源
图6-2-2	《建筑新法》书样	赖德霖提供
图6-2-3	传统木屋架"叉手"与西式木屋架"杈木"	叉手改绘自：https://b-ssl.duitang.com/uploads/item/201506/26/20150626102731_yPhmG.thumb.770_0.jpeg 2018/4/30
		应县木塔支撑构件改绘自：http://qjwb.zjol.com.cn/images/2006-09/25/qjwb20060925a0015v01b004.jpg 2018/5/3
图6-2-4	19世纪末国外工厂建筑结构内景	左：http://m.sohu.com/a/229024816-501342 2018/5/3
		右：http://www.bradfordmuseums.org/blog/images-of-the-working-class/ 2018/5/3
图6-2-5	刁家酒楼屋架内景	欧阳桦．重庆近代城市建筑[M]．重庆：重庆大学出版社，2010.
图6-2-6	四川机器局老厂漂洗车间平面图	改绘自：陈卓．中国近代工业建筑历史演进研究（1840-1949）[D]．上海：同济大学，2008.
图6-2-7	四川机器局老厂漂洗车间立面图	同上
图6-2-8	四川机器局老厂漂洗车间剖面图	同上
图6-2-9	江南机器制造局枪厂屋架等	上海档案馆，档案号：H1-1-3
图6-2-10	江南制造局钢木屋架钢屋架厂房内景	同上
图6-2-11	江南制造局相关附属建筑	同上
图6-2-12	金陵制造局正厂	平面图及剖面图改绘自：许碧宇．金陵制造局中近代工业建筑研究[D]．南京：东南大学，2016.
图6-2-13	金陵制造局木厂	同上
图6-2-14	唐英《房屋构造学》中的"装铁木梁"	唐英，王寿宝．房屋构造学[M]．南京：商务印书馆，1936.
图6-2-15	金陵制造局机器大厂	平面图及剖面图改绘自：许碧宇．金陵制造局中近代工业建筑研究[D]．南京：东南大学，2016.
图6-2-16	福建船政局轮机车间木屋架	季宏提供
图6-2-17	大沽船坞轮机车间屋架	天津大学中国文化遗产研究中心提供
图6-2-18	广东机器局相关技术图纸	作者改绘自样式雷建筑图档，编号：图00004849、图00004852
图6-2-19	天津海光寺机器局厂房立样局部	华夏建筑意匠的传世绝响——清代样式雷建筑图档展[A]．原藏中国国家图书馆.
图6-2-20	天津机器局东局子厂房剖面及立面图	改绘自：王士仁，张复合，村松伸，等．中国近代建筑总览——天津篇[M]．北京：中国建筑工业出版社，1996.
图6-2-22	汉阳兵工厂等图片	汉阳兵工厂某厂房木架：https://ss3.bdstatic.com/70cFv8Sh_Q1YnxGkpoWK1HF6hhy 2018/5/10
		兰州机器局厂房：http://www.dxbei.com/x/20111227/5995.html 2018/5/10

续表

编号	名称	资料来源
图6-2-22	汉阳兵工厂等图片	奉天机器局正大门：http://big5.cri.cn/gate/big5/ln.cri.cn/20181128/7a85c957-c28b-897d-938c-32c85038228c.html 2018/5/10
		吉林机器局屋架内景：http://blog.sina.com.cn/s/blog_7aa740930100umi7.html 2018/5/10
图6-2-23	塘沽南站木屋架	阎觅提供
图6-2-27	油脂厂7号、8号厂房相关图纸	改绘自：中央美术学院《南通市唐闸油厂保护性开发及修缮工程》，关伟提供
图6-2-28	资生冶铁厂相关图纸	同上
图6-2-31	无锡振新纱厂锅炉房屋架	东南大学建筑研究院编制《无锡市振新纱厂旧址建筑修缮方案》2011.02
图6-2-32	中西木屋架样式并置	中东铁路几个站房屋架剖面：司道光提供
		石泉县天主教堂屋架：张骁. 陕南近代建筑研究[D]. 西安：西安建筑科技大学，2005.
图6-3-2	"湿法"水泥生产工艺完整流程图	陈同滨，等. 黄石华新水泥厂旧址保护总体规划[Z]. 北京：中国建筑设计研究院，2014.
图6-3-3	西方与中国水泥生产工艺发展历史对比示意图	同上
图6-3-4	摄于1920年的澳门青州英坭厂	https://industrialhistoryhk.org/china-engineers/ 2018-10-03
图6-3-5	建于1898年的香港青州英坭厂	Arnold Wright, H. A. Cartwright. Twentieth Century Impressions of Hongkong, Shanghai, And Other Treaty Ports Of China[M]. London:Lloyd's Greater Britain Publishing Company, LTD, P238.
图6-3-6	唐山细棉土厂	http://blog.sina.com.cn/s/blog_c0dcb01d0101ppl7.htm 2020/2/24
图6-3-7	广东士敏土厂	左图：http://news.163.com/12/0901/17/8AB7ITIB00014AED.html 2020/2/24 右图：http://news.163.com/12/0901/17/8AB7ITIB00014AED.html 2020/2/24
图6-3-8	中国水泥股份有限公司	http://www.sohu.com/a/216280956_100033802 2020/2/24
图6-3-9	中国近代水泥品牌	澳门青州英坭厂"翡翠牌"：http://www.gggic.com/link/qzhistory.html 2019-7-24
		启新洋灰股份有限公司"龙马负太极"：马斌摄
		中国水泥股份有限公司"泰山牌"：http://book.kongfz.com/146127/904597885/ 2019-7-24
		华商上海水泥股份有限公司"象牌"：http://project.wenboyun.cn/xhwh/wap/news.php?id=145 2019-7-24
		华记湖北水泥厂"塔牌"：马斌摄
		"小野田"株式会社"龙牌"：http://project.wenboyun.cn/xhwh/wap/news.php?id=145 2019-7-24

续表

编号	名称	资料来源
图6-3-10	莫尼埃体系示意图	张磊. 初探弗朗索瓦·埃纳比克钢筋混凝土体系及其应用[J]. 华中建筑, 2013 (11).
图6-3-11	康氏桁架式钢筋	冷天. 尘封的先驱——康氏钢筋混凝土技术的南京实践[J]. 建筑师, 2017 (5).
图6-3-12	钢骨混凝土楼板构造做法及实例图片	砖拱钢骨混凝土楼板做法示意改绘自：杜彦耿. 营造学[J]. 建筑月刊, 1936, 4 (1).
		广州士敏土厂南北楼钢骨混凝土楼板：冯玉婵提供
图6-3-13	开滦矿务局秦皇岛电厂	徐苏斌提供
图6-3-14	怡和纱厂厂房现场施工场景（左）与亚细亚火油公司办公楼（右）	http://memory.library.sh.cn 2019-7-27
图6-3-15	近代钢筋混凝土框架结构建筑	永利碱厂主厂房：阎觅提供
		通棉二厂双向混凝土楼盖：https://bbs.0513.org/thread-1103455-1-1.html 2019-7-27
		上海国棉九厂井字形楼盖：http://memory.library.sh.cn 2019-7-27
图6-3-18	怡和纱厂	手绘鸟瞰全图：http://www.997788.com 2019-7-27
		其余图片：翻拍自上海杨树浦城市规划展览馆
图6-3-19	阜丰面粉厂与福新面粉各厂	阜丰面粉厂：上海档案馆，档案号：Q466-1-189
		福新面粉各厂：上海图书馆
图6-3-20	申新纺织厂	申新九厂图来自上海档案馆，档案号：H1-1-4 其余皆来自上海图书馆
图6-3-21	广州近代钢筋混凝土结构工业建筑典型案例	五仙门电厂历史照片与遗存建筑：http://www.sohu.com/a/241754464_99902370 2020/2/24
		太古仓码头仓库及协同和机器厂生产车间：冯玉婵提供
图6-3-22	怡和洋行及仓库	转拍于"6号院"创意产业艺术园
图6-3-23	平和打包厂	华中科技大学建筑城规学院. 平和打包厂测绘文本[Z]. 武汉：华中科技大学, 2014.
图6-3-24	浮筏式基础及箱型基础	四行仓库基础：唐玉恩, 等. 四行仓库修缮项目[Z]. 上海：上海建筑设计研究院有限公司, 2014.
		上海大西路自来水公司蓄水池基础：秦元澄. 上海建筑基础之研究[J]. 工程. 中国工程学会会刊, 1937, 第12卷 第2期
图6-3-25	木桩顶部和其他基础连接方式	http://www.china-gongcheng.org.cn/. 2020/2/24

续表

编号	名称	资料来源
表2-3-1	广东机器局样式雷图档概况	根据故宫博物院藏样式雷图档整理
表2-3-2	各建筑尺寸表	同上
表2-3-3	立面与门窗简图	同上
表3-1-1	中国近代煤矿简表（1875～1895年）	张国辉. 洋务运动与中国近代企业[M]. 北京：社会科学出版社，1979. 张以诚. 中国近代矿业的诞生[S]//中国地质学会地质学史专业委员会，中国地质调查局科技外事部，中国地质大学（北京）. 中国地质学会地质学史专业委员会第20届学术年会论文汇编. 中国地质学会地质学史专业委员会，中国地质调查局科技外事部，中国地质大学（北京），中国地质学会地质学史研究会，2008.
表3-1-2	开滦煤矿1912～1936年期间所辖矿区	开滦矿务局史志办公室. 开滦煤矿志：第二卷[M]. 北京：新华出版社，1992.
表3-1-3	洗选、干燥煤设备	《中国近代煤矿史》编写组. 中国近代煤矿史[M]. 北京：煤炭工业出版社，1990. 开滦煤矿档案2462[A]. 总矿师年报. 开滦煤矿档案馆藏，1920-1921. 开滦煤矿档案2454[A]. 总矿师年报. 开滦煤矿档案馆藏，1916-1917. 开滦煤矿档案2450[A]. 总矿师年报. 开滦煤矿档案馆藏，1913-1914.
表3-1-4	动力设备	《中国近代煤矿史》编写组. 中国近代煤矿史[M]. 北京：煤炭工业出版社，1990. 开滦矿务局史志办公室. 开滦煤矿志：第二卷[M]. 北京：新华出版社，1992. 开滦煤矿档案2454[A]. 总矿师年报. 开滦煤矿档案馆藏，1916-1917. 开滦煤矿档案2456[A]. 总矿师年报. 开滦煤矿档案馆藏，1918-1919. 开滦煤矿档案2466[A]. 总矿师年报. 开滦煤矿档案馆藏，1922-1923. 开滦煤矿档案712（4-1）.
表3-1-5	提升设备	《中国近代煤矿史》编写组. 中国近代煤矿史[M]. 北京：煤炭工业出版社，1990. 开滦矿务局史志办公室. 开滦煤矿志：第二卷[M]. 北京：新华出版社，1992. 开滦煤矿档案2464[A]. 总矿师年报. 开滦煤矿档案馆藏，1921-1922. 开滦煤矿档案2471[A]. 总矿师年报. 开滦煤矿档案馆藏，1925-1926.
表3-1-6	辅助设备井筒、井架、罐笼	《中国近代煤矿史》编写组. 中国近代煤矿史[M]. 北京：煤炭工业出版社，1990. 开滦矿务局史志办公室. 开滦煤矿志：第二卷[M]. 北京：新华出版社，1992.
表3-1-7	通风主要设备通风机	开滦矿务局史志办公室. 开滦煤矿志：第二卷[M]. 北京：新华出版社，1992. 开滦煤矿档案2464[A]. 总矿师年报. 开滦煤矿档案馆藏，1921-1922. 开滦煤矿档案2475[A]. 总矿师年报. 开滦煤矿档案馆藏，1927-1928.
表3-1-8	矿井排水设备	《中国近代煤矿史》编写组. 中国近代煤矿史[M]. 北京：煤炭工业出版社，1990. 开滦矿务局史志办公室. 开滦煤矿志：第二卷[M]. 北京：新华出版社，1992.
表3-1-9	照明设备	《中国近代煤矿史》编写组. 中国近代煤矿史[M]. 北京：煤炭工业出版社，1990. 开滦矿务局史志办公室. 开滦煤矿志：第二卷[M]. 北京：新华出版社，1992. 开滦煤矿档案2450[A]. 总矿师年报. 开滦煤矿档案馆藏，1913-1914. 开滦煤矿档案2451[A]. 总矿师年报. 开滦煤矿档案馆藏，1914-1915. 开滦煤矿档案2452[A]. 总矿师年报. 开滦煤矿档案馆藏，1915-1916. 开滦博物馆展品http://americanhistory.si.edu/ http://andredemarles.skyrock.com/tags/gaUtcSbvE0F-Mining_1.html 2021/2/22

续表

编号	名称	资料来源
表3-2-1	1888年铁路工程师以及工作人员	THE RAILWAY NEWS，1888-12-8.
表3-2-2	1894年铁路工程师以及工作人员	The Chronicle & Directory for China, Corea, Japan, the Philippines, Indo-China, Straits settlements, Siam, Borneo, Malay States, &c.for the year 1894. Hong Kong: printed and published at the "Daily Press" office.1894.
表3-2-3	1905年铁路工程师以及工作人员	笔者根据The Directory & Chronicle for China, Japan, Corea, Indo-China, Straits settlements, Malay States, Siam, Netherlands India, Borneo, the Philippines, &c. With Which Are Incorporated "the China Directory" and "the Hong Kong Directory and Hong list for the far East" for the year 1905. Forty-third year of publication. The Hong Kong Daily Press office. 整理
表3-3-1	中国留学生的毕业人数总数和工科系毕业生总数的比较	毕业生总数根据实藤惠秀《中国人日本留学史》统计
表3-3-2	公立工科教育机关的留学生（1900～1945年）	留学生数根据各学校毕业生名簿统计。于秋田矿山专业学校数据来自《日本留学中华民国人名调》（1939年4月调查）
表3-3-3	工科系出身院校所在地和留学生的比例（1900～1945年）	笔者根据各学校毕业生名簿统计
表3-3-4	工科系留学生专业人数排名	同上
表3-3-5	不同教育机关的建设系（建设，建筑，土木）留学生数	同上
表3-3-6	不同教育机关化学系的留学生数	同上
表3-3-7	不同教育机关机械学科留学生人数	同上
表3-3-8	帝国大学中工科系留学生	根据《日本留学中华民国人名调》（1939年4月调查）统计正规的毕业生人数
表3-3-9	工艺工业专门学校的留学生	同上
表3-3-10	私立学校的工科系留学生	同上
表3-3-11	东京帝国大学的外国留学生最早接收年份	根据《东京帝国大学一览》整理
表3-3-12	清末时期东京帝国大学的中国留学生统计	同上
表3-3-13	工科系留学生的工作地点与出生地	笔者根据各学校毕业生名簿统计
表3-3-14	工科系留学生归国后的就业情况	同上
表4-1-1	天津六大纱厂详细情况一览表	中国第二历史档案馆编《实业部关于天津华商纱厂的调查实况》
表4-1-2	天津各大地毯厂详细情况一览表	王达. 天津之工业[J]. 实业部月刊，1936，1（1）.
表4-1-3	天津各大提花厂详细情况一览表	同上

续表

编号	名称	资料来源
表4-1-4	天津各大毛纺厂详细情况一览表	王达. 天津之工业[J]. 实业部月刊, 1936, 1（1）.
表4-1-5	天津各大针织厂详细情况一览表	同上
表4-1-6	天津漂染业概况一览表	同上
表4-1-7	天津帽业概况一览表	同上
表4-1-8	天津机器制造业概况一览表	同上
表4-1-9	天津各石棉厂概况一览表	同上
表4-1-10	天津制皂业概况一览表	同上
表4-1-11	天津制革业概况一览表	同上
表4-1-12	天津搪瓷业概况一览表	同上
表4-1-13	天津面粉业概况一览表	李文海. 民国时期社会调查丛编（二编）近代工业卷（中）[M]. 福州：福建教育出版社, 2014.
表4-1-14	天津汽水业概况一览表	王达. 天津之工业[J]. 实业部月刊, 1936, 1（1）.
表4-1-15	天津印刷业概况一览表	同上
表4-4-1	1947年电车路线	天津市电车汽车路线图, 401206800—J0002—2—000837[Z]. 天津：天津市档案馆藏.
表5-2-1	洛阳热电厂投资建设生产情况	董志凯, 吴江. 新中国工业的奠基石——156项建设研究（1950-2000）[M]. 广东：广东经济出版社, 2004.
表5-2-2	洛阳滚珠轴承厂投资建设生产情况	同上
表5-2-3	洛阳第一拖拉机厂投资建设生产情况	同上
表5-2-4	洛阳矿山机器厂投资建设生产情况	同上
表5-2-5	河南柴油机厂投资建设生产情况	同上
表5-2-6	洛阳有色金属加工厂投资建设生产情况	同上
表6-1-3	泰山砖瓦公司砖瓦种类	上海档案馆, 档案号：Q412-1-36
表6-1-4	各种砖详细规格表	佚名. 建筑材料[J]. 建筑月刊, 1935, 3（4）.
表6-1-5	各国通用砖块尺度比较表	佚名. 建筑估价[J]. 建筑月刊, 1933, 1（3）.
表6-1-6	泰山砖瓦公司样品试验参数	上海档案馆, 档案号：Q412-1-36
表6-2-1	《建筑新法》中关于屋架尺寸的介绍	张锳绪. 建筑新法[M]. 北京：商务印书馆, 1910.

续表

编号	名称	资料来源
表6-2-3	木屋架桁架杆件明细表	根据杜欣. 基于BIM的工业建筑遗产测绘[D]. 天津：天津大学，2013. 论文数据整理
表6-2-4	海光寺火器厂各建筑尺寸明细	整理自样式雷建筑图档，编号：00003740、00004851、00004320、00004321
表6-2-5	广东机器局各厂房建筑具体信息表	整理自样式雷建筑图档，编号：00004847、00004848、00004849、00004850
表6-3-1	1930～1945年日本水泥逐年产量及销量统计表	中华民国水泥工业同业公会. 中华民国水泥工业同业公会年刊[Z]，上海：中华民国水泥工业同业公会，1947.
表6-3-3	广东西村士敏土厂产品与洋货物理性质比较	同上
表6-3-6	各种工厂地面构造做法	凌鸿勋. 工厂设计[M]. 上海：商务印书馆，1927.
附表7	杨树浦路670号老怡和纱厂总底盘图	整理自上海档案馆，档案号：Q465-1-51

注：其他未列出的图表，为作者自绘、自摄或自制。

参考文献

期刊文章

[1] 任怀晟，王晨萱. 船业及其装备对天津近代建筑艺术风格的影响[J]. 硅谷，2010（17）.

[2] 单霁翔. 关注新型文化遗产——工业遗产的保护[J]. 中国文化遗产，2006（4）.

[3] 单霁翔. 我国规划未来5年文化遗产保护工作重点[J]. 城乡建设，2005（12）.

[4] 刘先觉，杨维菊. 建筑技术在南京近代建筑发展中的作用[J]. 建筑学报，1996（11）.

[5] 包杰，姜涌，李东华. 中国近代以来建筑教育中技术课程的比重研究[J]. 建筑学报，2009（3）.

[6] 李海清，付雪梅. 运作机制与"企业文化"——近代时期中国人自营建筑设计机构初探[J]. 建筑师，2003（04）.

[7] 李海清. 哲匠之路——近代中国建筑师的先驱者孙支厦研究[J]. 华中建筑，1999（2）

[8] 季宏，徐苏斌，青木信夫. 样式雷与天津近代工业建筑——以海光寺行宫及机器局为例[J]. 建筑学报．2011（S1）.

[9] 彭长歆. 张之洞与清末广东钱局的创建[J]. 建筑学报，2015（06）.

[10] 任荣会. 唐廷枢创办开平煤矿的经过[J]. 文史精华，2010（Z1）.

[11] 冯云琴，樊建忠. 晚清官商关系透视——以李鸿章、唐廷枢与开平煤矿为例[J]. 河北学刊，2009（2）.

[12] 苏全有，荆菁. 对近代中国煤矿史研究的回顾与反思[J]. 河南理工大学学报（社会科学版），2011（1）.

[13] 李军，郑天毅，任荣会. 开滦煤矿与唐山市的兴起和发展[J]. 中国矿业大学学报（社会科学版），2010（4）.

[14] 孙海泉. 开平煤矿近代化进程简论[J]. 徐州师范学院学报，1992（01）.

[15] 冯云琴. 开平煤矿与唐山城市的崛起[J]. 河北师范大学学报（哲学社会科学版），2006（05）.

[16] 闫永增，刘云伟. 近代工业与唐山医疗事业的发展[J]. 唐山师范学院学报，2007（03）.

[17] 郝飞. 开平矿务局与近代唐山的兴起[J]. 唐山学院学报，2007（05）.

[18] 闫永增. 开滦煤矿与近代唐山卫生防疫事业的开展[J]. 唐山学院学报，2007（03）.

[19] 闫永增. 论近代工业与唐山教育事业的发展[J]. 唐山学院学报，2008（03）.

[20] 闫永增. 开平矿务局与唐山近代工业体系的初步形成[J]. 经济论坛，2003（22）.

[21] 张国辉. 论开平、滦州煤矿的创建、发展和历史结局[J]. 近代中国，1993（03）.

[22] 阎永增. 唐廷枢与唐山近代工矿交通业的兴起[J]. 唐山师专学报，2000（01）.

[23] 李子春. 唐山近代工业遗产调查[J]. 文物春秋，2010（06）.

[24] 天津工业之现状[J]. 中外经济周刊, 1927 (198).

[25] 赵兴国. 启新洋灰公司概观[J]. 河北省银行经济半月刊, 1946 (1).

[26] 陈晓东. 中国自建铁路的诞生——唐胥铁路修建述略[J]. 铁道师院学报（社会科学版）, 1911 (2).

[27] 陈夕. 156项工程与中国工业的现代化[J]. 党的文献, 1999 (05).

[28] 张久春. 20世纪50年代工业建设"156项工程"研究[J]. 工程研究——跨学科视野中的工程, 2009 (03).

[29] 丁一平. 涧西工业区的确立及其对洛阳空间社会的影响[J]. 河南科技大学学报（社会科学版）, 2010 (03).

[30] 刘树埔. 砖瓦工业改革之问题[J]. 自然科学, 1928, 1 (4).

[31] 中华书局刊行. 造砖机[J]. 国货会刊, 1920 (01).

[32] 李治镇. 晚晴武汉洋务建筑活动[J]. 华中建筑, 1996 (3).

[33] 中国的砖瓦工业[J]. 工商半月刊, 1931, 22, (3).

[34] 日本国定非金属普通建筑材料标准[J]. 工业标准与度量, 1934, 1, (1).

[35] 通令各县政府计发砖瓦尺寸规范一份图样一纸[J]. 山西公报, 1936 (49).

[36] 电各县府颁发修正广西省取缔砖瓦办法仰各遵[J]. 广西省政府公报, 1936 (131).

[37] 孙英伟. 商标起源考[J]. 知识产权, 2011 (03).

[38] 张智峰. 西善桥边, 寻踪民国时期砖瓦厂[J]. 雨花文史, 2013 (07).

[39] 赵占元. 济南砖瓦工业调查[J]. 工商半月刊, 1933年, 5 (19).

[40] 本社调查部. 武汉之工商业（二十八）机制红砖瓦业[J]. 商业月刊, 1937, 2 (2).

[41] 本所调查. 哈尔滨及长春砖瓦窑业近年状况[J]. 地质专报丙种中国矿业纪要, 1932 (4).

[42] 唐鸣时. 嘉善的砖瓦[J]. 上海工务, 1947 (2).

[43] 独清. 西京市砖瓦业调查[J]. 独清工业月刊, 1944, 1 (2).

[44] 徐廷荃. 重庆砖瓦业概况[J]. 国货与实业, 1941, 1 (3).

[45] 陈伯超. 沈阳建筑近代化的标志性特征[J]. 建筑师, 2011 (06).

[46] 徐震. 安徽近代明远电灯公司工业建筑[J]. 建筑与文化, 2015 (11).

[47] 王燕谋. 中国水泥技术的发展[J]. 硅酸盐学报, 1989 (10).

[48] 周醉天, 韩长凯. 中国水泥史话（1）[J]. 水泥技术, 2011 (1).

[49] 周醉天, 韩长凯. 中国水泥史话（2）[J]. 水泥技术, 2011 (2).

[50] 周醉天, 韩长凯. 中国水泥史话（3）[J]. 水泥技术, 2011 (3).

[51] 周醉天, 韩长凯. 中国水泥史话（4）[J]. 水泥技术, 2011 (4).

[52] 周醉天, 韩长凯. 中国水泥史话（5）[J]. 水泥技术, 2011 (5).

[53] 周醉天, 韩长凯. 中国水泥史话（6）[J]. 水泥技术, 2011 (6).

[54] 周醉天, 韩长凯. 中国水泥史话（7）[J]. 水泥技术, 2012 (1).

[55] 周醉天, 韩长凯. 中国水泥史话（10）[J]. 水泥技术, 2012 (4).

[56] 周醉天, 韩长凯. 中国水泥史话（11）[J]. 水泥技术, 2011 (5).

[57] 谢少明. 岭南大学马丁堂研究[J]. 华中建筑, 1988.

[58] 彭长歆. 20世纪澳大利亚建筑师帕内在广州[J]. 新建筑, 2009（06）.

[59] A Chinese Railway[J]. the Railway News, 1888-12-8.

专（译）著

[1] 杨天宇. 周礼译注[M]. 上海：上海古籍出版社，2004.

[2] 徐松，张穆. 唐两京城坊考[M]. 北京：商务印书馆，1985.

[3] 史秉锐. 元河南志[M]. 郑州：古州古籍出版社，2011.

[4] 脱脱. 金史[M]. 天津：天津古籍出版社，1889.

[5] 王建国. 后工业时代产业建筑遗产保护更新[M]. 北京：中国建筑工业出版社，2008.

[6] 刘伯英，冯钟平. 城市工业用地更新与工业遗产保护[M]. 北京：中国建筑工业出版社，2009.

[7] 单霁翔. 城市化发展与文化遗产保护[M]. 天津：天津大学出版社，2010.

[8] 单霁翔. 从"功能城市"走向"文化城市"[M]. 天津：天津大学出版社，2010.

[9] 李海清. 中国建筑现代转型[M]. 南京：东南大学出版社，2004.

[10] 王世仁，张复合，村松伸，等. 中国近代建筑总览[M]. 北京：中国建筑工业出版社. 1993.

[11] 赖德霖. 中国近代建筑史研究[M]. 北京：清华大学出版社，2007.

[12] 徐苏斌. 近代中国建筑学的诞生[M]. 天津：天津大学出版社，2010.

[13] 杨秉德. 中国近代中西建筑交融史[M]. 武汉：湖北教育出版社，2003.

[14] 赵辰. 中国近代建筑学术思想研究[M]. 北京：中国建筑工业出版社，2003.

[15] 李学通. 近代中国西式建筑[M]. 北京：人民文学出版社，2006.

[16] 沈福煦. 近代建筑流派演变与鉴赏[M]. 上海：同济大学出版社，2008.

[17] 沙永杰. "西化的进程"——中日建筑近代化过程比较研究[M]. 上海：上海科学技术出版社，2002.

[18] 董黎. 中国近代教会大学建筑史研究[M]. 上海：科学出版社，2010.

[19] 郑时龄. 上海近代建筑风格[M]. 上海：上海教育出版社，1999.

[20] 沈福煦. 透视上海近代建筑[M]. 上海：上海古籍出版社，2004.

[21] 伍江. 上海百年建筑史[M]. 上海：同济大学出版社，2008.

[22] 张复合. 北京近代建筑史[M]. 北京：清华大学出版社，2004.

[23] 李乾朗. 台湾近代建筑[M]. 台北：雄狮图书股份有限公司，1985.

[24] 李乾朗. 台湾近代建筑之风格[M]. 台北：《室内杂志》出版社，1981.

[25] 傅朝卿. 中国古典式样新建筑：二十世纪中国新建筑官制化的历史[M]. 台北：中华书局，1993.

[26] 张锳绪. 建筑新法[M]. 上海：上海商务印刷馆，1910.

[27] 唐英，王寿宝. 房屋构造学[M]. 南京：商务印书馆，1936.

[28] 中央工业部长春建筑工程学校编. 房屋构造学[M]. 长春：商务印书馆，1954.

[29] 藤森照信. 日本近代建筑[M]. 黄俊铭，译. 济南：山东人民出版社，2010.

[30] 祝慈寿. 中国现代工业史[M]. 重庆：重庆出版社，1990.

[31] 刘国良. 中国工业史：近代卷[M]. 南京：江苏科学技术出版社，1992.

[32] 孙毓棠，汪敬虞. 中国近代工业史资料[M]. 北京：科学出版社，1957.

[33] 陈真，姚洛. 中国近代工业史资料（第一辑）[M]. 北京：生活·读书·新知三联书店，1957.

[34] 陈真，姚洛. 中国近代工业史资料（第二辑）[M]. 北京：生活·读书·新知三联书店，1958.

[35] 陈真，姚洛. 中国近代工业史资料（第三辑）[M]. 北京：生活·读书·新知三联书店，1961.

[36] 陈真，姚洛. 中国近代工业史资料（第四辑）[M]. 北京：生活·读书·新知三联书店，1961.

[37] 彭泽益. 中国近代手工业史料1840~1949（四卷本）[M]. 北京：生活·读书·新知三联书店，1957.

[38] 董志凯，吴江. 新中国工业的奠基石[M]. 广州：广东经济出版社，2004.

[39] 王尔敏. 清季兵工业的兴起[M]. 桂林：广西人民出版社，2009.

[40] 蔡尚思. 中国工业史话[M]. 黄山：黄山书社，1997.

[41] 范西成，陆保珍. 中国近代工业发展史[M]. 西安：陕西人民出版社，1991.

[42] 龚书铎. 中国通史参考资料（近代部分）[M]. 北京：中华书局，1980.

[43] 中国历史博物馆. 中国近代史参考图录[M]. 上海：上海教育出版社，1981.

[44] 胡绳. 帝国主义与中国政治[M]. 北京：人民出版社，1978.

[45] 费正清. 剑桥中国晚清史（1800~1911年）[M]. 中国社科院历史研究所编译室，译. 北京：中国社会科学出版社，1985.

[46] 吕思勉. 1840~1949中国近代史[M]. 北京：金城出版社，2013.

[47] 戴逸. 中国近代史稿[M]. 北京：中国人民大学出版社，2008.

[48] 刘大年. 中国近代史诸问题[M]. 北京：人民出版社，1965.

[49] 苑书义等. 中国近代史新编[M]. 北京：人民出版社，2007.

[50] 张国辉. 洋务运动与中国近代企业[M]. 北京：中国社会科学出版社，1979.

[51] 军机处. 机器局档[O]. 第一历史档案馆.

[52] 彭长歆. 现代性·地方性——岭南城市与建筑的近代转型[M]. 上海：同济大学出版社，2012.

[53] 赖德霖，伍江，徐苏斌. 中国近代建筑史[M]. 北京：中国建筑工业出版社，2016.

[54] 中国史学会. 洋务运动（第四册）[M]. 上海：上海人民出版社，1961.

[55] 张国辉. 洋务运动与中国近代企业[M]. 北京：中国社会科学出版社，1979.

[56] 查尔斯·辛格，等. 技术史：第四卷：工业革命（约1750年至约1850年）[M]. 上海：科技教育出版社，2004.

[57]《中国近代煤矿史》编写组. 中国近代煤矿史[M]. 北京：煤炭工业出版社，1990.

[58] 查尔斯·辛格，等. 技术史：第三卷：文艺复兴至工业革命（约1500年至约1750年）[M]. 上海：科技教育出版社，2004.

[59] 开滦矿务局史志办公室. 开滦煤矿志：第二卷[M]. 北京：新华出版社，1992.

[60] 熊性美，阎光华. 开滦煤矿矿权史料[M]. 天津：南开大学出版社，2004.

[61] 查尔斯·辛格，等. 技术史：第五卷：19世纪下半叶（约1850年至约1900年）[M]. 上海：科技教育出版社，2004.

[62] 金士宣，徐文述. 中国铁路发展史（1876～1949）[M]. 北京：中国铁道出版社，2000.

[63] 冯云琴. 工业化与城市化——唐山城市近代化进程研究[M]. 天津：天津古籍出版社，2010.

[64] 开滦矿务局史志办公室编. 开滦煤矿志：第四卷[M]. 北京：新华出版社，1992.

[65] 李约瑟. 中国科学技术史：第五卷：第十三分册：采矿[M]. 伦敦：剑桥大学出版社，1999.

[66] 特雷弗·Ⅰ·威廉斯. 技术史：第六卷：20世纪（约1900年至约1950年上部）[M]. 上海：科技教育出版社，2004.

[67] 开滦矿务局史志办公室编. 开滦煤矿志：第一卷[M]. 北京：新华出版社，1992.

[68] 宓汝成. 近代中国铁路史资料[M]. 台北：文海出版社，1963.

[69] 刘亚东. 世界科技的历史[M]. 北京：中国国际广播出版社，2007.

[70] 祝慈寿. 中国工业技术史[M]. 重庆：重庆出版社，1995.

[71] 蔡尚思. 中国工业史话[M]. 黄山：黄山书社，1997.

[72] 肯德. 中国铁路发展史[M]. 李抱宏，等，译. 北京：生活·读书·新知三联书店，1958.

[73] PETER C. Imperial railways of North China[M]. Beijing: Xinhua Publishing House, 2013.

[74] 中国社会科学院近代史研究所翻译室. 近代来华外国人名辞典[M]. 北京：中国社会科学出版社，1981.

[75] HANASHIRO R S. Thomas William Kinder and the Japanese Imperial Mint, 1868～1875[M]. Leiden: Brill, 1999.

[76] 金士宣，徐文述. 中国铁路发展史（1876～1949）[M]. 北京：中国铁道出版社，2000.

[77] 宓汝成. 中国近代铁路史资料[M]. 北京：中华书局，1963.

[78] Kinder C. W. Railways and Collieries of North China（including appendix）[M]. Minutes of the Proceedings, 1891.

[79] Who's Who in China（Biographies of Chinese）[M]. 3th ed. Shanghai: the China Weekly Review, 1925.

[80] 村松贞次郎. 日本近代建筑技术史[M]. 东京：彰国社株式会社，1979.

[81] 中国铁路桥梁史编辑委员会. 中国铁路桥梁史[M]. 北京：中国铁道出版社，1987.

[82] 西南交通大学校史编辑室. 西南交通大学校史[M]. 成都：西南交通大学出版社，1996.

[83] The Chronicle & Directory for China, Corea, Japan, the Philippines, Indo-China, Annam, Tonquin, Siam, Borneo, Straits settlements, MalayStates, &c., for the year 1889[M]. Hong Kong: The Hong Kong Daily office, 1889.

[84] The Chronicle & Directory for China, Corea, Japan, the Philippines, Indo-China, Straits settlements, Siam, Borneo, Malay States, &c.for the year 1894[M]. Hong Kong: The Hong Kong Daily Office, 1894.

[85] The Chronicle & Directory for China, Japan, Corea, Indo-China, Straits settlements, Siam, Netherlands India, Borneo, the Philippines, &c. With Which Are Incorporated "the China Directory" and "the Hong Kong Directory and Hong list for the far East" for the year 1905[M]. Forty-third year of publication. Hong Kong: The Hong Kong Daily Office, 1905.

[86] 中岛半次郎. 日本与清朝的教育关系[M]. 东京：日清印刷，1910.

[87] 实藤惠秀. 中国人留学日本史稿[M]. 东京：日华学会，1939.

[88] 实藤惠秀. 中国人日本留学史[M]. 东京：KUROSIO出版，1960.

[89] 松本龟次郎. 中华留学生教育[M]. 东京：KUROSIO出版，1960.

[90] 上恒外宪一. 日本留学和革命运动[M]. 东京：东京大学出版协会，1982.

[91] 阿部洋. 日中教育文化交流和摩擦[M]. 东京：第一书房，1983.

[92] 阿部洋. 中美教育交流的过程[M]. 东京：霞山会，1985.

[93] 中国的近代教育和日本[M]. 东京：福村出版，1990.

[94] 严安生. 日本留学精神史[M]. 东京：岩波书店，1991.

[95] 辛亥革命研究会. 中国近代史研究入门现状和课题[M]. 东京：汲水书院，1992.

[96] 周一川. 中国女性日本留学史研究[M]. 东京：国书刊行会，2000.

[97] 高田幸男. 明治时期东京中国人留学生诸相[M]//藤田直晴. 东京：巨大空间的诸相. 东京：大明堂，2001.

[98] 大里浩秋，孙安石. 中国人日本留学史研究的现阶段[M]. 东京：御茶水书房，2002.

[99] 舒新成. 近代中国留学史[M]. 北京：中华书局，1933.

[100] 黄福庆. 清末留日学生[M]. "中央研究院"近代史研究所专刊，34，1975.

[101] 林子勋. 中国留学教育史：一八四七至一九七五年[M]. 台北：华冈出版公司，1976.

[102] 王焕琛. 中国留学教育史料[M]. 台北："国主编译馆"，1980.

[103] 吴霓. 中国人留学史话增订版[M]. 北京：商务印书馆，1997.

[104] 沈殿成. 中国人留学日本百年史：一八九六～一九九六[M]. 沈阳：辽宁教育出版社，1997.

[105] 天津市地方志编修委员会办公室. 天津通志工业志轻工纺织卷[M]. 天津：天津社会科学院出版社，2000.

[106] 天津碱厂志编修委员会. 天津碱厂志[M]. 天津：天津人民出版社，1992.

[107] 天津市地方志编修委员会. 天津通志：工业志[M]. 天津：天津社会科学院出版社，2000.

[108] 李鸿章. 李鸿章全集（1～12册）[M]. 长春：时代文艺出版社，1998.

[109] 天津市地方志编修委员会. 天津通志：旧志点校卷[M]. 天津：天津社会科学院出版社，2001.

[110] 中华研究院近代史研究所. 海防档：丙：机器局[M]. 台北："中央研究院"近代史研究所，1957.

[111] 《中国舰艇工业历史资料丛书》编辑部. 中国舰艇工业史料集[M]. 上海：上海人民出版社，1994.

[112] 吴鼎昌. 造币总厂报告书[M]. 天津：华新印刷局，1914.

[113] 宁河县地方史志编修委员会. 宁河县志[M]. 天津：天津社会科学院出版社，1991.

[114] 天津市政协文史资料研究委员会. 天津——一个城市的崛起[M]. 天津：天津人民出版社，1990.

[115] 刘萍. 近代中国的新式码头[M]. 北京：人民文学出版社，2006.

[116] 天津市地方志编修委员会. 天津通志：港口志[M]. 天津：天津社会科学院出版社，1999.

[117] 天津市地方志修编委员会. 天津通志：铁路志[M]. 天津：天津社会科学院出版社，1997.

[118] 张国辉. 洋务运动与中国近代企业[M]. 北京：中国社会科学出版社，1979.

[119] 天津市邮政局史志编辑委员会. 天津邮政志[M]. 天津：天津社会科学院出版社，1998.

[120] 中国近代经济史资料丛刊编辑委员会. 中国海关与邮政[M]. 北京：中华书局，1983.

[121] 杨秉德. 近代中西建筑文化交融史[M]. 武汉：湖北教育出版，2003.

[122] 中国社会科学院，中央档案馆. 中华人民共和国经济档案资料选编：1949-1952[M]. 北京：中国城市经济社会出版社，1989.

[123] 许涤新，吴承明. 中国资本主义发展史（全三卷）[M]. 北京：社会科学文献出版社，2007.

[124] 马洪，孙尚清. 中国经济结构问题研究[M]. 北京：人民出版社，1981.

[125] 董志凯，吴江. 新中国工业的奠基石——156项建设研究（1950～2000）[M]. 广州：广东经济出版社，2004.

[126] 周鸿. 中华人民共和国国史通鉴[M]. 北京：红旗出版社，1993.

[127] 洛阳市地方志编纂委员会. 洛阳市志[M]. 郑州：中州古籍出版社，1985.

[128] 洛阳市地方志编纂委员会. 洛阳涧西区志[M]. 北京：海潮出版社，1990.

[129] 薄一波. 若干重大决策与事件的回顾（上卷）[M]. 北京：中共中央党校出版社，1991.

[130] 王兴平，石峰，赵立元. 中国近现代产业空间规划设计史[M]. 南京：东南大学出版社，2014.

[131] 上海建筑材料志编纂委员会. 上海建筑材料志[M]. 上海：上海社会科学院出版社，1997.

[132] 上海钢铁工业志编纂委员会. 上海钢铁工业志[M]. 上海：上海社会科学院出版社，2001.

[133] 房正. 近代工程师群体的"民间领袖"[M]. 北京：经济日报出版，2014.

[134] 广东省地方史志办公室，广东省地方史志编纂委员会. 广东省志建材工业志[M]. 广州：广东人民出版社，2004.

[135] 张瑛绪. 建筑新法[M]. 北京：商务印书馆，1910.

[136] 王燕谋. 中国水泥发展史[M]. 北京：中国建材工业出版社，2005.

[137] 薛顺生，娄承浩. 老上海工业旧址遗迹[M]. 上海：同济大学出版社，2004.

[138] 魏子初. 帝国主义与开滦煤矿[M]. 上海：神州国光社，1954.

学位论文

[1] 云妍. 中国早期工业化中的外资效应——以近代开滦外溢性影响为中心[D]. 北京：清华大学，2010.

[2] 吴云霞. 论近代英国采煤技术的发展[D]. 西安：陕西师范大学，2011.

[3] 彭秀涛. 中国现代新兴工业城市规划的历史研究[D]. 武汉：武汉理工大学，2006.

[4] 周宜颖. 台湾霍夫曼窑之研究[D]. 台南：成功大学，2005.

[5] 陈卓. 中国近代工业建筑历史演进研究（1840～1949）——后发外生型现代化的历程[D]. 上海：同济大学，2008.

[6] 欧捷. 广州沙面近代建筑群研究[D]. 广州：华南理工大学，2002.

[7] 何蓓洁. 样式雷世家研究[D]. 天津：天津大学，2007.

会议论文

[1] 周其厚，刘亚民. 洋务派与中国近代矿业的兴起[C]//中国地质学会地质学史研究会，中国地质大学地质学史研究室. 地质学史论丛（3）武汉：中国地质大学出版社，1995.

[2] 陈争平，云妍. 外资企业在后发国家现代化进程中作用再分析——以近代开滦煤矿为案例[C]. 北京大学世界现代化进程研究中心，2008.

[3] 李传义. 广州沙面近代建筑群分类保护研究[C]. 中国近代建筑史国际研讨会，2000.

其他

[1] 洛阳市统计局. 洛阳奋进的四十年[Z]. 洛阳图书馆藏，1989.

[2] 冀东集藏. 异彩纷呈唐山老砖[EB/OL]. [2014-12-12]. http：//blog.sina.com.cn/u/3244032580.

[3] 刘妍，董书音. 看不见的构架——德语区木构屋架历史研究与案例[EB/OL]. [2018-05-07]. http：//www.treemode.com/theory/culture/206.html.

[4] 奚正修. 我国水泥工业之过去现在与将来[Z]. 中华民国水泥工业同业公会年刊. 上海：中华民国水泥工业同业公会，1947.

[5] 李洛之，聂汤谷. 天津的经济地位[Z]. 天津：经济部冀热察绥区特派员办公处接收办事处驻津办事分处，1948.